Direitos Fundamentais Sociais
na Contemporaneidade

Colaboradores:

Álisson José Maia Melo

Ana Carolina Barbosa Pereira

Elizabeth Alice Barbosa Silva de Araujo

Eulália Emília Pinho Camurça

Fernanda Cláudia Araújo da Silva

Fernando Basto Ferraz

Homero Bezerra Ribeiro

João Felipe Bezerra Bastos

Késia Correia Oliveira

Laís Arrais Maia Fortaleza

Leopoldo Fontenele Teixeira

Liliane Sonsol Gondim

Marcelo Gonçalves Viana

Marcos Aurélio Macedo

Marcus Vinicius Parente Rebouças

Maria Lúcia Magalhães Bosi

Michelle Amorim Sancho Souza

Newton Fontenele Teixeira

Paulo Bonavides

Rodrigo Uchôa de Paula

Tainah Simões Sales

William Paiva Marques Júnior

ORGANIZADORES
Fernando Basto Ferraz
Elizabeth Alice Barbosa Silva de Araujo
William Paiva Marques Júnior

Direitos Fundamentais Sociais na Contemporaneidade

LTr

LTr EDITORA LTDA.
© Todos os direitos reservados

Rua Jaguaribe, 571
CEP 01224-001
São Paulo, SP – Brasil
Fone (11) 2167-1101
www.ltr.com.br

Produção Gráfica e Editoração Eletrônica: LINOTEC
Projeto de Capa: FABIO GIGLIO
Impressão: BARTIRA GRÁFICA

LTr 5013.6
Agosto, 2014

Dados Internacionais de Catalogação na Publicação (CIP)
(Câmara Brasileira do Livro, SP, Brasil)

Direitos fundamentais sociais na contemporaneidade / organizadores Fernando Basto Ferraz, Elizabeth Alice Barbosa Silva de Araujo, William Paiva Marques Júnior. – São Paulo : LTr, 2014.

Vários autores.
Bibliografia.
ISBN 978-85-361-3038-5

1. Direitos fundamentais - Brasil 2. Direitos humanos - Brasil 3. Direitos sociais - Brasil I. Ferraz, Fernando Basto. II. Araujo, Elizabeth Alice Barbosa Silva de. III. Marques Júnior, William Paiva.

14-04937　　　　　　　　　　　　　　　　　　　　　　　　CDU-342.7(81)

Índice para catálogo sistemático:
1. Brasil : Direitos fundamentais : Direitos sociais : Direito constitucional 342.7(81)

AGRADECIMENTOS

Nós, alunos da turma do Mestrado e do Doutorado em Direito Constitucional da Universidade Federal do Ceará, que tivemos a honra de sermos orientados pelo Prof. Dr. Fernando Ferraz no desenvolvimento dos artigos publicados nesta obra, agradecemos a este mestre de forma especial pela dedicação e apoio. Principalmente, pela motivação em acreditar que é possível tornar nosso País mais justo através do Direito e da pesquisa.

SUMÁRIO

AGRADECIMENTOS 5

PREFÁCIO 13

A DESVINCULAÇÃO DAS RECEITAS DA UNIÃO (DRU) E A EFETIVAÇÃO DE DIREITOS FUNDAMENTAIS SOCIAIS 15
Introdução 15
1. Contextualizando o Tema: o Reconhecimento dos Direitos Sociais 16
2. O Custo Inerente aos Direitos Prestacionais 17
3. Conceito e Origem da Reserva do Possível 17
4. Desvinculação das Receitas da União (DRU) 19
5. Desvinculação das Receitas da União (DRU) e a Efetivação dos Direitos Sociais 23
    5.1. Ofensa à cláusula pétrea contida no art. 60, § 4º, IV, da CF 25
    5.2. Da dimensão objetiva dos direitos fundamentais 26
    5.3. O desrespeito ao princípio da vedação ao retrocesso social 27
Conclusão 28
Referências Bibliográficas 29

INFÂNCIA ROUBADA: REFLEXÕES SOBRE A VISIBILIDADE DE UMA DAS PIORES FORMAS DE TRABALHO INFANTIL 31
Introdução 31
1. A História Social da Infância 31
2. O Marco Regulatório dos Direitos Sociais da Infância 33
3. A Projeção do Trabalho Infantil nos Meios de Comunicação 36
Conclusões 38
Referências Bibliográficas 39

POSSIBILIDADES DE EFETIVAÇÃO DOS DIREITOS SOCIAIS DOS TRABALHADORES PELA CORTE INTERAMERICANA DE DIREITOS HUMANOS 41

Introdução 41
1. Direitos Humanos Sociais 42
   1.1. Dignidade da pessoa humana 42
   1.2. Direitos Humanos Sociais 43
2. Corte Interamericana de Direitos Humanos e Direitos Sociais dos Trabalhadores 44
   2.1. Instrumentos de proteção internacional aos direitos sociais dos trabalhadores 45
3. Breve relato do Caso Acevedo Jamarillo 46
4. Desrespeitos a Direitos Humanos Sociais no Brasil 48
Conclusão 49
Referências Bibliográficas 49

O CONCEITO DE PESSOA COM DEFICIÊNCIA E SEU IMPACTO NAS AÇÕES AFIRMATIVAS BRASILEIRAS NO MERCADO DE TRABALHO 51

Introdução 51
1. O Conceito de Pessoa com Deficiência 52
   1.1. Precedentes históricos 52
   1.2. Conceito contemporâneo segundo a Convenção Internacional sobre os Direitos da Pessoa com Deficiência 52
   1.3. *Status* jurídico do novo conceito e outras garantias constitucionais 54
2. A Concretização do Valor Social do Trabalho frente à Livre Iniciativa 55
   2.1. As ações afirmativas para a inclusão das pessoas com deficiência no direito comparado 56
   2.2. As ações afirmativas brasileiras para a inclusão de pessoas com deficiência no mercado de trabalho 57
3. O Impacto do Novo Conceito nas Ações Afirmativas Brasileiras 58
   3.1. Impactos na inclusão na iniciativa privada 58
       3.1.1. Aferição da capacidade do trabalhador 58
       3.1.2. Risco de acidentes e doenças ocupacionais 59
       3.1.3. Ausência de trabalhadores qualificados 60
   3.2. Impactos na inclusão no setor público 61
Conclusão 62
Referências Bibliográficas 62

O REFLEXO DA FLEXIBILIZAÇÃO NAS RELAÇÕES DE TRABALHO 65

Introdução 65
1. História do Trabalho e de seu Regramento Jurídico 66
2. Flexibilização 68
3. O Impacto da Flexibilização no Mercado de Trabalho 71
4. Conclusão 72
Referências Bibliográficas 73

A EFETIVAÇÃO DOS DIREITOS FUNDAMENTAIS TRABALHISTAS ATRAVÉS DA PROPOSTA DE CONFISCO DE PROPRIEDADES ONDE SE CONSTATA A PRESENÇA DE ESCRAVOS: A PEC N. 438 75

1. Introdução 75
2. O Trabalho Escravo no Contexto Brasileiro 75

2.1. Definição e histórico 75
2.2. O trabalho escravo contemporâneo no Brasil 77
3. Os Instrumentos Normativos Constitucionais aplicáveis ao combate ao Escravismo 79
3.1. A limitação constitucional no combate ao trabalho escravo e a PEC n. 438 82
4. A Efetivação da PEC n. 438 como um Instrumento de Erradicação do Trabalho Escravo e Efetivação dos Direitos Fundamentais Trabalhistas 83
5. Referências Bibliográficas 85

OS DIREITOS SOCIAIS COMO CATEGORIA DE DIREITOS FUNDAMENTAIS DO IDOSO 87

1. Considerações Iniciais 87
2. Os Direitos Sociais como Categoria de Direitos Fundamentais dos Idosos 88
    2.1. Os direitos sociais e a reserva do possível 91
    2.2. Os direitos sociais e o mínimo existencial 93
    2.3. Os direitos sociais e o princípio da subsidiariedade 94
    2.4. A estrutura positiva e negativa dos direitos sociais 96
        2.4.1. Direitos sociais enquanto prestações positivas 96
        2.4.2. Os direitos sociais enquanto prestações negativas 98
3. A Aplicabilidade da Teoria da Força Normativa da Constituição de Konrad Hesse aos Direitos Sociais 98
4. A Aplicação da Teoria do Sentimento Constitucional de Pablo Lucas Verdú no Âmbito dos Direitos Sociais 100
Considerações Finais 102
Referências Bibliográficas 102

DIREITO À ALIMENTAÇÃO: CONCEITO, NATUREZA JURÍDICA, POSITIVAÇÃO, POLÍTICAS PÚBLICAS E ABORDAGEM INTERNACIONAL 105

1. Dignidade da Pessoa Humana: Valor-fonte dos Ordenamentos Jurídicos Modernos 105
2. Conceito e Natureza Jurídica do Direito à Alimentação 107
3. Políticas Públicas Relacionadas ao direito à Alimentação 109
4. Direito à alimentação no Plano Internacional 109
Referências Bibliográficas 113

O DIREITO FUNDAMENTAL DE ACESSIBILIDADE DAS PESSOAS COM DEFICIÊNCIA NO ÂMBITO DOS TRANSPORTES, O PASSE LIVRE E A QUESTÃO ECONÔMICO-TARIFÁRIA 115

1. Introdução 115
2. Fundamento Constitucional 116
3. Legislação Federal 117
4. Legislação do Estado do Ceará 120
5. Transporte Aéreo e Gratuidade: Decisão Judicial 121
6. A Questão Econômico-tarifária 122
7. Conclusão 123
Referências Bibliográficas 124

A RESPONSABILIDADE CIVIL DO EMPREGADOR E O ACIDENTE DO TRABALHO: UMA DISCUSSÃO FACE À PROTEÇÃO DO ACIDENTADO 127

Introdução 127

1. Aspectos Gerais sobre Responsabilidade Civil 128
   1.1. Definições doutrinárias importantes na reponsabilidade 128
   1.2. Requisitos identificadores da responsabilização civil 130
       1.2.1. Conduta do Agente: ação/omissão 130
       1.2.2. Culpa ou Dolo do Agente 130
       1.2.3. Dano: material e moral 131
       1.2.4. Nexo de causalidade 133
   1.3. Responsabilidade contratual e extracontratual 133
   1.4. Responsabilidade subjetiva x objetiva 134
2. O Acidente de Trabalho Face à Responsabilidade Civil 135
   2.1. Aspectos evolutivos constitucionais protetivos ao acidente de trabalho 137
   2.2. Perspectivas legais protetivas ao acidente de trabalho 138
   2.3 Espécies de acidentes de trabalho 139
       2.3.1. Acidente-tipo 139
       2.3.2. Doenças ocupacionais 139
       2.3.3. Acidentes por equiparação 140
3. Princípios Indenizatórios: Proteção do Empregado e a Dignidade da Pessoa Humana – Perspectivas na Aplicação ao Dano nos Acidentes de Trabalho 142
   3.1. Discussão acerca da responsabilidade no acidente de trabalho: objetiva ou subjetiva? ... 143
Considerações Finais 145
Referências Bibliográficas 145

DIREITO À ALIMENTAÇÃO E SEGURANÇA ALIMENTAR/NUTRICIONAL: INTERFACES SOCIOPOLÍTICAS 147

Introdução 147
1. Configuração do Estado Democrático como Imperativo dos Direitos Humanos Sociais 148
2. (In)segurança Alimentar e Nutricional e a Força do Mercado 151
3. Reserva Financeira do Possível em Matéria do Direito Social à Alimentação 153
4. Princípio da Proibição do Retrocesso Social aplicado à Tutela do Direito à Alimentação 156
5. Considerações Finais 157
Referências Bibliográficas 158

BREVES CONSIDERAÇÕES SOBRE O FENÔMENO DA "JUDICIALIZAÇÃO DO DIREITO FUNDAMENTAL À SAÚDE" NO BRASIL 161

Notas Introdutórias 161
1. O Constitucionalismo Democrático-social da Constituição 161
2. A Constitucionalização do Direito Fundamental à Saúde 162
3. Da Crise do Sistema Único à Judicialização do Direito à Saúde 163
4. A Mudança Radical da Jurisprudência em Matéria Sanitária 164
5. Tendências Atuais do Constitucionalismo 165
   5.1. Reconhecimento da "força normativa da Constituição" com expansão da jurisdição constitucional 165
   5.2. A abertura material da Constituição 166
   5.3. A normatividade dos princípios constitucionais 167
   5.4. A consagração dos direitos fundamentais como parâmetros de legitimação formal e material da ordem jurídica e do comportamento estatal 167
   5.5. O desenvolvimento da hermenêutica constitucional 168

6. A Concretização Judicial do Direito à Saúde no Brasil sob o Paradigma Neoconstitucionalista	169
7. Alguns Condicionamentos ao Exercício de Concretização Judicial do Direito à Saúde	169
8. A Relevância da Definição de Parâmetros de Concretização Judicial	172
Notas Conclusivas	172
Referências Bibliográficas	173

LIMITES À EFETIVAÇÃO JUDICIAL DO DIREITO À SAÚDE ... 175

1. Introdução	175
2. Previsão Constitucional do Direito à Saúde	175
3. Da Separação de Poderes e a Nova Hermenêutica Constitucional	177
4. Critérios para Aferição da Legitimidade do Controle Judicial das Políticas Públicas	177
4.1. Da formação do orçamento público	178
4.2. Do controle judicial das políticas públicas	179
4.3. Aspectos processuais da implementação judicial do direito à saúde	181
5. Conclusão	184
Referências Bibliográficas	184

O ESTADO SOCIAL E SUA EVOLUÇÃO RUMO À DEMOCRACIA PARTICIPATIVA ... 187

A CONSTRUÇÃO DO DIREITO SOCIAL À EDUCAÇÃO DAS MINORIAS ÉTNICO-RACIAIS NOS PAÍSES DA UNASUL — CASOS: BRASIL E BOLÍVIA ... 201

Introdução	201
1. Políticas de Inclusão	202
2. Subordinação e Exclusão Social na América Latina	202
3. A Eficácia do Direito Social à Educação nos Países da Unasul — Casos: Brasil e Bolívia	204
4. O Desenvolvimento dos Direitos Sociais nos Países da Unasul	208
5. A Eficácia do Direito Social à Educação	214
6. Considerações Finais	215
Referências Bibliográficas	215

O DIREITO FUNDAMENTAL À PREVIDÊNCIA. SUA EVOLUÇÃO E CARACTERIZAÇÃO COMO DIREITO SOCIAL ... 217

Apresentação	217
1. Origens dos Direitos Sociais. O Estado Social de Direito	218
1.1. Características dos direitos sociais	219
1.2. Os direitos previdenciários como espécies de direitos sociais. A evolução do direito previdenciário no Brasil e no mundo	220
3. As Reformas da Previdência na CF/88. Regimes de Previdência na CF/88	222
Conclusões	224
Referências Bibliográficas	224

OS DIREITOS SOCIAIS E AS ATRIBUIÇÕES DO ESTADO SOCIAL NA ATUALIDADE ... 225

1. Introdução	225
2. Os Direitos Sociais	226
2.1. Conceito	226
2.2. Notas sobre o surgimento dos direitos sociais em caráter mundial e nacional	228

3. As Atribuições do Estado Social 231
    3.1. A solidariedade como objetivo fundamental 233
Referências Bibliográficas 235

DESAFIOS NA EFETIVIDADE DO DIREITO FUNDAMENTAL SOCIAL DA PROTEÇÃO À MATERNIDADE ANTE O RECONHECIMENTO DA VALORIZAÇÃO DO TRABALHO 237

Introdução 237
1. A Evolução Histórica e as Dimensões dos Direitos Fundamentais 238
    1.1. Direitos fundamentais de primeira dimensão (direitos de liberdade/individuais) 238
    1.2. Direitos fundamentais de segunda dimensão (direitos sociais) 239
    1.3. Direitos fundamentais de terceira dimensão (direitos de solidariedade/fraternidade) 240
    1.4. Direitos fundamentais de quarta dimensão (direito à democracia participativa) 242
    1.5. Direitos fundamentais de quinta dimensão (direito à paz) 243
2. Contributo dos Direitos Fundamentais Sociais para o Reconhecimento da Valorização Social do Trabalho 243
3. Aspectos Jurídicos da Proteção à Maternidade e os Reflexos Hermenêuticos 248
4. Considerações Finais 254
5. Referências bibliográficas 255

PREFÁCIO

O século XXI trouxe consigo novas demandas. O que se espera do Estado? O que dele pode ser exigido? Esta obra coletiva, fruto dos exitosos debates havidos em sala de aula na disciplina de "Direitos Sociais na perspectiva dos Direitos Fundamentais" sob a regência do Prof. Dr. Fernando Basto Ferraz, no Curso de Pós-Graduação em Direito da Universidade Federal do Ceará (Mestrado e Doutorado), tem o objetivo de trazer da academia para a sociedade os estudos sobre a efetivação dos direitos sociais na contemporaneidade e a consequente atuação do Estado neste desiderato.

Desta forma, grandes foram as linhas de pesquisa e discussão empreendidas: educação, saúde, trabalho, alimentação, proteção à maternidade, direitos das minorias... Tudo isso considerando que a atuação do Estado e seu grau de exigência junto à iniciativa privada no cumprimento de sua função social repercutem na competitividade de cada país no cenário internacional, levando a novos arranjos entre as nações. Emerge o Judiciário como que em um campo de batalha: a um só tempo obriga-se a decidir pela concretização de direitos já constitucionalmente assegurados, enquanto, por outro lado, será compelido a conter excessos, oriundos tanto da escassez de recursos de cada País quanto da sordidez humana.

Construir uma sociedade livre, justa e solidária passa visceralmente pela efetivação dos direitos sociais. É impossível ser livre quando não se tem acesso à educação de qualidade que permita o espírito crítico e a formação de critérios de escolha tão afetos à democracia. Também não será justa uma sociedade cuja Constituição garante o direito à saúde e exige pesados tributos em nome deste, mas ao mesmo tempo obriga seus cidadãos a pagar por este benefício também na iniciativa privada para receber tratamento de qualidade.

A novidade no enfoque da obra se dá pela imersão no contexto contemporâneo de inovação tecnológica, globalização, rapidez de informações e fluidez de conceitos. Desta forma, a postura dos articulistas foi no sentido de uma pesquisa que não se limitasse a constatar a existência dos direitos sociais ou a necessidade de sua exigência por parte dos cidadãos, mas também entender os mecanismos utilizados pelo Estado na efetivação destes direitos, analisando sua eficácia e custos sociais.

A academia permitiu a este grupo de autores enfrentar o grande desafio da realidade brasileira no contexto da contemporaneidade: garantir que os direitos fundamentais sociais previstos nos artigos 6º e 7º da Constituição Federal de 1988 sejam efetivamente cumpridos, desta vez sem a idealização que motivou a sua primeira fase de construção. Traz, assim, sua contribuição com argumentos e ideias para a comunidade jurídica no enfrentamento dos clamores oriundos das demandas sociais.

Boa leitura!

Os Organizadores.

A DESVINCULAÇÃO DAS RECEITAS DA UNIÃO (DRU) E A EFETIVAÇÃO DE DIREITOS FUNDAMENTAIS SOCIAIS

Ana Carolina Barbosa Pereira (*)
Leopoldo Fontenele Teixeira (**)

INTRODUÇÃO

O surgimento do Estado Social é um marco para a mudança de paradigmas do Estado, tendo em vista que este deixa de ter uma postura absenteísta para se tornar intervencionista no âmbito da ordem econômico-social. Entendeu-se que, apesar de importantes, o direito de liberdade e as garantias individuais protegidos pelo Estado Liberal não eram suficientes para suprir as necessidades das camadas mais pobres da sociedade, sendo imprescindível, portanto, que o Estado também assegurasse condições materiais mínimas para a preservação da dignidade da pessoa humana, surgindo, com isso, os chamados direitos fundamentais de segunda dimensão ou direitos de natureza econômica, social e cultural.

Para a efetivação dos direitos sociais, especialmente aqueles de natureza prestacional, demanda-se a existência e disponibilidade de recursos suficientes para a sua devida implementação. Contudo, tais recursos não são ilimitados, razão pela qual foi criada a chamada reserva do possível, instituto utilizado como limite para efetivação e judicialização de tais direitos.

A Constituição Federal de 1988 tem como uma de suas principais características o seu dirigismo, em consequência disto e, percebe-se uma certa rigidez orçamentária no que concerne à previsão de gastos obrigatórios relativos à efetivação de direitos fundamentais sociais.

Dentro dessa perspectiva de rigidez orçamentária, no que tange às despesas necessárias para a implementação dos direitos sociais, o Poder Executivo buscou um mecanismo jurídico capaz de propiciar uma maior flexibilidade na aplicação dos recursos financeiros do Estado, criando, assim, a chamada DRU (Desvinculação de Receitas da União). No entanto, é necessário indagar-se acerca da constitucionalidade destas desvinculações e como elas afetam os direitos sociais.

Considerando que o Brasil é um Estado Social e Democrático e que o art. 60, § 4º, IV, da CF/88, prevê que não será objeto de deliberação a proposta de emenda tendente a abolir os direitos e garantias individuais, é preciso analisar se a desvinculação de receitas da União não representa uma fragilização dos direitos sociais.

Outro critério que também precisa ser analisado é se esta desvinculação de receitas não prejudica a dimensão objetiva dos direitos fundamentais, notadamente a sua eficácia dirigente, segundo a qual o Estado tem a obrigação permanente de concreti-

---

(*) Mestranda em Direito Constitucional pela Universidade Federal do Ceará (UFC). Professora do Centro Universitário Estácio do Ceará.

(**) Mestre em Direito Constitucional pela Universidade Federal do Ceará (UFC). Juiz Federal Titular na Seção Judiciária do Estado do Rio Grande do Norte.

zação destes direitos, inclusive, aqueles de segunda dimensão. Deve-se, também, verificar se a possibilidade de desvinculação de receitas não fere o princípio da vedação do retrocesso social.

Diante de tal contexto, no presente artigo, dividido em cinco partes, busca-se, inicialmente, apresentar o contexto em que foram reconhecidos os Direitos Sociais e, em seguida, o custo para a devida concretização destes direitos de caráter prestacional. Aborda-se, ainda, a criação e o conceito do instituto denominado de reserva do possível.

Por fim, discorre-se acerca da Desvinculação das Receitas da União, a fim de se colher subsídios teóricos necessários para o exame da constitucionalidade de tal instituto, sob a perspectiva da implementação dos direitos fundamentais sociais, o que será feito na quinta parte do texto.

Espera-se, com este texto, fomentar o debate acerca do impacto causado pela chamada DRU sobre a efetivação dos direitos fundamentais sociais e de sua constitucionalidade, contribuindo, assim, para o amadurecimento da questão em foco, certamente de grande relevo para toda a sociedade.

1. CONTEXTUALIZANDO O TEMA: O RECONHECIMENTO DOS DIREITOS SOCIAIS

Antes de tratar a respeito da origem e conceituação de reserva do possível, cumpre fazer uma brevíssima e resumida contextualização do surgimento dos direitos sociais.

O Estado dito liberal é fruto da Revolução Francesa de 1789, que representou a vitória da classe burguesa sobre a supremacia do clero e da nobreza, então detentores do poder político. Com efeito, a classe burguesa, não mais suportando os desmandos dos monarcas absolutistas e de integrantes da Igreja, cercados de tantos privilégios e direitos – o que representava óbice ao exercício das atividades comerciais praticadas pela burguesia – que sua vontade chegava a ser identificada com a vontade do Estado, tomou-lhes o poder e implantou uma nova estrutura estatal, conhecida como Estado de Direito, inspirado nos ideais do Iluminismo e Liberalismo político-econômico.

No que diz respeito à postura do Estado diante da economia, o Estado liberal era caracterizado por uma intervenção mínima, a economia deveria ser guiada pela mão invisível do mercado, cabendo ao Estado, unicamente, as funções de garantir a segurança jurídica e do território, a propriedade e a liberdade dos indivíduos.

Os graves problemas sociais surgidos em meados do século XIX revelaram que a igualdade inerente a todos os homens, tal como pressuposta pelos ideais liberais, foi, gravemente, comprometida pela exacerbada concentração de riquezas, levando à dominação do mercado por poucas empresas, minando a concorrência essencial ao bom funcionamento do sistema capitalista, bem como à exploração daqueles que não detinham os meios de produção. Em outras palavras, verificou-se que a liberdade quase absoluta apregoada pelos ideais liberais gerava profundas desigualdades na sociedade.

A liberdade, diante de uma igualdade meramente formal, isto é, sem levar em conta as diferenças, notadamente econômicas, entre os indivíduos, servia apenas para garantir que a burguesia, detentora dos meios de produção e, agora, do poder político, concentrasse cada vez mais e mais riqueza em detrimento das classes sociais menos favorecidas.

Diante de tal conjuntura, tendo em vista evidentes transformações de ordem econômica, política e ideológica, o Estado sofreu grandes mudanças, haja vista que abandonou sua posição absenteísta para assumir uma feição de Estado fortemente interventor na ordem econômico-social.

Efetivamente, com o surgimento do Estado Social, o Estado deixou de ostentar uma postura de intervenção mínima na sociedade, para se tornar um Estado que interfere diretamente na ordem econômico-social, seja por meio da edição de normas, seja por meio da prestação de diversos serviços públicos e fornecimento de bens, destinados, de uma forma geral, a atenuar as desigualdades fáticas por um bom tempo negligenciadas pelo Estado liberal burguês.

Reconheceu-se que, para o gozo mesmo dos direitos fundamentais ditos de primeira dimensão, era necessária a atuação do Estado para assegurar condições materiais imprescindíveis a uma vida digna, sob pena de se terem direitos fictícios, na medida em que assegurados formalmente na norma constitucional, mas sem efetivo reflexo no plano fático. De nada adiantava proclamar que todos são iguais perante a lei e ignorar as evidentes diferenças entre os indivíduos, notadamente as diferenças oriundas relacionadas a aspectos econômicos.

É nesse contexto de mudança de paradigma do Estado que vêm à tona os chamados direitos fundamentais de segunda dimensão ou direitos de natureza econômica, social e cultural.

No ordenamento jurídico brasileiro, não obstante a Constituição Federal de 1988 ter expressamente enquadrado os direitos sociais no título que cuida dos direitos e garantias fundamentais, forte é a controvérsia acerca da natureza jus-fundamental de tais direitos, bem como acerca da possibilidade de serem demandados perante o Poder Judiciário. Dados os limites deste trabalho, não se comentará sobre a disputa acerca da natureza fundamental dos direitos sociais. Partir-se-á, em verdade, da premissa – que se acredita correta – de que os direitos sociais são, sim, direitos fundamentais e que, nessa condição, partilham de regime jurídico especial em relação aos direitos ditos não fundamentais, notadamente da eficácia imediata outorgada pelo § 1º, do art. 5º, da CF/88.

O que se abordará aqui é em que termos se dá essa eficácia imediata quando se está a falar de direitos sociais, mas especificamente dos direitos sociais de cunho prestacional, isto é, que demandam uma obrigação de fazer ou de dar por parte do Estado, os quais necessitam de recursos públicos para serem efetivados, recursos esses nem sempre disponíveis nos cofres estatais.

2. O CUSTO INERENTE AOS DIREITOS PRESTACIONAIS

Antes de prosseguir na conceituação de reserva do possível, ainda se fazem imperiosas breves considerações a respeito do custo dos direitos, o que, à evidência, relaciona-se intimamente com tema aqui debatido.

Inegavelmente, todo o aparato necessário para a proteção e promoção de direitos fundamentais demanda recursos, tanto humanos como de natureza material. De fato, não só os direitos ditos prestacionais demandam recursos para efetivação, haja vista que, mesmo os direitos negativos, tais como o direito de propriedade, demandam recursos para sua proteção (polícia, Justiça etc.)[1].

Contudo, é quando se analisa os direitos prestacionais que a questão dos custos para sua efetivação aflora com maior intensidade, tendo em conta que a efetivação desses direitos demanda do Estado um dar ou um fazer em prol dos titulares desses direitos, o que, sem recursos, não é possível ser realizado[2].

Neste sentido, a lição de José Reinaldo de Lima Lopes:

Uma tese que se pode defender é a que todos os direitos têm custos. Tanto os direitos civis, direitos de liberdade, quanto os direitos sociais, alguns deles chamados direitos de prestações positivas, têm custos. E isto é verdade, se bem seja necessário fazer alguma distinção [...]

Apesar de concordar, como não poderia deixar de fazê-lo, que a manutenção da propriedade individual implica custos para o Estado (manutenção da justiça e da segurança pública, por exemplo), creio ainda que o objeto da prestação é diferente no direito à propriedade e no direito à saúde. No primeiro, é de recursos indiretos para a manutenção de algo que pode ter sido adquirido no mercado. No segundo, a prestação é o próprio serviço, que o Estado fornece fora do mercado se for o caso [...][3]

Pois bem, é justamente por ser inegável que a efetivação dos direitos sociais prestacionais demanda recursos financeiros e não financeiros para a sua efetivação que se criou um limite para efetivação e, por conseguinte, para a judicialização de tais direitos: a chamada reserva do possível, cuja conceituação e origem será feita no tópico a seguir.

3. CONCEITO E ORIGEM DA RESERVA DO POSSÍVEL

A invocação da chamada reserva do possível nasceu da constatação de que, apesar de as neces-

---

(1) SARLET, Ingo Wolfgang. *A eficácia dos direitos fundamentais*. 9. ed. Porto Alegre: Livraria do Advogado, 2007, p. 304-305.

(2) "Assim, não há como negar que todos os direitos fundamentais podem implicar 'um custo', de tal sorte que essa circunstância não se limita nem aos direitos sociais na sua dimensão prestacional. Apesar disso, seguimos convictos de que, para o efeito de se admitir a imediata aplicação pelos órgãos do Poder Judiciário, o 'fator custo' de todos os direitos fundamentais nunca constituiu um elemento, por si só e de modo eficiente, impeditivo da efetivação pela via jurisdicional. É exatamente neste sentido que deve ser tomada a referida 'neutralidade' econômico-financeira dos direitos de defesa, visto que a sua eficácia jurídica (ou seja, eficácia dos direitos fundamentais na condição de direitos negativos) e a efetividade, naquilo que depende da possibilidade de efetivação pela via jurisdicional, não tem sido colocada na dependência a sua possível relevância econômica". SARLET, Ingo Wolfgang. Direitos sociais como direitos fundamentais: seu conteúdo, eficácia e efetividade no atual marco jurídico-constitucional brasileiro. In: LEITE, George Salomão; SARLET, Ingo Wolfgang (coords.). *Direitos Fundamentais e estado constitucional*: estudos em homenagem a J. J. Gomes Canotilho. São Paulo: Revista dos Tribunais; Coimbra: Coimbra Editora, 2009, p. 234-235.

(3) LOPES, José Reinaldo de Lima. Em torno da "reserva do possível". In: SARLET, Ingo Wolfgang; TIMM, Luciano Benetti (coords.). *Direitos fundamentais*: orçamento e reserva do possível. Porto Alegre: Livraria do Advogado, 2008, p. 175-177.

sidades humanas serem infinitas, os recursos necessários para satisfazê-las são finitos. Com efeito, os recursos utilizados pelo Estado para fazer frente às despesas com a efetivação dos direitos sociais são extraídos da própria sociedade, por meio, por exemplo, da tributação e, como cediço, a transferência de recursos da sociedade para o Estado, num regime capitalista, possui limites, inclusive em respeito a outros direitos fundamentais e à própria sustentação do Estado Fiscal[4].

Como bem ressaltado por Gustavo Amaral e Danielle Melo:

> Afirmar um "direito ilimitado" que deva ser realmente efetivo pressupõe que, na falta de meios, eles possam ser extraídos a despeito dos limites constitucionais. Estes recursos, entretanto, teriam que vir da sociedade, seja através de tributos, seja através do confisco, seja através da "priorização de pagamentos", sacrificando direitos dos que contratam com o Estado e também dos servidores públicos[5].

Conceitua-se reserva do possível como aquilo que determinado indivíduo pode razoavelmente exigir da sociedade, considerando as limitações existentes[6]. Portanto, para que se possa exigir determinada prestação do Estado, não basta que este disponha de recursos disponíveis para isso, sendo importante também que o objeto da prestação configure algo que, em determinado contexto social, seja razoável exigir do Estado. Valendo aqui também, *mutatis mutandis*, o binômio, presente na doutrina civilista sobre o dever de prestar alimentos, possibilidade do alimentante/necessidade do alimentado.

Há, segundo Ingo Wolfgang Sarlet e Mariana Filchtiner Figueiredo, uma dimensão tríplice da reserva do possível: a) disponibilidade fática de recursos; b) disponibilidade jurídica de recursos materiais e humanos, o que se relaciona, entre outras coisas, com previsão orçamentária, competências constitucionais, considerando o modelo federativo de Estado; c) proporcionalidade e razoabilidade da prestação[7].

A origem do termo pode ser encontrada na decisão conhecida como *numerus clausus* das vagas em universidades, proferida pelo Tribunal Constitucional Federal Alemão[8]. Nesta decisão, o Tribunal apreciou restrições ao acesso ao ensino superior instituídas por universidades alemãs, tendo ressaltado que a efetivação do direito à educação está condicionada a limitações de ordem fática, considerando a limitação de recursos estatais, de forma que é razoável limitar o que o indivíduo pode exigir da sociedade. Ainda, segundo o Tribunal, a forma de distribuir os escassos recursos na sociedade deve ser, *a priori*, avaliada pelo legislador[9].

No Brasil, a chamada cláusula da reserva do possível vem sendo lembrada e afastada em diversas decisões por parte do Supremo Tribunal Federal, ainda que, às vezes, não se faça expressa referência à expressão sob comento[10].

---

(4) TIPKE, Klaus. *Moral tributaria del Estado y de los contribuyentes*. Madrid-Barcelona: Marcial Pons, 2002, p. 59-60.

(5) AMARAL, Gustavo; MELO, Danielle. Há direitos acima dos orçamentos? In: SARLET, Ingo Wolfgang; TIMM, Luciano Benetti (coords.). *Direitos fundamentais*: orçamento e reserva do possível. Porto Alegre: Livraria do Advogado, 2008, p. 104.

(6) "Distinta (embora conexa) da disponibilidade efetiva de recursos, ou seja, da possibilidade material de disposição, situa-se a problemática ligada à possibilidade jurídica de disposição, já que o Estado (assim como o destinatário em geral) também deve ter a capacidade jurídica, em outras palavras, o poder de dispor, sem o qual de nada lhe adiantam os recursos existentes. Encontramo-nos, portanto, diante de duas facetas diversas, porém intimamente entrelaçadas, que caracterizam os direitos fundamentais sociais prestacionais. É justamente em virtude destes aspectos que se passou a sustentar a colocação dos direitos sociais a prestações sob o que se denominou de uma 'reserva do possível', que, compreendida em sentido amplo, abrange mais do que a ausência de recursos materiais propriamente ditos indispensáveis à realização dos direitos na sua dimensão positiva". FIGUEIREDO, Mariana Filchtiner; SARLET, Ingo Wolfgang. Reserva do possível, mínimo existencial e direito à saúde: algumas aproximações. In: SARLET, Ingo Wolfgang; TIMM, Luciano Benetti (coords.). *Direitos fundamentais*: orçamento e reserva do possível. Porto Alegre: Livraria do Advogado, 2008, p. 29.

(7) FIGUEIREDO, Mariana Filchtiner; SARLET, Ingo Wolfgang. Reserva do possível, mínimo existencial e direito à saúde: algumas aproximações. In: SARLET, Ingo Wolfgang; TIMM, Luciano Benetti (coords.). *Direitos fundamentais*: orçamento e reserva do possível. Porto Alegre: Livraria do Advogado, 2008, p. 30.

(8) KELBERT, Fabiana Okchstein. *Reserva do possível e a efetividade dos direitos sociais no direito brasileiro*. Porto Alegre: Livraria do Advogado, 2011, p. 69-70.

(9) SARLET, Ingo Wolfgang. *A eficácia dos direitos fundamentais*. 9. ed. Porto Alegre: Livraria do Advogado, 2007, p. 306-307.

(10) A título de exemplo, leiam-se as decisões proferidas nos seguintes casos: a) sobre direito à educação infantil: RE 410715 AgR, Relator(a): Min. CELSO DE MELLO, Segunda Turma, julgado em 22/11/2005, DJ 03-02-2006 PP-00076 EMENT VOL-02219-08 PP-01529 RTJ VOL-00199-03 PP-01219 RIP v. 7, n. 35, 2006, p. 291-300 ; b) sobre direito a medicamentos: RE 271286 AgR, Relator(a): Min. CELSO DE MELLO, Segunda Turma, julgado em 12/09/2000, DJ 24-11-2000 PP-00101 EMENT VOL-02013-07 PP-01409.

Sobre a jurisprudência do STF, é interessante destacar a observação feita por Fernando Facury Scaff[11], no sentido de que é curioso que se, por um lado, o STF vem aplicando diretamente a Constituição para assegurar o acesso a prestações relacionadas à saúde e educação, colocando em plano secundário os limites financeiros do Estado, no que diz respeito à matéria previdenciária, aquela Corte pensa diferente, exigindo a prévia existência de recursos para o custeio de benefícios previdenciários. Vejam-se as palavras do autor:

> É curioso que o STF adote procedimento diverso quando trata de direitos previdenciários. Nestes, seu comportamento é de exigir fonte de custeio para a concessão do benefício. Pode-se ver isso em vários julgados, todos eles declarando inconstitucionais leis estaduais que criaram ou estenderam benefícios previdenciários a servidores ou a seus dependentes, sem a correspondente fonte de custeio [...]
>
> Linhas acima foi mencionado que tanto a regra da Constituição italiana (art. 81, § 4º) quanto a da Constituição brasileira (art. 166, I e II; e art. 196, § 5º) que exigem a determinação da fonte dos recursos para a realização de novas despesas, são aplicáveis apenas ao Poder Legislativo, mas não ao Poder Judiciário. É exatamente isso que vem sendo praticado pela jurisprudência brasileira, quando o direito social advém de um sistema normativo já estabelecido, como o previdenciário, mas não é o que ocorre quando as decisões implementam direitos sociais diretamente da Constituição[12].

O fato é que, se em temas extremamente sensíveis, como, por exemplo, o direito à saúde, o Poder Judiciário brasileiro tem deixado, em regra, a questão das limitações orçamentárias em segundo plano, criando uma espécie de direito absoluto em face do Estado, não só nesses temas se põe em relevo a questão da reserva do possível, mas em todos aqueles em que esteja em jogo a pretensão ao recebimento do Estado de prestações materiais, sob o argumento de efetivar direitos fundamentais.

Em razão disso – inclusive no que diz respeito ao direito à saúde –, impende criar parâmetros de controle mais objetivos, que permitam guiar o julgador no enfrentamento da questão da tutela jurisdicional relacionada à implementação, no plano fático, dos direitos fundamentais prestacionais, permitindo, com isso, evitar o arbítrio judicial, em prejuízo aos princípios democráticos e da separação de poderes, em detrimento da própria supremacia dos direitos fundamentais, na medida em que, muitas vezes, sua utilização indevida pode levar a uma banalização desses direitos, mas, acima de tudo, em inobservância do princípio da igualdade, elemento comum aos direitos sociais, que resta vulnerado toda vez que se desequilibra o orçamento estatal, beneficiando poucos e desconsiderando o direito de muitos, privilegiando-se a parte em detrimento do todo, individualizando-se o direito que, por definição, é social, ainda que possua uma dimensão individual.

4. DESVINCULAÇÃO DAS RECEITAS DA UNIÃO (DRU)

Em virtude da rigidez orçamentária[13] provocada, não exclusivamente, mas em boa parte, pela previsão de gastos obrigatórios por parte da Constituição Federal de 1988[14][15], muitos deles relativos à efetivação de direitos fundamentais sociais, como saúde e educação, buscou-se a criação de um mecanismo jurídico capaz de propiciar uma maior flexibilidade para o Poder Executivo aplicar os recursos financeiros do Estado.

Com efeito, apesar de os impostos, por definição, serem uma espécie de tributo cuja receita não

---

(11) SCAFF, Ferrnando Facury. Sentenças aditivas, direitos sociais e reserva do possível. In: SARLET, Ingo Wolfgang; TIMM, Luciano Benetti (coords.). Direitos fundamentais: orçamento e reserva do possível. Porto Alegre: Livraria do Advogado, 2008, p. 168-169.

(12) Como exemplo de decisão exigindo fonte de custeio para ampliação de benefício previdenciário, pode-se citar o AI 625446 AgR, Relator(a): Min. CELSO DE MELLO, Segunda Turma, julgado em 12/08/2008, DJe-177 DIVULG 18-09-2008 PUBLIC 19-09-2008 EMENT VOL-02333-08 PP-01566 RT v. 97, n. 878, 2008, p. 134-137.

(13) Acerca da rigidez orçamentária e a Constituição de 1988, ver CÂMARA, Maurício Paz Saraiva. Uma análise sobre algumas causas da rigidez orçamentária após a Constituição de 1988. Disponível em: <http://portal2.tcu.gov.br/portal/pls/portal/docs/953492.PDF>. Acesso em: 15 de mai. 2011.

(14) SCAFF, Fernando Facury. A desvinculação de receitas da União (DRU) e a supremacia da Constituição. In: MAUÉS, Antônio G. Moreira; SCAFF, Fernando Facury. Justiça constitucional e tributação. São Paulo: Dialética, 2005, p. 109-111.

(15) BRASIL. Secretaria de Orçamento Federal. Vinculações de Receitas dos Orçamentos Fiscal e da Seguridade Social e o Poder Discricionário de Alocação dos Recursos do Governo Federal. v. 1, n. 1, Brasília: Secretaria de Orçamento Federal (SOF), 2003, p. 6-12. Disponível em: <http://www.planejamento.gov.br/secretarias/upload/Arquivos/sof/publicacoes/vinculacoes_orcamentarias.pdf>. Acesso em: 08 de mai. 2011.

tem uma destinação específica, destinando-se a custear serviços e despesas gerais prestados pelo Estado, haja vista a regra constitucional da não afetação (CF/88, art. 167, IV)[16], diversos são os dispositivos constitucionais que destinam parte da arrecadação de impostos da União a fins específicos, como, por exemplo, saúde (art. 198, § 2º), educação (art. 212), realização de atividades da administração tributária (art. 37, XXII), além das transferências atinentes à repartição tributária e de fomento das Regiões Norte, Nordeste e Centro-Oeste (arts. 157, 158 e 159).

No que diz respeito às contribuições, estas incorporam na sua essência a necessária vinculação entre a razão de sua instituição e o fim a que elas se destinam, ainda que, no plano fático, a não efetiva aplicação dos recursos arrecadados no fim previsto não descaracterize essa espécie tributária[17].

Essa rigidez orçamentária prejudica a condução da política macroeconômica do governo, notadamente a obtenção de superávit primário nas contas públicas, destinado a manter a confiança dos credores externos na situação financeira do País[18].

Dentro dessa perspectiva, foi criada a Desvinculação das Receitas da União (DRU) pela Emenda Constitucional n. 27/2000[19], que incluiu o artigo 76 no Ato das Disposições Constitucionais Transitórias (ADCT) da Constituição de 1988, que determinava que:

> "Art. 76. É desvinculado de órgão, fundo ou despesa, no período de 2000 a 2003, vinte por cento da arrecadação de impostos e contribuições sociais da União, já instituídos ou que vierem a ser criados no referido período, seus adicionais e respectivos acréscimos legais." (AC)

---

(16) SABBAG, Eduardo. *Manual de Direito Tributário*. São Paulo: Saraiva, 2010, p. 398.

(17) PAULSEN, Leandro. *Direito tributário*: Constituição e Código Tributário à luz da doutrina e da jurisprudência. Porto Alegre: Livraria do Advogado, 2005, p. 138.

(18) PETRY, Rodrigo Caramori. As contribuições sociais e de intervenção no domínio econômico em face da Desvinculação das Receitas da União (DRU). *Revista de Estudos Tributários*. São Paulo: IOB, n. 68: 58-75, 2009.

(19) A DRU teve como precursores o Fundo Social de Emergência (EC de Revisão n. 1) e o Fundo de Estabilização Fiscal (EC 10 e 17), aos quais não se fará alusão neste artigo, que objetiva unicamente analisar a atual feição da DRU no ordenamento jurídico nacional. Acerca dessas modalidades de vinculação ver SCAFF, Fernando Facury. A desvinculação de receitas da União (DRU) e a supremacia da Constituição. *In*: MAUÉS, Antônio G. Moreira; SCAFF, Fernando Facury. *Justiça constitucional e tributação*. São Paulo: Dialética, 2005, *passim*.

> "§ 1º O disposto no *caput* deste artigo não reduzirá a base de cálculo das transferências a Estados, Distrito Federal e Municípios na forma dos arts. 153, § 5º; 157, I; 158, I e II; e 159, I, "a" e "b", e II, da Constituição, bem como a base de cálculo das aplicações em programas de financiamento ao setor produtivo das regiões Norte, Nordeste e Centro-Oeste a que se refere o art. 159, I, "c", da Constituição." (AC)

> "§ 2º Excetua-se da desvinculação de que trata o *caput* deste artigo a arrecadação da contribuição social do salário-educação a que se refere o art. 212, § 5º, da Constituição." (AC)

Destarte, ressalvadas as transferências decorrentes do sistema federativo, as transferências destinadas ao desenvolvimento das Regiões Norte, Nordeste e Centro-Oeste referidas no art. 159, I, *c*, da CF e os recursos advindos da contribuição social do Salário-Educação, vinte por cento da arrecadação de impostos e contribuições sociais da União, já instituídos ou que vierem a ser criados no referido período, seus adicionais e respectivos acréscimos legais fica desvinculado de órgãos, fundos e despesas, sendo possível à União empregá-los da forma que reputar adequada, como, por exemplo, pagamento de juros, encargos e amortização da dívida pública do governo federal[20].

A Emenda Constitucional n. 42/2003 alterou a redação do art. 76 do ADCT para o seguinte:

> "Art. 76. É desvinculado de órgão, fundo ou despesa, no período de 2003 a 2007, vinte por cento da arrecadação da União de impostos, contribuições sociais e de intervenção no domínio econômico, já instituídos ou que vierem a ser criados no referido período, seus adicionais e respectivos acréscimos legais.
>
> § 1º O disposto no *caput* deste artigo não reduzirá a base de cálculo das transferências a Estados, Distrito Federal e Municípios na forma dos arts. 153, § 5º; 157, I; 158, I e II; e 159, I, a e b; e II, da Constituição, bem como a base de cálculo das destinações a que se refere o art. 159, I, c, da Constituição.
>
> (...)

Percebe-se a ampliação da DRU tanto de natureza temporal (a desvinculação foi estendida até 2007) como qualitativa (passou a abarcar as contribuições sociais e de intervenção no domínio econômico).

---

(20) Fernando Facury Scaff, analisando informações divulgadas pelo Governo Federal na época da instituição da DRU, destaca que, apesar da desvinculação, parcela dos recursos continua sendo aplicado no seu destino original. Idem, ibidem, p. 109-111.

A Emenda Constitucional n. 56/2007, ensejando nova prorrogação da DRU (até 31 de dezembro de 2011), atribuiu a seguinte redação ao art. 76 do ADCT:

> Art. 76. É desvinculado de órgão, fundo ou despesa, até 31 de dezembro de 2011, 20% (vinte por cento) da arrecadação da União de impostos, contribuições sociais e de intervenção no domínio econômico, já instituídos ou que vierem a ser criados até a referida data, seus adicionais e respectivos acréscimos legais. (Redação dada pela Emenda Constitucional n. 56, de 2007)
>
> (...)

A Emenda Constitucional n. 59/2009 permitiu, por meio da inserção de um parágrafo terceiro no art. 76 do ADCT, uma redução progressiva do percentual de desvinculação dos recursos destinados à manutenção e desenvolvimento do ensino (art. 212 da CF/88), sendo de 12,5% em 2009, 5% em 2010, sendo extinto no exercício de 2011, *in verbis*:

> § 3º Para efeito do cálculo dos recursos para manutenção e desenvolvimento do ensino de que trata o art. 212 da Constituição, o percentual referido no *caput* deste artigo será de 12,5% (doze inteiros e cinco décimos por cento) no exercício de 2009, 5% (cinco por cento) no exercício de 2010, e nulo no exercício de 2011. (Incluído pela Emenda Constitucional n. 59, de 2009)

Por fim, a Emenda Constitucional n. 68/2011 ensejou nova prorrogação da DRU, desta feita até 31 de dezembro de 2015, tendo mantido o afastamento da desvinculação das receitas destinadas ao ensino por todo esse período.

Quanto aos impostos, os efeitos da DRU são menos evidentes, eis que, como visto, pelo princípio da não afetação, essa espécie tributária, em regra, não ostenta uma finalidade específica, podendo os recursos arrecadados ser livremente aplicados, com exceção das já aludidas vinculações constitucionais, estas, sim, afetadas, ainda que em parte. Essa conclusão é reforçada pela preservação, pelas sucessivas emendas constitucionais que alteraram a redação do art. 76 do ADCT, dos recursos destinados à preservação da autonomia de estados e municípios[21].

Ainda assim, como se verá adiante, para os fins deste artigo, mesmo esse efeito menos evidente, se comparado ao que se falará a respeito da desvinculação das receitas oriundas de contribuições especiais, tem graves repercussões em matéria de efetivação de direitos fundamentais sociais.

Quanto à desvinculação das receitas arrecadadas com as contribuições especiais, nelas inseridas as contribuições de intervenção no domínio econômico, o instituto da DRU tem efeitos mais drásticos, haja vista que afeta a própria essência dessa espécie tributária, na medida em que viola a sagrada vinculação normativa existente entre a instituição de uma determinada contribuição e o fim para o qual ela foi criada.

Como destaca Leandro Paulsen, após a Constituição de 1988, a análise da finalidade da exação é de extremo relevo para se identificar espécies tributárias como as contribuições e o empréstimo compulsório, sendo a finalidade dessas exações o critério de sua validade constitucional[22].

Como, com a DRU, desvincula-se parte da receita dessas exações, é de se indagar acerca da validade constitucional dessa desafetação de receitas, ainda que parcial.

O Supremo Tribunal Federal foi instado a se pronunciar a respeito, através da ADI n. 2.199[23] que questionava a EC n. 27/2000, no entanto, tendo em vista a morosidade no julgamento da ação, o relator do processo em agosto de 2012 acabou proferindo decisão monocrática, no sentido de extinguir o processo sem o devido julgamento do mérito, por entender que a EC n. 42/2003 teria suplantado as normas questionadas, tendo estas perdido sua eficácia e vigência, razão pela qual o pedido formulado na ação teria restado prejudicado.

Os Tribunais Regionais Federais, por seu turno, têm reconhecido a constitucionalidade da desvinculação, deixando clara a distinção entre a obrigação tributária de pagar os impostos e contribuições validamente constituída e o destino posterior dos recursos arrecadados. Utiliza-se, também, como argumento a inexistência de violação de cláusulas pétreas, não havendo direito fundamental de garantir a vinculação de receitas tributárias a determinado fim[24].

---

(21) PETRY, Rodrigo Caramori. As contribuições sociais e de intervenção no domínio econômico em face da Desvinculação das Receitas da União (DRU). *Revista de Estudos Tributários*. São Paulo: IOB, n. 68: 58-75, 2009.

(22) PAULSEN, Leandro. *Direito tributário*: Constituição e Código Tributário à luz da doutrina e da jurisprudência. Porto Alegre: Livraria do Advogado, 2005, p. 668.

(23) Conforme movimentação processual Disponível em: http://www.stf.jus.br/portal/processo/verProcessoAndamento.asp?incidente=1820180. Acesso em: 30 abr. 2013.

(24) Neste sentido ver, a título exemplificativo, além dos já citados no texto, os seguintes julgados AC 200733000025965, JUIZ

Confiram-se, a respeito, os seguintes julgados:

MANDADO DE SEGURANÇA — TRIBUTÁRIO — CONSTITUCIONAL — EMENDA CONSTITUCIONAL N. 27/2000 — DESVINCULAÇÃO DE PARTE DOS VALORES ARRECADADOS A TÍTULO DE CONTRIBUIÇÕES SOCIAIS (PIS, COFINS E CSL) — POSSIBILIDADE. 1 — A EC n. 27/2000, que introduziu o art. 76 ao ADCT, não violou cláusula pétrea, porquanto não há qualquer óbice à utilização de emenda constitucional como instrumento de veiculação de matéria tributária, encontrando respaldo nos §§ 3º e 4º do art. 60, que não vedam a criação de medidas político-fiscais de controle orçamentário da União, visando à adequação da destinação das receitas decorrentes da arrecadação de impostos e contribuições. Tais medidas não implicam em violação aos direitos e garantias fundamentais do cidadão; ao contrário, sua pretensão é a de racionalizar a aplicação dos recursos públicos. 2 — Não se há falar em criação de novo tributo, porquanto o art. 76 do ADCT não modificou a alíquota ou a base de cálculo das contribuições já existentes. Ademais, o valor a ser recolhido pelo contribuinte continuou o mesmo, apenas a destinação desse recurso aos cofres públicos é que foi alterada, não havendo, pois, qualquer prejuízo àqueles que se sujeitam ao seu recolhimento. 3 — As contribuições para a Seguridade Social, assim compreendidas como aquelas descritas no art. 195 da Constituição, não tiveram a sua finalidade alterada em razão da desvinculação de 20% de sua arrecadação pelo art. 76 do ADCT, de vez que tais contribuições continuam a ser uma das fontes de custeio da Seguridade Social. 4 — Eventual reconhecimento da inconstitucionalidade da EC n. 27/2000 não implicaria em autorização para o contribuinte se eximir do recolhimento de 20% das contribuições ao PIS, COFINS e CSL, mas apenas tornaria ilegítima a desvinculação desses recursos por parte do ente arrecadador. 5 — Apelação desprovida. (AMS 200061000479227, JUIZ LAZARANO NETO, TRF3 — SEXTA TURMA, 22/03/2010)

PROCESSUAL CIVIL. AGRAVO. ART. 557, § 1º, DO CÓDIGO DE PROCESSO CIVIL. ARTIGO 76 DO ADCT. DESVINCULAÇÃO DE 20% DA ARRECADAÇÃO DA UNIÃO DE CONTRIBUIÇÕES SOCIAIS. CONSTITUCIONALIDADE DAS ECs 27/00 E 42/03. CLASSIFICAÇÃO COMO IMPOSTO. POSSIBILIDADE. CONSTITUCIONALIDADE. INOCORRÊNCIA. 1 — Não há inconstitucionalidade na Emenda Constitucional n. 27/2000 e, tampouco, na n. 42/2003, que modificaram o artigo 76 do Ato das Disposições Constitucionais Transitórias – ADCT e desvincularam parte de receitas tributárias. 2 — A nova redação do art. 76 do ADCT não alterou a finalidade social das contribuições. Ademais, tais dispositivos nada têm a ver com as obrigações tributárias postas nesta lide, tratando da destinação do produto da arrecadação de tributos. 3 — Não sendo tributo instituído com fundamento na competência residual da União Federal, as contribuições sociais em tela podem ser cobradas com base nas mesmas leis ordinárias que as instituíram, já que todas estão previstas na Carta Magna, dispensada a edição de lei complementar para tanto. 4 — O legislador derivado apenas alterou, temporariamente, a destinação constitucional do produto da arrecadação de tributos e isso não implica inconstitucionalidade. Pelo mesmo motivo, não há qualquer ofensa aos arts. 149, 154, I, 167, IV e VIII, 195, todos da Constituição Federal de 1988, pois não se trata de instituir novos tributos de competência residual da União, mas de simples modificação do destino da arrecadação de tributos, sem qualquer invalidade. 5 — A vinculação a uma finalidade especial de receitas da União, obtidas a título de contribuições sociais pré-determinada pela Constituição, conforme conceituado, segundo interpretação doutrinária, nos art. 149 e 195 da CR/88, não corresponde a direito ou garantia fundamental do contribuinte e, em consequência, a matéria pode ser veiculada por Emenda Constitucional. 6 — As Emendas Constitucionais 27/00 e 42/03 não violaram o disposto no art. 60 da CR/88, já que permaneceu inalterado o chamado núcleo duro da Carta, formado pelas cláusulas pétreas e, por outro lado, o processo legislativo previsto constitucionalmente foi observado. 7 — Pode a Constituição prever a destinação específica de receitas decorrentes de contribuições e, no ADCT autorizar a desvinculação de um percentual, como o faz em caráter temporário. 8 — Agravo a que se nega provimento. (AMS 200261130030725, JUIZ HENRIQUE HERKENHOFF, TRF3 – SEGUNDA TURMA, 21/08/2008)

Guarda-se certa reserva quanto ao entendimento que vem sendo pacificamente adotado na jurisprudência pátria acerca da DRU.

Com efeito, no que diz respeito às receitas arrecadadas com contribuições especiais, a desvinculação de parte delas acaba desnaturando a

---

FEDERAL CLEBERSON JOSÉ ROCHA (CONV.), TRF1 – OITAVA TURMA, 15/04/2011; AMS 200261130030786, JUIZ RENATO BARTH, TRF3 – TERCEIRA TURMA, 01/08/2007; APELREEX 200371000322446, OTÁVIO ROBERTO PAMPLONA, TRF4 – SEGUNDA TURMA, 12/08/2009; AC 200783050002941, Desembargador Federal Rogério Fialho Moreira, TRF5 – Primeira Turma, 15/04/2010; AMS 200381000247233, Desembargador Federal Napoleão Maia Filho, TRF5 – Segunda Turma, 30/05/2006.

espécie tributária sob comento, transformando-a em verdadeiro imposto, submetido, em regra, ao princípio da não afetação, quando as contribuições, após a CF de 1988, submetem-se ao princípio da afetação[25].

Ora, como cediço, existem contribuições que possuem mesmo fato gerador ou mesma base de cálculo dos impostos, o que só não é proscrito pela Constituição por se tratarem de tributos diversos.

No julgamento do RE 146.733/SP, no voto do Min. Ilmar Galvão, extrai-se que não se vislumbrou inconstitucionalidade no fato de a Contribuição Social Sobre o Lucro Líquido ter base de cálculo e fato gerador idênticos ao do Imposto de Renda, pelo fato de que a Constituição só veda a instituição de novo imposto ou nova contribuição que tenham base de cálculo ou fato gerador idênticos àqueles impostos e contribuições, respectivamente, já previstos em seu texto, e não entre impostos e contribuições.

No entanto, com a desvinculação das receitas, tem-se, ainda que parcialmente, a eliminação daquilo que diferencia impostos e contribuições: a finalidade dos recursos prevista na norma, dando-se ensejo a que o administrador aplique os recursos de forma discricionária.

Todavia, é fato que a DRU foi veiculada por meio de emenda à Constituição, assumindo as normas inseridas no art. 76 do ADCT a natureza de norma constitucional. Assim, da mesma forma que a Constituição, em seu corpo permanente, vincula a receita de impostos a determinadas finalidades (saúde e educação, por exemplo), nada impediria, ressalvada a violação de cláusulas pétreas, que o constituinte derivado adotasse orientação em sentido oposto no que diz respeito às contribuições, isto é, desvinculando-as dos fins para os quais foram originalmente instituídas.

Assim, a pergunta relevante a se fazer é: as Emendas Constitucionais n. 27, 42, 56 e 68, ao instituírem ou prorrogarem e reforçarem a eficácia da DRU, vilipendiaram cláusulas pétreas? No entender da jurisprudência já formada, não.

Não obstante, algumas considerações merecem ainda ser tecidas a respeito dessa relevante indagação. É o que se fará a seguir, à luz da teoria dos direitos fundamentais.

5. DESVINCULAÇÃO DAS RECEITAS DA UNIÃO (DRU) E A EFETIVAÇÃO DOS DIREITOS SOCIAIS

O Estado brasileiro assenta-se no paradigma do Estado Social de Direito, ainda que não haja expressa norma constitucional dispondo a respeito[26]. Destarte, o Estado brasileiro tem a missão, como deixa claro o art. 3º da CF de 1988, assim como o rol não exaustivo de direitos fundamentais sociais descritos ao longo da Carta, de adotar uma postura ativa, no sentido de fornecer prestações e criar instituições destinadas à progressiva e gradual efetivação, no plano fático, de uma desejada igualdade material na sociedade, que deve ser justa e solidária.

Como visto, mais do que o Estado de feição liberal, o paradigma do Estado social demanda a disponibilidade de recursos financeiros para fazer frente às despesas relacionadas à efetivação dos direitos de segunda dimensão, quais sejam, os direitos sociais, culturais e econômicos.

Sabendo disso, o constituinte de 1988, assim como o legislador constituinte derivado, previram a arrecadação e aplicação de recursos advindos de tributos na implementação de alguns dos mais importantes direitos sociais, como a educação, saúde e seguridade social. Com isso, buscava-se assegurar uma fonte mínima de recursos destinados ao custeio da implementação desses direitos[27], em respeito, inclusive, ao requisito de existência de prévia dotação orçamentária (CF/88, art. 167) e aos limites impostos pela aludida reserva do possível, limite à implementação dos direitos fundamentais.

Alguns desses tributos já nasceram com essa finalidade[28][29], caso das contribuições especiais

---

(25) SCAFF, Fernando Facury. As contribuições sociais e o princípio da afetação. *Interesse Público*, Porto Alegre, ano 5, n. 21, p. 93-111, set./out. 2003.

(26) SARLET, Ingo Wolfgang. *A eficácia dos direitos fundamentais*. 9. ed. Porto Alegre: Livraria do Advogado, 2007, p. 71. BONAVIDES, Paulo. *Curso de Direito Constitucional*. 25. ed. São Paulo: Malheiros, 2010, p. 371.

(27) MODENA, Ana Isabel. *O orçamento público e a flexibilização orçamentária através da desvinculação das receitas da União (DRU)*. Disponível em: <http://www.conpedi.org.br/manaus/arquivos/anais/fortaleza/3157.pdf>. Acesso em: 25 mai. 2011.

(28) "[...] esses dois itens que a Constituição afastou expressamente não se constituem em aspectos fundamentais que distingam as contribuições das demais exações fiscais. O aspecto fundamental é o da *destinação*, que as faz poder ser enquadradas como instrumentos de arrecadação de valores para cumprir as finalidades estatais no domínio econômico, dentre elas as sociais, de intervenção no domínio econômico e no interesse de categorias profissionais e econômicas. Ou seja, tais contribuições se caracterizam como um instrumento de arrecadação tributária com a finalidade de implementar os direitos humanos de segunda geração, quais sejam, aqueles que estabelecem prestações positivas a serem desenvolvidas pelo Estado, que se configuram como implementação

destinadas ao custeio da seguridade social, tendo dito a Constituição, por exemplo, que é vedada a utilização dos recursos provenientes das contribuições sociais de que trata o art. 195, I, "a", e II, para a realização de despesas distintas do pagamento de benefícios do regime geral de previdência social de que trata o art. 201 (art. 167, XI).

Outros, como os impostos, apesar de, *a priori*, não possuírem uma destinação específica, tiveram parte do produto de sua arrecadação vinculada ao custeio de despesas com a efetivação de direitos sociais (CF/88, art. 167, IV), tamanha a preocupação do constituinte com a eficácia dos direitos sociais relativos à saúde e educação.

Presente esse cenário, é possível ao constituinte derivado desvincular parcela da arrecadação da União com impostos e contribuições, para destiná-la a fins diversos daqueles originalmente previstos? Não se estaria a fulminar a cláusula pétrea prevista no art. 60, § 4º, IV[30]? É possível ao Estado alegar carência de recursos para efetivar direitos fundamentais quando ele próprio desvia recursos adrede destinados ao custeio desses direitos?

Crê-se que a DRU, à luz do regime jurídico atribuído aos direitos fundamentais pela Constituição Federal de 1988, é inconstitucional, por violar a cláusula pétrea contida no art. 60, § 4º, IV, bem como por descumprir o efeito vinculante advindo da dimensão objetiva dos direitos fundamentais sociais afetados, violando, ainda, o princípio implícito da vedação ao retrocesso social.

De fato, ainda que alguns estudiosos do tema sob comento intentem demonstrar, com argumentos econômico-financeiros, seja a necessidade da desvinculação para efeito de equilíbrio das contas públicas, seja que, em que pese a desvinculação, determinados direitos sociais não foram concretamente afetados, pois o Estado tem direcionado novas fontes de custeio desses direitos[31] ou mesmo não se valeu da desvinculação, caso das contribuições previdenciárias[32], analisada a DRU sob o regime jurídico dos direitos fundamentais sociais traçados pela Constituição Federal de 1988, não poderia o constituinte derivado alterar, ainda que somente no plano estritamente jurídico, a destinação de recursos essenciais senão para afastar o óbice fático imposto pela reserva do possível, pelo menos para alargar o que se possa entender possível de ser feito na realidade brasileira.

Efetivamente, como já mencionado neste artigo: a) é ponto pacífico que a implementação dos direitos sociais demanda, dentre outras coisas, recursos financeiros destinados ao seu custeio, sendo, inclusive, a reserva do possível, vista sob o viés econômico, apontada como uma barreira a ser levada a sério quanto à realização dos direitos sociais; b) o Estado brasileiro, tal como estruturado pela Constituição de 1988, é um Estado Social; c) o constituinte, tanto originário, quanto o derivado, destinou, expressamente, recursos decorrentes da arrecadação de tributos para a efetivação de direitos sociais; d) as contribuições sociais são uma espécie tributária caracterizada justamente pela finalidade justificadora de sua instituição, sujeitando-se à regra da afetação; e) os impostos, conquanto sujeitos, *a priori*, à regra da não afetação, tiveram vinculação de parte de sua arrecadação com finalidade de implementar direitos sociais (saúde e educação) expressamente prevista na CF (art. 167, IV), tamanha a preocupação do

---

do princípio da isonomia entre os homens, tratando-os de maneira desigual, na medida de suas desigualdades. Cumprem as contribuições, portanto, esta função específica no âmbito da arrecadação tributária. Dessa forma, não podem ser completamente entendidas de maneira apartada da destinação de sua arrecadação. SCAFF, Fernando Facury. Contribuições de intervenção e direitos humanos de segunda dimensão. *In:* MEZZAROBA, Orides (org.). *Humanismo latino e Estado no Brasil.* Florianópolis: Fundação Boiteux, Fondazione Casamarca, 2003, p. 9-10.

(29) "[...] a Constituição da República de 1988 previu em seu texto tributos destinados ao custeio de deveres prestacionais do Estado, quais sejam, as contribuições sociais previstas em seu art. 149. Considerando a evolução dos direitos fundamentais, que delimitam negativa e positivamente a atuação do Estado, temos que o gasto social a ser realizado é fator legitimador, a verdadeira *ratio essendi* das contribuições sociais, previstas no art. 149 da CF. BREYNER, Frederico Menezes. *Inconstitucionalidade da Desvinculação das Receitas da União (DRU) quanto às contribuições sociais sob a ótica dos direitos prestacionais fundamentais.* Disponível em: <http://sachacalmon.com.br/wp-content/uploads/2011/02/DRU1.pdf>. Acesso em: 20 mai. 2011.

(30) Como já mencionado, aqui se parte da premissa de que os direitos sociais estão abarcados pela citada cláusula pétrea. Neste sentido ver sobre a polêmica SARLET, Ingo Wolfgang. *A eficácia dos direitos fundamentais.* 9. ed. Porto Alegre: Livraria do Advogado, 2007, p. 424-430. BRANCO, Paulo Gustavo Gonet; COELHO; Inocêncio Mártires; MENDES, Gilmar Ferreira. *Curso de direito constitucional.* São Paulo: Saraiva, 2007, p. 214-215.

(31) DIAS, Fernando Álvares Correia. *Desvinculação das receitas da União, gastos sociais e ajuste fiscal.* Disponível em: <http://www.senado.gov.br/senado/conleg/textos_discussao/NOVOS%20TEXTOS/texto38%20-%20Fernando%20Dias.pdf>. Acesso em: 23 mai. 2011.

(32) PETRY, Rodrigo Caramori. As contribuições sociais e de intervenção no domínio econômico em face da Desvinculação das Receitas da União (DRU). *Revista de Estudos Tributários.* São Paulo: IOB, n. 68: 58-75, 2009.

constituinte com a efetivação dos direitos sociais; f) os direitos sociais estão protegidos com a eficácia protetiva outorgada pela cláusula pétrea constante do art. 60, § 4º, IV. Tudo o que foi descrito nesta síntese está a revelar a importância dada pela Constituição de 1988 à concretização dos direitos sociais.

Nos tópicos seguintes, analisar-se-á a inconstitucionalidade da DRU, pelas razões já mencionadas.

5.1. Ofensa à cláusula pétrea contida no art. 60, § 4º, IV, da CF

Segundo o art. 60, § 4º, IV, da CF/88, não será objeto de deliberação a proposta de emenda tendente a abolir os direitos e garantias individuais, expressão que deve ser entendida como direitos e garantias fundamentais, de forma a abarcar os direitos fundamentais de diversas dimensões, cuja importância não foi escalonada pela CF de 1988[33]. O Estado Social e Democrático de Direito em que se consubstancia o Estado brasileiro, com a fragilização dos direitos sociais, teria seus pilares abalados, sofrendo verdadeira mutação, eis que deixaria de se assentar no paradigma do Estado Social, para se basear em outro, como, por exemplo, o do Estado Liberal.

Ademais, ainda que se buscasse interpretação literal do disposto na norma em liça, na medida em que os direitos sociais servem para garantir a máxima eficácia dos próprios direitos de primeira dimensão (como exercer a liberdade de profissão se não tem uma qualificação adequada? Como viver uma vida digna sem saúde?), o que denota o caráter indivisível e interdependente dos direitos fundamentais[34], ter-se-ia a fragilização, ainda que indireta dos direitos individuais e, por conseguinte, também se poderia extrair daí a proteção contra reforma dos direitos sociais.

Pois bem. Como se vê, é proscrita pela Carta Magna a proposta de emenda que tenda a abolir direitos fundamentais, isto é, que tenha o condão, ainda que isto não tenha sido o objetivo do constituinte derivado, de reduzir ou mitigar a eficácia de direitos fundamentais, não necessitando que isto, na prática, ocorra. Em outras palavras, basta o perigo abstrato de fragilização dos direitos fundamentais, não necessitando de perigo concreto e, muito menos, que o dano realmente ocorra.

Assim, ainda que o Executivo direcione verbas para compensar a redução de receitas destinadas ao custeio dos direitos sociais, isto não afasta a inconstitucionalidade da DRU, eis que esta, ao liberar o Poder Executivo para aplicar verbas antes vinculadas à implementação de direitos fundamentais sociais em qualquer finalidade que lhe aprouver, representa alteração da Constituição que tende a abolir ou fragilizar, se assim se preferir, direitos sociais dotados do caráter de fundamentalidade, tais quais os direitos à saúde, educação e previdência social[35].

Ademais, razões de ordem econômica ou razões de Estado em sentido amplo, como, por exemplo, a estabilidade fiscal, não justificam a mutilação da constituição e o descumprimento de direitos fundamentais. A Constituição não é um obstáculo a ser contornado pelos administradores de plantão, devendo, ao revés, ser estritamente respeitada, sob pena de grave ofensa ao princípio estruturante do Estado de Direito. Neste sentido, vale transcrever o seguinte trecho de ementa de julgado do Supremo Tribunal Federal, tendo como relator o eminente Ministro Celso de Mello:

[...] RAZÕES DE ESTADO NÃO PODEM SER INVOCADAS PARA LEGITIMAR O DESRESPEITO À SUPREMACIA DA CONSTITUIÇÃO DA REPÚBLICA.

---

(33) BRANDÃO, Rodrigo. São os direitos sociais cláusulas pétreas? Em que medida? In: NETO, Cláudio Pereira de Souza; SARMENTO, Daniel (orgs.). Direitos Sociais: fundamentos, judicialização e direitos sociais em espécie. Rio de Janeiro: Lumen Juris, 2010, p. 463-464.

(34) KELBERT, Fabiana Okchstein. Reserva do possível e a efetividade dos direitos sociais no direito brasileiro. Porto Alegre: Livraria do Advogado, 2011, p. 22. No mesmo sentido, BOBBIO, Noberto. A era dos direitos. Rio de Janeiro: Elsevier, 2004, p. 226-227.

(35) No relatório do Tribunal de Contas da União relativo ao exercício de 2009, no ponto relativo à seguridade social, extrai-se a seguinte conclusão acerca do impacto da DRU nas contas da seguridade: "[...] demonstra a ocorrência de expressiva variação nas despesas empenhadas da seguridade social nos anos de 2008 e 2009; observa-se um aumento de 15,2% das despesas de 2009 em relação ao exercício anterior, enquanto as receitas realizadas apresentaram crescimento de 6,3% nesse período. Verifica-se que, quando adicionados os valores correspondentes à DRU ao resultado da seguridade social, o valor do resultado para 2008 passa a ser positivo em R$ 7,8 bilhões; contudo, mesmo com o acréscimo dos valores desvinculados (DRU), o resultado para o exercício de 2009 permanece negativo, no valor aproximado de R$ 30,3 bilhões". BRASIL. TRIBUNAL DE CONTAS DA UNIÃO. Relatório e parecer prévio sobre as contas do Governo da República: exercício de 2009. Disponível em: <http://portal2.tcu.gov.br/portal/page/portal/TCU/comunidades/contas/contas_governo/contas_09/Textos/CG%20 2009%20Relatório.pdf>. Acesso em: 25 mai. 2011. Percebe-se que, no exercício de 2008, se não houvesse a DRU, haveria superávit de R$ 7,8 bilhões, enquanto, no exercício de 2009, mesmo com a DRU, tem-se déficit, o que demonstra a carência de recursos para o custeio da seguridade e a inconstitucionalidade da DRU nos termos defendidos.

– A invocação das razões de Estado – além de deslegitimar-se como fundamento idôneo de justificação de medidas legislativas – representa, por efeito das gravíssimas consequências provocadas por seu eventual acolhimento, uma ameaça inadmissível às liberdades públicas, à supremacia da ordem constitucional e aos valores democráticos que a informam, culminando por introduzir, no sistema de direito positivo, um preocupante fator de ruptura e de desestabilização político-jurídica. Nada compensa a ruptura da ordem constitucional. Nada recompõe os gravíssimos efeitos que derivam do gesto de infidelidade ao texto da Lei Fundamental. A defesa da Constituição não se expõe, nem deve submeter-se, a qualquer juízo de oportunidade ou de conveniência, muito menos a avaliações discricionárias fundadas em razões de pragmatismo governamental. A relação do Poder e de seus agentes, com a Constituição, há de ser, necessariamente, uma relação de respeito. Se, em determinado momento histórico, circunstâncias de fato ou de direito reclamarem a alteração da Constituição, em ordem a conferir-lhe um sentido de maior contemporaneidade, para ajustá-la, desse modo, às novas exigências ditadas por necessidades políticas, sociais ou econômicas, impor-se-á a prévia modificação do texto da Lei Fundamental, com estrita observância das limitações e do processo de reforma estabelecidos na própria Carta Política. A DEFESA DA CONSTITUIÇÃO DA REPÚBLICA REPRESENTA O ENCARGO MAIS RELEVANTE DO SUPREMO TRIBUNAL FEDERAL. – O Supremo Tribunal Federal – que é o guardião da Constituição, por expressa delegação do Poder Constituinte – não pode renunciar ao exercício desse encargo, pois, se a Suprema Corte falhar no desempenho da gravíssima atribuição que lhe foi outorgada, a integridade do sistema político, a proteção das liberdades públicas, a estabilidade do ordenamento normativo do Estado, a segurança das relações jurídicas e a legitimidade das instituições da República restarão profundamente comprometidas. O inaceitável desprezo pela Constituição não pode converter-se em prática governamental consentida. Ao menos, enquanto houver um Poder Judiciário independente e consciente de sua alta responsabilidade política, social e jurídico-institucional. (ADI 2010 MC, Relator(a): Min. CELSO DE MELLO, Tribunal Pleno, julgado em 30/09/1999, DJ 12-04-2002 PP-00051 EMENT VOL-02064-01 PP-00086)

5.2. Da dimensão objetiva dos direitos fundamentais

Os direitos fundamentais, além de sua feição subjetiva, da qual decorrem prerrogativas para seu titular passíveis de serem exigidas do Estado, ostentam uma dimensão objetiva[36][37][38] da qual emanam vários efeitos, sendo que, para os fins deste trabalho, interessa mais de perto a chamada eficácia dirigente dos direitos fundamentais.

Realmente, por incorporarem os valores máximos de determinada sociedade, estando positivados na lei maior de determinado ordenamento jurídico, os direitos fundamentais, independentemente de situações subjetivas em que seus titulares demonstrem que restaram violados, merecem, abstratamente (objetivamente) falando, a tutela estatal, seja no sentido de respeitar os direitos fundamentais, abstendo-se de adotar posturas ofensivas às normas que prevejam direitos fundamentais, seja protegendo-os, isto é, adotando uma postura ativa em ordem a criar mecanismos de defesa de direitos contra violações do Estado ou dos próprios particulares, seja promovendo-os, agindo em direção a uma progressiva consolidação dos direitos fundamentais, notadamente os sociais, a fim de se alcançar uma igualdade material.

Neste sentido, convém transcrever a seguinte lição de Gilmar Mendes, Inocêncio Coelho e Paulo Gustavo Gonet:

---

(36) Acerca das dimensões subjetiva e objetiva dos direitos fundamentais, consultar DIMOULIS, Dimitri; MARTINS, Leonardo. *Teoria geral dos direitos fundamentais*. São Paulo: Revista dos Tribunais, 2007, p. 116-131; CANOTILHO, José Joaquim Gomes. *Direito Constitucional e teoria da constituição*. 7. ed. Coimbra: Edições Almedina, 2003. p. 476-477; BRANCO, Paulo Gustavo Gonet; COELHO; Inocêncio Mártires; MENDES, Gilmar Ferreira. *Curso de direito constitucional*. São Paulo: Saraiva, 2007, p. 255-258. SARLET, Ingo Wolfgang. *A eficácia dos direitos fundamentais*. 9. ed. Porto Alegre: Livraria do Advogado, 2007, p. 157-172. BONAVIDES, Paulo. *Curso de Direito Constitucional*. 25. ed. São Paulo: Malheiros, 2010, p. 602-604. KELBERT, Fabiana Okchstein. *Reserva do possível e a efetividade dos direitos sociais no direito brasileiro*. Porto Alegre: Livraria do Advogado, 2011, p. 48-57.

(37) "A concepção da dimensão objetiva dos direitos fundamentais remonta à célebre decisão do caso Lüth, proferida pelo Tribunal Constitucional da Alemanha, onde se reconheceu, pela primeira vez, que os direitos fundamentais se direcionam contra o Estado também como ordem objetiva de valores, e não apenas como dever de não violação [...]". KELBERT, Fabiana Okchstein. *Reserva do possível e a efetividade dos direitos sociais no direito brasileiro*. Porto Alegre: Livraria do Advogado, 2011, p. 49.

(38) "[...] o reconhecimento da dimensão subjetiva dos direitos sociais não exclui a presença da sua dimensão objetiva. Em razão desta última, é possível detectar, por exemplo, a força irradiante dos direitos sociais, que os torna diretrizes importantes para interpretação de outras normas e atos jurídicos; o dever do Estado de proteger perante terceiros os bens e valor subjacentes a tais direitos; e a obrigação estatal de instituir organizações e procedimentos aptos à realização dos mesmos direitos [...]" SARMENTO, Daniel. A proteção judicial dos direitos sociais: alguns parâmetros ético-jurídicos. In: NETO, Cláudio Pereira de Souza; SARMENTO, Daniel (orgs.). *Direitos Sociais*: fundamentos, judicialização e direitos sociais em espécie. Rio de Janeiro: Lumen Juris, 2010, p. 568.

A dimensão objetiva resulta do significado dos direitos fundamentais como princípios básicos da ordem constitucional. Os direitos fundamentais participam da essência do Estado de Direito democrático, operando como limite do poder e como diretriz para sua ação. As constituições democráticas assumem um sistema de valores que os direitos fundamentais revelam e positivam. Esse fenômeno faz com que os direitos fundamentais influam sobre todo o ordenamento jurídico, servindo de norte para a ação de todos os poderes constituídos.

Os direitos fundamentais, assim, transcendem a perspectiva da garantia de posições individuais, para alcançar a estatura de normas que filtram os valores básicos da sociedade política, expandindo-os para todo o direito positivo. Formam, pois, a base do ordenamento jurídico de um Estado democrático.

Essa dimensão objetiva produz consequências apreciáveis.

Ela faz com que o direito fundamental não seja considerado exclusivamente sob a perspectiva individualista, mas, igualmente, que o bem por ele tutelado seja visto como um valor em si, a ser preservado e fomentado[39].

Pela eficácia dirigente, "se afirma conterem os direitos fundamentais uma ordem dirigida ao Estado no sentido de que a este incumbe a obrigação permanente de concretização e realização dos direitos fundamentais"[40].

Ora, como a DRU retira dos direitos fundamentais sociais recursos relevantes para a sua efetivação, estreitando ao invés de alargar a reserva do possível, tem-se que a desvinculação das receitas da União é também inconstitucional por violar o dever de promoção dos direitos fundamentais sociais extraído de sua dimensão objetiva. Com efeito, a DRU frustra a justa expectativa do constituinte de garantir recursos mínimos para efetivação dos direitos fundamentais e, com isso, descumpre a grave missão imposta a todos os órgãos do Estado pela dimensão objetiva dos direitos fundamentais sociais prejudicados.

Em lugar de fomentar os direitos sociais eleitos pela Constituição como finalidade precípua das contribuições sociais e da vinculação de parte das receitas de impostos, prioriza-se interesses outros, a exemplo de amortização da dívida pública, como se houvesse margem de liberdade de atuação para o administrador ou mesmo liberdade de conformação do legislador onde a Constituição, por cláusula pétrea, e a realidade ainda desigual da sociedade brasileira reduziram essa suposta discricionariedade a zero[41].

5.3. O desrespeito ao princípio da vedação ao retrocesso social

O princípio da vedação do retrocesso é um princípio implícito no ordenamento jurídico brasileiro, decorrente do sistema jurídico-constitucional, que pode ser definido como sendo a não admissão de retrocesso para níveis de proteção inferiores aos anteriormente consagrados em relação aos direitos fundamentais, exceto se as circunstâncias fáticas se alterarem significativamente. Uma vez concretizado direito fundamental social, o dever de legislar do Estado transforma-se em um direito negativo, ou direito de defesa, qual seja, o de não eliminar a lei implementadora[42].

Pode-se afirmar que o princípio da proibição do retrocesso decorre, dentre outros, dos seguintes princípios e argumentos constitucionais: a) Do princípio do Estado Democrático e Social de Direito; b) Do princípio da dignidade da pessoa humana; c) Do princípio da máxima eficácia e efetividade das normas definidoras de direitos fundamentais; d) Da proteção contra medidas de cunho retroativo (na qual se enquadra a proteção dos direitos adquiridos,

---

(39) BRANCO, Paulo Gustavo Gonet; COELHO; Inocêncio Mártires; MENDES, Gilmar Ferreira. *Curso de direito constitucional*. São Paulo: Saraiva, 2007, p. 256.

(40) SARLET, Ingo Wolfgang. *A eficácia dos direitos fundamentais*. 9. ed. Porto Alegre: Livraria do Advogado, 2007, p. 163.

(41) "Há *redução da discricionariedade a zero*, quando as circunstâncias normativas e fáticas do caso concreto eliminam a possibilidade de escolha entre diversas opções a ponto de subsistir apenas uma solução juridicamente possível [...] Tem-se, então, hipótese de redução da discricionariedade a zero, também denominada de *atrofia do poder discricionário* [...] Quando há duas opções previstas na lei, ou seja, quando a lei prevê, em tese, a possibilidade de duas soluções, em princípio, indiferentemente aceitas pelo Direito, as condicionantes do caso concreto e as limitações jurídicas ao exercício da discricionariedade poderão, na análise, de cada caso, conduzir à conclusão de que uma das opções foi tomada sem levar em conta as peculiaridades da situação ou fora desses limites jurídicos. Por exclusão, restará uma solução unívoca para o caso e a Administração estará obrigada a tomá-la, podendo, portanto, o juiz compeli-la a tanto". MORAES, Germana de Oliveira. *Controle Jurisdicional da Administração Pública*. São Paulo: Dialética, 1999, p. 162.

(42) QUEIROZ, Cristina. *O Princípio da não reversibilidade dos Direitos Fundamentais Sociais*. Coimbra: Coimbra Editora, 2006, p. 69-70.

da coisa julgada e do ato jurídico perfeito); e) Do princípio da proteção da confiança[43].

Saliente-se que o rol acima citado não possui caráter exaustivo, tendo em vista que a proibição do retrocesso não decorre exclusivamente de tais argumentos constitucionais, não devendo também ser confundida com tais institutos[44].

A proibição do retrocesso social não deve ser vista como um princípio absoluto, não proibindo todo e qualquer tipo de medida normativa que eventualmente restrinja direito fundamental[45]. Assim, analisando-se a DRU sob o enfoque do princípio da vedação do retrocesso social – considerando que este não é um princípio absoluto, mas que deve ser flexibilizado e mitigado diante de determinadas situações fáticas – é possível ao constituinte derivado desvincular parcela da arrecadação da União como impostos e contribuições, para destiná-la a fins diversos daqueles originalmente previstos?

Antes de responder a tal questionamento, faz-se necessária a análise de algumas das hipóteses em que se opera a proibição da reversibilidade dos direitos sociais, quais sejam: a) quando, sem a criação de outros mecanismos alternativos de concretização destes direitos ou de sua compensação, a medida retrocessiva tenha o condão de atingir o núcleo essencial de determinado direito social; b) quando a alteração redutora do conteúdo do direito social se faça com a violação do princípio da igualdade ou do princípio da proteção da confiança; c) ou quando se atinja o conteúdo de um direito social cujos contornos se hajam iniludivelmente enraizado ou sedimentado no seio da sociedade[46].

O núcleo essencial dos direitos sociais representa aquilo que está efetivamente protegido contra o retrocesso. Assim, qualquer análise que tenha como fito a ponderação acerca da constitucionalidade de medida de caráter retrocessivo dos direitos fundamentais, deve verificar se há algum tipo de supressão no que concerne ao núcleo essencial de tais direitos.

No tocante ao princípio da proteção da confiança, quando a redução de um direito social ocasionar a violação do princípio mencionado, deve se realizar uma ponderação entre a agressão pela lei restritiva à confiança individual e a importância do objetivo almejado pelo legislador para o bem da coletividade[47].

O princípio da proibição do retrocesso representa um limite à atuação do legislador, impedindo a frustração da efetividade constitucional. Portanto, para que a edição de uma medida restritiva de direitos sociais seja considerada constitucional, faz-se necessária a apresentação de uma justificativa relevante e fundamentada do Poder Público, demonstrando, inclusive, a ausência de meios menos gravosos para a implementação de tal medida, sempre observando a proteção do núcleo essencial dos direitos sociais, a dignidade da pessoa humana, o mínimo existencial e ponderando-se acerca do proveito para a sociedade da norma limitadora[48].

Pelo exposto, no que tange ao princípio da não reversibilidade dos direitos sociais, infere-se que não poderia o constituinte derivado modificar a destinação de recursos essenciais, exceto para alargar o que se possa entender possível de ser feito na realidade brasileira – uma vez que, neste caso, não seria hipótese de retrocesso, mas de progresso na efetivação dos direitos sociais. Sendo assim, é possível afirmar que a DRU representa um retrocesso social, capaz de comprometer o núcleo essencial dos direitos sociais, devendo ser, também, por este aspecto considerada inconstitucional.

CONCLUSÃO

Com a evolução do Estado liberal para um Estado Social, compreendeu-se que, para o gozo dos direitos fundamentais (ainda que daqueles de primeira dimensão), era necessária a atuação do Estado para assegurar condições materiais essenciais para uma vida digna, buscou-se a concretização de uma verdadeira isonomia entre as pessoas, abandonando-se a ideia de uma igualdade meramente formal. Nesta busca por uma isonomia material surgem os direitos fundamentais de segunda

---

(43) SARLET, Ingo Wolfgang. Segurança Social, dignidade da pessoa humana e proibição do retrocesso: revisitando o problema da proteção dos direitos fundamentais sociais. In: CANOTILHO, José Joaquim Gomes; et. al. (coords.). *Direitos Fundamentais Sociais*. São Paulo: Saraiva, 2010, p. 88-93.

(44) Idem, ibidem, p. 88.

(45) MIOZZO, Pablo Castro. *A dupla face do princípio da proibição do retrocesso social e os Direitos Fundamentais no Brasil: uma análise hermenêutica*. Porto Alegre: Verbo Jurídico, 2010, p. 117.

(46) QUEIROZ, Cristina. *O Princípio da não reversibilidade dos Direitos Fundamentais Sociais*. Coimbra: Coimbra Editora, 2006, p. 73-74.

(47) SARLET, Ingo Wolfgang. Segurança Social, dignidade da pessoa humana e proibição do retrocesso: revisitando o problema da proteção dos direitos fundamentais sociais. In: CANOTILHO, José Joaquim Gomes; et. al. (Coord.). *Direitos Fundamentais Sociais*. São Paulo: Saraiva, 2010, p. 105.

(48) Idem, ibidem, p. 107-108.

geração, também conhecidos como direitos de natureza econômica, social e cultural.

Diante das incontáveis necessidades materiais da sociedade traduzidas pelos direitos sociais e da limitação dos recursos estatais para o atendimento das mesmas, especialmente em países em desenvolvimento – em que muitos destes direitos sequer foram implementados, em razão da referida escassez de recursos – criou se um instituto chamado reserva do possível, que consiste em uma restrição financeira que limita aquilo que o cidadão pode exigir do Estado.

No Brasil, o Supremo Tribunal Federal vem invocando e afastando a cláusula da reserva do possível em diversas situações, sendo necessário que se estabeleçam critérios mais objetivos, a fim de orientar o julgador na apreciação da questão da implementação dos direitos sociais, evitando, assim, o arbítrio judicial que privilegia poucos, em detrimento aos princípios democráticos, da separação de poderes, da própria supremacia dos direitos fundamentais, do princípio da igualdade.

A Desvinculação de Receitas da União foi introduzida através de Emenda à Constituição de n. 27/2000, que incluiu o art. 76 do ADCT. Inicialmente, o art. 76 previu que, ressalvadas as transferências decorrentes do sistema federativo, as transferências destinadas ao desenvolvimento das Regiões Norte, Nordeste e Centro-Oeste referidas no art. 159, I, c, da CF e os recursos advindos da contribuição social do Salário-Educação, entre os anos de 2000 e 2003, vinte por cento da arrecadação de impostos e contribuições sociais da União, já instituídos ou que viessem a ser criados no referido período, seus adicionais e respectivos acréscimos legais ficariam desvinculado de órgãos, fundos e despesas, sendo possível à União empregá-los da forma que entendesse mais adequada.

Verificou-se que, apesar da DRU ter sido um instituto criado com caráter temporário, as sucessivas Emendas Constitucionais vêm alterando a redação do art. 76 do ADCT, ampliando constantemente o prazo de vigência da DRU que, a princípio, deve ser extinto em 2015, ficando assim descaracterizada a transitoriedade deste instituto.

Nota-se que a desvinculação das receitas, tem-se, ainda que parcialmente, a eliminação daquilo que diferencia impostos e contribuições: a finalidade dos recursos prevista na norma, dando-se ensejo a que o administrador aplique os recursos de forma discricionária.

Considerando como parâmetros para a análise da constitucionalidade da DRU os termos do art. 60, § 4º, IV, da CF/88, a eficácia dirigente dos direitos fundamentais, o princípio da vedação ao retrocesso social e a cláusula da reserva do possível, conclui-se que não poderia o constituinte derivado alterar, ainda que somente no plano estritamente jurídico, a destinação de recursos essenciais senão para afastar o óbice fático imposto pela reserva do possível, pelo menos para alargar o que se possa entender possível de ser feito na realidade brasileira, sendo, portanto, inconstitucional a DRU da forma atualmente utilizada.

REFERÊNCIAS BIBLIOGRÁFICAS

AMARAL, Gustavo; MELO, Danielle. Há direitos acima dos orçamentos? In: SARLET, Ingo Wolfgang; TIMM, Luciano Benetti (coord.). *Direitos fundamentais:* orçamento e reserva do possível. Porto Alegre: Livraria do Advogado, 2008.

BOBBIO, Noberto. *A era dos direitos.* Rio de Janeiro: Elsevier, 2004.

BONAVIDES, Paulo. *Curso de Direito Constitucional.* 25. ed. São Paulo: Malheiros, 2010.

BRANCO, Paulo Gustavo Gonet; COELHO; Inocêncio Mártires; MENDES, Gilmar Ferreira. *Curso de direito constitucional.* São Paulo: Saraiva, 2007.

BRANDÃO, Rodrigo. São os direitos sociais cláusulas pétreas? Em que medida? In: NETO, Cláudio Pereira de Souza; SARMENTO, Daniel (orgs.). *Direitos Sociais:* fundamentos, judicialização e direitos sociais em espécie. Rio de Janeiro: Lumen Juris, 2010.

BRASIL. Secretaria de Orçamento Federal. *Vinculações de Receitas dos Orçamentos Fiscal e da Seguridade Social e o Poder Discricionário de Alocação dos Recursos do Governo Federal.* v. 1, n. 1, Brasília: Secretaria de Orçamento Federal (SOF), 2003, p. 612. Disponível em: <http://www.planejamento.gov.br/secretarias/upload/Arquivos/sof/publicacoes/vinculacoes_orcamentarias.pdf>. Acesso em: 8 de mai. 2011.

BRASIL. TRIBUNAL DE CONTAS DA UNIÃO. *Relatório e parecer prévio sobre as contas do Governo da República:* exercício de 2009. Disponível em: <http://portal2.tcu.gov.br/portal/page/portal/TCU/comunidades/contas/contas_governo/contas_09/Textos/CG%202009%20Relatório.pdf>. Acesso em: 25 mai. 2011.

BREYNER, Frederico Menezes. *Inconstitucionalidade da Desvinculação das Receitas da União (DRU) quanto às contribuições sociais sob a ótica dos direitos prestacionais fundamentais.* Disponível em: <http://sachacalmon.com.br/wp-content/uploads/2011/02/DRU1.pdf>. Acesso em: 20 mai. 2011.

CÂMARA, Maurício Paz Saraiva. *Uma análise sobre algumas causas da rigidez orçamentária após a Constituição de 1988.* Disponível em: <http://portal2.tcu.gov.br/portal/pls/portal/docs/953492.PDF>. Acesso em: 15 de mai. 2011.

CANOTILHO, José Joaquim Gomes. *Direito Constitucional e teoria da constituição*. 7. ed. Coimbra: Edições Almedina, 2003.

DIAS, Fernando Álvares Correia. *Desvinculação das receitas da União, gastos sociais e ajuste fiscal*. Disponível em: <http://www.senado.gov.br/senado/conleg/textos_discussao/NOVOS%20TEXTOS/texto38%20-%20Fernando%20Dias.pdf>. Acesso em: 23 mai. 2011.

DIMOULIS, Dimitri; MARTINS, Leonardo. *Teoria geral dos direitos fundamentais*. São Paulo: Revista dos Tribunais, 2007.

FIGUEIREDO, Mariana Filchtiner; SARLET, Ingo Wolfgang. Reserva do possível, mínimo existencial e direito à saúde: algumas aproximações. In: SARLET, Ingo Wolfgang; TIMM, Luciano Benetti (coords.). *Direitos fundamentais*: orçamento e reserva do possível. Porto Alegre: Livraria do Advogado, 2008.

KELBERT, Fabiana Okchstein. *Reserva do possível e a efetividade dos direitos sociais no direito brasileiro*. Porto Alegre: Livraria do Advogado, 2011.

LOPES, José Reinaldo de Lima. Em torno da "reserva do possível". In: SARLET, Ingo Wolfgang; TIMM, Luciano Benetti (coords.). *Direitos fundamentais*: orçamento e reserva do possível. Porto Alegre: Livraria do Advogado, 2008.

MIOZZO, Pablo Castro. *A dupla face do princípio da proibição do retrocesso social e os Direitos Fundamentais no Brasil*: uma análise hermenêutica. Porto Alegre: Verbo Jurídico, 2010.

MODENA, Ana Isabel. *O orçamento público e a flexibilização orçamentária através da desvinculação das receitas da União (DRU)*. Disponível em: <http://www.conpedi.org.br/manaus/arquivos/anais/fortaleza/3157.pdf>. Acesso em: 25 mai. 2011.

MORAES, Germana de Oliveira. *Controle Jurisdicional da Administração Pública*. São Paulo: Dialética, 1999.

PAULSEN, Leandro. *Direito tributário*: Constituição e Código Tributário à luz da doutrina e da jurisprudência. Porto Alegre: Livraria do Advogado, 2005.

QUEIROZ, Cristina. *O Princípio da não reversibilidade dos Direitos Fundamentais Sociais*. Coimbra: Coimbra Editora, 2006.

SABBAG, Eduardo. *Manual de Direito Tributário*. São Paulo: Saraiva, 2010.

SARLET, Ingo Wolfgang. *A eficácia dos direitos fundamentais*. 9. ed. Porto Alegre: Livraria do Advogado, 2007.

_____. Direitos sociais como direitos fundamentais: seu conteúdo, eficácia e efetividade no atual marco jurídico-constitucional brasileiro. In: LEITE, George Salomão; SARLET, Ingo Wolfgang (coords.). *Direitos Fundamentais e estado constitucional*: estudos em homenagem a J. J. Gomes Canotilho. São Paulo: Revista dos Tribunais; Coimbra: Coimbra Editora, 2009.

_____. Segurança Social, dignidade da pessoa humana e proibição do retrocesso: revisitando o problema da proteção dos direitos fundamentais sociais. In: CANOTILHO, José Joaquim Gomes et. al. (coord.). *Direitos Fundamentais Sociais*. São Paulo: Saraiva, 2010.

SCAFF, Fernando Facury. As contribuições sociais e o princípio da afetação. *Interesse Público*, Porto Alegre, ano 5, n. 21, p. 93-111, set./out. 2003.

_____. Contribuições de intervenção e direitos humanos de segunda dimensão. In: MEZZAROBA, Orides (org.). *Humanismo latino e Estado no Brasil*. Florianópolis: Fundação Boiteux, Fondazione Casamarca, 2003.

_____. A desvinculação de receitas da União (DRU) e a supremacia da Constituição. In: MAUÉS, Antônio G. Moreira; SCAFF, Fernando Facury. *Justiça constitucional e tributação*. São Paulo: Dialética, 2005.

_____. Sentenças aditivas, direitos sociais e reserva do possível. In: SARLET, Ingo Wolfgang; TIMM, Luciano Benetti (coord.). *Direitos fundamentais*: orçamento e reserva do possível. Porto Alegre: Livraria do Advogado, 2008.

TIPKE, Klaus. *Moral tributaria del Estado y de los contribuyentes*. Madrid-Barcelona: Marcial Pons, 2002.

INFÂNCIA ROUBADA: REFLEXÕES SOBRE A VISIBILIDADE DE UMA DAS PIORES FORMAS DE TRABALHO INFANTIL

Eulália Emília Pinho Camurça (*)

INTRODUÇÃO

A contemporaneidade faz com que os meios de comunicação criem uma arena, um campo onde os temas ganham visibilidade e se ressignificam. É o lugar do debate público, que impõe não só muita responsabilidade sobre os meios de comunicação, mas também demanda aos atores da cena democrática a missão de cuidar para que eles trabalhem em favor do interesse coletivo. A questão fica ainda mais complexa quando se coloca em pauta o universo das crianças e dos adolescentes, que não só são produtores de notícias, mas também espectadores da mídia.

Isso ocorre também no momento em que os meios de comunicação incluem a internet, em que a informação flui cada vez mais livre, o compartilhamento de imagens e dados pelo mundo torna indivíduos vulneráveis, especialmente o público mais jovem. Além de arena pública, os meios de comunicação elaboram representações sociais não só ao produzir, mas também ao reproduzir crenças e fatores. E, apesar das novas teorias da comunicação acreditarem na liberdade do espectador para receber e assimilar as informações, jornais, televisão e internet ainda orientam condutas e reorientam reflexões.

Num contexto em é que é difícil separar mídia de sociedade, nos interessa dirigir o olhar para a cobertura dos meios de comunicação para a exploração sexual infanto-juvenil, considerada pela Organização Internacional do Trabalho — OIT, como um dos trabalhos mais degradantes. Mas, como esta questão é tratada? Qual o foco apontado para ela?

Ante a demanda de um papel na agenda social brasileira, diagnóstico feito pela Agência Nacional dos Direitos da Infância, Andi (2009), mostra que houve avanços na forma de tratar temas relacionados aos direitos das crianças e dos adolescentes, com o "fortalecimento de uma cobertura mais plural e contextualizada".

Compreendendo que a violência assume diferentes formas e apresenta efeitos diversos, interessa analisar o momento em que os meios de comunicação fazem a cobertura da exploração sexual de crianças e adolescentes, como eles colocam as questões do direito social da infância em pauta e se dão espaço para temas tão complexos e polêmicos nas manchetes, nos títulos, nas chamadas das matérias.

1. A HISTÓRIA SOCIAL DA INFÂNCIA

Antes de entrar propriamente nesta questão, interessa percorrer o caminho histórico da ideia de infância. Na Grécia antiga, a infância não era categoria etária especial, não havia sequer restrições nem

---

(*) Mestre em Direito Constitucional pela Universidade Federal do Ceará (UFC). Jornalista graduada pela Universidade Federal do Ceará e advogada graduada pela Universidade de Fortaleza (Unifor).

legais ou morais ao infanticídio, mesmo assim, neste período foi dado prenúncio de seu conceito. No Egito e em Roma, filhos de escravos trabalhavam para os amos ou senhores sem remuneração.

"Na Idade Média, o menor trabalhava nas corporações de ofício durante 7 anos e às vezes até mesmo por dez anos, tempo desproporcional à aprendizagem"[1]. No século XIV, as crianças não eram citadas em legados ou testamentos, um indício de que os adultos não esperavam que elas vivessem muito tempo. Assim como conhecemos hoje, a infância surge na Renascença. Porém, Neil Postman considera que, enquanto estrutura social, ela foi construída por volta do século XVI.

Nesta época, meninos e meninas começaram a usar trajes especiais e a linguagem começava a ficar diferente dos adultos. Até então, não passavam de "adultos em miniatura". "A infância começou com a ideia de classe média, em parte porque a classe média podia sustentá-la. Outro século se passaria antes que a ideia se infiltrasse nas classes mais baixas".[2]

Nas classes baixas, enquanto parte de família de escravos ou nas corporações de ofício, as crianças não tinham distinções dos adultos na hora de trabalhar. Na época da Revolução Industrial, o labor ocorria sem limites, algumas crianças chegavam a trabalhar 16 horas por dia. Na Grã-Bretanha, limpadores de chaminés recrutavam pequenas crianças como auxiliares, que eram incumbidas de subir até o topo afunilado para desobstruir a saída de fumaça das chaminés das casas dos ricos. O único medo que superava o da escuridão e da altura era o medo do capataz que esperava embaixo se não cumprisse bem a tarefa.

Assim, ao longo dos séculos, da mesma forma como a ideia é construída, ela entra em declínio. "Num mundo adulto letrado, ser adulto implica em ter acesso a segredos culturais codificados em símbolos não naturais[3]".

Desta forma, a imprensa criou uma nova definição de idade adulta. "Antes deste ambiente, a infância terminava aos sete anos e a idade adulta começava imediatamente. Não havia estágio intermediário porque nenhum era necessário". Ler seria o flagelo da infância porque os livros ensinam a falar coisas das quais nada sabemos. "Rousseau dizia que a leitura era o fim da infância permanente porque desconstrói a psicologia da sociologia da oralidade. A leitura é o flagelo da infância porque cria a idade adulta"[4].

A produção de livros foi, para ele, um indício de que o conceito de infância começava a aparecer. Não é possível subestimar que, com a criação da imprensa, o impacto psicológico da migração massiva da linguagem do ouvido para o olho, da fala para a tipografia. Hoje, a infância escapa à compreensão e o ambiente simbólico em que a sua criação viveu desmoronou vagarosa e imperceptivelmente.

A infância e a idade adulta se tornaram cada vez mais diferenciadas, cada esfera aperfeiçoou seu próprio mundo simbólico e, finalmente, passou-se a aceitar que a criança não podia compartilhar e não compartilhava a linguagem, o aprendizado, os gostos, os apetites, a vida social, de um adulto. Na verdade, a tarefa do mundo adulto era preparar a criança para a administração do mundo simbólico do adulto[5].

Assim, a mudança na forma de olhar a infância tem, para o autor, uma relação direta com a produção de livros. Aos poucos, os adultos passaram a adquirir controle sobre o ambiente dos jovens e estavam convidados a estabelecer as condições em que uma criança iria se tornar um adulto. As formas de lidar com essa nova fase da vida foi preocupação de tratados de boas maneiras, como Colóquios de Erasmo, de 1516, que, sob a análise de Norbert Elias, constitui o chamado processo civilizador.

Os problemas decorrentes da adaptação e modelação de adolescentes ao padrão dos adultos só podem ser compreendidos em relação à fase histórica, à estrutura da sociedade como um todo, que exige e mantém esse padrão de comportamento adulto e esta forma especial de relacionamento entre adultos e crianças[6].

---

(1) BARROS, Alice Monteiro de. *Curso de Direito do Trabalho*. 5. ed. São Paulo: LTr, 2009. p. 548.

(2) POTSMAN, Neil. *O desaparecimento da infância*. Rio de Janeiro: Grapha, 1999, p. 59.

(3) Op. cit., p. 27

(4) Op. cit., p. 27.

(5) Op cit, p. 65.

(6) ELIAS, Nobert. *O processo civilizador: uma história dos costumes*. Rio de Janeiro: Jorge Zahar Editor, 1994, p. 182.

Como trataremos da questão da exploração sexual nesta pesquisa, é interessante compreender como a sexualidade se transformou em enclave e, por muito tempo, foi colocada "atrás da parede da consciência" nas sociedades de todo o mundo. "Uma aura de embaraço, a manifestação de um medo sociogenético, cerca essa esfera de vida"[7]. Segundo Postman, na Idade Média, era comum que "adultos tomarem liberdades com órgãos sexuais das crianças". Para a mentalidade medieval, tais práticas eram apenas brincadeiras maliciosas, fazia parte de uma tradição aceita. Hoje pode dar anos de prisão.

Elias revela que, somente aos poucos, foram formulados métodos para adaptar as crianças ao comedimento sexual, ao controle, à transformação e à inibição de impulsos que foram indispensáveis à vida na sociedade. Assim, as crianças acabaram descobrindo por si mesmas, por meio de intuições e da vida social em que viviam.

Para o autor, na década de 1850, os séculos de infância tinham feito seu trabalho e em toda parte no mundo ocidental a infância era tanto um princípio social quanto fato social. A ironia é ninguém ter notado que, quase ao mesmo tempo, estavam sendo plantadas as sementes do fim da infância. Assim como a revolução gráfica provocou mudanças radicais na infância, a televisão surge como mais um mais um fator para hierarquizar e, talvez, tornar a infância possível.

Hoje, a linha divisória entre infância e idade adulta vem sendo corroída pela televisão, que, para Postman é o paradigma para fazer desaparecer a infância. O autor acredita que a infância está desaparecendo com a ajuda da mídia eletrônica, que afasta a alfabetização para a periferia da cultura e passa a ocupar o lugar do centro.

Ele vê a televisão como uma narcose, que entorpece a razão e a sensibilidade. As arenas simbólicas da sociedade vão tornar a infância necessária ou irrelevante. "Tenho em especial tentado explicar como a nossa nova e revolucionária mídia vem causando a expulsão da infância depois de sua longa permanência na civilização ocidental[8]". Os efeitos potenciais de um meio de comunicação podem tornar-se impotentes em razão do uso que se faz dele fazendo com que a infância torne-se "um artefato social" e deixe de ser "uma necessidade biológica".

2. O MARCO REGULATÓRIO DOS DIREITOS SOCIAIS DA INFÂNCIA

Ante a tantas modificações na forma de se entender o que é a infância, é importante pontuar a forma como a comunidade internacional e o Brasil se mobilizaram para proteger e para imprimir direitos para esta faixa de idade. Ainda hoje milhares de crianças vivem à margem da sociedade e correm o risco, a cada momento, de perder a sua infância real e a simbólica. Para parte delas, não há tempo de crescer, aprender, brincar.

Alice Barros afirma que "a legislação tutelar do menor remonta ao século XIX e encontra sua origem nos países industrializados"[9]. Inglaterra, França, Alemanha, Itália estabeleceram modificações no sistema de trabalho e a limitação de idade para realizar determinadas atividades. "Na América Latina, afora as disposições restritivas contidas nas Leis das Índias, o Brasil foi o primeiro país que expediu normas de proteção ao trabalho do menor"[10].

Para protegê-las, é preciso declarar direitos e exigir a aplicação dos mesmos. Na modernidade, declarações foram feitas em situações revolucionárias. Isso porque, segundo Marilena Chaui (2006, p. 95), elas ocorrem em momentos de profunda transformação social e política, quando os sujeitos sócio-políticos têm consciência de que estão criando uma sociedade nova ou defendendo a sociedade existente contra a ameaça de extinção.

A ideia de internacionalizar da legislação social trabalhista surgiu na primeira metade do século XX, quando se generalizou, em diversos estados nacionais, a tese de que o Estado deveria intervir nas relações sociopolíticas e econômicas com o objetivo de assegurar o mínimo de direitos sociais aos indivíduos. O movimento da classe operária subsidiou o nascimento do direito social do trabalho, que é considerado como um dos direitos sociais.

Desde a Conferência de Berlim, em 1890, já se estudavam as bases para a regulamentação internacional do trabalho do menor, deixando clara a intervenção estatal nesta área. A preocupação com a questão da infância e o trabalho infantil no Brasil virou uma realidade a partir de articulações internacionais. Ainda em 1919, ao assinar

---

(7) Op. cit., p. 180.
(8) POSTMAN, Neil. O desaparecimento da infância. Rio de Janeiro: Grapha, 1999, p. 134.

(9) BARROS, Alice Monteiro de. Curso de Direito do Trabalho. 5. ed. São Paulo: LTr, 2009, p. 550.
(10) Op. cit., p. 550.

o Tratado de Versalhes, que criou a Organização Internacional do Trabalho, o País se comprometeu a suprimir o trabalho dos menores e a dar limites ao trabalho de jovens para que estes não fossem prejudicados em sua educação e seu desenvolvimento físico. "(...) Dentre as Convenções Fundamentais da OIT, está a de número 138, que proíbe o trabalho das crianças e obriga a fixar uma idade mínima de emprego"

Internacionalmente, o grande marco inicial de proteção específica para crianças e adolescentes foi a Declaração de Genebra sobre os Direitos da Infância, de 1924, adotada pela Liga das Nações, quando diversos países assumiram uma série de compromissos em relação às crianças para garantir seus direitos básicos.

Em 1989, a Convenção sobre os Direitos da Criança, adotada pela Assembleia Geral das Nações Unidas, constituiu o compromisso mais abrangente e de maior alcance mundial. Ratificado por mais de 190 países, dispõe de termos específicos sobre obrigações legais dos governos em relação às crianças. Desde então, desenvolvimento e proteção deixaram de ser benevolência e passaram a tratar de obrigação moral e legal. Hoje, o Comitê sobre os Direitos da Infância obriga os países a assumirem a responsabilidade pelos cuidados dedicados à criança.

Desta forma, os líderes mundiais não apenas reafirmaram, mas ampliaram compromissos e estabeleceram metas. No próprio preâmbulo da Convenção, fica claro que o corpo e a mente da criança são menos amadurecidos do que os do adulto. Desempenhar papéis de adultos inevitavelmente levaria a criança a perder sua infância e enfrentar maiores riscos não só de exclusão, mas também de invisibilidade.

Porém, há um descompasso entre o que está sob acordo e a realidade. Ferraz[11] considera que a ordem econômica internacional contribui para desconstruir o sistema internacional de proteção. Para ele, falta "fundar uma nova cultura capaz de reinventar a cidadania social no mundo do trabalho". A questão torna-se ainda mais sensível quando este trabalho é feito por crianças com uma finalidade para a qual deveriam ser preservadas.

Antes de analisar a constituição da legislação brasileira em relação à criança e ao adolescente, um olhar para o passado. Aqui, desde a colonização até fins do século XIX, crianças eram incorporadas ao trabalho dos pais, de natureza predominantemente agrícola. "A primeira lei de proteção à infância referente ao direito do trabalho é de 1891. No entanto, durante os cem anos seguintes, o assunto foi praticamente ignorado e o discurso que existia sobre a infância era de natureza ambígua. A criança aparecia ora em perigo, ora perigosa[12]."

As Constituições de 1824 e 1891 foram omissas sobre o trabalho infantil. A Constituição de 1934 trouxe a proibição do trabalho noturno para menores de 16 anos; do trabalho insalubre para menores de 18 anos. A Constituição de 1937 estabeleceu nova faixa etária de proibição ao trabalho, que foi reduzida para 14 anos, além do trabalho noturno para menores de 16 anos e insalubre aos 18. A Carta de 1967 diminuiu a idade mínima para o trabalhador menor para 12 anos. Em 1990, o Estatuto da Criança e do Adolescente, ECA, garantiu todos os direitos trabalhistas aos aprendizes maiores de 16 anos.

A idade mínima para o trabalho foi reduzida para 16 anos, salvo na condição de aprendiz, limitado a 14, pela Emenda n. 20/98. A atual Constituição Federal incluiu o direito à infância dentre os direitos sociais. É ampla a gama de direitos assegurados: à saúde, à alimentação, ao respeito, à educação, à dignidade, à convivência familiar. A Constituição de 1988 inaugura pela primeira vez na história da legislação brasileira a ideia de universalidade.

> Os direitos enunciados são referentes a todas as crianças e adolescentes, sem que constem restrições de qualquer ordem para a fruição de direitos, tais como a faixa etária, carência, situação em que se encontra a criança ou adolescente, temporária ou permanentemente[13].

Para Pinheiro, ao universalizar, o texto consubstancia um dos princípios fundamentais de representação social da criança e do adolescente

---

(11) FERRAZ, Fernando Bastos. *Direitos nas Constituições Brasileiras*. Revista Opinião Jurídica, n. 2. Fortaleza: Gráfica Editorial LCR Ltda., 2003, p. 135.

(12) OIT; ANDI. *Trabalho infantil e gênero*: uma leitura da mídia no Mercosul. Brasília: ANDI, 2003, p. 23.

(13) PINHEIRO, Ângela. *Criança e Adolescente no Brasil*: porque o abismo entre a lei e a realidade. Fortaleza: Editora UFC, 2006, p. 355.

como sujeitos de direito: o princípio da igualdade. Em relação aos direitos sociais, a proteção ao trabalho para menores de dezoito anos, além da proibição de trabalho insalubre e perigoso, bem como a proibição de qualquer trabalho para menores de quatorze anos foi uma forma importante de representação social da criança e do adolescente como sujeitos de diretos.

Estas proibições expressam o respeito à condição de uma pessoa em desenvolvimento; em tal estágio de crescimento o trabalho é inadequado. A proteção à infância e juventude aparece então como uma atribuição não só na esfera federal, mas também aos Estados, que podem legislar concorrentemente sobre os mais variados assuntos dentro da proteção à essa faixa etária.

Assim, a Constituição concebe a criança e o adolescente com uma representação social inovadora trazendo um trato público diferenciado no pensamento social. Na lógica de direitos se afirmam e firmam práticas de afirmação de direitos, idéias, concepções e ações que "vivificam a representação social das crianças e adolescentes como sujeitos de direitos — concepção gestada e defendida pelo movimento em defesa dos direitos da infância e adolescência que tiveram seu reconhecimento legal na CF 88 e no ECA"[14].

É preciso sublinhar também o preceito constitucional do art. 227, que considera a proteção à infância e à adolescência como absoluta prioridade. Em relação ao trabalho infantil, no Estatuto da Criança e do Adolescente está previsto, em seu art. 67, que ao adolescente é vedado não só o trabalho perigoso, insalubre ou penoso, mas também aquele realizado em locais prejudiciais à formação e ao desenvolvimento físico, psíquico, moral e social.

A Convenção sobre os direitos da Criança, no artigo 32, define trabalho infantil "como toda interferência substancial, de alguma forma remunerada no desenvolvimento da criança no sistema educativo". A Convenção n. 182, da OIT, chamada "Sobre as Piores Formas de Trabalho Infantil", inclui, no artigo terceiro, a utilização, recrutamento ou oferta de crianças para prostituição ou atuações pornográficas. Ratificada pelo Brasil, ela também estabelece como prioridade absoluta a eliminação imediata dos trabalhos que prejudicam a saúde, a segurança e a moral da criança.

Porém, o trabalho precoce ainda aparece em altos índices nas estatísticas brasileiras. Para uma ideia da magnitude do problema, segundo estimativas da OIT, existem no mundo cerca de 352 milhões de crianças de 5 a 7 anos envolvidas em alguma atividade econômica. Aproximadamente 246 milhões desempenhavam atividades que a organização considera trabalho infantil. Destas, cerca de 171 milhões estavam em situações de trabalho qualificadas como as piores formas e 8,4 estavam, em 2000, envolvidas nas formas inaceitáveis de trabalho elencadas na Convenção n. 182[15].

Um problema social que causa também graves sequelas emocionais. Nota técnica do Ministério do Trabalho e Emprego mostra que, com a sucessão de experiências desagradáveis a que estão expostas crianças e adolescentes quando trabalham, como medo, insegurança, exploração, é comum a ocorrência de depressão. São danos que podem acarretar modificações drásticas nas biografias de milhares de crianças:

> Existe um momento ideal entre o crescimento e a função a ser desempenhada. Se este momento passa, a sequência se perde, dificultando aquisições de novas habilidades. O aprendizado completo e perfeito faz com que a criança o assimile definitivamente tornando-a capaz para aquisição novas habilidades. Como os sistemas neurológico e psicológico estão imaturos, o aprendizado feito de maneira grosseira e violenta torna a criança impotente diante de novas exigências[16].

Esse ambiente faz com que não só aumente a dificuldade da criança em enfrentar novas situações, como aumenta os riscos de desestruturar a personalidade, formando adultos sem condições de serem inseridos adequadamente na sociedade, com graves enfermidades e incapacitações.

Quando trabalham, as crianças sofrem não só prejuízos no seu bem-estar físico e mental, mas também correm o risco de sofrer lesões graves, já que a imaturidade física faz com que elas fiquem mais expostas a doenças. "É sabido que o trabalho em jornadas excessivas e realizado em determinadas

---

(14) PINHEIRO, Ângela. *Criança e Adolescente no Brasil*: porque o abismo entre a lei e a realidade. Fortaleza: Editora UFC, 2006, p. 398.

(15) OIT; ANDI. *Trabalho infantil e gênero*: uma leitura da mídia no Mercosul. Brasília: ANDI, 2003, p. 39.

(16) MINISTÉRIO DO TRABALHO E EMPREGO. O impacto do trabalho precoce em crianças e adolescentes. Disponível em: <http://www.mte.gov.br/trab_infantil/pub_541.pdf>. Acesso em: 19 out. 2010.

circunstâncias poderá comprometer o normal desenvolvimento dos jovens"[17].

3. A PROJEÇÃO DO TRABALHO INFANTIL NOS MEIOS DE COMUNICAÇÃO

Diante da evolução legislativa e dos estudos de impacto do trabalho na vida de crianças e adolescentes, como os meios de comunicação têm possibilitado o ingresso da criança e do adolescente na esfera pública comum ao público adulto? Enfim, é muito importante a análise da participação deste público na esfera midiática. "A criança e o adolescente ocupam lugar de destaque na mídia televisiva brasileira. Esse é um dado recente da década de 80"[18]. Nas sociedades contemporâneas, a mídia desempenha papel importante nas mais distintas dimensões da vida humana.

Os meios de comunicação têm papel fundamental na educação do público em relação a estas questões. Os profissionais da área de comunicação são muitas vezes os olhos, ouvidos e vozes da sociedade e influenciam a forma como as crianças não só são retratadas, mas vistas, compreendidas. Pesquisas mostram que os direitos da infância já estão na agenda dos meios de comunicação que chamam o público para observar as violações e cobram providências do governo. Além disso, estimulam governos, organizações não governamentais e até a sociedade civil para implementar mudanças sociais.

Isso porque os meios de comunicação têm o poder de sistematizar, organizar e hierarquizar, e, até mesmo, participar da construção social da realidade. Afinal, eles são o lugar onde os grandes temas ganham visibilidade, um processo que se produz num campo complexo de construção, desconstrução, significação e ressignificação de sentidos.

Umberto Eco[19] lembra que os meios de comunicação inauguraram uma série de reflexões que são localizadas pontualmente ao longo da História. "Não é casual a concomitância entre civilização do jornal e civilização democrática, conscientização das classes subalternas, nascimento do igualitarismo político e civil, época das revoluções burguesas". Ele analisa que não há como se afastar ou ficar imune ao universo da mídia, que oferece, inclusive "sentimentos e paixões".

O universo das comunicações de massa é o nosso universo; e se quisermos falar de valores, as condições objetivas das comunicações são aquelas fornecidas pela existência dos jornais, do rádio, da televisão reproduzida e reproduzível, das novas formas de comunicação visual e auditiva. Ninguém foge dessas condições, nem mesmo o virtuoso, que, indignado com a natureza inumana desse universo de informação, transmite o seu protesto através dos canais de comunicação de massa[20].

Nessa tessitura das mensagens, surgem os mais distintos desafios nos territórios da comunicação. Até porque, como revela Norval Baitello Júnior, "quanto mais se aperfeiçoam as possibilidades do homem se comunicar com o mundo, com os outros homens e consigo mesmo, aumentam também, em idêntica proporção, as suas incapacidades, suas lacunas, seus entraves ao mesmo processo, ampliando a incomunicação humana"[21].

Segundo ele, a comunicação, além de direito, é um espaço vital de manifestação. Assim, a mídia agiliza a organização dos vínculos sociais e favorece o sentimento de participação. Até porque "nossa experiência vivida foi precedida por uma série de ideias preconcebidas e derivadas, pelo menos em parte, das palavras e imagens transmitidas pela mídia"[22].

A cobertura da exploração sexual de crianças e adolescentes já teve um aspecto sensacionalista, o que para Cid Marcondes Filho revela "o grau mais radical da mercantilização da informação". Ele considera que esse tipo de jornalismo funciona como um pseudo-alimento para carências do espírito, justificando um público tão fiel. "O jornalismo sensacionalista extrai, do fato da notícia, a sua carga emotiva e apelativa e a enaltece. Fabrica uma nova notícia que a partir daí passa a vender por si mesma[23]".

Este universo também atrai os meios de comunicação por seus apelos estéticos ou sociais, como

---

(17) BARROS, Alice Monteiro de. *Curso de Direito do Trabalho*. 5. ed. São Paulo: LTr, 2009, p. 550.

(18) SAMPAIO, Inês Silvia Vitorino. *Televisão, publicidade e infância*. Fortaleza: Annablume, 2000, p. 147.

(19) ECO, Humberto. *Apocalípticos e integrados*. São Paulo: Perspectiva, 2006, p. 14.

(20) Op. cit., p. 11.

(21) BAITELLO JÚNIOR, Norval. *Os meios da incomunicação*. São Paulo: Annablume, 2005, p. 9.

(22) THOMPSON, Jhon B. *A mídia e a modernidade*. 6. ed. Rio de Janeiro: Vozes, 1998, p. 39.

(23) Apud ANGRIMANI, Danilo. *Espreme que sai sangue*. São Paulo: Summus, 1995, p. 15.

revela Costa (2002). Ele acredita que, para conseguir audiência, os *media* buscam sensacionalizar os fatos sociais, expor a intimidade das pessoas públicas ou anônimas e ainda apelam aos clichês. Segundo o autor, notícias cada vez mais espetaculares são estratégias para legitimar a violência e sua exploração exaustiva em busca de índices cada vez maiores de audiência, sem comedimento ético ou de padrões de qualidade.

Isso não quer dizer excluir do jornalismo o papel mediador necessário para expor as contradições existentes na sociedade, quando ele faz denúncias e pressiona o poder público, mas expressar um dado relevante: a sensacionalização não conduz necessariamente ao esclarecimento do fato e sua superação, e sim a uma audiência massiva e ávida por espetáculos que coloquem na arena romana moderna a simulação, o jogo e as aberrações.[24].

O autor fala de uma "estética da barbárie" que está nas manchetes, na exploração do grotesco e do incomum, num conteúdo espetacular para ampliar audiência pela exposição do curioso, do mórbido e do extraordinário. "A sensacionalização dos fatos sociais é condição inerente à produção da notícia, dadas as construções objetivas de sua construção, reunindo ações complexas de delimitação do espaço editorial"[25].

Portanto, diligência nunca é demais, como lembra Carlos Alberto Di Franco. "À imprensa de qualidade cabe o dever da denúncia. Ao jornalismo de espetáculo, dominado pela obsessão mercadológica, restará o julgamento da opinião pública"[26]. Segundo ele, o bom jornalismo não faz da tragédia um instrumento de espetáculo, vai na contramão daqueles que usam a miséria humana como bandeira de *marketing*.

Para auxiliar na cobertura, a Federação Internacional dos Jornalistas formulou uma série de diretrizes aprovadas no documento: Direitos Humanos e Mídia: Diretrizes para Jornalistas. No documento, determina-se que os jornalistas tenham consciência da necessidade de proteger crianças e enfatizar direitos. Assim, cabe às empresas dar visibilidade a violação dos direitos da criança e questões relativas à segurança, privacidade, saúde e bem-estar social, assim como todas as formas de exploração de crianças, questões importantes para investigações e debates públicos.

Assim, a atividade jornalística deve ser desenvolvida com respeito à situação vulnerável da crianças e os jornalistas devem manter padrões elevados de conduta ética ao fazer matérias sobre questões que envolvam o universo infantil. Assim, devem:

1. Lutar por padrões de excelência em termos de precisão e sensibilidade ao fazer reportagens que envolvem crianças;

2. Evitar fazer programas e publicar imagens que se infiltrem no espaço infantil da mídia com informações perniciosas para crianças;

3. Evitar o uso de estereótipos e apresentação sensacionalista para promover material jornalístico envolvendo crianças;

4. Considerar cuidadosamente as conseqüências da publicação de qualquer material relativo a crianças e procurar minimizar o dano às crianças;

5. Guardar-se de identificar crianças visualmente ou de qualquer outra forma, menos que seja comprovadamente interesse público;

6. Dar às crianças, sempre que possível o direito de acesso à mídia para expressar suas próprias opiniões sem indução de qualquer tipo;

7. Assegurar verificação independente de informações fornecidas por crianças e tomar um cuidado especial para garantir que a verificação ocorra sem colocar as crianças em risco;

8. Evitar o uso de imagens sexualizadas de crianças;

9. Usar métodos justos, transparentes e direitos para obter imagens e, sempre que possível, obtê-las com o conhecimento e consentimento das crianças ou de um adulto responsável, pais, guardiões ou outros[27].

Evitar a exploração infantil e levar os infratores ao Judiciário é uma das questões mais importantes da agenda internacional e inclusive papel da esfera

---

(24) COSTA, Belarmino César Gimarães. *Estética da violência*. São Paulo: Unimep, 2002, p. 30.

(25) Op. cit., p. 19.

(26) DI FRANCO, Carlos Alberto. *Jornalismo, ética e qualidade*. Rio de Janeiro: Vozes, 1996, p. 31.

(27) CARLSSON, Ulla; FEILITZEN, Cecília Von. *A criança e a mídia*: imagem, educação, participação. São Paulo: Cortez, 2002, p. 472.

midiática. O tráfico de crianças que são forçadas ao comércio do sexo é um aspecto que merece atenção especial. Crianças vítimas de exploração são as mais invisíveis, uma vez que seus agressores evitarão que tenham acesso a serviços, mesmo quando disponíveis.

Na descrição de Maria Lúcia Pinto Leal, a exploração sexual é uma relação de mercantilização e abuso do corpo de crianças e adolescentes por exploradores sexuais "organizados em redes de comercialização local e global ou por pais ou responsáveis e por consumidores de serviços sexuais pagos"[28].

No Brasil, a Agência de Notícias dos Direitos da Infância, Andi, acompanha a cobertura dos meios de comunicação e mostra como elas estão em pauta. Jornalistas são treinados para compreender o universo das crianças e recebem diretrizes para ampliar a visibilidade de forma que o debate seja construtivo e contribua com a imagem das crianças. Ao longo dos anos, os profissionais recebem orientações para produzir reportagens de forma ética e compromissada com os direitos da infância.

A própria democracia demanda cidadãos bem informados. Pesquisa *Regulação de Mídia e Direitos das Crianças e Adolescentes: uma análise do marco legal de 14 países latino-americanos, sob a perspectiva da promoção e proteção,* realizada pela Andi e pela Rede ANDI América Latina, mostra que os dispositivos existentes no continente para regular a mídia, com foco na infância, não estão uniformemente distribuídos entre os países; são poucos que estruturam órgãos reguladores independentes e consistentes para a temática.

Mesmo diante das dificuldades em lidar com um assunto de tal complexidade, nos últimos anos vem crescendo a disposição dos veículos de comunicação em ceder maior espaço à temática. Entre 1996 e 2002, a cobertura dedicada a situações de Abuso e Exploração Sexual de meninos e meninas registrou um crescimento quantitativo de 400%, segundo dados do relatório *Imprensa, Infância e Desenvolvimento Humano,* coordenado pela ANDI e o Instituto Ayrton Senna. Estudos mais recentes produzidos pela Agência mostram que segue aumentando o número de matérias relacionadas à questão. O fortalecimento dessa cobertura na agenda das redações brasileiras vem atrelado a um amplo processo de mobilização em torno do tema, tanto no âmbito nacional quanto no internacional[29].

As pesquisas demonstram que há sinais concretos de que a pauta dos meios de comunicação em relação à exploração sexual e comercial de crianças e adolescentes têm tido um tratamento editorial mais qualificado e contribui para o debate público sobre os crimes sexuais, considerados pela OIT como uma das piores formas de trabalho infantil. Mas a forma de lidar com a infância continua sendo complexo diante não só da legislação, mas também da cobertura da mídia.

Com a exibição de suas dores, misérias e falta de projetos de vida promovem discursos e encetam linguagem que rompem silêncios sociais cúmplices de violências domésticas, de atrocidades institucionais, da exploração de trabalho de crianças e adolescentes, dentro outros. Enfim, atraem a crítica e a condenação."[30]

O desafio diário das redações é não só produzir uma notícia confiável e contextualizada, mas com uma pluralidade de fontes e que seja capaz de entrar na agenda das políticas públicas. Quando o assunto é exploração sexual, o assunto torna-se ainda mais delicado, tendo em vista que ele é coberto pelo manto da invisibilidade social. Por isso, exercer o controle social das iniciativas públicas é um eixo central do jornalismo.

CONCLUSÕES

Os direitos podem não só transformar, mas comover e mover indivíduos e a sociedade em direção a uma verdade coletiva. Mesmo assim, as leis correm o risco de permanecerem letra morta, visto que sua realização remete não só à política, mas também à capacidade de organização e mobilização de todos e cada um.

No caso dos direitos das crianças e dos adolescentes é preciso envolver não apenas o Estado, mas também a sociedade. Uma das formas de sensibilizá-los é a partir dos meios de comunicação, visto que estes são atores centrais na definição das agendas públicas

---

(28) LEAL, Maria Lúcia Pinto. *Globalização e exploração sexual de crianças e adolescentes.* Rio de Janeiro: Save The Children, 2003, p. 43.

(29) ANDI. *Direitos, infância e a agenda pública 2005-2007:* uma análise comparativa da cobertura jornalística latino-americana. Brasília: Andi, 2009, p. 56.

(30) SALES, Mione Apolinário. *Invisibilidade perversa:* adolescentes infratores como metáfora da violência. São Paulo: Cortez, 2007, p. 25.

e capazes de estimular que áreas como a exploração sexual, que vivem sob o silêncio da sociedade, entre na esfera pública de discussão.

Os próprios teóricos da comunicação já confirmaram que a ação de jornais, televisões e a internet realça ou negligencia elementos específicos de cenários públicos. A partir do momento em que é midiatizado, o assunto é incluído na pauta social, ganhando uma relevância aos problemas e às pessoas.

Assim, afora o trabalho do Estado, é preciso ficar atento aos meios de comunicação, para que as reportagens não excluam as crianças, que já foram excluídas socialmente uma vez. O desafio das redações inclui retratá-las com o devido zelo para criar um ambiente de inclusão. Afinal, o sensacionalismo só contribui para violar ainda mais os seus direitos. É crime não só explorar a imagem das crianças, mas também fornecer detalhes que as identifiquem.

Portanto, os avanços já são percebidos, mas na arena midiática, é preciso cada vez mais espaço para quebrar ao pacto de silêncio deste crime tão cruel para a infância. Equacionar problemas desta natureza não se reduz a questões técnicas. É um processo em construção, repleto de variantes e trajetórias a percorrer. Assim, os meios de comunicação precisam oferecer informações esclarecedoras e analíticas para ajudar na construção de uma agenda pública consciente a cerca dos problemas e engajada com mudanças. Muito já se fez, mas a magnitude deste desafio ainda emerge como algo a ser enfrentado diariamente por todos.

REFERÊNCIAS BIBLIOGRÁFICAS

ANDI. *Direitos, infância e a agenda pública 2005-2007*: uma análise comparativa da cobertura jornalística latino-americana. Brasília: Andi, 2009.

ANGRIMANI, Danilo. *Espreme que sai sangue*. São Paulo: Summus, 1995.

BAITELLO JÚNIOR, Norval. *Os meios da incomunicação*. São Paulo: Annablume, 2005.

BUCCI, Eugênio. *Sobre ética e imprensa*. 2. ed. São Paulo: Companhia das Letras, 2000.

BURKE, Peter. *A história social da mídia*. Rio de Janeiro: Jorge Zahar Editor, 2004.

CARLSSON, Ulla; FEILITZEN, Cecília Von. *A criança e a mídia*: imagem, educação, participação. São Paulo: Cortez, 2002.

CHAUI, Marilena. *Silulacro e poder*: uma análise da mídia. São Paulo: Fundação Perseu Abramo, 2006.

COSTA, Belarmino César Gimarães. *Estética da violência*. São Paulo: Unimep, 2002.

CORNU, Daniel. *Ética da informação*. São Paulo: Edusc, 1997.

DI FRANCO, Carlos Alberto. *Jornalismo, ética e qualidade*. Rio de Janeiro: Vozes, 1996.

DIREITOS, infância e agenda pública: uma análise conjunta da cobertura na América Latina. Brasília: ANDI, 2007.

ECO, Humberto. *Apocalípticos e integrados*. São Paulo: Perspectiva, 2006.

ELIAS, Norbert. *O processo civilizador*: uma história dos costumes. Rio de Janeiro: Jorge Zahar Editor, 1994.

FALEIROS, F. T. Silveira. *A exploração sexual de crianças e adolescentes no Brasil*: retratos de pesquisas e intervenções psicossociais. Goiânia: Universidade de Goiás, 2004.

FEILITZEN, Cecília Von; CARLSSON, Ulla. *A Criança e a Mídia*: imagem, educação e participação. São Paulo: Cortez, 2002.

FERRAZ, Fernando Bastos. *Direitos Sociais nas Constituições Brasileiras*. Revista Opinião Jurídica, n. 02. Fortaleza: Gráfica Editorial LCT Ltda., 2003, p. 135.

KOVACH, Bill; ROSENSTIEL, Tom. *Os elementos do jornalismo* – o que os jornalistas devem saber e o público exigir. São Paulo: Geração, 2003.

SAMPAIO, Inês Silvia Vitorino. *Televisão, publicidade e infância*. Fortaleza: Annablume, 2000.

LEAL, Maria Lúcia Pinto. *Globalização e exploração sexual de crianças e adolescentes*. Rio de Janeiro: Save The Children, 2003.

MINISTÉRIO DO TRABALHO E EMPREGO. *O impacto do trabalho precoce em crianças e adolescentes*. Disponível em: <http://www.mte.gov.br/trab_infantil/pub_541.pdf>. Acesso em: 19 out. 2010.

OIT; ANDI. *Trabalho infantil e gênero*: uma leitura da mídia no Mercosul. Brasília: ANDI, 2003.

PEREIRA JÚNIOR, Alfredo Eurico Vizeu. *Telejornalismo*: a nova praça pública. Florianópolis: Insular, 2006.

PINHEIRO, Ângela. *Criança e Adolescente no Brasil*: porque o abismo entre a lei e a realidade. Fortaleza: Editora UFC, 2006.

POTSMAN, Neil. *O desaparecimento da infância*. Rio de Janeiro, Grapha, 1999.

THOMPSON, Jhon B. *A mídia e a modernidade*. 6. ed. Rio de Janeiro: Vozes, 1998.

TRAQUINA, Nelson. *O estudo do jornalismo no século 20*. São Leopoldo: Unisinos, 2001.

WOLF, Mauro. *Teorias das comunicações de massa*. 3. ed. São Paulo: Martins Fontes, 2008.

POSSIBILIDADES DE EFETIVAÇÃO DOS DIREITOS SOCIAIS DOS TRABALHADORES PELA CORTE INTERAMERICANA DE DIREITOS HUMANOS

Elizabeth Alice Barbosa Silva de Araujo (*)

INTRODUÇÃO

Os direitos sociais dos trabalhadores identificam o desenvolvimento das nações ao longo da história. Na contemporaneidade, mais do que uma obrigação ou forma de sobrevivência, o trabalho e a maneira como é desenvolvido e valorizado confere dignidade e aceitação social, sendo alçado a direito humano garantidor da higidez física e mental do cidadão. Mas, como proteger o trabalho e o trabalhador em países cuja democracia ainda se encontra em construção? Qual é a alternativa quando todo o sistema nacional de proteção falha?

Este artigo tem por objetivo estudar a obrigação de respeitar os direitos sociais, especificamente quanto a direitos dos trabalhadores, e sua caracterização como ofensa aos direitos humanos. Visa fomentar iniciativas no Brasil de acesso a justiça internacional nos casos em que a política econômica e administrativa adotada pelo poder público traga prejuízo aos trabalhadores, os quais procurando o judiciário como amparo não chegam a obter a efetivação do direito ao trabalho digno.

A pesquisa aqui desenvolvida será do tipo documental, bibliográfica e qualitativa. Serão utilizadas também transcrições de sentenças judiciais oriundas da Corte Interamericana de Direitos Humanos.

Como corte epistemológico foi escolhido para objeto de estudo um caso da Corte relacionado a direitos sociais dos trabalhadores. Salienta-se que este não trata exclusivamente de diretos sociais, vez que tem como violações o descumprimento de decisões judiciais e a inércia do Estado, os direitos dos trabalhadores, no entanto, foram a questão de fundo. Trata-se do julgado da Corte de 7 de fevereiro de 2006 o "Caso Acevedo Jamarillo e otros vs. Peru", onde a demissão em massa de trabalhadores vinculados à prefeitura de Lima causou impactos sociais relevantes que foram alvo de ações judiciais vencidas pelos trabalhadores. Tais decisões judiciais foram descumpridas, o que levou o caso à Corte Interamericana de Direitos Humanos e posterior condenação do Estado do Peru.

A importância do tema decorre do enriquecimento da jurisprudência brasileira atinente aos direitos sociais dos trabalhadores e pela socialização dos mecanismos de acesso à Corte Interamericana de Direitos Humanos para que seja utilizada mais esta ferramenta em busca da garantia dos direitos humanos e da paz social.

(*) Mestre em Direito Constitucional pela Universidade Federal do Ceará (UFC). Especialista em Processo Civil pela Faculdade Farias Brito, Especialista em Direito Constitucional pela Escola da Magistratura do Estado do Ceará (ESMEC) e Auditora Fiscal do Ministério do Trabalho e Emprego.

1. DIREITOS HUMANOS SOCIAIS

Em busca de uma definição adequada para a expressão "Direitos Humanos", para posteriormente se chegar aos direitos humanos sociais, cumpre destacar as primeiras impressões, aquelas do denominado senso comum. Direitos humanos são aqueles inerentes ao ser humano. Esta ideia, dado seu alto grau de generalidade e abstração, conduz ao entendimento errôneo de que todo o direito produzido ou posto possa ser considerado direito humano. Adentrando na gênese destes direitos se questiona o porquê da superioridade da espécie humana, considerada como objeto e beneficiária dos mesmos.

Os fundamentos da humanidade como força motriz para uma seara de direitos especiais perpassa questões filosóficas e religiosas. Para os crentes nas três grandes religiões ocidentais – cristãos, judeus e muçulmanos – é no livro do Gênesis, comum à Bíblia, Torá e Alcorão, que se define o homem e a mulher como criação suprema de Deus que os fez sua imagem e semelhança "... E criou Deus o homem à sua imagem: à imagem de Deus o criou; homem e mulher os criou."[1]. Somente isto seria suficiente, para os que abraçam tal fé, justificar a existência de direitos desvinculados do direito autônomo de cada Estado e atrelado apenas à condição de humanidade.

Retomando os parâmetros científicos, temos que os direitos humanos possuem três características fundamentais que compõem sua base e ideologia. Tais conceitos são a universalidade, a igualdade e a dignidade da pessoa humana[2]. Observa-se que a semente deste tripé está assentada na doutrina cristã acima mencionada, ancorada de forma mais contundente nos ensinamentos de Jesus Cristo. Em que pese sabermos que o cristianismo engloba Novo e Antigo Testamento, a visão dos ensinamentos judaicos constantes do Antigo Testamento foram, em parte, modificados pelos ensinamentos de Jesus. A tradição cristã ocidental constitui a base dos direitos humanos, é esta a opinião de Celso Lafer[3] e vários outros autores.

Entretanto, os direitos humanos não existem apenas para aqueles que creem em um único Deus. A condição de humanidade não pode, pelo menos dentro de critérios científicos, estar atrelada à experiência religiosa de indivíduos ou grupos sociais determinados.

Durante o período conhecido como Renascimento, o diferencial do ser humano passou a ser sua capacidade de racionalizar. Talvez toda a experiência mística exacerbada vivida na Europa e Ásia durante a Idade Média tenha levado ao desenvolvimento de uma filosofia voltada mais para a capacidade autorreflexiva do ser humano, embora não se saiba de onde veio tal capacidade. Aliás, o fenômeno renascentista e sua valorização do ser humano transpassou arte e ciência. O homem não teria seu valor vinculado à sua essência divina, mas a si mesmo, à própria razão humana. A razão seria, portanto, o fundamento último do direito.[4]

E hoje, na sociedade contemporânea, a emergência dos direitos humanos de terceira geração, cujos titulares não são individualizados, mas um grupo de pessoas ou até a humanidade inteira, exige uma abordagem diferente da humanidade. A realidade mudou e o mundo chamado pós-moderno tem uma tendência natural a não respeitar fronteiras nacionais e nem conceitos absolutos. A grande evolução dos meios de comunicação de massa, a rede mundial de computadores (internet), o fluxo rápido de informações, a relativa facilidade de viagens internacionais, toda esta parafernália tecnológica ocasionou a revisitação de conceitos num movimento que se denomina pós-modernismo. Este modelo sistematizado pelo filósofo Jean-François Lyotard se caracteriza pela troca das grandes verdades absolutas apregoadas primeiramente pela Igreja e depois pela razão por pequenas verdades mutantes que geram um novo modo de pensar.[5]

1.1. Dignidade da pessoa humana

É nesse contexto efervescente que se insere a concepção de direitos humanos ora adotada. Direitos visceralmente unidos a outro conceito aberto, o de dignidade da pessoa humana. Deste, tomaremos as observações de Ingo Wolfgang Sarlet de que "se trata da própria condição humana (e, portanto, do valor intrínseco reconhecido às pessoas no âmbito de suas relações intersubjetivas) do ser humano e que desta condição e de seu reconhecimento e proteção

---

(1) Gênesis, Bíblia Sagrada, Capítulo I, versículo 27.

(2) PORTELA, Paulo Henrique Gonçalves. Contribuição da Doutrina Cristã para o desenvolvimento dos Direitos Humanos. Fortaleza: Revista Lúmen Juris. Periódico da Faculdade Christus. v. 6. p. 274.

(3) LAFER, Celso. A reconstrução dos direitos humanos. São Paulo: Companhia das Letras, 1999.

(4) VIEIRA, Oscar Vilhena. Direitos Humanos 50 anos depois. In: Dialogando sobre Direitos Humanos. São Paulo: Artchip, p. 29.

(5) LYOTARD, Jean-François. The Postmodern Condition. Manchester: Manchester University Press, 1984.

pela ordem jurídico – constitucional decorre de um complexo de posições jurídicas fundamentais".⁽⁶⁾

Para estudar o relacionamento da dignidade da pessoa humana com os direitos sociais dos trabalhadores adota-se uma linha conceitual ainda mais específica. É que se trata aqui de um daqueles conceitos abertos, aos quais se pode delinear inúmeras vertentes. Esta dificuldade de conceituação, no entanto, não pode ceder ao erro de transformá-la em um tabu que dispensa fundamentações e nem deixar que cada caso concreto resulte em entendimentos diferentes de seu conteúdo⁽⁷⁾. Embora se saiba que os conceitos carregados de axiologia não admitem uma delimitação engessada do tipo que não deixe margem para a pluralidade e riqueza de seu conteúdo, deverá sempre se vislumbrar um conceito mínimo que possa se infiltrar na seara do viver social em que se está trabalhando. Será utilizado, por considerado o mais completo na linha de pesquisa aqui proposta, outro conceito jurídico de dignidade da pessoa humana conforme preconizado por Ingo Wolfgang Sarlet:

> ... temos por dignidade da pessoa humana a qualidade intrínseca e distintiva reconhecida em cada ser humano que o faz merecedor do mesmo respeito e consideração por parte do Estado e da comunidade, implicando, neste sentido, um complexo de direitos e deveres fundamentais que assegurem a pessoa tanto contra todo e qualquer ato de cunho degradante e desumano, como venham a lhe garantir as condições existenciais mínimas para uma vida saudável, além de propiciar e promover sua participação ativa e co-responsável nos destinos da própria existência e da vida em comunhão com os demais seres humanos.⁽⁸⁾

Como ponto de destaque deste conceito, devido a seu relacionamento com a intervenção estatal na economia, temos a condição de respeito e consideração que deve o Estado à pessoa humana e a garantia de condições existenciais mínimas para uma vida saudável. Salta aos olhos já na delimitação inicial da dignidade humana, que os direitos sociais são indispensáveis à sua efetivação. Resta saber o limite entre o que pode preceituar um organismo internacional e até que ponto se pode cobrar internacionalmente a proteção aos direitos sociais, sem interferir no desenvolvimento e respeitando a evolução história de cada Estado.

Quando vislumbramos os direitos humanos em relação a critérios de valoração, temos um prisma discutido pela filosofia. A abordagem escolhida neste estudo é meramente jurídica, tratando estes direitos como um arcabouço normativo internacional (conjunto de tratados, convenções e outros tipos de legislação) cujo objeto é a definição e regulação dos mecanismos internacionais garantidores dos direitos fundamentais da pessoa humana. Consideram-se, então, direitos humanos como os valores universais de proteção à dignidade, liberdade e igualdade inerentes a todos os seres humanos, previstos na ordem jurídica internacional.⁽⁹⁾

1.2. Direitos humanos sociais

Não se pode deixar de mencionar em um ensaio sobre Direitos Humanos Sociais dois fatos históricos que marcaram a evolução do que veio a se tornar a disciplina de Direitos Internacionais dos Direitos Humanos. O mundo ocidental possui um marco histórico, que, embora não tenha sido utilizado didaticamente para marcar o início de uma nova era, o fez de fato. A segunda guerra mundial ainda paira no ideário mundial como o desencanto de um direito voltado apenas para um só povo, seu desenvolvimento e autonomia. Foi, portanto, o catalisador de uma dimensão mundial do direito, fincado nos conceitos de direitos humanos.

> Em face do regime de terror, no qual imperava a lógica da destruição e no qual as pessoas eram consideradas descartáveis, ou seja, em face do flagelo da Segunda Guerra Mundial, emerge a necessidade de reconstrução do valor dos direitos humanos, como paradigma e referencial ético a orientar a ordem internacional.⁽¹⁰⁾

Se a Segunda Guerra Mundial precipitou a emergência do Direito Internacional dos Direitos

---

(6) SARLET, Ingo Wolfgang. *Dignidade da Pessoa Humana e Direitos Fundamentais*. 6. ed., Porto Alegre: Livraria do Advogado, 2008, p. 147.

(7) SARLET, Ingo Wolfgang. *Dignidade da Pessoa Humana e Direitos Fundamentais na Constituição Federal de 1988*. 6. ed. Porto Alegre: Livraria do Advogado, 2008, p. 43.

(8) Ibid., p. 63.

(9) PINHEIRO, Flávio Maria Leite. *A teoria dos Direitos Humanos*. In: REVISTA OAB: 2008. Disponível em: <www.oab.org.br>. Acesso em: 27/06/2009.

(10) PIOVESAN, Flávia. *Temas de Direitos Humanos*. São Paulo: Saraiva, 3. ed., 2009, p. 4.

Humanos, justamente em face da proteção do direito à vida e da própria dignidade humana, tais direitos, considerados humanos, se viram ampliados e revisitados por outro fato histórico marcante: a Revolução Industrial.

A revolução industrial ampliou a capacidade produtiva e gerou riqueza, esta riqueza, todavia, era voltada apenas para uma diminuta parcela da população. Novamente, as atrocidades ocorridas trouxeram a necessidade de estabelecer parâmetros mínimos de dignidade para aqueles que geraram tal riqueza à custa de sua exploração inaceitável: os trabalhadores.

A industrialização trouxe consigo, além de prosperidade econômica para uma minoria rica, uma série de problemas sociais, gerando naturalmente grande insatisfação entre aqueles que não tinham recursos para aproveitar os problemas proporcionados pela paradoxalmente chamada "Bela Época". Enquanto uns viviam no luxo, a grande maioria da população passava fome, estava desempregada ou morria por falta de cuidados médicos, ou seja, estava totalmente excluída das vantagens estatais usufruídas pela burguesia.[11]

O desrespeito agora se dava sobre outro tipo de direitos, os denominados direitos sociais ou de segunda geração. E estes possibilitam a plena fruição dos direitos de liberdade, os primeiros a serem vislumbrados dentro de uma visão universal de humanidade. Adentra-se agora no ponto central deste estudo: a consideração dentro do Direito Internacional dos Direitos Humanos dos direitos sociais, notadamente dos direitos dos trabalhadores.

Há dez anos o mundo se viu envolto em um novo marco histórico: os atentados de 11 de setembro de 2001. Não se pretende aqui discutir o terrorismo. O que é importante para o estudo que ora se faz dos direitos sociais é a observação da repercussão imediata que um fato ocorrido em determinado país reverbera em todo o cenário mundial, principalmente em questões econômicas.

Destaca Canotilho que os direitos fundamentais dependem de pressupostos de ordem econômica, social e cultural, tais pressupostos são todos os fatores que condicionam e existência e proteção dos direitos sociais. Além destes pressupostos, que de fato não fazem parte do regime jurídico, ainda existem outros elementos, que Canotilho denomina estruturais que configuram os direitos sociais.

Assim, a concepção da dignidade da pessoa humana e do livre desenvolvimento da personalidade pode estar na origem de uma política de realização de direitos sociais activa e comprometida ou de uma política quietista e resignada consoante se considere que, abaixo de um certo nível de bem-estar material, social, de aprendizagem e de educação, as pessoas não podem tomar parte da sociedade como cidadãos e, muito menos, como cidadãos iguais, ou se entenda que a cidadania social é basicamente uma conquista individual...[12]

Pretende-se aqui demonstrar que a garantia dos direitos sociais está intimamente ligada a questões de política econômica e de desenvolvimento democrático de cada nação. Desta forma, estaria o cidadão à mercê da ideologia dominante para fazer valer direitos historicamente conquistados. Mesmo o poder judiciário, em situações de instabilidade política, pode se mostrar envolvido ou aniquilado de forma a se tornar impotente na garantia dos direitos sociais.

O acesso ao trabalho e sua realização de maneira digna não é somente um mero meio de sobrevivência para a raça humana, o trabalho na sociedade moderna tem um componente imaterial que confere dignidade àquele que labora. Tal importância foi encampada pelo direito internacional. A importância do trabalho transcende questões de ordem prática e adentra a seara da dignidade humana. O direito pós-moderno tem como principal objetivo a garantia desta dignidade que se traduz no desenvolvimento das potencialidades produtivas do indivíduo dentro da sociedade.

Sendo o trabalho um direito humano, reconhecido pela ordem internacional, será iniciada a discussão sobre a sua efetivação pelas nações dentro do panorama do Direito Internacional dos Direitos Humanos, de maneira específica dentro dos julgados da Corte Interamericana de Direitos Humanos.

2. CORTE INTERAMERICANA DE DIREITOS HUMANOS E DIREITOS SOCIAIS DOS TRABALHADORES

Observa-se que as decisões da corte atinentes

---

(11) MARMELSTEIN, George. *Curso de Direitos Fundamentais*. São Paulo: Atlas, 2008, p. 48.

(12) CANOTILHO, J.J.Gomes. *Direito Constitucional e Teoria da Constituição*. 7. ed. Coimbra: Almedina, 2003, p. 473-474.

aos direitos sociais são de difícil identificação, vez que se apresentam no plano geral de descumprimento de decisões judiciais. São normalmente casos em que o Judiciário de um dos países membros determinou a efetivação de um direito social e este não foi obedecido pelo Executivo daquele país.

Fazendo uma breve explanação sobre a Corte Interamericana de Direitos Humanos e seu papel no contexto da efetivação dos direitos humanos sociais dos trabalhadores na América, menciona-se sua posição dentro da estrutura geral do Direito Internacional dos Direitos Humanos e sua fundamentação em nível de Tratados.

O sistema interamericano de proteção dos direitos humanos é um dos três grandes sistemas regionais, que, juntamente com o sistema global – Organização das Nações Unidas (ONU) – forma o sistema internacional de direitos humanos. Os outros sistemas regionais são o europeu e o africano. São a União Africana (UA), o Conselho da Europa (CE) e a Organização dos Estados Americanos (OEA).

A Organização dos Estados Americanos, OEA, é uma organização regional que deu início ao Sistema Interamericano e congrega 35 Estados Americanos Independentes. Sua fundação ocorreu em 1948, momento em que foi assinada a Carta da OEA, posteriormente emendada pelos Protocolos de Buenos Aires, Cartagena, Manágua e Washington. Tal carta menciona os direitos sociais dos trabalhadores dentro de um contexto de desenvolvimento integral das nações americanas[13].

Como um dos órgãos constitutivos da Organização dos Estados Americanos – OEA – sistema interamericano maior de proteção aos Direitos Humanos, tem-se a Comissão Interamericana. Esta que inicialmente foi considerada um órgão provisório, se tornou a partir de 1969 um órgão de implementação da Convenção Americana. Dentre suas atribuições, previstas dentro da própria Convenção, está o exame de "petições encaminhadas por indivíduos ou grupos que contenham denúncias de violação a direito consagrado na Convenção Americana por Estado que a tenha ratificado. A denúncia pode ser apresentada pela própria vítima ou representante..."[14]

Um dos trâmites previstos envolve o encaminhamento da demanda à Corte Interamericana de Direitos Humanos. Esta, como previsto no artigo 1º de seu estatuto, é uma instituição judiciária autônoma que tem por objetivo a interpretação e a aplicação da Convenção Americana sobre Direitos Humanos, bem como de outros tratados concernentes a tal assunto.

2.1. Instrumentos de proteção internacional aos direitos sociais dos trabalhadores

Estudando a legislação pertinente aos estados americanos sobre direitos sociais dos trabalhadores, observa-se que esta se encontra imersa na proteção geral aos direitos econômicos, sociais e culturais. Percebe-se também que a preocupação maior destes diplomas, no tocante a tais direitos, é o desenvolvimento das nações americanas. O Capítulo III da Convenção Americana de Direitos Humanos se dedica aos Direitos Econômicos Sociais e Culturais possui apenas um artigo, o de número 26, abaixo transcrito.

> Artigo 26. Desenvolvimento progressivo
>
> Os Estados Partes comprometem-se a adotar providências, tanto no âmbito interno como mediante cooperação internacional, especialmente econômica e técnica, a fim de conseguir progressivamente a plena efetividade dos direitos que decorrem das normas econômicas, sociais e sobre educação, ciência e cultura, constantes da Carta da Organização dos Estados Americanos, reformada pelo Protocolo de Buenos Aires, na medida dos recursos disponíveis, por via legislativa ou por outros meios apropriados.

Observe que a cláusula se refere de forma aberta a tornar efetivas as normas sociais constantes de outro diploma: a Carta da Organização dos Estados Americanos. Antes mesmo de analisar os artigos específicos sobre direitos sociais dos trabalhadores deste outro diploma, já se pode comentar que a expressão "na medida dos recursos disponíveis" o que caracteriza normas de cunho internacional.

É fato que não se pode exigir de todas as nações o cumprimento efetivo de seus direitos sociais

---

(13) DESENVOLVIMENTO INTEGRAL – Artigo 30 – Os Estados membros, inspirados nos princípios de solidariedade e cooperação interamericanas, comprometem-se a unir seus esforços no sentido de que impere a justiça social internacional em suas relações e de que seus povos alcancem um desenvolvimento integral, condições indispensáveis para a paz e a segurança. O desenvolvimento integral abrange os campos econômico, social, educacional, cultural, científico e tecnológico, nos quais devem ser atingidas as metas que cada país definir para alcançá-lo.

(14) CORREIA, Thereza Rachel Couto. *Corte Interamericana de Direitos Humanos*: Repercussão Jurídica das Opiniões Consultivas. Curitiba: Juruá, 2008, p. 108.

de pronto. Afinal, os níveis de desenvolvimento são diferenciados e a economia de cada País define os índices de empregabilidade, nascedouro dos direitos sociais trabalhistas.

Porém, o questionamento que não pode deixar de ser levantado é, considerando como núcleo dos diretos humanos a dignidade, não é possível que esta exista sem um mínimo de cumprimento destes direitos sociais.

Para Flávia Piovesan, os direitos humanos são indivisíveis e já resta superado o entendimento de que os direitos civis e políticos merecem maior proteção ou destaque do que os direitos sociais, pois são direitos legais e acionáveis tanto quanto os demais. Este entendimento dos direitos econômicos sociais e culturais está entrelaçado também com o direito ao desenvolvimento.[15]

Até porque existe uma interdependência ontológica entre tais direitos. Tomando como direito civil primário a liberdade, temos que esta não existe sem o mínimo de fruição de direitos sociais. Pode-se pode afirmar que aqueles que não são beneficiados com os direitos sociais básicos compatíveis com a existência humana digna, tais como trabalho, saúde e educação, jamais terão a liberdade. Daí porque igualdade e liberdade são princípios dependentes e reflexivos.

Como diploma específico sobre direitos sociais tem-se o Protocolo Adicional à Convenção Americana sobre Direitos Humanos em Matéria de Direitos Econômicos, Sociais e Culturais, assinado em San Salvador em 17 de novembro de 1988. O Brasil aderiu a este diploma em 21 de agosto de 1996.[16]

O artigo 7º de tal protocolo especifica alguns direitos trabalhistas tais como a remuneração que assegure, no mínimo, a todos os trabalhadores condições de subsistência digna; estabilidade dos trabalhadores em seus empregos – nos casos de demissão injustificada, o trabalhador terá direito a uma indenização ou a quaisquer outras prestações previstas pela legislação nacional; segurança e higiene no trabalho; proibição de trabalho noturno ou em atividades insalubres ou perigosas para os menores de 18 anos; limitação razoável das horas de trabalho, férias remuneradas, dentre outros.

Do exposto podemos observar que existem os meios jurídicos necessários para que sejam carreados a julgamento pela Corte Interamericana de Direitos Humanos uma série de direitos sociais. Entretanto, os casos julgados se referem, em sua esmagadora maioria, aos direitos de liberdade, como a vida, integridade física etc. Ocorre que, em vários destes casos, a questão de fundo dizia respeito a direitos sociais. E, talvez, muitas das tragédias ocorridas fossem evitadas se tais questões sociais já tivessem sido levadas ao conhecimento da Corte Regional.

Finalizando esta pesquisa, se trará um caso em que os direitos sociais desatendidos desencadearam uma série de violações aos direitos humanos. É um parâmetro para analisar o impacto e posicionamento da Corte nos pedidos relativos a direitos sociais. Trata-se do caso Acevedo Jamarillo y otros vs, Peru.

3. BREVE RELATO DO CASO ACEVEDO JAMARILLO

Em 25 de junho de 2003 foi submetida à Corte Interamericana de Direitos Humanos uma demanda contra o Estado do Peru. Nesta deveria ser decidida a responsabilidade do Estado por violação ao artigo 25.2 da Convenção Americana, que trata da proteção judicial, bem como do artigo 1.1, de obrigação de respeitar os direitos. Tudo isto por descumprimento de decisões judiciais exaradas no período de 1996 a 2000 pelos juízes da cidade de Lima, pela corte superior de Justiça de Lima em segunda instância e pelo Tribunal Constitucional do Peru. Estas sentenças ordenavam que a Prefeitura de Lima reintegrasse seus trabalhadores despedidos por não haver concorrido ou não terem sido aprovados em avaliações convocadas por esta prefeitura, por terem participado de greve deflagrada pelo sindicato e considerada ilegal e despedidos em consequência da liquidação da empresa de serviços municipais de limpeza de Lima. Também não foi pago a estes trabalhadores o correspondente às remunerações, bonificações, gratificações e outros benefícios que foram reconhecidos em acordos com o sindicato durante 1989 e 1995, bem como a entrega do local do sindicato e de terrenos a este doados, em benefício dos trabalhadores.

Informa ainda o relatório da sentença que foram feitas várias tentativas de negociação amistosa a criação de várias comissões para tal fim sem que se tenha chegado a resultados concretos.

Fato interessante a ser mencionado é que, em um primeiro momento, o Estado do Peru reconheceu a sua responsabilidade perante a Comissão. Pos-

---

(15) PIOVESAN, Flávia. Planos Global Regional e Local. In SOUZA NETO, Cláudio Pereira; SARMENTO, Daniel (orgs.). *Direitos Sociais*: Fundamentos, Judicialização e Direitos Sociais em Espécie. Rio de Janeiro: Lumen Juris, 2008, p. 704.

(16) Disponível em: <http://www.cidh.oas.org/Basicos/Portugues/f.Protocolo_de_San_Salvador_Ratif.htm>. Acesso em: 18 nov.. 2011.

teriormente, perante a Corte, o Estado modificou sua posição e manifestou que não considera existir tal responsabilidade.

Em outubro de 2001 foram admitidas as petições pelo não cumprimento de doze sentenças emitidas pela vara especializada em direito público e pelo Tribunal Constitucional. Em junho de 2002 o Peru, através de sua Secretaria Executiva do Conselho Nacional de Direitos Humanos ratifica o reconhecimento tácito da responsabilidade internacional manifestada através de um comunicado feito através da imprensa em 22 de fevereiro de 2001, assumindo a transgressão dos direitos dos trabalhadores do SIMATRUM – Sindicato dos Trabalhadores da prefeitura de Lima. Conclui ainda, que por motivos de crise econômica, estava impossibilitado de atender as indenizações e medidas de reparação devidas aos trabalhadores neste caso. Asseverou ainda, submeter o caso a melhor decisão considerada pela Comissão Interamericana de Direitos Humanos.

A Comissão emitiu então novo informe em 11 de outubro de 2002 no qual concluir responsabilidade por violação aos artigos já mencionados e recomendou que o Estado do Peru tomasse medidas necessárias para dar cumprimento de forma eficiente às referidas sentenças.

Mesmo assim, o governo peruano e os trabalhadores da SIMATRUM desejaram iniciar uma nova etapa de negociações com a instalação de uma comissão de trabalho.

Foi alegado fato novo perante a corte, de que o Estado do Peru não considera a existência de sua responsabilidade por existirem relações de corrupção entre dirigentes do SITRAMUN, O Serviço de Inteligência Nacional (SIN) e membros do Poder Judiciário, razão pela qual não reconhece a validade jurídica e nem a força vinculante das decisões nascidas neste contexto. Entretanto, embora tenha a Comissão Interamericana constatado limitações à autonomia e imparcialidade do Poder Judiciário Peruano durante os anos 90, a comissão enfatizou que no caso específico não foi provado ante a este tribunal internacional, bem como em sede interna, que as sentenças dos trabalhadores da SITRAMUN tenham sido produto direto de corrupção.

Desta forma, a Corte analisará os pontos importantes e as reparações nas quais tenha ficado aberta a controvérsia sobre a responsabilidade, assim como aqueles que a Corte estima ser necessária a análise por terem surgido durante os trâmites.

Apenas para que se tenha uma noção dos prejuízos causados aos trabalhadores peruanos, transcreveremos trechos de alguns testemunhos apresentados perante a corte.[17] Como se trata de processo público será trazido o drama vivido por algumas vítimas. Isto tudo para que fique ainda mais caracterizado que os direitos sociais estão diretamente vinculados à dignidade humana. Sua inobservância traz consequências graves na vida e nos projetos de felicidade dos trabalhadores envolvidos, não pode, portanto, ser tratado como um direito que trata de meras questões patrimoniais.

Observa-se o caso de certa senhora, que trabalhava na expedição de registro civil da Prefeitura de Lima desde 1976 e foi despedida juntamente com mais 230 (duzentos e trinta) trabalhadores por ter sido considerada excedente em um processo de avaliação de pessoal. Nesta avaliação, a ela não foi dado conhecimento do resultado dos exames e nem quais seriam os erros por ela cometidos para que fosse afastada.

Ingressou judicialmente e obteve sentença favorável, mas a referida sentença nunca foi cumprida pelo município Lima. Tudo isto gerou sentimentos de frustração e impotência. Os trabalhadores se viram obrigados a fazer vigílias, marchas e recorrer aos meios de comunicação, ao Congresso, à Igreja Católica e à defensoria pública. Sentiu-se derrotada e com a certeza de que em seu país não existia justiça.

Tais fatos desestabilizaram a trabalhadora econômica e moralmente. Em setembro de 1999 a senhora foi diagnosticada com câncer de mama, como não possuía mais seguro médico teve que recorrer ao sistema particular. Embora quando foi necessária cirurgia em 2002, tenha sido pago a esta trabalhadora as remunerações de outubro, novembro e dezembro de 1995, teve que pedir dinheiro emprestado à familiares para sobreviver. Como foi despedida aos 44 anos não conseguiu outro emprego similar, passou a vender cosméticos e alimentação como ambulante. Não pode pagar o estudo superior das filhas menores. Tudo isto abalou psicologicamente a trabalhadora que precisa do apoio de um profissional.

Outra vítima, também afirma ter sofrido consequências demolidoras. Os mais afetados foram seus filhos que tiveram de deixar a educação secundária para trabalhar e ajudar com as despesas da casa. A falta de estabilidade moral e emocional gerou problemas familiares, tendo sua esposa o abandonado. Por fim foi acometido por um derrame cerebral que

---

(17) Tradução livre da autora do espanhol. Disponível original em: <www.corteidh.or.cr/docs/casos/articulos/serieC_144_esp.pdf>. Acesso em: 14.04.2004.

teve como sequelas uma hemiplegia que paralisou o lado esquerdo de seu corpo. Espera a ajuda da justiça internacional para que as sentenças judiciais de que obteve ganho sejam cumpridas e seus direitos recuperados.

Como os fatos aqui relatados têm apenas o condão de ilustrar os danos sociais causados aos trabalhadores, será trazido a lume somente mais um fato exemplificativo. Da mesma maneira que os anteriores, um senhor foi desligado em 1996. Um ano após terem sido emitidas as decisões judiciais em seu favor, e sem que as mesmas tenham sido cumpridas, começou a sofrer de insônia, dores de cabeça, depressão... Sofreu um acidente de trabalho, seu estado de saúde piorou e teve de ser internado. Passou por três cirurgias na perna, em cada uma sofreu amputações maiores, devido à gangrena. Desde que foi despedido não possuía mais seguro social. Um de seus filhos foi acometido de poliomielite, pediu dinheiro emprestado para sobreviver a todos e vendia doces nas ruas e logradouros para sustentar a família. Hoje não pode mais trabalhar em decorrência da diabetes e problemas na perna, seus três filhos deixaram de estudar.

A Corte Interamericana de Direitos Humanos, diante de todos os fatos alegados e do evidente prejuízo causados aos trabalhadores decidiu por unanimidade reconhecer da responsabilidade internacional realizada pelo Estado do Peru durante o procedimento ante a Comissão Interamericana de Direitos Humanos e declarar que o referido Estado violou o direito de proteção judicial consagrados nos artigos 25.1 e 25.2.c) da Convenção Americana sobre Direitos Humanos, em relação à obrigação geral de garantir e respeitar os direitos e liberdades estabelecidas no artigo 1.1. do referido tratado.

Dispôs então que o Estado tem o prazo de um ano para garantir aos prejudicados a execução das sentenças declaradas descumpridas por este tribunal. O Estado do Peru deve, então, reintegrar os trabalhadores a seus cargos ou similares e, se isto não for possível, restabelecer, em benefício das vítimas, condições de emprego que respeitem a remuneração que percebiam ao serem demitidas. Caso não seja possível repor os trabalhadores a seus cargos ou similares, que o Estado pague uma indenização por demissão sem justa causa, nos termos da legislação interna, considerando o tempo de serviço de cada trabalhador bem como o tempo em que esteve afastado indevidamente e o salário que recebia com os reajustes devidos. Aos trabalhadores aposentados com sentenças de reintegração também descumpridas decidiu a corte pelo pagamento de indenização, no prazo de quinze meses. Aos familiares dos falecidos deverá ser paga indenização, de acordo com legislação interna. Também no prazo de quinze meses, todos os trabalhadores que não forem reintegrados devem ter assegurados pelo sistema de previdência social.

Deverá também ser paga a cada um dos prejudicados a indenização por danos morais "Danõ inmaterial" o valor de US$ 3.000,00 (três mil dólares).

O cumprimento desta sentença será supervisionado e deverá estar totalmente cumprido no prazo de quinze meses, da notificação da sentença. Ao final deste prazo, o Estado do Peru deverá apresentar relatório sobre as medidas adotadas.

Como observado, a Corte Interamericana de Direitos Humanos condenou o Estado do Peru por descumprimento de sentenças judiciais que se referiam a direitos sociais previstos em sua legislação interna.

4. DESRESPEITOS A DIREITOS HUMANOS SOCIAIS NO BRASIL

Embora o Brasil aceite a jurisdição e já tenha sido levado a julgamento algumas vezes perante a Corte Interamericana de Direitos Humanos, não foi observado nenhum caso que contemple os direitos sociais de trabalhadores.

Brasil participou ativamente dos trabalhos preparatórios da Convenção Americana, e apoiou sua adoção de forma integral (na Conferência de 1969 de San José da Costa Rica, onde veio a sediar-se a Corte), inclusive quanto a suas cláusulas facultativas, como a do art. 62, sobre a aceitação pelos Estados Partes da competência contenciosa da Corte (5). Tal aceitação constitui, com efeito, uma garantia adicional pelo Brasil, a todas as pessoas sujeitas à sua jurisdição, da proteção de seus direitos (tais como consagrados na Convenção Americana), quando as instâncias nacionais não se mostrarem capazes de garanti-los[18].

E nosso país é pródigo no pagamento tardio ou mesmo no mero descumprimento de sentenças judiciais que tragam a apreciação de direitos sociais

---

(18) TRINDADE, Antonio Augusto Cançado. *O Brasil e a Corte Interamericana de Direitos Humanos*. Disponível em: <http://www.dhnet.org.br/direitos/militantes/cancadotrindade/cancado_oea.html>. Acesso em: 02 nov. 2010.

ligados à área trabalhista. Mais ainda, quando estas decisões alcançam órgãos governamentais e estados federados. Observe-se a própria existência da lei dos precatórios. Nestes casos, após o trânsito em julgado da sentença, quando está o trabalhador ávido por ver seu direito garantido, ainda terá de enfrentar novo trâmite para que finalmente a sentença se faça valer.

O atual sistema brasileiro de pagamento de valores advindos de decisões judiciais traz uma série de atos e recursos que por demais procrastinam o cumprimento das decisões judiciais. Deixa-se aqui o embrião da possibilidade de levar à Corte Interamericana os casos em que a demora ou a própria falta de efetivação dos direitos sociais dos trabalhadores ofendam a dignidade humana. Já é tempo de levar a sério os direitos sociais, verdadeiros propiciadores da liberdade amparada pelos direitos humanos.

CONCLUSÃO

Conclui-se que o sistema interamericano de proteção aos direitos humanos tende a se desenvolver em busca da efetivação dos direitos sociais. Afinal, trabalho e dignidade são termos codependentes, que devem estar amparados e protegidos para todos.

O acesso ao trabalho e sua realização de maneira digna não é somente um mero meio de sobrevivência para a raça humana; o trabalho na sociedade moderna tem um componente imaterial que confere dignidade àquele que labora. Tal importância foi encampada pelo direito internacional. A importância do trabalho transcende questões de ordem prática e adentra a seara da dignidade humana. O direito pós-moderno tem como principal objetivo a garantia desta dignidade que se traduz no desenvolvimento das potencialidades produtivas do indivíduo dentro da sociedade.

A efetivação deste direito deverá ser feita no âmbito interno de cada país, somente devendo ser utilizados mecanismos internacionais quando da ineficiência destes. Nos Estados em que o desenvolvimento econômico e social de forma geral ainda se encontra deficiente é comum o desrespeito aos direitos dos trabalhadores. Observa-se na realidade brasileira o fenômeno de um desenvolvimento econômico crescente mas que, de forma frequente, se esquece de amparar o maior artífice deste desenvolvimento: o trabalhador.

Mais grave ainda é quando estes trabalhadores procuram o judiciário para chegar ao amparo de suas demandas e também não chegam a ver sua efetivação. No Brasil dois fatores levam a este fenômeno, primeiramente o sistema jurídico complexo que contribui para a demora em sua conclusão final e que, praticamente, se inicia novamente com a execução. E, após o longo e demorado processo, que por si já seria uma ofensa à dignidade destes trabalhadores, ainda se esbarra no segundo fator, o mero descumprimento das decisões judiciais por alguns entes estatais, muitas vezes se beneficiando deste sistema jurídico intrincado e moroso.

Por fim, depreende-se que os fatos e conclusões abordados neste trabalho devem servir ao enriquecimento das soluções brasileiras de efetivação dos direitos sociais dos trabalhadores, através da utilização da Corte Interamericana de Direitos Humanos como ferramenta em busca da garantia dos direitos humanos e da paz social em nosso país.

REFERÊNCIAS BIBLIOGRÁFICAS

CANOTILHO, J. J. Gomes. *Direito Constitucional e Teoria da Constituição*. 7. ed. Coimbra: Almedina, 2003.

CORREIA, Thereza Rachel Couto. *Corte Interamericana de Direitos Humanos*: Repercussão Jurídica das Opiniões Consultivas. Curitiba: Juruá, 2008.

LYOTARD, Jean-François. *The Postmodern Condition*. Manchester: Manchester University Press, 1984.

MARMELSTEIN, George. *Curso de Direitos Fundamentais*. São Paulo: Atlas, 2008.

PINHEIRO, Flávio Maria Leite. *A teoria dos Direitos Humanos*. In: REVISTA OAB: 2008. Disponível em: <www.oab.org.br>. Acesso em: 27/06/2009.

PIOVESAN, Flávia. *Temas de Direitos Humanos*. São Paulo: Saraiva, 3. ed., 2009.

_____. Planos Global Regional e Local. In: SOUZA NETO, Cláudio Pereira; SARMENTO, Daniel (orgs.). *Direitos Sociais*: Fundamentos, Judicialização e Direitos Sociais em Espécie. Rio de Janeiro: Lumen Juris, 2008.

PORTELA, Paulo Henrique Gonçalves. *Contribuição da Doutrina Cristã para o desenvolvimento dos Direitos Humanos*. 6. ed. Fortaleza: Revista Lúmen Juris. Periódico da Faculdade Christus. v. 6.

SARLET, Ingo Wolfgang. *Dignidade da Pessoa Humana e Direitos Fundamentais*. Porto Alegre: Livraria do Advogado, 2008.

TRINDADE, Antonio Augusto Cançado. *O Brasil e a Corte Interamericana de Direitos Humanos*. Disponível em: <http://www.dhnet.org.br/direitos/militantes/cancadotrindade/cancado_oea.html>. Acesso em: 02 nov. 2010.

VIEIRA, Oscar Vilhena. Direitos Humanos 50 anos depois. In: *Dialogando sobre Direitos Humanos*. São Paulo: Artchip,

O CONCEITO DE PESSOA COM DEFICIÊNCIA E SEU IMPACTO NAS AÇÕES AFIRMATIVAS BRASILEIRAS NO MERCADO DE TRABALHO*

Fernando Basto Ferraz (**)
Elizabeth Alice Barbosa Silva de Araujo (***)

INTRODUÇÃO

Este trabalho tem por objetivo estudar a necessária reestruturação do conceito de pessoa com deficiência no Brasil, considerando o novo enfoque trazido pela Convenção Internacional de Direitos da Pessoa com Deficiência aprovada em 13 de dezembro de 2006 pela Assembleia Geral da ONU – Organização das Nações Unidas.

Este novo entendimento proporcionará impactos importantes nas ações afirmativas que tratam do acesso e manutenção no emprego do trabalhador com deficiência. Haverá que ser feita uma adequação dos mecanismos de contratação, do meio ambiente de trabalho e da própria cultura social para que o foco não mais esteja na pessoa com deficiência e em suas supostas "limitações", mas nas barreiras físicas e sociais impostas a estas pessoas pela coletividade.

Justifica-se a escolha do assunto pela necessidade de ações efetivas e racionais de combate à discriminação no mercado de trabalho, de cuja existência não se ousa discordar, pois resta facilmente comprovada em dados estatísticos e argumentos que serão demonstrados no decorrer do trabalho. A importância de ações afirmativas baseadas no novo conceito de pessoa com deficiência merece destaque como corolário da igualdade material, imprescindível em um Estado Democrático de Direito. A pesquisa será do tipo bibliográfica, com a utilização de dados de pesquisas do Ministério do Trabalho e Emprego – MTe – e do Instituto Brasileiro de Geografia e Estatística – IBGE.

Para desenvolver o tema será necessário estudar as regras de proteção da pessoa com deficiência na seara trabalhista na nova Convenção sobre os Direitos das Pessoas com Deficiência, na Constituição Federal Brasileira de 1988 e na legislação infraconstitucional que trata da efetivação destes direitos assegurados, fazendo um inter-relacionamento entre as mesmas. Será realizada uma retrospectiva histórica do tratamento e definição de pessoa com deficiência na humanidade. Analisar-se-á, também, as ações afirmativas levadas a cabo pela legislação brasileira na seara trabalhista, investigando sua compatibilidade com a nova ideia trazida pelas normas internacionais de proteção dos direitos humanos.

Por fim traremos os impactos de uma nova perspectiva da pessoa com deficiência nas ações afirmativas para inclusão no mercado de trabalho reali-

---

(*) Artigo Publicado nos ANAIS do CONPEDI Fortaleza.

(**) Fernando Basto Ferraz é doutor e mestre em Direito pela Pontifícia Universidade Católica de São Paulo (PUC/SP) e professor Associado IV, em regime de 40hs/DE da Universidade Fedral do Ceará (UFC).

(***) Elizabeth Alice Barbosa Silva de Araujo é mestranda em Direito Constitucional pela Universidade Federal do Ceará. Especialista em Processo Civil pela Faculdade Farias Brito, especialista em Direito Constitucional pela Escola de Magistratura do Estado do Ceará (ESMEC) e Auditora Fiscal do Ministério do Trabalho e Emprego.

zadas no Brasil. Estas ações se desenvolvem dentro do serviço público e na iniciativa privada com o percentual reservado para pessoas com deficiência.

1. O CONCEITO DE PESSOA COM DEFICIÊNCIA

Para conhecer todo o impacto e amplitude do novo conceito de pessoa com deficiência trazido pela Convenção Internacional sobre os Direitos das Pessoas com Deficiência é preciso trazer à tona o histórico do tratamento concedido pela sociedade a estas pessoas. Também é necessário que se faça o estudo acerca da positivação deste conceito no ordenamento jurídico pátrio, para, em última análise, aplicá-lo concretamente por meio das ações afirmativas.

1.1. Precedentes históricos

O conceito de pessoa com deficiência teve diversos tratamentos ao longo da história da humanidade. Aliás, não se trata *a priori* do conceito abstrato, mas de como a pessoa com deficiência é encarada e incluída dentro da realidade social. A perspectiva com a qual era entendida a deficiência e as causas de sua existência influenciam diretamente a aceitação e participação destas pessoas na sociedade. Da miscelânea destes conceitos biológicos, físicos, morais e até metafísicos, brotou o conceito jurídico que ora se procura desvelar.

Flávia Piovesan delimita quatro estágios na construção dos direitos humanos da pessoa com deficiência[1]. Num primeiro estágio de total intolerância tais pessoas eram consideradas impuras, castigadas pelos deuses. Platão em *A República* e Aristóteles em *A Política* fazem referência à eliminação de crianças nascidas com deformidades, seja por abandono seja atirando-as da cadeia montanhosa de Tygetos na Grécia. Famosa foi a cidade grega de Esparta, onde no reinado de Leônidas, os guerreiros deveriam ser perfeitos para defender suas fronteiras, sendo sumariamente executadas as crianças nascidas com qualquer tipo de deficiência.[2]

O segundo estágio foi o da invisibilidade. As pessoas eram colocadas em guetos, separadas do resto da humanidade. Como exemplo desta fase tem-se os relatos bíblicos dos leprosos, considerados impuros e segregados por toda a sociedade.

Convém salientar a importância da doutrina cristã, principalmente do Novo Testamento. Com a descrição dos milagres e curas, a pessoa deficiente foi trazida para o centro das atenções. Os preceitos do amor ao próximo, do acolhimento e da universalidade dos direitos humanos foram importantes passos para dar novo enfoque à pessoa com deficiência na sociedade.

O terceiro estágio, talvez o mais vivenciado no Brasil, foi o assistencialismo. Essencialmente marcado pelos avanços da medicina e a tentativa de curar qualquer limitação. O indivíduo seria o portador de uma enfermidade, e deveria receber a ajuda assistencial por parte da sociedade, enquanto não sobrevivesse a cura para a sua doença.

A fase que ora se apresenta tem foco nos direitos humanos e na inclusão da pessoa com deficiência de maneira plena em todas as searas sociais. Quem deve ser tratada agora, em que pese a extrema importância da continuidade das pesquisas científicas que visam minorar limitações, é a sociedade. A doença, na expressão pejorativa da palavra, não está mais centrada na pessoa, mas sim na sociedade que tem profundas dificuldades de lidar com as diferenças, com qualquer pessoa que destoe dos padrões vigentes.

No liame desta realidade surgiu, mediante ampla discussão em que fizeram parte ativa as próprias pessoas com deficiência[3], a Convenção sobre os direitos das Pessoas com Deficiência da ONU.

1.2. Conceito contemporâneo segundo a Convenção Internacional sobre os Direitos da Pessoa com Deficiência

Os direitos humanos como um todo são a busca incessante de superar limitações. Existem, entretanto, determinados grupos que estão mais sujeitos a fatores limitantes, sejam estes de ordem física ou social. A proteção destes grupos levou a Organização das Nações Unidas a criar as Convenções Inter-

---

(1) PIOVESAN, Flávia. *Direitos Humanos e o Direito Constitucional Internacional*. São Paulo: Saraiva, 2010, p. 223-224.

(2) GUGEL, Maria Aparecida. *Pessoas com Deficiência e o Direito ao Trabalho*. Florianópolis: Obra Jurídica, 2007, p. 47.

(3) Em palestra proferida em 18/12/2009 na sede da Federação das Indústrias do Estado do Ceará, por ocasião da solenidade de entrega de certificados conferidos pela Superintendência Regional do Trabalho e Emprego no Estado do Ceará para empresas cumpridoras da contratação compulsória de pessoas com deficiência, o Desembargador Federal do Tribunal Regional Federal da 9ª região Ricardo Tadeu Marques da Fonseca, representante do Brasil no Comitê da ONU sobre Direitos das Pessoas com Deficiência, asseverou a importância do novo conceito e a forte participação das pessoas com deficiência em sua elaboração e na ideia de centrar a deficiência nas barreiras impostas pela sociedade e não na pessoa em si.

nacionais específicas para tratar de grupos menos favorecidos. Podemos mencionar de forma exemplificativa a Convenção Internacional sobre a Eliminação de todas as formas de discriminação racial, Convenção sobre todas as formas de discriminação contra a mulher, Convenção sobre os direitos da criança, Convenção Internacional sobre a proteção dos direitos de todos os trabalhadores migrantes e dos membros de suas famílias e, finalmente, a Convenção sobre os direitos das Pessoas com Deficiência.

Definir-se um ser humano como deficiente é tarefa árdua. Também é extremamente importante. A busca da igualdade material entre as pessoas e o entendimento de que a dignidade humana perpassa a eliminação de todas as barreiras que impeçam seu desenvolvimento completo trouxe a necessidade da criação de mecanismos de efetivação desta igualdade.

A priori se faz uma ligação de deficiência com limitação. Este conceito, no entanto, abrangeria toda a espécie humana. Em maior ou menor grau todos os seres humanos possuem algum tipo de limitação, seja de ordem física, mental, psicológica etc. Somos limitados por natureza e a aceitação de nossa limitação é o primeiro passo para a efetivação de nossa dignidade. Não seria então a limitação que caracterizaria a deficiência em si, mas as barreiras impostas pela sociedade que impedem o pleno desenvolvimento dos seres humanos com os atributos a estes inerentes.

A Convenção sobre os Direitos das Pessoas com Deficiência foi adotada pela Organização das Nações Unidas em 13 de dezembro de 2006, de acordo com a Resolução n. 61/106 da Assembleia Geral, mas somente entrou em vigor em 3 de maio de 2008. No Brasil foi aprovada com quórum qualificado tendo sido publicado o Decreto n. 186/2008 em Diário Oficial da União em 10/07/2008.

Em seu preâmbulo reconhece que o conceito de deficiência está em constante evolução. O mais interessante é que resta comprovada que a deficiência se relaciona intimamente com a ambiência. São as barreiras para o pleno exercício da liberdade e da participação que caracterizam a deficiência em um ser humano. Tal entendimento consta da alínea "e" do referido preâmbulo.

A importância jurídica desta nova acepção agrega aspectos a serem considerados na caracterização de uma deficiência. Além de fatores meramente biológicos, também deverão ser consideradas a sociedade e a cultura em que a pessoa está inserida. Tais impactos irão emergir no momento da criação de políticas públicas garantidoras dos direitos humanos destes cidadãos. Para Flávia Piovesan o conceito é inovador por agregar o meio ambiente social e econômico como fator que agrava a deficiência.[4]

Traz ainda esta convenção em seu preâmbulo o reconhecimento da discriminação como violação à dignidade do ser humano (alínea "h") e a importância da autonomia da pessoa com deficiência para fazer suas próprias escolhas (alínea "n").

O conceito está estampado no artigo 1º da referida Convenção sobre os Direitos das Pessoas com Deficiência:

> Pessoas com deficiência são aquelas que têm impedimentos de longo prazo de natureza física, mental, intelectual ou sensorial, os quais, em interação com diversas barreiras, podem obstruir sua participação plena e efetiva na sociedade em igualdade de condições com as demais pessoas.

Analisando detalhadamente a definição podemos definir como primeiro elemento constitutivo o conceito de "longo prazo" do impedimento. Entende-se, então, que a deficiência não há que ser permanente. Até porque seria difícil prever, mediante as novas descobertas científicas, até que ponto uma deficiência pode durar por toda a vida da pessoa. Mecanismos novos podem ser criados de forma que uma limitação considerada permanente seja total ou parcialmente superada, não causando mais prejuízos para a pessoa afetada. Neste ponto fazemos o primeiro questionamento: Quanto tempo seria um "longo prazo"? Um ano? Dez? Entende-se que um tempo razoável só poderá ser mensurado na medida em que a existência de uma deficiência, mesmo que temporária, acarrete prejuízos permanentes na interação do indivíduo com a sociedade.

Tomemos como exemplo um jovem de 20 anos que acaba de ingressar no mercado de trabalho e sofre acidente de trajeto que o deixa seriamente ferido. O acidente causou paralisia decorrente de lesão medular não completa. A expectativa da equipe médica responsável é que num prazo de mais ou menos dez anos de intensa reabilitação e fisioterapia aquele jovem volte a andar. Será este jovem deficiente? Considerando o conceito da convenção ele o seria. Pois sua deficiência, embora transitória, causou transtornos que o impediram de interagir com a sociedade

---

(4) PIOVESAN. Flávia. *Temas de Direitos Humanos*. 3. ed. São Paulo: Saraiva, 2009, p. 302.

de modo pleno durante período crucial de sua entrada no mercado de trabalho. Findo o tratamento e recuperando todas as suas funções, o jovem poderá sair desta condição.

A natureza "física, mental, intelectual ou sensorial" que anteriormente era exclusivamente atestada por profissionais da medicina passou a ter acepção multidisciplinar quando se coloca vinculada às barreiras que obstruem a participação plena e efetiva na sociedade. Não há como o profissional de saúde, por vezes encarcerado em seu consultório, aferir definitivamente a existência de deficiência, ou, o que por vezes se torna mais grave, a capacidade de discernir se a pessoa com deficiência está ou não apta a desenvolver uma dada função.

1.3. Status *jurídico do novo conceito e outras garantias constitucionais*

Enquanto se discute apenas conceitos teóricos, não se pode perder o foco de concreção e mesmo de sua obrigatoriedade. O conceito aqui apresentado ganhou *status* constitucional definitivo mediante a Emenda Constitucional n. 45 que acrescentou o § 3º ao artigo 5º da Constituição Federal. Segundo tal parágrafo os tratados e convenções internacionais que versem sobre direitos humanos e que forem aprovados mediante o quórum especial de três quintos em cada casa legislativa e por dois turnos, passaram a equivaler a emendas constitucionais.

Estas convenções e tratados passarão a fazer parte da Constituição em seu sentido formal e material. Embora não escritos pelo legislador constituinte, originário ou derivado, fazem parte do chamado "bloco de constitucionalidade" que é formado por princípios e normas que se agregam à constituição de um país, embora não estejam em seu texto.

Até março de 2010, data da realização desta pesquisa, apenas uma convenção internacional adentrou ao mundo jurídico brasileiro nesta nova regra. Trata-se exatamente da Convenção sobre os Direitos das Pessoas com Deficiência que logrou concluir todas as etapas necessárias para adquirir o *status* constitucional.

O processo se iniciou em maio de 2008 com a dupla votação na Câmara dos Deputados. Em julho de 2008 ocorreram as votações no Senado Federal. Em todos os casos houve o quórum qualificado de três quintos para a aprovação da Convenção e de seu protocolo facultativo, que haviam sido assinados pelos países partícipes em março de 2007. Ocorreu publicação do Decreto n. 186/2008 no Diário Oficial da União em 10/07/2008. Ou seja, todos os trâmites foram percorridos e a Convenção sobre os Direitos da Pessoa com Deficiência faz parte da Constituição Brasileira e, portanto, vincula toda a legislação infraconstitucional.

Não resta dúvida sobre as afirmações acima quanto à realidade constitucional da Convenção sobre os Direitos da Pessoa com Deficiência. Embora existam autores que advoguem a necessidade de promulgação e ratificação posterior pelo Presidente da República para sua entrada em vigor[5], tal entendimento é minoritário, e não corroborado por esta pesquisa.

Urge inquirir a maneira como o país irá se adaptar às exigências desta constitucionalidade. As políticas públicas brasileiras devem ser analisadas à luz deste novo enfoque. A nova conceituação possui severas implicações no trato destas ações afirmativas. As normas existem, e em quantidade razoável, o que deve ser aferido é a higidez de sua efetivação. Esta opinião está posta em vários autores como Ary Possidônio Beltran:

> Como visto, há incessante produção normativa a respeito da questão da inclusão das pessoas portadoras de deficiência em nosso país, carecendo, todavia, de maior conscientização para que as normas teoricamente inseridas no ordenamento tenham real efetividade.[6]

Convém salientar que a participação das pessoas com deficiência na elaboração de normas que visem sua integração na sociedade é fundamental, vez que estas pessoas, fazendo parte do Estado Democrático de Direito, devem estar no epicentro das decisões, principalmente, daquelas que lhes digam respeito direto. Esta participação ativa também se verificou no momento de elaboração dos projetos para a Constituição Federal de 1988[7], como no

---

(5) GOMES, Luiz Flávio; MAZZUOLI, Valerio de Oliveira. Direitos das pessoas com deficiência: a Convenção ainda não vale como Emenda Constitucional. *Portal LFG*. São Paulo, abril, 2009. Disponível em: <http://www.lfg.com.br/public_html/article.php?story=20090413123258796>. Acesso em: 20 abril 2009.

(6) BELTRAN, Ary Possidônio. *Direito do Trabalho e Direitos Fundamentais*. São Paulo: LTr, 2002, p. 290.

(7) Saulo Ramos relata a participação da Sra. Tereza Costa do Amaral, presidente do Instituto de defesa das Pessoas com Deficiência na época da Assembléia Nacional Constituinte. A Sra. Tereza era irmã de Pedro Costa, assessor do Presidente José Sarney. Tinha livre trânsito na Presidência da República e batalhou incansavelmente pelas garantias constitucionais dos deficientes físicos. *In*: RAMOS, Saulo. *Código da Vida*. São Paulo: Planeta do Brasil, 2001, p. 339-341.

caso do artigo 7º, inciso XXXI, da Constituição Federal que trata da "proibição de qualquer discriminação no tocante a salário e critérios de admissão do trabalhador portador de deficiência", do artigo 23, inciso II que assegura competência comum da União, Estados, Distrito Federal e Municípios em cuidar da saúde e assistência pública, da proteção e garantia das pessoas portadoras de deficiência e da competência legislativa do artigo 24, inciso XIV, para legislar sobre proteção e integração social das pessoas portadoras de deficiência. Todas estas normas evidenciam o caráter de caráter fundamental destes direitos.

Esta participação e empenho das pessoas com deficiência é estatisticamente comprovada. O IBGE realizou pela primeira vez, no ano de 2006, pesquisa relativa ao número de entidades de assistência social privadas sem fins lucrativos no Brasil. Foram totalizadas 16.098 entidades, das quais 4.896 são dedicadas à pessoa com deficiência.[8]

2. A CONCRETIZAÇÃO DO VALOR SOCIAL DO TRABALHO FRENTE À LIVRE INICIATIVA

O acesso ao trabalho é um direito fundamental do ser humano positivado na Constituição brasileira de 1988 que tem como um de seus fundamentos o "valor social do trabalho" e tem um vasto elenco de direitos sociais que garantem o acesso e desenvolvimento digno de uma atividade laboral. Segundo Ricardo Tadeu Marque da Fonseca:

> O direito ao trabalho constitui-se como direito social, devendo o Estado mobilizar-se para realizar políticas de pleno emprego. Isto, é claro, porque a partir do trabalho o ser humano conquista sua independência econômica e pessoal, reafirma sua capacidade produtiva, exercita sua auto-estima e se insere na vida adulta definitivamente.[9]

A classe empresarial brasileira assevera a existência de excesso de regulação estatal nas relações de trabalho. É comum o argumento de que as contratações compulsórias de pessoas portadoras de deficiência são grave ofensa ao princípio constitucional de livre iniciativa. Considera-se também que a interferência em escolhas de contratação e desligamento desnaturam a autonomia de gerenciamento que é inerente ao direito de propriedade.

Ocorre que as empresas possuem o poder do capital, que influencia até na escolha dos governantes da nação, que dirá sua influência na relação contratual com o trabalhador. O poder econômico, advindo de quem remunera e, portanto, garante o meio de sobrevivência para o empregado, torna esta relação de todo modo desigual[10]. Desta forma avulta óbvia a hipossuficiência do trabalhador brasileiro, ainda mais do trabalhador com deficiência, que possui o agravante da discriminação. Esta é a característica que propiciou a existência de todo este arcabouço normativo que tenta atenuar a instabilidade e a dificuldade de acesso e manutenção ao emprego.

O trabalho não constitui mera forma de sobrevivência. Sua importância transcende questões de ordem prática e adentra a seara da dignidade humana. O direito pós-moderno tem como principal objetivo a garantia desta dignidade que se traduz no desenvolvimento das potencialidades produtivas do indivíduo dentro da sociedade.

Os valores sociais do trabalho e da livre iniciativa são fundamentos do Estado brasileiro e, portanto, permeiam de forma absoluta todas as áreas da seara constitucional. Não se dá de forma diferente ante uma análise dos princípios da ordem econômica, onde foram novamente positivados, construindo a base da estrutura econômica nacional.

Tais princípios devem necessariamente ser analisados à luz de sua concepção funcional e de forma coordenada, até porque sua interdependência é óbvia e resta impossível a concretização plena de um deles na ausência do outro. Comprometem o exercício de toda a atividade econômica como programa de promoção de existência digna, devendo estar empenhados na realização de suas políticas tanto o setor público quanto o privado[11].

Iniciativas legislativas, como as que tratam da inserção de pessoas portadoras de deficiência no mercado de trabalho de maneira compulsória pela

---

(8) INSTITUTO BRASILEIRO DE GEOGRAFIA E ESTATÍSTICA. Notícias Comunicação Social 07 de dezembro de 2007. Disponível em: <http://www.ibge.gov.br/home/presidencia/noticias/noticia impressao.php?id noticia=1047>. Acesso em: 27 mar. 2010.

(9) FONSECA, Ricardo Tadeu Marques da. *O Trabalho da Pessoa com Deficiência e a Lapidação dos Direitos Humanos*: O direito do trabalho, uma ação afirmativa. São Paulo: LTr, 2006, p. 249.

(10) LIMA, Francisco Gérson Marques de; LIMA, Francisco Meton Marques de; MOREIRA, Sandra Helena Lima. *Repensando a Doutrina Trabalhista*: o neotrabalhismo em contraponto ao neoliberalismo. São Paulo: LTr, 2009, p. 90.

(11) GRAU, Roberto Eros. *A Ordem Econômica na Constituição de 1988*. 13. ed. rev e atual. São Paulo: Malheiros, 2008, p. 197-198.

iniciativa privada são exemplos nos quais o Estado interfere no poder gerenciador do empresário manifestando que a autonomia contratual resta vinculada ao seu valor social. A maneira que ora se apresenta mais eficiente para a efetivação destes direitos são as ações afirmativas que buscam a justiça social. Para Ricardo Castilho:

> [...] a justiça social trata dos importes relacionais entre indivíduos e a sociedade, da parte para com o todo. De modo mais preciso, o liame relacional promovido pela justiça social determina o dever de cada indivíduo para com a comunidade, tomada no conjunto de seus membros.[12]

A classe empresarial por vezes teme a perda de competitividade dos produtos brasileiros no mercado internacional ante a obrigatoriedade do cumprimento de cotas de contratação compulsória. Existe o preconceito da baixa produtividade da pessoa com deficiência e a ideia de que somente no Brasil existem cotas sociais. Daí a necessidade de se fazer referência às ações afirmativas para pessoas com deficiência em outros países.

2.1. As ações afirmativas para inclusão das pessoas com deficiência no direito comparado

As políticas internacionais de incentivo ao trabalho das pessoas com deficiência envolvem providências que vão desde a reserva obrigatória de vagas até incentivos fiscais e contribuições empresariais em favor de fundos públicos destinados ao custeio de programas de formação profissional, no âmbito público e privado. Traremos aqui o exemplo de outros países que também se utilizam do artifício das ações afirmativas para romper as barreiras do preconceito contra a pessoa com deficiência.[13]

Dentre os países europeus, temos Portugal com cota fixa de 2% para a iniciativa privada e 5% para a administração pública. A França trata do assunto em seu Código do Trabalho que reserva postos de até 6% dos trabalhadores em empresas com mais de 20 empregados. Na Espanha além da cota de 2% das vagas reservadas para pessoas com deficiência na iniciativa privada ainda existem uma série de incentivos fiscais, como redução nas cotas previdenciárias patronais. Na Itália, a Lei n. 68/99, no seu art. 3º, estabelece a proporção de 7% dos trabalhadores, no caso de empresas com mais de 50 empregados; 2 pessoas com deficiência, em empresas com 36 a 50 trabalhadores; e uma pessoa com deficiência, se a empresa possuir entre 15 e 35 trabalhadores. Na Alemanha, além da cota de 6% ainda existe um fundo especial para a formação profissional das pessoas com deficiência. Também a Áustria estabelece este fundo e a reserva de 4% das vagas para as empresa com mais de 25 empregados. Bélgica e Holanda trabalham com percentual negociado por representantes sindicais laborais e patronais. Na Inglaterra, o poder judiciário poderá determinar a contratação compulsória de pessoas com deficiência caso não haja compatibilidade entre o percentual de empregados com deficiência de uma empresa e a localidade onde esta se situa.

Nos países do MERCOSUL – Mercado Comum do Sul, bloco econômico que engloba Brasil, Argentina, Paraguai, Uruguai e Venezuela temos na Argentina um percentual mínimo de 4% para a contratação de servidores públicos com deficiência, além disto há incentivos para contratação na iniciativa privada. No Uruguai, o sistema é similar com a mesma cota argentina para o setor público e uma previsão de bens ou serviços públicos a particulares que contratem pessoas com deficiência.

Nos Estados Unidos da América, as cotas não são legalmente fixadas, mas, se provada estatisticamente a falta de correspondência entre as pessoas com deficiência de uma região e as contratadas por uma dada empresa, a contratação poderá ser feita mediante decisão judicial. Existe também *The Americans with Disabilities Act* (ADA), diploma normativo de 1990, que trata do trabalho de pessoas com deficiência e da preparação das empresas para recebê-las.

Finalmente, trazemos a experiência da China e Japão. Neste, o percentual é fixo de 1,8% para empresas com mais de cinquenta e seis empregados. As empresas que não cumprem tal cota mantêm um fundo que auxilia o custeio daquelas que contratam. Na China, o percentual é variável entre 1,5% a 2%.

O conhecimento de que em outros países também se aplicam cotas no mercado de trabalho para pessoas com deficiência corrobora o entendimento de que são ainda necessárias ações afirmativas para driblar o preconceito e garantir o acesso ao mercado de trabalho destas pessoas.

---

(12) CASTILHO, Ricardo. *Justiça Social e Distributiva*. São Paulo: Saraiva, 2009, p. 51.

(13) MINISTÉRIO DO TRABALHO E EMPREGO. *A inclusão de pessoas com deficiência no mercado de trabalho*. 2. ed. Brasília: MTE, SIT, 2007, p. 14-16.

2.2. As ações afirmativas brasileiras para inclusão de pessoas com deficiência no mercado de trabalho

As ações afirmativas são uma expressão do princípio da igualdade em sua vertente material. Isto porque a igualdade impõe paridade de oportunidades e bem se sabe que nem todas as pessoas estão sujeitas a tratamentos igualitários. A simples expressão "Todos são iguais" não passa de mera retórica quando salta aos olhos as diferenças entre seres humanos.

Aliás, toda lei, mesmo que não tenha caráter afirmativo, já contém em si o tratamento desigual pois discrimina situações. Pode-se mencionar como exemplo o pagamento de impostos, em que parte da população é obrigada e outra não. É da natureza da lei tratar de situações diferentes que, por isto, devem ter consequências díspares. Vejamos trecho de Celso Antônio Bandeira de Melo quando trata do princípio jurídico da igualdade:

> O princípio da igualdade interdita tratamento desuniforme às pessoas. Sem embargo, consoante se observou, o próprio da lei, sua função precípua, reside exata e precisamente em dispensar tratamentos desiguais. Isto é, as normas legais nada mais fazem que discriminar situações, à moda que as pessoas compreendidas em umas ou em outras vêm a ser colhidas por regimes diferentes. Donde, a algumas são deferidos determinados direitos e obrigações que não assistem a outras, por abrigadas em diversa categoria, regulada por diferente plexo de obrigações e direitos.[14]

Isto ocorre porque a mera igualdade formal de limites negativos, ao abster-se de discriminar, não produz efeitos concretos na sociedade. Foi necessário avançar para atingir a materialidade do princípio da igualdade. A igualdade real exige normas com caráter transformador que visem a realização da dignidade humana. Para Ingo Wofgang Sarlet, a dignidade humana possui caráter positivo e negativo. Se pelo prisma negativo existe a obrigação de não se violar a dignidade humana, em seu prisma positivo ou prestacional incumbe ao Estado promover a efetivação de existência digna para todos[15].

O primeiro país a se utilizar do artifício das ações afirmativas para a efetivação da igualdade foram os Estados Unidos da América. Estas foram criadas para fazer face a preconceitos raciais historicamente enraizados[16].

A comunidade dos estudiosos do Direito ainda se revolve frente à implementação destas ações. São diversos os argumentos questionadores de sua constitucionalidade. Tais afirmações passam, inclusive, pela afirmação de que tais ações iriam infligir ainda maior gama de discriminação às minorias.

Em que pese a eventual existência de discriminação, esta possui uma feição positiva. É o chamado tratar desigualmente os desiguais para que possa haver uma igualdade real. Ademais, estas ações têm por característica a sua temporariedade. Só existirão enquanto houver na sociedade a barreira de acesso para o grupo de pessoas discriminado negativamente.

O Ministro do Supremo Tribunal Federal Joaquim Barbosa assim define ações afirmativas:

> Atualmente, as ações afirmativas podem ser definidas como um conjunto de políticas públicas e privadas de caráter compulsório, facultativo ou voluntário, concebidas com vistas ao combate à discriminação racial, de gênero, por deficiência física e de origem nacional, bem como para corrigir ou mitigar os efeitos presentes da discriminação praticada no passado, tendo por objetivo a concretização do ideal de efetiva igualdade de acesso a bens fundamentais como a educação e o emprego.[17]

Resta comprovado que as ações afirmativas são os instrumentos hábeis à concretização de várias das imposições da Convenção sobre os Direitos das Pessoas com Deficiência. Até porque há dados estatísticos incontroversos sobre a dificuldade de acesso e a existência de discriminação no momento da contratação das pessoas com deficiência no Brasil.

A Constituição Federal de 1988 em seu artigo 7º, inciso XXXI veda "qualquer discriminação no tocante a salário e critérios de admissão do trabalhador portador de deficiência". Causa estranheza

---

(14) MELLO, Celso Antonio Bandeira de. *O conteúdo Jurídico do Princípio da Igualdade*. São Paulo: Malheiros, 2000, p. 12-13.

(15) SARLET, Ingo Wolfgang. *Dignidade da Pessoa Humana e Direitos Fundamentais*. 6. ed. rev. e atual. Porto Alegre: Livraria do Advogado, 2008, p. 145-146.

(16) BELLINTANI, Leila Pinheiro. *Ação Afirmativa e os Princípios do Direito*: a questão das quotas raciais para o ingresso no ensino superior no Brasil. Rio de janeiro: Lumen Juris, 2006, p. 41.

(17) GOMES, Joaquim B. Barbosa. O debate constitucional sobre as ações afirmativas. *Site Mundo Jurídico*, Rio de Janeiro, jun., 2005. Disponível em: <http://www.mundojuridico.adv.br/sis_artigos/artigos.asp?codigo=33>. Acesso em: 19 fev. 2010.

então o fato de, segundo estatísticas oficiais do Instituto Brasileiro de Geografia e Estatística – IBGE – existirem 24,6 milhões de pessoas com deficiência no Brasil, isto corresponde a 14,5% da população[18].

Dados da RAIS 2008 demonstraram a existência de 39,442 milhões de empregos formais no país, destes apenas 323,32 mil foram declarados na RAIS como ocupados por pessoas com deficiência, o que corresponde a cerca de 1% dos empregos formais[19]. Da análise superficial dos dados estatísticos apresentados já se infere a existência real de discriminação negativa no momento da admissão do trabalhador com deficiência na empresa, pois de uma população que corresponde a 14,5% da total, apenas 1% consegue chegar a um posto de trabalho.

3. O IMPACTO DO NOVO CONCEITO NAS AÇÕES AFIRMATIVAS BRASILEIRAS

Adentrando a seara da inclusão social da pessoa com deficiência no mercado de trabalho tem-se duas ações afirmativas, que se consideram mais importantes, e que serão objeto de estudo nos itens seguintes. Uma delas atua na esfera pública e é a reserva legal de vagas para pessoas com deficiência nos concursos públicos. Tal obrigatoriedade já possuía esteio constitucional no art. 37, inciso VII. A segunda se destina à iniciativa privada e está inserida na lei geral da previdência social, embora tenha caráter nitidamente trabalhista. Trata-se do art. 93 da Lei n. 8.213/91.

3.1. Impactos na inclusão na iniciativa privada

A ação afirmativa ora apresentada é a que manifesta maiores polêmicas na seara judicial e doutrinária. Conforme acima mencionado, a Lei n. 8.213/91 de 24 de julho de 1991 – Plano de Benefícios da Previdência Social – é de cunho previdenciário, entretanto, este artigo em particular pertence à seara trabalhista.

> Art. 93. A empresa com 100 (cem) ou mais empregados está obrigada a preencher de 2% (dois por cento) a 5% (cinco por cento) dos seus cargos com beneficiários reabilitados ou pessoas portadoras de deficiência, habilitadas, na seguinte proporção:
>
> I – até 200 empregados 2%;
>
> II – de 201 a 500 .... 3%;
>
> III – de 501 a 1.000 .... 4%;
>
> IV – de 1.001 em diante .... 5%.
>
> § 1º A dispensa de trabalhador reabilitado ou de deficiente habilitado ao final de contrato por prazo determinado de mais de 90 (noventa) dias, e a imotivada, no contrato por prazo indeterminado, só poderá ocorrer após a contratação de substituto de condição semelhante.
>
> § 2º O Ministério do Trabalho e da Previdência Social deverá gerar estatísticas sobre o total de empregados e as vagas preenchidas por reabilitados e deficientes habilitados, fornecendo-as, quando solicitadas, aos sindicatos ou entidades representativas dos empregados.

Esta lei tem causado uma verdadeira revolução no mercado de trabalho para a pessoa com deficiência. A fiscalização da lei de cotas para deficientes no Brasil é feita pelo Ministério do Trabalho e Emprego mediante suas unidades descentralizadas, que são as Superintendências Regionais do Trabalho e Emprego. Nestes órgãos estão lotados os Auditores Fiscais do Trabalho que notificam e fiscalizam as empresas obrigadas à contratação de pessoas com deficiência no percentual exigido pela legislação. A exigência do preenchimento da cota sob pena de lavratura de auto de infração causou e continua sendo alvo de inúmeros questionamentos judiciais.

Os argumentos contra a contratação compulsória perpassam a colisão entre princípios constitucionais, notadamente a questão do valor social do trabalho e da livre iniciativa acima discutidos. Várias dúvidas levantadas pela classe patronal são aclaradas frente ao novo conceito de pessoa com deficiência ora estudado.

No dia a dia da fiscalização para inserção de pessoas portadoras de deficiência existem três situações de conflito com as quais se depara o Auditor Fiscal: a) a crença por parte da empresa na falta de habilidade da pessoa com deficiência para exercer determinadas atividades; b) o suposto risco de acidentes ou doenças ocupacionais a que estaria exposto o trabalhador e c) a ausência de trabalhadores qualificados no mercado.

3.1.1. Aferição da capacidade do trabalhador

Ao trabalhador com deficiência precisa ser dada a oportunidade de ser avaliada e aferida sua capaci-

---

(18) Disponível em: <http://www.ibge.gov.br/censo2000>. Acesso em: 27 mar. 2010.

(19) MINISTÉRIO DO TRABALHO E EMPREGO. Anuário Características do Emprego Formal segundo a Relação Anual de Informações Sociais – 2008. Brasília, 2009. Disponível em: <http://www.mte.gov.br/rais/2008/arquivos/Resultados_Definitivos.pdf>. Acesso em: 24 mar. 2010.

dade, assim como ocorre com o trabalhador não deficiente. Não se trata aqui de uma obrigação de contratar uma pessoa que não possua capacidade técnica para exercer determinada função. Mas de aferir esta capacidade dentro dos critérios de acessibilidade elencados pela legislação nacional e internacional.

Em que pese a tradição capitalista de que a empresa sempre visará ao lucro, não se pode esquecer da opção feita pela nação brasileira quando se auto-intitulou um Estado Democrático de Direito que tem como um de seus princípios a função social da propriedade. No mesmo sentido se manifesta Ricardo Tadeu Marques da Fonseca.

> As pessoas com deficiência no Brasil tiveram sempre atendimento assistencial e, por isso, a sociedade desconhece o potencial produtivo que estas pessoas têm a oferecer, mais ainda ignoram dados a respeito os empresários, cuja preocupação precípua converge para a obtenção do lucro. Ressalte-se, entretanto, que, apesar de se reconhecer a função econômica da empresa, deve-se ter em mira sempre sua função social, tal como determina a Constituição nos artigos 1º e 170. Não se exige que a empresa abdique da rentabilidade, mas todo empresário deve ter presente a repercussão social de sua atividade quanto ao emprego, quanto ao meio ambiente e quanto à sustentabilidade social...[20]

O argumento da falta de habilidade muitas vezes está relacionado com os métodos utilizados pela empresa e pela falta de vontade política para efetuar as adaptações necessárias para que a pessoa com deficiência desenvolva seu trabalho de forma satisfatória. Os avanços tecnológicos permitem que pessoas com praticamente todos os tipos de deficiência realizem atividades ligadas às mais diversas áreas com o apoio de sistemas informatizados.

> Atualmente talvez um dos maiores exemplos de eliminação de deficiências, através de um meio ambiente do trabalho adequado, está na evolução da informática. Com esta nova aliada muitas deficiências foram compensadas deixando, para determinada atividade laboral, de existir.[21]

O teletrabalho, que se apresenta, na maioria das vezes, como produção, tratamento e distribuição de sistemas de informação, dá ao trabalhador certa autonomia e a possibilidade de trabalhar em seu próprio domicílio, o que gera maior oportunidade para o trabalhadores com deficiência[22]. Embora a acessibilidade e os apoios tecnológicos possam minimizar de forma substancial as limitações, ainda será necessário um grande avanço para quebrar a barreira do preconceito e do foco exclusivo no lucro.

3.1.2. Risco de acidentes e doenças ocupacionais

A segurança e a saúde no trabalho são direitos de todos os trabalhadores, inclusive daqueles com deficiência. O risco de acidentes de trabalho ou doenças ocupacionais existe para os empregados em geral. Daí porque o Ministério do Trabalho e Emprego implementou as Normas Regulamentadoras – NRs – em matérias de ordem técnica sobre segurança e saúde.

O meio ambiente laboral saudável deve ser uma preocupação constante do empregador, independentemente de possuir ou não trabalhadores com deficiência.

Algumas Normas Regulamentadoras são de especial relevo para a questão da saúde e segurança do trabalhador deficiente. Mencionaremos aqui as de número 7 e 9, respectivamente relativas ao Programa de Controle Médico de Saúde Ocupacional – PCMSO e ao Programa de Prevenção de Riscos Ambientais – PPRA[23].

A NR-7 institui a obrigação por parte das empresas em implementar o Programa de Controle Médico de Saúde Ocupacional – PCMSO – que tem por objetivo a promoção e preservação da saúde do conjunto de seus trabalhadores. O PCMSO deverá cuidar de questões tanto incidentes sobre a coletividade, quanto sobre os trabalhadores de forma individual, sendo previsto que compete ao empregador "custear, sem ônus para o empregado todos os procedimentos relacionados ao PCMSO" (item 7.3.1, alínea b da NR7 com redação dada pela Portaria n. 8 de 5 de maio de 1986).

A NR-9 também estabelece de forma obrigatória a elaboração e implementação por parte dos

---

(20) FONSECA, op. cit., p. 279-280.

(21) MELO, Sandro Nahmias. O direito ao trabalho da pessoa portadora de deficiência, o princípio constitucional da igualdade: ação afirmativa. São Paulo: LTr, 2004, p. 158.

(22) JARDIM, Carla Carrara da Silva. O Teletrabalho e suas Modalidades. São Paulo: LTr, 2003, p. 39-41.

(23) COSTA, Sandra Morais de Brito. Dignidade Humana e Pessoa com Deficiência: aspectos legais trabalhistas. São Paulo: LTr, 2008, p. 172.

empregadores do Programa de Prevenção de Riscos Ambientais – PPRA, que tem por objetivo a "preservação da saúde e da integridade dos trabalhadores, através da antecipação, reconhecimento, avaliação e consequente controle da ocorrência de riscos ambientais existentes ou que venham a existir no ambiente de trabalho, tendo em consideração a proteção do meio ambiente e dos recursos naturais". (item 9.1.1 da NR-9, com redação dada pela Portaria SSST n. 25, de 29 de dezembro de 1994). A mesma Norma Regulamentadora responsabiliza o empregador pelas ações a serem desenvolvidas em seus estabelecimentos, com a participação dos trabalhadores.

Todas estas questões perpassam a lógica da responsabilidade social, daí porque o próprio Ministério do Trabalho e Emprego, ao editar cartilha com informações para empregadores e pessoas com deficiência, assim se expressou com relação a esta responsabilidade:

> Para a empresa socialmente responsável, a contratação das pessoas com deficiência não é vista apenas como uma obrigação legal. A inclusão, para essas empresas, passa a ser um compromisso e um dos itens de sua política de responsabilidade social. Para tanto desenvolve um programa amplo, estruturado, de capacitação, recrutamento, seleção, contratação e desenvolvimento das pessoas portadoras de deficiência. Muitas empresas já entenderam que a inclusão da pessoa com deficiência é um grande aprendizado para o desenvolvimento de políticas de promoção e respeito à diversidade no ambiente de trabalho. Além disso, elas estão descobrindo, nesse processo, que há um grande segmento de mercado composto de pessoas com deficiência. E que para atingi-lo adequadamente precisa ter uma linguagem e uma estrutura a ele acessível.[24]

Um ambiente saudável já é obrigação dos empregadores, não sendo motivo para falta de contratação de um trabalhador com deficiência. As adaptações necessárias deverão ser feitas a cargo da empresa, a quem cumpre zelar pela segurança e saúde de todos os seus empregados. Daí resta corroborado a importância de vê-la como uma função social. É o novo conceito aflorando em antigos temas, pois o ambiente deverá eliminar barreiras e limitações de ordem física ou social.

3.1.3. Ausência de trabalhadores qualificados

Outro argumento frequentemente utilizado é o da falta de trabalhadores qualificados que sejam portadores de deficiência, o que leva as empresas a não cumprirem a cota a que estão obrigadas. Neste ponto, a adequação do novo conceito passa pela necessidade de políticas públicas de melhoria da educação e do total acesso da pessoa com deficiência às unidades escolares, sendo feitas as adaptações necessárias para o exercício do curso e a obtenção dos respectivos certificados.

A própria falta de oportunidade de trabalho, motivada pelo preconceito, leva o trabalhador com deficiência a não possuir experiência, o que reforça a fala das entidades patronais.

Um dos meios eficazes encontrados para suprir uma eventual falta de qualificação é a contratação de pessoas com deficiência na condição de aprendizes, outra cota social a que estão obrigadas as empresas, com exceção das micro e de pequeno porte. Este contrato é especialíssimo e por prazo determinado, por período máximo de 2 anos. O trabalhador possui seu contrato de trabalho formal e, ao mesmo tempo, frequenta curso de aprendizagem profissional em sua área de atuação na empresa. Será remunerado pelas horas de curso e pelas horas laboradas, e se qualificará ao mesmo tempo em que trabalha.

Desta forma, após terminar seu curso, está apto a ingressar de forma definitiva em seu posto de trabalho. Convém lembrar que não existe limite de idade para a pessoa com deficiência se tornar aprendiz, ao contrário dos demais trabalhadores, que somente poderão ser aprendizes dos 14 aos 24 anos. Todas estas regras restam previstas na própria Consolidação das Leis do Trabalho, nos artigos 428 e seguintes. Ou seja, a própria legislação fornece o instrumental para superação de mais este obstáculo na contratação da pessoa com deficiência.

Superados os três grandes argumentos, seja pelo novo entendimento trazido pelo conceito da Convenção sobre os Direitos da Pessoa com Deficiência, seja pela própria previsão anterior da legislação pátria, se conclui pela total habilidade destas ações afirmativas em consubstanciar os direitos fundamentais das pessoas com deficiência, e o acerto destas iniciativas. Os beneficiados não são somente as pessoas com deficiência, mas toda a sociedade. Segundo Walter Claudius Rothenburg:

> A menção aos beneficiários da igualdade – inclusive daquela que impõe tratamentos

---

(24) MINISTÉRIO DO TRABALHO E EMPREGO. *A inclusão de pessoas com deficiência no mercado de trabalho*. 2. ed. Brasília: MTE, SIT, 2007, p. 39.

diferenciados – não estaria completa se não abarcasse, além dos particulares beneficiados, todos nós, que temos direito de conviver com nossos semelhantes/diferentes e partilhar das experiências da diversidade em espírito democrático (participativo) e solidário.[25]

Viver em uma sociedade que entende as diferenças como atributos inerentes a cada ser humano e limitações como barreiras a serem superadas por todos, acarreta trabalhadores e empregadores cônscios de seu papel social e imbuídos do objetivo maior de promover a dignidade humana declarada pela Constituição Federal.

3.2. Impactos na inclusão no setor público

A reserva de vagas para pessoas com deficiência nos concursos públicos está amparada por previsão constitucional específica. Desta forma, considerando que se trata de duas normas de natureza constitucional, a saber o art. 37, inciso VII e a Convenção sobre os direitos da pessoas com deficiência, as duas trabalham em regime complementar. De fato, observa-se que o desiderato do art. 37 se coaduna perfeitamente com o da Convenção. Também não há grandes questionamentos judiciais sobre a existência desta reserva legal que consta do art. 37, inciso VIII, da Constituição Federal "a lei reservará percentual dos cargos e empregos públicos para as pessoas portadoras de deficiência e definirá os critérios de sua admissão".

Os embates havidos se dão na seara infraconstitucional e relativos ao número de vagas ofertadas, ao mecanismo de nomeação dos candidatos com deficiência e dos que não estejam nesta situação e sobre os critérios para que se admita uma pessoa com deficiência nos certames.

A questão do percentual de vagas ofertadas vem especificada na legislação infraconstitucional federal da seguinte forma:

> Lei n. 8.112/90, art. 5º:
>
> § 2º – Às pessoas portadoras de deficiência é assegurado o direito de se inscrever em concurso público para provimento de cargo cujas atribuições sejam compatíveis com a deficiência de que são portadoras;

para tais pessoas serão reservadas até 20% (vinte por cento) das vagas oferecidas no concurso.

> Decreto n. 3.298/99:
>
> Art. 37 – Fica assegurado à pessoa portador de deficiência o direito de se inscrever em concurso público, em igualdade de condições com os demais candidatos, para provimento de cargo cujas atribuições sejam compatíveis com a deficiência de que é portador.
>
> § 1º – O candidato portador de deficiência, em razão da necessária igualdade de condições, concorrerá a todas as vagas, sendo reservado no mínimo o percentual de cinco por cento em face da classificação obtida.
>
> § 2º – Caso a aplicação do percentual de que trata o parágrafo anterior resulte em número fracionado, este deverá ser elevado até o primeiro número inteiro subsequente.

Não é de interesse do presente trabalho perquirir aos detalhes de critério de nomeação. O que se trata aqui é da compatibilidade constitucional da legislação referente a esta reserva legal com a nova parte da Constituição Federal de 1988 trazida pela introdução da Convenção sobre os direitos da pessoa com deficiência em seu bojo. Neste ponto específico, não se demonstra a existência de choque. O único ponto que causa preocupação é o do *caput* do art. 37 do Decreto n. 3298/99. A frase "cargos cujas atribuições sejam compatíveis com a deficiência de que é portador" abre margem para o arbítrio e deve trazer para discussão a questão do conceito de pessoa com deficiência e seus critérios definidores.

Baseado no novo conceito não será mais possível deixar a cargo de um médico perito ou qualquer profissional de forma isolada, aferir se determinado indivíduo é ou não pessoa com deficiência, ou, o que ainda é mais importante, definir se tal pessoa tem condições de exercer dada atividade laboral.

Não desmerecendo a capacidade técnica dos profissionais de medicina, sabe-se que, na prática, o exame de admissão para ingresso em cargo público é feito por um clínico geral ou outro especialista, que, na grande maioria dos casos, não está familiarizado com a deficiência apresentada para o trabalho e com as formas de superá-la.

Desta atitude generalista podem partir duas importantes distorções. A primeira é que se admita na vaga reservada a pessoas com deficiência uma pessoa com determinado atributo que não lhe traga realmente dificuldade de acesso ao mercado de

---

(25) ROTHENBURG, Walter Claudius. Igualdade. In: LEITE, George Salomão; SARLET, Ingo Wolfgang (coords.) *Direitos Fundamentais e Estado Constitucional*: estudos em homenagem a J. J. Gomes Canotilho. São Paulo: Revista dos Tribunais, 2009, p. 347.

trabalho. Ora, a ação afirmativa apresentada tem como principal função afastar os preconceitos que impedem o acesso a posto de trabalho de determinadas pessoas que possuam barreiras importantes para o ingresso de forma não reservada.

A segunda, de certa forma extremamente mais grave, seria o impedimento do exercício de determinado cargo por considerar a pessoa com deficiência inapta para a função. Esta dificuldade já se apresenta no momento da realização do concurso público.

É preciso eliminar barreiras arquitetônicas e de comunicação para que a pessoa com deficiência possa concorrer com paridade de condições na realização de um concurso.

Medidas como cadernos de prova em braile, sistemas informatizados que permitam a leitura das perguntas para as pessoas com deficiência visual, prédios com elevadores e rampas, e mesmo tempo de prova diferenciado para as pessoas com deficiência mental devem ser disponibilizados, de modo que qualquer cidadão que almeje um cargo público possa disputá-lo de maneira satisfatória.

Outro obstáculo criado são os exames médicos admissionais realizados por médicos sem formação específica para aferir a capacidade laboral nos mais variados tipos de deficiências. Acaba existindo uma tendência a considerar a pessoa inapta, retirando-lhe a oportunidade que a Constituição Federal claramente tencionou oferecer.

Parece que tal conduta "premonitória" dos médicos, em razão dos editais, é francamente "pré-conceituosa", já que os médicos atuam de forma a prever o imprevisível, mas, ao impedir que o candidato deficiente aprovado demonstre sua capacidade de superar a limitação, adequando-se às funções, nega-lhe o direito de exercer sua cidadania[26].

A avaliação sobre a capacidade laboral do candidato deficiente deverá ocorrer da mesma maneira com que se afere a capacidade dos demais candidatos, no momento da atuação profissional. Inclusive, a legislação criou largo período de tempo para avaliação e comprovação por parte do ente público da capacidade de seus servidores. Tal mecanismo é o estágio probatório[27]. Neste período, se realmente com todos os esforços para eliminação de barreiras, o servidor não realizar suas tarefas a contento, poderá ser desligado dos quadros do serviço público, vez que ainda não é estável.

CONCLUSÃO

Conclui-se que a Convenção sobre os Direitos das Pessoas com Deficiência trouxe à tona uma nova maneira de encarar o trabalhador com deficiência. O foco agora se dá no meio ambiente laboral, tanto em seu aspecto físico quanto social. São as barreiras de uma sociedade doente que criam as limitações, e a esta mesma sociedade cabe elimina-lás e realizar a igualdade material.

Devido à herança histórica de exclusão das pessoas com deficiência no Brasil e no mundo, é necessária a realização de ações afirmativas, no sentido de discrinações positivas, para que estas pessoas tenham acesso ao mercado de trabalho e desenvolvam suas potencialidades profissionais. Estas ações são alicerçadas no princípio constitucional do valor social do tralho e também na função social da empresa, o que a compele a adotar medidas no sentido de adaptar seu meio ambiente e seus procedimentos para o acolhimento do trabalhador com deficiência.

Desta forma, as ações afirmativas que visam a inserção de pessoas com deficiência no mercado de trabalho formal devem adaptar seus mecanismos e legislação a esta prática social, de sorte que o trabalho se adapte às pessoas e não o revés. Razão pela qual os argumentos frequentemente utilizados pela classe empresarial que justificam a não contratação perdem razão de ser frente ao conceito contemporâneo. A avaliação da capacidade laboral, então, deverá ser realizada dentro da perspectiva da eliminação de barreiras, sendo utilizados todos os artifícios de ordem tecnológica para que o trabalhador deficiente desenvolva suas potencialidades de maneira plena.

Por fim se assevera que a entrada da pessoa com deficiência na realidade de uma empresa, seja esta pública ou privada, somente trará benefícios para a sociedade, que verá realizados princípios por esta consagrados na Constituição Federal, como o valor social do trabalho e a igualdade material. Também a própria empresa estará beneficiada por contratar pessoas familiarizadas com desafios diuturnos, com um ambiente de trabalho mais igual e humano e por estar cumprindo sua finalidade precípua dentro do Estado democrático de direito, sua função social.

REFERÊNCIAS BIBLIOGRÁFICAS

BELLINTANI, Leila Pinheiro. *Ação Afirmativa e os Princípios do Direito*: A questão das quotas raciais para o ingresso no ensino superior no Brasil. Rio de janeiro: Lumen Juris, 2006.

---

(26) FONSECA, *op. cit.*, p. 275.
(27) *Ibidem*, p. 276.

BELTRAN, Ary Possidônio. *Direito do Trabalho e Direitos Fundamentais*. São Paulo: LTr, 2002.

CASTILHO, Ricardo. *Justiça Social e Distributiva*. São Paulo: Saraiva, 2009.

COSTA, Sandra Morais de Brito. *Dignidade Humana e Pessoa com Deficiência*: aspectos legais trabalhistas. São Paulo: LTr, 2008.

FONSECA, Ricardo Tadeu Marques da. *O Trabalho da Pessoa com Deficiência e a Lapidação dos Direitos Humanos*: O direito do trabalho, uma ação afirmativa. São Paulo: LTr, 2006.

GOMES, Joaquim B. Barbosa. O debate constitucional sobre as ações afirmativas. *Site Mundo Jurídico*, Rio de Janeiro, jun., 2005. Disponível em: <http://www.mundojuridico.adv.br/sis_artigos/artigos.asp?codigo=33>. Acesso em: 19 fev. 2010.

GOMES, Luiz Flávio; MAZZUOLI, Valério de Oliveira. Direitos das pessoas com deficiência: a Convenção ainda não vale como Emenda Constitucional. *Portal LFG*. São Paulo, abril, 2009. Disponível em: <http://www.lfg.com.br/public_html/article.php?story=20090413123258796>. Acesso em: 20 mar. 2010.

GRAU, Roberto Eros. *A Ordem Econômica na Constituição de 1988*. 13. ed. rev e atual. São Paulo: Malheiros, 2008.

GUGEL, Maria Aparecida. *Pessoas com Deficiência e o Direito ao Trabalho*. Florianópolis: Obra Jurídica, 2007.

JARDIM, Carla Carrara da Silva. *O Teletrabalho e suas Modalidades*. São Paulo: LTr, 2003.

LIMA, Francisco Gérson Marques de; LIMA, Francisco Meton Marques de; MOREIRA, Sandra Helena Lima. *Repensando a Doutrina Trabalhista*: o neotrabalhismo em contraponto ao neoliberalismo. São Paulo: LTr, 2009,

MELLO, Celso Antonio Bandeira de. *O conteúdo Jurídico do Princípio da Igualdade*. São Paulo: Malheiros, 2000.

MELO, Sandro Nahmias. *O direito ao trabalho da pessoa portadora de deficiência, o princípio constitucional da igualdade*: ação afirmativa. São Paulo: LTr, 2004.

MINISTÉRIO DO TRABALHO E EMPREGO. *A inclusão de pessoas com deficiência no mercado de trabalho*. 2. ed. Brasília: MTE, SIT, 2007.

MINISTÉRIO DO TRABALHO E EMPREGO. Anuário Características do Emprego Formal segundo a Relação Anual de Informações Sociais – 2008. Brasília, 2009. Disponível em: <http://www.mte.gov.br/rais/2008/arquivos/Resultados_Definitivos.pdf>. Acesso em: 24 mar. 2010.

PIOVESAN, Flávia. *Direitos Humanos e o Direito Constitucional Internacional*. São Paulo: Saraiva, 2010.

_____. *Temas de Direitos Humanos*. 3. ed. São Paulo: Saraiva, 2009.

RAMOS, Saulo. *Código da Vida*. São Paulo: Planeta do Brasil, 2001.

ROTHENBURG, Walter Claudius. Igualdade. In: LEITE, George Salomão; SARLET, Ingo Wolfgang (coords.). *Direitos Fundamentais e Estado Constitucional*: estudos em homenagem a J. J. Gomes Canotilho. São Paulo: Revista dos Tribunais, 2009.

SARLET, Ingo Wolfgang. *Dignidade da Pessoa Humana e Direitos Fundamentais*. 6. ed. rev. e atual. Porto Alegre: Livraria do Advogado, 2008.

O REFLEXO DA FLEXIBILIZAÇÃO NAS RELAÇÕES DE TRABALHO

Késia Correia Oliveira (*)
Fernando Basto Ferraz (**)

INTRODUÇÃO

É recorrente a discussão acerca da necessidade de flexibilização das leis trabalhistas como instrumento capaz de tornar o País mais competitivo. Os economistas neoliberais argumentam que a solução do problema do desemprego está na flexibilização do mercado de trabalho. Porém, invariavelmente, essa medida é seguida pelo enfraquecimento dos sindicatos e pela redução dos serviços públicos prestados pelo Estado. Deste modo, é imperioso ressaltar que o argumento de que a flexibilização do mercado de trabalho é uma solução para a redução do desemprego é uma falsa ilusão para os trabalhadores.

Este artigo faz um apanhado histórico das relações de trabalho para demonstrar que estas são organizadas de acordo com o contexto socioeconômico de cada período. Há um movimento quase pendular que vai do contexto da desregulamentação à proteção estatal. Em períodos de recessão econômica, há uma forte campanha para a flexibilização, inclusive com tendências à desregulamentação. Entretanto, essa medida repercute trazendo prejuízos à sociedade que são sentidos com o decorrer do tempo. Quando a economia volta à prosperidade e os problemas sociais já estão insustentáveis, verifica-se a luta dos trabalhadores em busca de proteção e condições mais dignas.

A metodologia utilizada é de natureza bibliográfica, descritiva e exploratória. Este estudo foi realizado por pesquisa bibliográfica a fim de explicar o problema mediante referências teóricas publicadas em documentos. O objetivo desta pesquisa é analisar o impacto da flexibilização no mercado de trabalho, observando seus efeitos nas relações trabalhistas.

(*) Mestre em Direito Constitucional na Universidade Federal do Ceará. Pós-graduada pela PUC-SP em Direito Empresarial. Possui graduação em Administração pela Universidade Estadual do Ceará (2006), em Direito pela Universidade Federal do Ceará (2007), cursa o segundo ano de Ciências Contábeis pela Universidade Estadual do Ceará. É fluente em inglês e francês e possui conhecimentos básicos em alemão. Já trabalhou em consultoria tributária na empresa multinacional de auditoria e consultoria empresarial Deloitte Touche Tohmatsu e hoje advoga, trabalha com modelagem jurídico-financeira para projetos de Parceria Público Privada e leciona na Faculdade Farias Brito.

(**) Possui graduação em Direito pela Universidade Federal do Ceará (1981), mestrado em Direito pela Pontifícia Universidade Católica de São Paulo (1989) e doutorado em Direito pela Pontifícia Universidade Católica de São Paulo (2003). Atualmente é professor Associado IV, em regime de 40 horas/DE da Universidade Federal do Ceará – UFC, onde leciona disciplinas de Graduação em Direito Público, Pós-graduação e do Curso Mestrado em Direito. Coordena diversas atividades de extensão. Participa do Projeto PROCAD/UFC/UFSC/UNIVALI sobre a UNASUL. Atua, principalmente, nos seguintes temas: Direito do Trabalho, Teoria do Estado, Constituição Federal de 1988 e Direitos Sociais.

1. HISTÓRIA DO TRABALHO E DE SEU REGRAMENTO JURÍDICO

O trabalho sempre foi necessário ao homem para que ele pudesse obter seus alimentos. No entanto, no período paleolítico, os hominídeos desenvolveram o seu trabalho de forma primitiva, utilizando instrumentos de trabalho rudimentares, com o objetivo de satisfazer suas necessidades imediatas de sobrevivência, não havendo o intento de acúmulo. Os hominídeos caçavam, pescavam e lutavam contra o meio físico, contra os animais e contra os seus semelhantes, desenvolvendo uma economia apropriativa.

Neste período, o trabalho consistia em uma mera cooperação, sem haver organização, divisão formal ou mesmo exploração da força alheia. Pois, neste período, os hominídeos e suas famílias trabalhavam para o seu próprio sustento. A população se espalhava em aglomerações pouco extensas e trabalhavam em conjunto, pois, como o homem não dominava tecnicamente a natureza, a cooperação era imprescindível à sobrevivência. A divisão do trabalho por sexo foi a primeira divisão de trabalho organizada. Neste modelo, aos homens era atribuída a atividade de maior risco, enquanto as mulheres colhiam os frutos da natureza e cuidavam da prole.

No decorrer do período neolítico, de 7000-3000 a.C., o homem alterou seu relacionamento com a natureza transformando-se em produtor, ao invés de predador, através da domesticação de animais e o desenvolvimento da agricultura, o que lhe propiciou viver em comunidades estáveis, sedentarizando-se e descobrindo a noção de trabalho coletivo e regular.

Nestas comunidades estáveis, há maior densidade do grupo social, que se organizavam obedecendo a uma hierarquização, fazendo surgir a ideia de chefe na figura do patriarca, que também se torna uma espécie de líder militar nos períodos de guerra.

No fim do Período Neolítico, iniciou-se a fabricação de armas e o surgimento da escrita, denominando-se esse período de Era dos Metais. Assim, desenvolveu-se também o que se chama de economia transformativa, havendo a complexidade na elaboração dos produtos econômicos, pois o ser humano dominava inicialmente, mesmo rudimentarmente, a técnica da fundição. Utilizou como matéria prima, a princípio, o cobre, o estanho e o bronze, metais de fusão mais fácil. A metalurgia melhorou, propiciando sua diversificação, com o uso de forjas e foles, permitindo o manuseio do ferro (principalmente para a fabricação de armas), um dos metais que precisa de técnicas mais apuradas para ser aproveitado, já que necessita, para a sua fusão, de uma temperatura muito elevada. Foi nesse período que se deu o invento da roda, marco da humanidade para o caminho rumo à civilização, onde as relações se tornaram mais complexas, surgindo a necessidade de regras e leis de regulamentação. Encerra-se, assim, a fase arqueológica, surgindo as primeiras civilizações.

Com a divisão do trabalho, devido à organização do homem em sociedade, deu-se início à exploração do homem pelo homem, cujas características foram sendo alteradas com o desenvolver das civilizações.

Da Antiguidade à Revolução Industrial, o trabalho era fundamentalmente realizado em ambiente patriarcal, de forma servil e/ou escravagista, cuja condição era transmitida de geração para geração e o trabalho se dava sem o objetivo de acúmulo, havendo troca de excedentes por produtos que aquele grupo não produzia. Como não há liberdade no trabalho servil ou escravo, não era necessário interferir, normatizar as relações de trabalho, justamente por não haver relação entre empregado e empregador.

O direito do trabalho é fruto da história recente da humanidade, devido às modificações significativas por que a sociedade passou. Uma crise estrutural generalizada marcou o século XVIII, assinalando a transição do modo de produção feudal para o modo de produção capitalista. No sistema econômico capitalista, o capital é de posse privada e seu detentor o manobra com fito de reproduzi-lo. O capitalismo tinha na circulação o centro dinâmico do sistema como elemento que engendrava a reprodução de capital. Em síntese, o capital é constituído pelo conjunto heterogêneo de riquezas empregado na obtenção de novas riquezas.[1] No século XIX, há um rompimento histórico com relação à condição do trabalho, o que propiciou a necessidade de um regramento jurídico específico. O marco principal é a Revolução Industrial, a mecanização do trabalho humano em setores importantes da economia. Portanto o Direito do Trabalho é fruto da Revolução Industrial.

Na sua origem, a característica principal do capitalismo é a formação de duas classes sociais: a da força de trabalho, representada pelos trabalhadores e a dos donos dos meios de produção, denominada capitalista. Neste sistema, a lei da oferta e da procura determina o valor do trabalho, mas os capitalistas

---

(1) FRANCO JR.; CHACON, 1991, p. 110;

têm maior poder de barganha nessas relações econômicas já que as necessidades dos trabalhadores sempre são mais urgentes do que a dos donos dos meios de produção[2].

O pensamento liberal, que fundamentava as relações de trabalho nesse período, representa um novo sistema de pensamento cultural e econômico originado devido à crise das novas relações de classe, com o esforço de libertação das normas estatais absolutistas. O liberalismo é a corrente ideológica que expressa as aspirações da nova ordem burguesa: liberdade de empresa, liberdade de contrato e liberdade individual, tendo como uma das principais características do liberalismo clássico a não intervenção do Estado na esfera econômica e social.

Apesar de o trabalho livre ser considerado uma das mais marcantes manifestações da liberdade do indivíduo, a liberdade de contratar não era exercida de forma ampla, pois o operário, premido pela miséria, não podia recusar uma jornada que muitas vezes se estendia durante quinze horas, mesmo tendo contraprestação ínfima. Essa liberdade e igualdade (meramente formais) permitiram que fosse desenvolvido um novo modo de escravidão, pois o operário era tratado como simples meio de produção, já que o crescimento das forças dos privilegiados da fortuna propiciava a servidão e a opressão dos mais débeis. Esse modelo individualista favorecia a exploração do mais fraco pelo mais forte, pois, sem interferência do Estado, o capitalista, beneficiado pela ausência de ações do Estado regulamentando as relações de trabalho, podia livremente impor as suas condições ao trabalhador.

Na visão do proletariado, a igualdade formal era insuficiente. O legislador precisava tomar medidas para garantir uma igualdade material, desaparecida diante da desigualdade econômica. Diante da opressão econômica rebaixava-se a dignidade humana, razão pela qual o individualismo deveria passar a um plano secundário para que ganhasse relevo o interesse social. Até a Revolução Industrial, o trabalho era considerado um castigo, por isso os nobres não trabalhavam de fato. E, em alguns lugares, os servos e os escravos se limitavam a trabalhar em função da luz do Sol, assim como os camponeses ficavam inativos muitos meses por ano, por questões climáticas, que influenciavam nas safras.

Num momento em que o Estado não interferia nas relações laborais, a força de trabalho, que migrou do campo para os centros urbanos, não estava preparada para a máquina, para receber o processo de industrialização. Como mulheres e crianças também disputavam o mercado de trabalho, havia a substituição do trabalho adulto pelo das mulheres e dos menores, pois trabalhavam por mais horas e se sujeitavam a salários inferiores. A divisão do trabalho foi levada ao extremo, impulsionada pela automatização das máquinas e por novas fontes de energia. A relação entre capital e trabalho tornou-se impessoal e o operário estava distante da direção da empresa e dos destinos da mercadoria.

Apesar da mecanização do trabalho humano ter propiciado uma otimização do setor produtivo, trazendo progresso, benefícios, automatizando o processo de produção e favorecendo a acúmulo de riquezas, deve-se reconhecer que trouxe também prejuízos, como os acidentes de trabalho por não haver proteção à saúde e à segurança do trabalhador, o obreiro laborava em ambientes insalubres, correndo o de risco intoxicação por gases, de explosões, de incêndios, de inundações e até de desmoronamentos. Essa nova conjuntura também agravou a exploração, os problemas sociais, o aumento da criminalidade, a indigência e outros problemas mais. Como decorrência da própria condição insalubre a que eram submetidos os operários, havia a disseminação de diversas moléstias (como a asma, a pneumonia e a tuberculose) causadas pelos gases, pela poeira e pelo trabalho em local encharcado. As crianças eram submetidas a uma vida abjeta nas fábricas e nas minas, expostas com todos os seus horrores, emocionando a opinião pública[3]. Esta situação gerou um mal-estar social que obrigou os governantes a não mais se manter alheios a esse drama.

Neste período, os contratos caracterizavam-se como verdadeira servidão, pois eram verbais e não estipulavam prazos – sendo quase vitalícios, ou então enquanto o trabalhador pudesse prestar serviços. Não havia direitos, restrições legislativas e as regras eram as estipuladas pelo dono do empreendimento, ou seja, a vontade arbitrária dos industriais.

O Direito do Trabalho objetiva dar um sentido social, humano e jurídico na conceituação e valorização

---

(2) Idem.

(3) Como é possível depreender a partir da leitura do livro Germinal, do francês Émile Zola, escrito em 1885. O romance é descreve minuciosamente as condições de vida subumanas de uma comunidade de trabalhadores de uma mina de carvão na França. Para compor o livro, o autor passou dois meses trabalhando como mineiro na extração de carvão, morando com os mineiros e compartilhando o modo deles de viver.

do trabalho. O ideário liberal defendeu uma igualdade jurídica meramente formal, pois era abissal a desigualdade econômica. O modo desumano com que a Revolução Industrial explorou o trabalho demonstra a necessidade de intervenção, para que o hipossuficiente fosse protegido dos desmandos do mais forte. Essa intervenção se fez necessária, mesmo que, por muitas vezes, não tenha se mostrado suficiente diante do enorme privilégio econômico que possui o empregador.

Mesmo hoje, se alimenta a falsa ideia de que o trabalhador é manipulável por sua ingenuidade. No entanto, esta manipulação ainda se dá por conta de inúmeros fatores, tais como: o temor do desemprego, a qualificação insuficiente frente à crescente exigência do mercado atual, e a falta de cognição plena de seus direitos e dos efeitos da não aplicação destes. É possível, empiricamente, ouvir de operários do "chão de fábrica" de qualquer indústria, que eles estão cientes de quais são seus direitos (salário, hora extra, férias, 13º, aviso prévio, FGTS e outros), mesmo que desconheçam a dimensão que eles representam para a sua qualidade de vida.

O *déficit* educacional de que padece o operariado, principalmente no Brasil, o coloca em situação de desigualdade não apenas com relação aos detentores do capital ou dos meios de produção, mas também com relação aos seus superiores hierárquicos. A fácil manipulação do trabalhador ocorre também pela necessidade econômica, uma vez que depende daquele emprego para a sua sobrevivência e de sua família.

Percebe-se que quando a economia está aquecida, como tem ocorrido nos últimos anos no Brasil, o mercado fica refém da mão-de-obra, que se torna escassa, principalmente em países em que há um *déficit* de mão-de-obra qualificada. Entretanto, em períodos de desaceleração econômica, o excesso de mão-de-obra disponível, dá ao empregador uma posição de vantagem, que o permite submeter o trabalhador a situações claramente abusivas.

Neste cenário de dificuldades econômicas, começaram a surgir as ideias de flexibilização das conquistas trabalhistas. Assim, a doutrina[4] aponta a decadência do direito do trabalho clássico e o surgimento da flexibilização como consequência da superação do Estado social e ao agravamento da crise econômica mundial decorrente da crise do petróleo ocorrida em meados dos anos 70 do século XX. Portanto, num primeiro momento, atribui-se ao surgimento da flexibilização a crise do direito do trabalho clássico e a paulatina consolidação do Estado democrático de direito, aquecida pelo mercado globalizado.

2. FLEXIBILIZAÇÃO

O termo flexibilização é um termo polissêmico,[5] pois lhe são atribuídos diversos significados. Este artigo adotou a acepção de que flexibilização vincula-se à necessidade de conceber às leis trabalhistas maior plasticidade, maleabilidade, destituindo-as da rigidez tradicional. Considerando, então, como flexibilização do trabalho a adequação das normas trabalhistas às exigências econômicas do mundo globalizado, que culmina com a precarização da relação formal de emprego[6].

No início da década de 90, os doutrinadores mostravam-se vacilantes e evitavam formular definição precisa desse fenômeno, mas pode-se definir a flexibilização das regras laborais trabalhistas como a parte integrante do processo maior de flexibilização do mercado de trabalho, consistente no conjunto de medidas destinadas a dotar o Direito do Trabalho de novos mecanismos capazes de compartilhá-lo com as mutações decorrentes de fatores de ordem econômica, tecnológica ou de natureza diversa exigentes de pronto ajustamento.[7]

O Direito do Trabalho nasceu em uma época de prosperidade econômica, em que se exigiu a intervenção do Estado para que elaborasse um regulamento detalhado das condições de trabalho, a fim de obrigar as partes a buscarem a solução dos seus conflitos[8]. Surgiu, assim, dessa intervenção estatal, um novo modo de tratar e pensar o direito dos trabalhadores e a relação casuística existente que emana das relações de trabalho.

Entretanto, em decorrência das crises sociais originadas pelos problemas econômicos mundiais e da necessidade de adaptação das relações de trabalho

---

(4) CORDEIRO, Wolney de Macedo. *A Regulamentação das relações de trabalho individuais e coletivas no âmbito do Mercosul*. São Paulo: LTr, 2000, p. 50 e 51.

(5) NASSAR, Rosita de Nazaré Sidrim. *Flexibilização do direito do trabalho*. São Paulo: LTr, 1991.

(6) FERRAZ, Fernando Basto. *Terceirização e demais formas de flexibilização do trabalho*. São Paulo: LTr, 2006. p. 18.

(7) NASSAR, Rosita de Nazaré Sidrim. *Flexibilização do direito do trabalho*. São Paulo: LTr, 1991, p. 20.

(8) BEZERRA LEITE, Carlos Henrique. *Curso de Direito do Trabalho*. 3. ed. Curitiba: Juruá, 2000. p. 183.

à nova realidade econômica existente, fez-se necessário alterar a regulamentação das leis trabalhistas para adaptá-las aos novos moldes socioeconômicos oriundos dessa mutação social. Contexto esse que fez surgir outras formas de pactos laborais, a exemplo dos contratos temporários, de aprendizagem, de estágio, de empresas terceirizadas, dentre várias outras formas de manutenção das modalidades trabalhistas com o intento de dirimir os conflitos resultantes das crises sociais e econômicas mundiais.

A flexibilização constitui um movimento de ideias que surgiu na Europa em função dessa nova realidade, como contraposição à rigidez da legislação trabalhista e que cada vez mais ganha novos adeptos. Caracteriza-se por ser um processo de quebra da rigidez das normas, cujo objetivo, segundo seus defensores, é a conciliação da fonte autônoma com a fonte heterônoma do direito do trabalho, preservando, com isso, a saúde da empresa e a continuidade do emprego.[9]

Deve-se ressaltar que não se confunde flexibilização com desregulamentação. Nesta, o Estado se omite tanto quanto possível para que as condições de emprego sejam primordialmente ditadas pela autonomia privada, conforme as leis do mercado; já na flexibilização, o Estado impõe algumas normas de ordem pública, admitindo, em relação a diversas regras gerais, sua adaptação ou complementação pela autonomia privada, especialmente por meio da negociação coletiva.[10]

A doutrina classifica a flexibilização de diversas formas. Rita Nassar[11] utiliza-se de quatro critérios: quanto ao objeto, quanto ao modo de concreção, quanto ao fundamento e quanto à extensão. Quanto ao objeto, os principais setores alvo da flexibilização são o modelo clássico do emprego, o salário e os procedimentos de despedida. Quanto ao modo de concreção, a flexibilização pode resultar de iniciativa do empregador ou do Estado; de negociação entre os parceiros sociais ou entre estes e o Estado. Quanto ao fundamento, a flexibilização pode ter caráter neoliberal, liberal ou de adaptação à crise. E, finalmente, quanto à extensão, a flexibilização pode ser externa ou interna.[12]

Acrescenta que o modelo clássico do contrato de trabalho é assalariado, estabelecendo um liame salarial fechado. É estável e permite eventualmente uma carreira, implicando a contratação do empregado por tempo integral, por um único empregador, em um lugar de trabalho específico. É individualmente vinculado à pessoa do trabalhador, usufruindo das promoções em função da antiguidade e aperfeiçoamento de sua qualificação. As relações de trabalho atípicas ferem os princípios basilares norteadores do desenvolvimento do Direito do Trabalho, ou constituem tentativa de escapar à incidência deles. São passíveis de serem verificados em qualquer setor ou espécie de atividade, não se vinculando à determinada categoria de trabalhadores ou modalidade de trabalho. A relação de emprego atípica contrapõe-se à ideia tradicional e cristalizada de emprego, com tempo integral, em torno da qual se constituiu o Direito Laboral. São exemplos de manifestações de trabalho atípico: o trabalho clandestino, o contrato por tempo determinado; o trabalho temporário; o contrato de um emprego por vários empregadores; a partilha do emprego; o trabalho a distância e as relações de trabalho atípicas referentes ao tempo de trabalho.[13]

Crescentemente, as hipóteses de flexibilização vêm sendo adotadas no Brasil, seja através de acordo entre as partes com ou sem intervenção sindical. A exemplo do acordo de compensação de jornada[14] (por opção do empregado, apenas com a chancela sindical); do contrato por tempo parcial[15] e da

---

(9) Idem.

(10) SÜSSEKIND, Arnaldo. *Direito Constitucional do Trabalho*. Rio de Janeiro: Renovar, 1999.

(11) "O primeiro leva em conta os aspectos do Direito do Trabalho atingidos pelo processo flexibilizatório. O outro, os meios passíveis de utilização para obter providências flexibilizatórias. O terceiro refere-se à doutrina ou ideia informadora do movimento amenizador em questão. O último considera o âmbito em que se verifica relativamente à empresa." NASSAR, Rosita de Nazaré Sidrim. *Flexibilização do direito do trabalho*. São Paulo: LTr, 1991, p. 23.

(12) Com relação aos tipos de flexibilização, Arnaldo Süssekind afirma que "o direito comparado indica que ela pode ser: a) unilateral, quando imposta por autoridade pública ou pelo próprio empregador (p. ex.: Chile, Panamá e Peru); b) negociada com o sindicato (p. ex. Brasil, Espanha e Itália); c) mista, isto é, unilateral ou negociada, conforme a hipótese (p. ex.: Argentina)." SÜSSEKIND, Arnaldo. *Direito Constitucional do Trabalho*. Rio de Janeiro: Renovar, 1999, p. 51 e 52.

(13) Com relação aos tipos de flexibilização, Arnaldo Süssekind afirma que "o direito comparado indica que ela pode ser: a) unilateral, quando imposta por autoridade pública ou pelo próprio empregador (p. ex.: Chile, Panamá e Peru); b) negociada com o sindicato (p. ex. Brasil, Espanha e Itália); c) mista, isto é, unilateral ou negociada, conforme a hipótese (p. ex.: Argentina)." SÜSSEKIND, Arnaldo. Direito Constitucional do Trabalho. Rio de Janeiro: Renovar, 1999, p. 51 e 52.

(14) CF/88, art. 7º, XIII da CF c/c Súmula n. 85, I e II do TST.

(15) Art. 58-A, § 2º da CLT.

suspensão do trabalho para realização de curso[16]; da redução ou revogação de benesses (como ocorreu com a natureza salarial de algumas utilidades[17] ou com redução do FGTS para os aprendizes);[18] da possibilidade de desconto no salário em virtude de empréstimo bancário, entre outros.

A Constituição Federal de 1988 flexibilizou algumas de suas normas, no âmbito do direito coletivo, sempre sob a tutela sindical, conforme consta em seu art. 7º, VI, XIII e XIV, *in verbis*:

"Art. 7º São direitos dos trabalhadores urbanos e rurais, além de outros que visem à melhoria de sua condição social: (...) VI – irredutibilidade do salário, salvo o disposto em convenção ou acordo coletivo; (...) XIII – duração do trabalho normal não superior a oito horas diárias e quarenta e quatro semanais, facultada a compensação de horários e a redução da jornada, mediante acordo ou convenção coletiva de trabalho; XIV – jornada de seis horas para o trabalho realizado em turnos ininterruptos de revezamento, salvo negociação coletiva; (...)."

Este dispositivo exige do sindicato uma postura proativa em favor da manutenção dos direitos das categorias que representa, assegurando-lhes, sobretudo, a dignidade da pessoa humana.

Infelizmente, de modo geral, os sindicatos não têm demonstrado possuir condições adequadas de bem defender esses direitos. Observa-se que há um descompasso entre a estrutura dos sindicatos e as exigências da sociedade atual, que vivencia a era da informação. Os sindicatos não foram e não estão sendo preparados para negociações mais complexas, quer por questões territoriais, quer em razão da matéria. Especialmente, em países que adotam o princípio da unicidade sindical em que têm dificuldade de bem enfrentar composições cujas dimensões ultrapassam os limites das fronteiras de seu Estado.

A desatualização da estrutura sindical brasileira resulta em uma representatividade ineficaz de interesses coletivos, baseada no regime de unicidade sindical, no custeio obrigatório inclusive por não associados e na representação por categoria. Na maioria das vezes, os sindicatos são conduzidos por pessoas com insuficiente conhecimento técnico em assuntos econômicos e comerciais, que não estão preparadas para negociar em condições isonômicas com os sindicatos dos empregadores, pois lhes falta capacidade de negociar para obter um grau mais elevado de proteção à classe operária. Assim, questões de maior complexidade não são debatidas pelos sindicatos em condições isonômicas.[19] Atingindo grande quantidade de trabalhadores que atuam em um ou em vários Estados, visando conseguir melhores condições de trabalho e remuneração mais digna.

Diante disso, os sindicatos dos empregados estão enfraquecidos em vários aspectos. Não são mais atuantes e representativos, e não têm obtido sucesso na atuação de combate às políticas neoliberais que defendem a flexibilidade dos métodos e dos postos de trabalho, a subcontratação, os contratos temporários e em tempo parcial, o trabalho subordinado disfarçado de autônomo, e demais comportamentos que aumentam os níveis de desemprego, precarizando o trabalho, dificultando a organização dos trabalhadores e fragilizando os sindicatos. Um dos maiores empecilhos ao direito coletivo atualmente é o fenômeno da terceirização e subcontratação de mão de obra, que centraliza o poder na cúpula da empresa, dissipa os trabalhadores, fragmenta e dispersa a ação sindical. As grandes empresas dirigem a atividade econômica sem máquinas, sem empregados, a distância, afastando os sindicatos do sistema produtivo.[20]

É imprescindível que a negociação coletiva avance, resgatando e ampliando os ideais para os quais foi concebida, abrangendo suas principais faculdades: harmonizar os interesses contrapostos dos trabalhadores e dos empresários (compositiva), criar normas vinculantes para reger as relações individuais de trabalho (normativa), instituir obrigações e direitos entre os sujeitos, que devem ser observados (obrigacional), ligar os grupos sociais e a sociedade, buscando a harmonia entre o capital e o trabalho (política), distribuir riquezas e ordenar a economia por meio de ajustes que viabilizem a atividade da empresa, mantendo os postos de trabalho (econômica), congrega o interesse dos trabalhadores e dos empresários, com vista a manter a paz social, afastando as divergências, possibilitando aos trabalhadores acompanhar o desenvolvimento da empresa e participar do processo de tomada de decisões (social).[21]

---

(16) Art. 476-A da CLT.

(17) Art. 458, § 2º da CLT.

(18) Art. 15, § 7º da Lei n. 8.036/90.

(19) SAIKO, Emília Simeão Albino. "A atuação dinâmica e eficiente dos sindicatos como garantias de realização dos direitos fundamentais e sociais dos trabalhadores". *Revista de Direito do Trabalho*, 126, 56-77.

(20) *Idem*.

(21) NASCIMENTO, Amauri Mascaro do. "O debate sobre negociação coletiva". *Revista LTr*, n. 64, set. 2000, p. 1.114.

Em resumo, muitos dos sindicatos brasileiros são inoperantes e não têm legitimidade. Estes sindicatos não se aperceberam da responsabilidade que lhes foi outorgada pelo constituinte originário. Por conta disso, constata-se o crescente descrédito atual.

3. O IMPACTO DA FLEXIBILIZAÇÃO NO MERCADO DE TRABALHO

A economia mundial foi transformada por muitos fatores, a exemplo da crise financeira iniciada nos anos 70 e 80 na Europa Ocidental, causadas pela quebra do polo petrolífero asiático. Outros fatores contribuíram para este fenômenos, tais como: as dificuldades de caixa para o prosseguimento do plano de adoção do *Welfare State*; a descoberta dos *chips* revolucionando a informática; a telemática; a nanotecnologia; a robotização e demais inventos tecnológicos; a quebra das barreiras alfandegárias com a globalização da economia, que aumentou a concorrência entre os países, impondo-lhes a necessidade de produzir de forma cada vez mais eficiente (em maior quantidade, com menor custo e melhor qualidade) para disputar o mercado globalizado. Desde então, o paradigma buscado passa a ser um modelo de Direito do Trabalho, com regras mais flexíveis, aberto a mudanças, adaptáveis à nova situação econômica mundial e de cada empresa.[22]

No início dos anos 90, ocorreram alterações estruturais na economia brasileira. A abertura comercial incentivada pelo governo de Fernando Collor e incrementada pelo governo de Fernando Henrique Cardoso, atingiram o setor industrial, acabando com a política de substituição de importações, baluarte dos programas de desenvolvimento brasileiro desde a década de 30. Estas mudanças se concretizaram nas empresas e lhes exigiu que fossem iniciados processos generalizados de reestruturação produtiva, fruto da experiência de adaptação competitiva ao mercado global.

Neste período, vivenciamos o fechamento de fábricas, enxugamento de plantas, redução de hierarquias, terceirização, modernização tecnológica, redefinição organizacional dos processos produtivos. Além de outras estratégias empresarias que buscavam a sobrevivência, implementou-se uma política de demissão em massa de proporções jamais vistas na história da industrialização brasileira.

A flexibilização dos regimes de trabalho e do sistema legislativo nacional de proteção ao trabalho repercutiram na CLT, constituindo mudanças institucionais que acompanharam essas transformações do mercado de trabalho. Foram editadas medidas provisórias regularizando o banco de horas (Lei n. 9.601/98), o contrato de trabalho por tempo determinado, a suspensão temporária do contrato de trabalho por motivos econômicos.

A adoção de medidas que conciliem os interesses dos detentores dos meios de produção com as necessidades dos trabalhadores, justificando a flexibilização de determinadas regras rígidas ou de criação de preceitos alternativos para manter a saúde da empresa e a conservação do emprego, tornou-se necessária com a transformação da economia mundial e o consequente enfraquecimento da política interna de cada país, dos altos índices de desemprego mundial e de subempregos de milhões de pessoas.[23]

Em resumo, a luta contra o desemprego e a alargamento do mercado consumidor são preocupações desta realidade globalizada. Por esta razão, o Estado adotou uma postura política favorável à abertura de mercado e à flexibilização das leis laborais para garantir a concretização das atuais práticas de mercado.

Então, ao tratar da flexibilização das leis trabalhistas brasileiras para o atendimento a essa nova realidade social globalizada, costuma-se atribuir a sua necessidade ao fato de que a realidade político-fiscal brasileira onera o empresário que contrata mão-de-obra formal e paga tributos elevados. No entanto, deve-se ter em mente que o trabalhador também paga pela incapacidade estatal, inclusive através da retenção em fonte e quando adquire bens de consumo. Entretanto, o proletariado sofre com a ausência de políticas públicas estáveis que lhes assegure o mínimo para a manutenção de uma vida digna.

No entanto, a flexibilização não pode ser utilizada pelo empregador como pretexto para obter ainda mais lucro, visando majorar seus rendimentos. A flexibilização é uma prerrogativa do patrão que deve ser empregada com prudência, somente em situações de legítimo e evidenciado imperativo de recuperação da empresa. Razão pela qual os princípios da razoabilidade, da legalidade, da transparência, da necessidade, devem permear todo o processo.[24]

---

(22) CASSAR, Vólia Bonfim. *Direito do Trabalho*. Niterói: Ed. Impetus, 2008, p. 33.

(23) *Idem*.
(24) *Idem*, p. 37.

Sob o argumento de que o excesso de encargos trabalhistas dificulta a gestão empresarial e o crescimento econômico, os defensores da corrente neoliberalista vêm persistindo na teoria de que a negociação coletiva precisa preponderar sobre as correspondentes leis, vulnerando a hierarquia das fontes formais de direito e revogando, pela vontade coletiva dos sindicatos, os direitos arduamente conquistados e constitucionalmente garantidos. [25]

Um dos principais princípios da flexibilização é o princípio protetor do Direito Laboral, que estimula o sindicato a agir como representante dos empregados, para zelar pelos trabalhadores. Tal princípio protetor baseia-se em outro princípio: o da racionalidade/razoabilidade. A Constituição de 1988 é uma Constituição social, que combate a "exploração do homem pelo homem" e defende a aplicação direta dos princípios nela contidos como meio de reforçar a proteção aos hipossuficientes. [26]

Deve-se ressaltar que condicionar maior competitividade da empresa à necessidade de flexibilização das leis trabalhistas é uma ideia falsa. Ao contrário, deve-se pensar em meios de o Estado se tornar eficiente, reduzindo a carga tributária e melhor gerindo suas finanças, inclusive com combate efetivo à corrupção.

É fato que o Estado possui grande influência sobre os meios de comunicação, tanto que a grande mídia brasileira não discute este problema de forma adequada, uma vez que veicula para a população esta visão distorcida em relação aos direitos trabalhistas, assegurados que são constitucionalmente, de forma a atender ao princípio da dignidade da pessoa humana.

Um mercado de trabalho flexível, regido pelas leis de mercado, melhor se viabiliza em países cujas taxas de desemprego sejam pequenas e que adotem medidas protetivas para amparar e capacitar o obreiro desempregado, objetivando recolocação deste no mercado de trabalho.

Então, quando se tratar de flexibilização das leis deve-se ter em mente que é ineficiente procurar meios de manutenção de uma política de "quase pleno-emprego" sem que haja uma redemocratização e reformulação dos demais males sociais, políticos, culturais e econômicos, pois medidas paliativas apenas fortalecerão os problemas sociais e trabalhistas já existentes.

4. CONCLUSÃO

Por meio de uma visão pós-positivista dos princípios constitucionais, é imperioso encontrar uma solução no Direito do Trabalho que esteja no ponto de equilíbrio entre o princípio de proteção ao trabalhador[27] e o imperativo atual de conservação da saúde da empresa.

A flexibilização deverá ocorrer quando for necessária à recuperação da saúde da empresa, pois o trabalhador será o maior prejudicado com sua extinção. Conforme prevê o art. 7º, VI, da CF/88, é possível acatar a redução dos direitos trabalhistas, através de negociação sindical, com o objetivo de conservar os vínculos laborais existentes. Entretanto, tal previsão só se justifica na hipótese de o empregador estar de fato em sérias dificuldades financeiras, devidamente comprovadas. Mas deve-se ressaltar que é medida de exceção, e como tal será mantida a nova situação apenas durante o processo de recuperação da saúde da empresa, independente do período de tempo que lhe seja necessário.

As normas jurídicas em matéria sindical não têm conferido proteção à grande massa de trabalhadores, devido à mudança na estrutura laboral brasileira. Muitos postos de trabalho subordinados foram eliminados ou substituídos por formas de trabalho mais flexíveis e os Tribunais do trabalho ainda têm emitido interpretação conservadora a esse respeito. Essas interpretações têm se mostrado desapegadas aos valores humanos e sociais do trabalho, a exemplo do entendimento de que a proteção emanada do direito sindical destina-se apenas ao trabalho subordinado, quando a subordinação clássica já não mais predomina na realidade atual. Hoje se predomina a relação em que o trabalhador transformou-se em um prestador de serviços.

Também, o ideal da função econômica e política das negociações coletivas, de distribuir riquezas e propiciar a harmonia entre o capital e o trabalho não tem se mostrado eficiente, pois os sindicatos, em geral, estão despreparados para representar os trabalhadores junto aos empregadores, que possui uma assessoria muito bem capacitada. Por esta razão, o diálogo social e a negociação justa e centrada na boa-fé não se viabilizam a contento. Em razão da sobrevivência, que se sobrepõe inclusive à dignidade, obriga o trabalhador a observar as regras impostas pelo capital, independentemente da participação sindical.

---

(25) Ibidem.
(26) SARMENTO, Daniel. *Direitos fundamentais e relações privadas*. Rio de Janeiro: Lumen Juris, 2001, p. 234.

(27) Implícito e explícito em diversas normas, de ordem pública, dos direitos garantidores da dignidade humana. Estes interesses são ao mesmo tempo conflitantes e harmônicos.

Desta forma, o poder econômico aguça seu discurso em favor da flexibilização permanente de normas, pela desconstrução do sistema legal de proteção ao emprego, de forma a prevalecer o negociado sobre o legislado. Na sua visão distorcida, as causas do mal-estar-social, do desemprego, dos conflitos, da miséria e da exclusão social são originadas pela legislação trabalhista e pelos sindicatos. Pois lhes é mais interessante e menos oneroso contratar mão de obra sem precisar observar os direitos sociais.

A flexibilização deve ser vista como uma ferramenta a ser utilizada em períodos de exceção quer em razão de recessão econômica, quer devido às dificuldades enfrentadas pelas empresas. Entretanto, em períodos de bonança não se justifica defender a mitigação dos direitos trabalhistas. Que, como direitos sociais que são, não interessam apenas aos obreiros, mas a toda a sociedade. A longo prazo, a história nos mostra que a não garantia desses direitos causa prejuízos sociais de difícil reparação. Dessa forma, a regra deve ser a sua proteção.

REFERÊNCIAS BIBLIOGRÁFICAS

ALVES, Amauri Cesar. *Novo Contrato de Emprego* – Parassubordinação Trabalhista. São Paulo: LTr, 2005.

ANDRADE, Everaldo Gaspar Lopes de. *Direito do Trabalho e Pós-Modernidade* – Fundamentos para uma Teoria Geral. São Paulo: LTr, 2005.

ANTUNES, Ricardo e outros. *Neoliberalismo, trabalho e sindicatos* – Reestruturação produtiva no Brasil e na Inglaterra. São Paulo: Boitempo Editorial. 1997.

BELTRAN, Ari Possidônio. *Os impactos da integração econômica no direito do trabalho* – Globalização e direitos sociais. São Paulo: LTr, 1998.

_____. *Direito do Trabalho e Direitos Fundamentais*. São Paulo: LTr, 2002.

BEZERRA LEITE, Carlos Henrique. *Curso de Direito do Trabalho*. 3. ed. Curitiba: Juruá, 2000.

CAPPA, Josmar Gilberto. *Passado e presente do sistema de relações de trabalho no Brasil*. São Paulo: LTr, 2000.

CASSAR, Vólia Bonfim. *Direito do Trabalho*. Niterói: Ed. Impetus, 2008.

CHAHAD, José Paulo Zeetano; MENEZES-FILHO, Naércio A. *Mercado de Trabalho no Brasil*. São Paulo: LTr, 2002.

CORREIA, Marcus Orione Gonçalves. *Curso de Direito do Trabalho*. v. I – Teoria Geral do Direito do Trabalho. Coleção Pedro Vidal Neto. São Paulo: LTr, 2007.

FARIA, José Eduardo. *O direito na economia globalizada*. São Paulo: Malheiros, 2000.

FERRAZ, Fernando Basto. *Terceirização e demais formas de flexibilização do trabalho*. São Paulo: LTr, 2006.

FRANCO FILHO, Georgenor de Sousa (coord.). *Presente e Futuro das Relações de Trabalho*. São Paulo: LTr, 2000.

GONÇALVES, Reinaldo. *Globalização e Desnacionalização*. São Paulo: Paz e Terra, 1999.

JEAN BOISSONNAT (Relatório da comissão presidida por). *2015 horizontes do trabalho e do emprego*. São Paulo: LTr, 1998.

LOGERECIO, Antônia Maria Vieira (org.). *A lei trabalhista da República Popular da China* – Texto integral e comentários. São Paulo: Editora e Livraria Anita, 2001.

MANNRICH, Nelson. *A modernização do contrato de trabalho*. São Paulo: LTr, 1998.

NASCIMENTO, Amauri Mascaro. *Direito do Trabalho na Constituição de 1988*. São Paulo: Saraiva, 1991.

_____. "O debate sobre negociação coletiva". *Revista LTr*, n. 64, set. 2000, 1105-1122.b

NASSAR, Rosita de Nazaré Sidrim. *Flexibilização do direito do trabalho*. São Paulo: LTr, 1991

NORONHA, Eduardo Garuti. *Entre a Lei e a Arbitrariedade* – Mercados e Relações de Trabalho no Brasil. São Paulo: LTr, 2000.

PASTORE, José. *As mudanças no mundo do trabalho* – Leitura de sociologia do trabalho. São Paulo: LTr, 2006.

PRADO, Ney. *Economia Informal e o Direito no Brasil*. São Paulo: LTr, 1991.

PROSCURCIN, Pedro. *O Trabalho na Reestruturação Produtiva* – Análise jurídica dos impactos no posto de trabalho. São Paulo: LTr, 2001.

ROBORTELLA, Luiz Carlos Amorim. *O Moderno Direito do Trabalho*. São Paulo: LTr, 1994.

SAIKO, Emília Simeão Albino. "A atuação dinâmica e eficiente dos sindicatos como garantias de realização dos direitos fundamentais e sociais dos trabalhadores". *Revista de Direito do Trabalho*, 126, 56-77.

SANTOS, Enoque Ribeiro dos. *O direito do trabalho e o desemprego*. São Paulo: LTr, 1999.

SANTOS, Osmar de Almeida. *Em busca do emprego perdido: o futuro do trabalho na era tecnológica*. São Paulo: Ed. Textonovo, 1997.

SILVA, Reinaldo Pereira. *O mercado de trabalho humano*. São Paulo: LTr, 1998.

SÜSSEKIND, Arnaldo. *Direito Constitucional do Trabalho*. Rio de Janeiro: Renovar, 1999

VIANA, Márcio Túlio; RENAULT, Luiz Otávio Linhares (Coords.). *Discriminação*. São Paulo: LTr, 2000.

A EFETIVAÇÃO DOS DIREITOS FUNDAMENTAIS TRABALHISTAS ATRAVÉS DA PROPOSTA DE CONFISCO DE PROPRIEDADES ONDE SE CONSTATA A PRESENÇA DE ESCRAVOS: A PEC N. 438

Homero Bezerra Ribeiro (*)

1. INTRODUÇÃO

Este trabalho tem como escopo principal apontar a proposta de emenda à Constituição que determina o confisco de propriedades onde se constata a presença do trabalho escravo, a PEC-438, como um instrumento de concretização dos direitos fundamentais inerentes ao trabalho humano e de erradicação da prática escravista no contexto brasileiro.

Assim, antes de analisarmos o contexto socioeconômico atual sobre o trabalho escravo e suas implicações na estrutura normativa constitucional brasileira, faz-se mister apresentar um breve histórico sobre este tipo de prática no período pós-abolicionista, dando também um enfoque sobre os diversos termos que caracterizam o escravismo na seara nacional e internacional.

Após esta breve contextualização, passaremos a investigar as causas do aumento no número de trabalhadores libertados de cativeiros nas últimas décadas no país, os instrumentos normativos aplicáveis ao caso concreto e as possibilidades trazidas pelo texto da Constituição.

Por fim, passaremos a investigar a limitação constitucional quanto à previsão de instrumentos para o combate ao trabalho escravo, apontando a proposta de confisco das propriedades onde se encontra a exploração escravista como um meio de abolição deste tipo de prática no Brasil.

2. O TRABALHO ESCRAVO NO CONTEXTO BRASILEIRO

2.1. Definição e histórico

Durante o período compreendido entre os séculos XV e XIX, a exploração do trabalho escravo era legal em todo o território brasileiro. A escravidão gozava de forte proteção jurídica, caracterizada pela manutenção de um aparato legal que legitimava o poder de domínio do senhor sobre o escravo e impedia este de qualquer forma de insurreição contra seu dono, com a prescrição de condutas criminosas e penalidades severas. Nesta seara, o poder público tinha um papel importante na manutenção do modelo econômico dominante da época, que vinha desde a produção legislativa favorável à conservação do regime escravista até a cessão de incentivos para os latifundiários que mantivessem trabalhadores escravos em sua posse.

A concessão de créditos por parte do governo imperial tinha como motivação o fato de a mão de obra nas terras brasileiras ser escassa e dependente do tráfico negreiro africano. O escravo antigo era uma mercadoria cara e gerava, ao longo do tempo,

---

(*) Advogado. Mestrando em Ordem Jurídica Constitucional pela Universidade Federal do Ceará. Bolsista da Coordenação de Aperfeiçoamento de Pessoal de Ensino Superior – CAPES.

vultosos gastos de manutenção para o seu senhor. Para a economia da época, ter um escravo representava um *status* de riqueza e de poder.

É importante ressaltarmos que a escravidão no período imperial tinha características étnicas bastante definidas, representadas principalmente pela comercialização e exploração de pessoas pertencentes a tribos africanas retiradas de seu território original, não desmerecendo também que etnias indígenas, em menor proporção, trabalhavam sob o regime de escravidão.

Após uma lenta conquista de direitos por parte das populações escravas, a abolição da escravatura foi formalmente promulgada através da Lei Áurea. Convém esclarecer que esta Lei não representou somente o fim da relação dominial entre o latifundiário e seus escravos, mas também decretou a derrocada do regime imperialista no Brasil, influenciando a construção de uma República Liberal nos moldes das nações europeias. A mudança da estrutura política do Estado brasileiro, no entanto, não culminou numa profunda alteração das relações socioeconômicas do país, visto que uma pequena elite agrária ainda continuava detendo o poder de influir nas principais decisões políticas da época.

Desta forma, mesmo após a abolição do regime escravista, o Poder Público não conseguiu erradicar totalmente a prática do escravismo no território nacional. As primeiras denúncias da utilização deste tipo de prática vieram principalmente através de escritores das primeiras décadas do século XX, como Lima Barreto, Euclides da Cunha e Ferreira de Castro[1]. Dentre as principais denúncias, destacamos as histórias envolvendo os trabalhadores encarregados de coletar o látex nos seringais na região amazônica para produzir borracha[2]. Os "Soldados da Borracha", como eram conhecidos os seringueiros da época, eram obrigados a trabalhar de forma exaustiva dentro da floresta, sendo pouco ou não recompensados pela atividade.

Neste período, surgiram, no plano nacional e internacional, alguns instrumentos normativos que tentariam acabar com as relações escravistas ainda existentes. Dentre eles, apontamos: o art. 149[3] do Código Penal Brasileiro (Decreto-lei n. 2.848/40), que tipificou a conduta de reduzir alguém à condição análoga à de escravo como crime; as Convenções n. 29 e 105 da Organização Internacional do Trabalho – OIT (incorporadas ao plano normativo brasileiro pelos Decretos ns. 47.721/57 e 58.822/66, respectivamente), que previam a adoção de medidas para abolir o trabalho escravo dentro dos territórios dos Estados signatários; e a Declaração dos Direitos do Homem e do Cidadão da ONU (Organização das Nações Unidas) de 1948, proclamando que nenhum homem será mantido em escravidão ou servidão.

A convenção n. 29, da Organização Internacional do Trabalho – OIT[4], trata sobre o tema do trabalho escravo contemporâneo utilizando a expressão "trabalho forçado". Segundo a prescrição normativa da Organização, o trabalho forçado caracteriza-se pela ausência de vontade livre do trabalhador de abandonar o emprego em razão da coação (física ou moral) imposta pelo empregador. Esta nomenclatura era e continua sendo a mais utilizada nas legislações internacionais sobre a questão escravista contemporânea.

Além desse, alguns outros termos também servem para identificar a relação de coação, através do trabalho, entre o empregador e o empregado, como "trabalho servil", "trabalho exaustivo", "redução análoga ao trabalho escravo" e a própria nomenclatura "trabalho escravo", sendo que estas duas últimas são mais utilizadas no contexto brasileiro. Contudo, não é nosso objetivo neste trabalho apresentar as divergências de sentido entre os termos mais empregados.

---

(1) FIGUEIRA, Ricardo Rezende; PRADO, Adonia Antunes. *Um Velho Problema em Discussão: O Trabalho Escravo Por Dívida*. In: SYDOW, Evanize; MENDONÇA, Maria Luiza (orgs.). *Direitos Humanos no Brasil 2008*: Relatório da Rede Social de Justiça e Direitos Humanos. São Paulo: Rede Social de Justiça e Direitos Humanos, 2008. p. 92.

(2) Ferreira de Castro denunciava as condições dos trabalhadores nos seringais em sua obra *A Selva*, e Euclides da Cunha na sua obra *À margem da História*.

(3) "Art. 149: Reduzir alguém à condição análoga à de escravo: Pena – reclusão, de 2 a 8 anos". BRASIL. Decreto-lei n. 2.848 de 7 de dezembro de 1940. Código Penal. Diário Oficial da União. Brasília, 31 dez. 1940. Essa redação foi modificada em 2003, ficando com o seguinte texto: "Art. 149 – Reduzir alguém à condição análoga à de escravo, quer submetendo-o a trabalhos forçados ou a jornada exaustiva, quer sujeitando-o a condições degradantes de trabalho, quer restringindo, por qualquer meio, sua locomoção em razão de dívida contraída com o empregador ou preposto: Pena – reclusão, de dois a oito anos, e multa, além da pena correspondente à violência".

(4) Art. 2º, § 1º: "Para fins desta Convenção, a expressão "trabalho forçado ou obrigatório" compreenderá todo trabalho ou serviço exigido de uma pessoa sob a ameaça de sanção e para o qual não se tenha oferecido espontaneamente". BRASIL. *Decreto* n. 41.721, de 25 de junho de 1957. Promulga as Convenções Internacionais do Trabalho de ns. 11, 12, 13, 14, 19, 26, 29, 81, 88, 89, 95, 99, 100 e 101, firmadas pelo Brasil e outros países em sessões da Conferência Geral da Organização Internacional do Trabalho. *Diário Oficial da União*, Brasília, 25 jun. 1957.

Utilizaremos, com maior ênfase, a expressão "trabalho escravo", por ser encontrada com maior frequência nas obras, nas notícias e na legislação pertinente sobre o tema, absorvendo o significado assumido pelo "trabalho forçado", como prescreve a Convenção n. 29 da OIT, bem como contendo as modalidades incorporadas pela nova redação do art. 149 do Código Penal.

2.2. O trabalho escravo contemporâneo no Brasil

Apesar da implantação, as legislações acima identificadas não surtiram o efeito que era esperado no Brasil. As relações agrícolas ainda continuavam profundamente ligadas à desvalorização do trabalhador campesino. Com o passar dos anos, a Igreja Católica teve (e ainda tem) um importante papel ao denunciar os locais onde eram encontrados trabalhadores submetidos a condições desumanas, principalmente através do trabalho desenvolvido pelas comissões pastorais nas mobilizações sociais pela luta por direitos básicos[5]. Dentre as organizações religiosas que ainda atuam na luta contra o trabalho escravo, destacamos a Comissão Pastoral da Terra (CPT).

Durante o governo ditatorial implantado no país entre as décadas de 60 a 80 a exploração de mão de obra escrava foi estimulada indiretamente, pois o Estado intensificou uma política de concessão de créditos agrícolas a grandes latifundiários para a ocupação da região amazônica, sem, no entanto, realizar uma fiscalização mais apurada do emprego deste crédito. Este favorecimento governamental não previa a redução das desigualdades no campo, resultando no aumento da concentração fundiária, principalmente nas regiões Norte e Centro-Oeste do país.

Assim relata Nágila Gomes:

> Foi, pois, dentro do contexto de expansão da frente pioneira, na década de 60, que se intensificaram os registros da prática de aliciamento e redução de pessoas análogas ao trabalho escravo. Eles são o resultado do modelo adotado pelo governo para a ocupação da Amazônia. Um modelo que ampliou o poder da classe dominante, concentrou a terra nas mãos de alguns poucos e aumentou o poder pessoal dos proprietários rurais, deixando os trabalhadores totalmente dependentes destes últimos[6].

Nas últimas décadas, houve uma modernização das formas e técnicas de produção do setor agrícola brasileiro, estimulada através de estímulos fiscais do setor público. No entanto, tal mudança não surtiu efeito nas relações trabalhistas no campo, onde ainda é grande o número de trabalhadores vivendo em condições desumanas. Ressalte-se que o nível de concentração fundiária também se intensificou nesse lapso temporal, principalmente nas mãos dos empresários do "agronegócio"; em contrapartida, houve o aumento da falência das pequenas e médias propriedades rurais[7], como relata Stédile no relatório vencido da Comissão Parlamentar Mista de Inquérito – CPMI – da Terra:

> (...) Segundo, aumentou a concentração da propriedade da terra nos últimos dez anos. (...) Os dados do INCRA revelam que as propriedades acima de mil hectares, nos 12 anos de 1990 a 2002, encamparam 20 milhões de hectares a mais do que já tinham. Por outro lado, 960 mil pequenas propriedades com menos de cem hectares desapareceram, foram à falência, gerando concentração. Houve uma marginalização dos pequenos agricultores familiares[8].

Diferentemente do período imperial e colonial, o trabalho escravo hoje não é fruto da relação geral de propriedade entre o senhor e o escravo, estimulada pela lei, mas sim de uma relação de dependência do obreiro com o seu empregador, especialmente econômica. Também não está fundada na supremacia étnica dos brancos europeus sobre as tribos africanas e indígenas, dado que a exploração atinge a qualquer tipo de trabalhador que se encontra desempregado ou em estado de miséria, sem condições de prover seu próprio sustento.

Durante quase todo o período republicano, os governantes brasileiros tratavam o assunto do

---

(5) Destacamos a atuação de Dom Pedro Casaldáliga, que durante a década de 60 e 70 do século XX, denunciou vários casos de exploração do trabalho escravo na região amazônica.

(6) GOMES, Nágila Nogueira. *O Trabalho Escravo Contemporâneo no Brasil em Face do Princípio Constitucional da Dignidade da Pessoa Humana*. Dissertação (Mestrado em Direito). Fortaleza: Universidade Federal do Ceará, 2004, p. 76.

(7) MELO, João Alfredo Telles (org.). *Reforma Agrária Quando? CPI Mostra as causas da luta pela terra no Brasil*. Brasília: Senado Federal, 2006. pp. 74-75.

(8) *Ibidem*, p. 74-75.

escravismo com indiferença, ora declarando que o trabalho escravo era inexistente no país, ora como um caso excepcional. Apenas em 2004, com a forte pressão da sociedade civil, o Estado brasileiro assumiu perante Organização das Nações Unidas a existência de, pelo menos, 25 mil trabalhadores em regime de escravidão contemporânea dentro de seu território[9]. Já o Padre Ricardo Resende, integrante da Rede Social de Justiça e Direitos Humanos, indica que o número de casos conhecidos de escravidão rural no Brasil é bem maior, podendo oscilar entre 25 e 40 mil pessoas, em pelo menos 10 estados[10]. Isto demonstra que a questão não é excepcional, assim como não deve ser tratada de forma descontextualizada de outros problemas sociais, como o desemprego e a concentração agrária.

O trabalho escravo contemporâneo está profundamente ligado à repartição desigual da renda e à concentração fundiária, responsáveis pelo aumento da pobreza e do desemprego, sobretudo no campo. Segundo dados do Instituto Nacional de Colonização e Reforma Agrária – INCRA – de 2003, 1,6% dos proprietários com imóveis acima de mil hectares detêm 46,8% da área total existente no País, enquanto as propriedades com áreas até 10 hectares representam somente 32,9% do total de imóveis, mas possuem apenas 1,6% da área total[11]. Some-se isto ao elevado nível de desemprego nas regiões metropolitanas, principais destinos dos trabalhadores expulsos pelas condições adversas do campo, que em 2007 eram 15,5% da população economicamente ativa[12].

De acordo com estudos da Organização Internacional do Trabalho, as regiões onde se encontra o maior número de trabalhadores em regime de escravidão também são aquelas onde existe uma grande quantidade de assassinatos no campo, assim como também são responsáveis em boa parte pela destruição da Amazônia legal. A região Sul-Sudeste do Pará, por exemplo, compreende 33,91% dos trabalhadores libertados no país entre 2002 e 2004, como também representa 16,67% do número de trabalhadores assassinados por conflitos rurais entre 2001 e 2004 e correspondia a 29,34% do desflorestamento total da Amazônia até 2002[13].

Nota-se, segundo Ubiratan Cazetta, no relatório da OIT sobre a escravidão contemporânea, que os principais setores aliciadores de trabalhadores escravos são: o da pecuária, o da soja, o da cana-de-açúcar, o do café e o do carvão vegetal[14]. Estes setores atualmente detêm uma influência considerável na economia brasileira, principalmente na produção voltada às exigências do mercado externo[15].

Dentre as formas mais comuns do trabalho escravo no país, destaca-se a servidão por dívidas como a mais encontrada. Ela se inicia quando o próprio fazendeiro, ou terceiros que agem em seu nome, convencem trabalhadores, principalmente oriundos das regiões mais pobres do país, com propostas agradáveis e boa remuneração, para trabalharem nas suas propriedades rurais, juntamente com transporte e hospedagem para o local das fazendas. Contudo, quando os empregados chegam até as propriedades, já percebem que estão endividados pelo alojamento e o transporte. Não há garantias trabalhistas, tampouco condições mínimas para o trabalho. Coagidos moral ou fisicamente, os trabalhadores têm de trabalhar até pagar suas dívidas, quase sempre descontadas em seus salários. Alguns autores relatam que os empregados são forçados a comprar os mantimentos básicos e as ferramentas de trabalho em armazéns no próprio estabelecimento rural a preços muito acima da média geral, o que aumenta ainda mais a dívida contraída.[16]

Nota-se que, antes de 1995, a apuração dos locais onde havia denúncias de trabalhos forçados era realizada por fiscais locais vinculados às antigas Delegacias Regionais do Trabalho, hoje Superintendências Regionais do Trabalho, outras vezes por

---

(9) Repórter Brasil. *Mentiras Mais Contadas Sobre Trabalho Escravo*. Disponível em: <http://www.reporterbrasil.com.br/conteudo.php?id=9>. Acesso em: 05 mar. 09.

(10) FIGUEIRA, Ricardo Rezende; PRADO, Adonia Antunes. Ob. cit., p. 94.

(11) CANUTO, Antônio. *Direito Humano à Terra: A Construção de um Março de Resistência às Violações*. In: Centro de Estatística Religiosa e Investigações Sociais (org.). *Direitos Humanos no Brasil 2: Diagnósticos e Perspectivas*. Rio de Janeiro: Mauad, Ano 2, n. 2, 2007. p. 173.

(12) LÚCIO, Clemente Ganz; BIAVA, Joana Cabete. *O Direito ao Trabalho no Brasil*. In: SYDOW, Evanize; MENDONÇA, Maria Luiza (org.). Ob. cit., p. 211.

(13) SAKAMOTO, Leonardo (org.). *Trabalho Escravo no Brasil do Século XXI*. Brasília: Organização Internacional do Trabalho, 2007, p. 86.

(14) CAZETTA, Ubiratan. *A Escravidão Ainda Resiste*. In: Possibilidades Jurídicas de Combate à Escravidão Contemporânea. Brasília: Organização Internacional do Trabalho, 2007, p. 106.

(15) COSTA, Cândida; NEVES, Ciani Sueli das. *As Mudanças no Mundo do Trabalho e as Novas Formas de Exploração dos Trabalhadores: o Trabalho no Brasil*. In: Centro de Estatística Religiosa e Investigações Sociais (org.). Ob. cit., p. 141.

(16) *Ibidem*, p. 79.

policiais civis. Esta situação desfavorecia a efetivação do combate à prática do trabalho escravo no país, tendo em vista que os fiscais locais não dispunham de meios para deter a influência econômica e política que os proprietários detinham sobre a região.

Mesmo após a Constituição de 1988 prescrever que a competência para a fiscalização das relações de trabalho seria da União[17], somente em 1995 o Governo Federal criou um Grupo Executivo para a Repressão ao Trabalho Forçado, o GERTRAF, juntamente com o Grupo Móvel de Fiscalização. Este último é composto por uma equipe multidisciplinar pertencente ao Ministério do Trabalho em Emprego – MTE.

A atuação do Grupo Móvel, em conjunto com Policiais Federais, Procuradores do Trabalho e Procuradores Federais, foi responsável pela libertação, nos últimos 13 anos, de mais de 30 mil trabalhadores em regime de trabalho escravo[18]. No entanto, estes dados ainda não representavam a totalidade de denúncias da prática desse crime. A resposta pareceu mais sintomática a partir da criação, em 2003, do Plano Nacional de Combate ao Trabalho Escravo, atendendo à pressão da sociedade civil e da comunidade internacional. Neste plano, o Governo prevê a promoção de ações nos mais diversos setores públicos para a erradicação do trabalho escravo no país, como a expansão do Grupo Móvel e, consequentemente, sua fiscalização. Assim, entre 2003 e 2008, aumentaram o número de fiscalizações, atingindo uma média de 59% das denúncias recebidas pelo poder público, segundo dados provenientes da CPT[19]. Ainda no mesmo período, de acordo com a CPT, o número de pessoas consideradas vítimas pelas denúncias foi de 42.256. No entanto, foram libertas apenas 26.318 pelo Grupo Móvel[20].

Percebe-se que, mesmo após uma intensificação da persecução estatal sobre o trabalho escravo, o número de trabalhadores libertados em todo país cresce a cada ano. A utilização de mão de obra escrava continua sendo lucrativa para muitos empregadores, mesmo com as penalidades e multas decorrentes da apuração dos órgãos de fiscalização e da atuação do Poder Judiciário.

Surge então, por meio do debate governamental e da sociedade civil, a necessidade de criação de novos instrumentos normativos que possibilitem a reversão deste quadro no território brasileiro. Dentre os principais, destacamos a "Lista Suja" e o confisco das propriedades que se utilizam deste tipo de exploração. O primeiro já está concretizado através da Portaria n. 540 do Ministério do Trabalho e Emprego e consiste na publicidade do nome dos empregadores (pessoas físicas ou jurídicas) que foram flagrados pelas fiscalizações se utilizando de mão de obra escrava. Como sanção, estes sujeitos não podem firmar contratos com o Poder Público e nem receber créditos agrícolas.

Já a Proposta de confisco das propriedades escravistas está em votação no Congresso Nacional sob a denominação de PEC-438. É sobre a possibilidade de aprovação desta medida e sua ligação com a efetividade dos Direitos Fundamentais dos trabalhadores no campo que dedicaremos os próximos capítulos.

3. OS INSTRUMENTOS NORMATIVOS CONSTITUCIONAIS APLICÁVEIS AO COMBATE AO ESCRAVISMO

A Constituição não expressa, em seu corpo normativo, um conteúdo neutro, vazio de conteúdo, mas sim valores fundamentais, os quais definem o compromisso político do Estado brasileiro na consecução de objetivos básicos. Assim, quando o Poder Público reconhece a dignidade da pessoa humana como seu fundamento, aquele passa a existir em função desta, de forma que a preservação da dignidade do ser humano passa a ser o fim maior para a atividade governamental, e não o meio. O compromisso político da atuação dos órgãos estatais deverá ser pela efetivação deste fundamento na sociedade brasileira.

É importante ressaltar que a dignidade da pessoa humana não pode apenas ser vista pelo viés individual, consistente na tutela do indivíduo contra as arbitrariedades que podem ser praticadas pelo Estado. A sua previsão axiológica também engloba os direitos difusos e coletivos, isto é, que não possuem titularidade individual definida e que necessariamente dependem de uma atuação positiva do Estado, como, por exemplo, o direito à educação, a saúde ou ao meio ambiente equilibrado.

---

(17) "Art. 21. Compete à União: [...] XXIV – organizar, manter e executar a inspeção do trabalho". BRASIL – Constituição da República Federativa do Brasil de 1988. Promulgada em 05 de outubro de 1988. Disponível em: <http://www.planalto.gov.br/ccivil_03/Constituicao/Constituiçao.htm>. Acesso em: 09 de março de 09.

(18) FIGUEIRA, Ricardo Rezende; PRADO, Adonia Antunes. Ob. cit., p. 94.

(19) *Ibidem*, p. 94.

(20) *Ibid*, p. 94.

Para Sarlet, a dignidade da pessoa humana "funciona como critério para a construção de um conceito materialmente aberto de direitos fundamentais"[21]. Desta forma, o conteúdo valorativo deste "princípio-fundamento" está sempre aberto para a consecução dos objetivos perseguidos, isto é, para a proteção do ser humano e de suas necessidades materiais ao longo da história.

O Estado brasileiro também tem, como um de seus fundamentos, a realização dos valores sociais do trabalho, de acordo com a primeira parte do inciso IV do art. 1º da Constituição[22]. Desta forma, a Carta Maior também manifesta uma vontade política no sentido de valorizar o trabalho humano, tratando-o de forma privilegiada. O art. 5º, III, também reverbera, ao prescrever que ninguém será submetido à tortura ou a tratamento degradante, o compromisso do Poder Público na garantia da preservação de que não só o indivíduo não receberá tratamento desumano ou degradante, mas também o sujeito enquanto pertencente a uma categoria especialmente protegida, a dos trabalhadores. Assim, a preservação do trabalho digno consiste também no dever de o Estado afastar das relações trabalhistas a tortura, entendida como a coação física ou psicológica do empregador para com os trabalhadores, e o tratamento degradante, que consiste no desrespeito às condições mínimas de trabalho.

O enobrecimento do trabalho humano é importante não só porque deste decorrem outros direitos sociais importantes, como o lazer e a proteção da família, mas também pelo fato de que, para a sua concretização, deve-se buscar a realização de outros direitos, como a efetivação do transporte, da moradia digna, da reforma agrária etc. Assim, a valorização do trabalho não diz respeito apenas ao direito de trabalhar, mas também à observância de outros princípios fundamentais decorrentes do Estado de Direito.

Vejamos o que fala Sánchez Rubio sobre a valorização do trabalho:

Mediante a atividade de trabalho e do esforço humano criativo e integral não subjugado ao capital, os povos oprimidos poderiam manter sua idiossincrasia e os indivíduos manter-se vivos em solidariedade com seus semelhantes, sem relações de subordinação, podendo compartir comunitariamente o desfrute de seus produtos. [...] Na verdade, considera-se o esforço humano como um direito fundamental condicionado e, às vezes, condicionante, pois graças ao trabalho é possível o desfrute de outros direitos, como pode ser o mais elementar e o básico, o direito à vida, além de permitir a eleição entre distintas formas de vida[23].

Ressalte-se que, neste sentido, é necessária a compreensão de que os princípios constitucionais deverão ser eivados de máxima efetividade, e não apenas compreendidos como um desejo programático do Estado. O Poder Público deve estar obrigatoriamente vinculado à observância destes princípios, seja através da aplicação, interpretação ou produção das normas[24].

A atividade econômica também deve estar voltada para garantir a valorização do trabalho e a dignidade plena do homem. Por isto, a Carta Magna determina que a ordem econômica observará, dentre outros princípios, a defesa do meio ambiente, a redução das desigualdades regionais e sociais e a função social da propriedade para a efetivação do trabalho humano digno.

Deste modo, a Constituição manifesta-se contrária a uma ordem econômica que privilegie a acumulação do capital em detrimento da diminuição das desigualdades sociais, do respeito ao meio ambiente, da valorização do trabalho, e, consequentemente, da dignidade humana. No entanto, o que temos visto

---

(21) SARLET, Ingo Wolfgang. *Dignidade da Pessoa Humana e Direitos Fundamentais na Constituição Federal de 1988*. 5. ed. Porto Alegre: Livraria do Advogado, 2007. p. 101.

(22) Art. 1º: "A República Federativa do Brasil, formada pela união indissolúvel dos Estados e Municípios e do Distrito Federal, constitui-se em Estado Democrático de Direito e tem como fundamentos: [...] IV – Os valores sociais do trabalho [...]. BRASIL – Constituição da República Federativa do Brasil de 1988. Promulgada em 05 de outubro de 1988. Disponível em: <http://www.planalto.gov.br/ccivil_03/Constituicao/Constituiçao.htm>. Acesso em: 09 de março de 2009.

(23) RUBIO, David Sánchez. *Direitos Humanos, Ética da Vida Humana e Trabalho Vivo*. In: WOLKMER, Antônio Carlos (org.). *Direitos Humanos e Filosofia Jurídica na América Latina*. Rio de Janeiro: Lúmen Juris, 2004, p. 164.

(24) "O princípio da efetividade, embora de desenvolvimento relativamente recente no direito constitucional, traduz a mais notável preocupação do constitucionalismo dos últimos anos. Ele está ligado ao fenômeno da juridicização da Constituição e ao reconhecimento de sua força normativa. As normas constitucionais são dotadas de imperatividade e sua inobservância deve deflagrar os mecanismos próprios de cumprimento forçado. A efetividade é a realização concreta, no mundo dos fatos, dos comandos abstratos contidos na norma". Sobre o tema ler: BARROSO, Luis Roberto. *Interpretação e Aplicação da Constituição*: Fundamentos de uma Dogmática Constitucional Transformadora. 3. ed. São Paulo: Saraiva, 1999, p. 234.

no contexto brasileiro, através do privilégio dos interesses particulares, é o reverso daquilo valorado na Carta Magna, apenas fortalecendo a concentração fundiária, a degradação do trabalho e do meio ambiente.

Constata-se, então, que a permanência do trabalho escravo representa uma violação não só aos princípios que garantem a dignidade do trabalho, mas também aos órgãos e instituições do Estado brasileiro, fundados na preservação da dignidade humana e dos valores sociais do trabalho. Assim aduz o Ministro Joaquim Barbosa no voto do Recurso Extraordinário n. 398041:

> Verifica-se, portanto, a importância dada pelo Constituinte originário à construção de uma sociedade pautada pela valorização da pessoa humana e de seus direitos humanos fundamentais. Nesse contexto, a existência amplamente comprovada de trabalhadores em situação de quase escravidão afronta não apenas os princípios constitucionais inscritos no rol do art. 5º da Constituição, mas toda a sociedade, em seu aspecto moral e étnico[25].

Também prescreve neste sentido o Superior Tribunal de Justiça no Acórdão do Conflito de Competência n. 65.567:

> [...] 1. A imputação de fatos que atentam contra a liberdade no exercício do patronato implica ofensa à organização do trabalho, nos termos constitucionais.
>
> 2. A frustração de direito trabalhista em circunstâncias que degradam o homem ofende princípios democráticos e atentam contra a própria ordem constitucional de proteção ao trabalho, suas instituições e órgãos, pois revelam a existência e imposição de um regime totalitário em âmbito regional, inadmissível em um Estado de Direito [...][26].

Desta maneira, a escravidão contemporânea constitui uma grave violação não somente à liberdade individual do ser humano, mas também a toda uma ordem constitucional, a seus órgãos e aos instrumentos normativos de proteção a uma categoria especialmente protegida, a dos trabalhadores e, consequentemente, um desrespeito à dignidade humana.

Através da consecução destas premissas até aqui apontadas, a Constituição manifesta o desejo político do Estado brasileiro na luta pela erradicação de todas as formas de degradação do trabalho humano, possibilitando a construção de meios eficazes para a realização efetiva dos princípios acima elencados.

Primeiramente, como já foi dito, para a concretização da abolição do trabalho escravo no país, a política econômica do Estado não deve estar voltada ao favorecimento da concentração de renda, mas sim para a efetivação dos direitos básicos da grande maioria da população, através da valorização dos princípios decorrentes da dignidade humana e do trabalho.

Esta política, ligada ao contexto agrícola, deve estar condicionada à efetivação de direitos fundamentais básicos para os trabalhadores que vivem no campo, de forma a estimular a propriedade familiar ou comunitária voltada para as demandas do consumo interno, assim como a concretização da reforma agrária, de modo a repartir igualmente a propriedade e da renda fundiária[27].

A Constituição também oferece medidas sancionatórias importantes para a concretização de uma política voltada para o atendimento dos interesses básicos da maioria da população que vive no campo, como a desapropriação das propriedades rurais que não atendam à sua função social. A função social é um componente necessariamente inerente ao direito de propriedade[28]. Desta forma, é requisito para caracterização do direito de propriedade o cumprimento de sua função social, como estabelece o art. 186 da Constituição, no que se refere: ao aproveitamento racional e adequado da propriedade; à preservação do meio ambiente; à observância das disposi-

---

(25) BRASIL. Supremo Tribunal Federal. Acórdão em Recurso Extraordinário n. 398.041/6-PA. Ministério Púbico Federal e Silvio Caetano de Almeida. Relator: Ministro Joaquim Barbosa. Publicado no DJe-291, 19 de dezembro de 2008. Disponível em: <http://www.stf.jus.br/portal/jurisprudencia/listarJurisprudencia.asp?s1=398041&base=baseAcordaos>. Acesso em: 3 de maio de 2009. p. 8.

(26) BRASIL. Superior Tribunal de Justiça. Conflito de Competência n. 65567/MT. Relator Ministro Arnaldo Esteves Lima. Data da decisão: 27 de junho de 2007. Publicado no DJ, 3 de setembro de 2007.

(27) "Reforma agrária é programa de governo, plano de atuação estatal, mediante intervenção do Estado na economia agrícola, não para destruir o modo de produção existente, mas apenas para promover a repartição da propriedade e da renda fundiária". Sobre o tema ler: SILVA, José Afonso da. *Curso de Direito Constitucional Positivo*. 25. ed. São Paulo: Malheiros, 2006, p. 819-829.

(28) *Ibidem*, p. 281-285.

ções trabalhistas; e ao favorecimento do bem-estar dos trabalhadores e dos proprietários.

Necessariamente, nas propriedades onde se constata a presença de trabalho escravo, não restam dúvidas de que não é observada a sua função social, pelo desrespeito às disposições trabalhistas e ao bem-estar do trabalhador, o que por si só, daria ensejo à desapropriação. No entanto, a atuação dos organismos de fiscalização governamental se baseia somente sobre os critérios de produtividade, não se levando em conta os outros requisitos, como o respeito ao meio ambiente e às disposições trabalhistas. Resultado disto é que somente uma fazenda foi desapropriada, após a Constituição de 1988, por explorar a mão de obra escrava[29].

Este panorama revela a pouca utilização dos meios que poderiam servir como instrumentos alternativos eficazes no combate às violações dos direitos humanos. A reforma agrária costuma ser vista pelo Poder Público como um fator negativo, ou como uma atuação impositiva do Estado na economia que gera apenas "gastos", e não como uma política realmente transformadora das condições sociais no campo.

Outro fator negativo quanto à desapropriação é que, mesmo se o latifundiário escravista tiver sua propriedade desapropriada pelo desrespeito aos direitos trabalhistas, ele conseguirá receber uma justa indenização, mediante títulos do Tesouro Nacional, de acordo com a previsão do art. 184 da CF. Desta maneira, a prática do escravismo ainda conseguirá gerar um negócio rentável para o empregador, visto que ele perderá sua propriedade, mas receberá uma justa e prévia indenização.

Em relação ao contexto relacionado ao trabalho escravo, torna-se necessária a criação de meios alternativos que possam, ao mesmo tempo, desestimular a prática de tal crime, como também criar condições para que haja efetivação dos valores fundamentais trazidos pela Constituição nas relações sociais do campo. É sobre este ponto que falaremos no próximo tópico.

3.1. A limitação constitucional no combate ao trabalho escravo e a PEC n. 438

É necessário apontar que, sendo a Constituição um livro aberto, ela não traz em si todas as formulações para a consecução de seus objetivos, dentre os quais está a construção de uma sociedade justa, livre e igualitária. Assim, o texto constitucional permite que haja mudanças formais e materiais no sentido de tornarem mais eficazes seus dispositivos, desde que não violem os fundamentos básicos do Estado Democrático de Direito.

Nessa perspectiva, encontra-se a proposta de Emenda à Constituição n. 438, em tramitação na Câmara de Deputados, uma das que mais se adequam à concretização de uma política antiescravista. Segundo a previsão da proposta, as propriedades em que for constatada a presença de trabalho escravo serão expropriadas para fins de reforma agrária, modificando o atual texto do art. 234[30] da Constituição, que atualmente prevê tal modalidade expropriatória apenas para os locais onde forem cultivadas plantas psicotrópicas[31]. A expropriação consiste na instituição do confisco de terras, motivado pelo interesse social, do ente privado em prol do Poder Público sem constar em qualquer indenização ao proprietário.

Desta forma, desde o final do século passado, algumas propostas de emenda foram discutidas no Congresso Nacional com o intuito de modificar o dispositivo do art. 243, que passaria a englobar também os casos em que se constata a presença de trabalho escravo. O Deputado Federal Paulo Rocha (PT-PA), em 1995, foi o primeiro a apresentar tal modificação, através da Proposta de Emenda n. 232. Após isto, em 1999, o Senador Ademir Andrade (PSB-PA) propôs a mudança do artigo em comento através da PEC-57.

No entanto, tais emendas não tiveram a atenção devida dos parlamentares. Somente em outubro de 2001, o Senado Federal consegue aprovar o texto proposto pelo Senador Ademir, que assim fez dispor o art. 243 da Constituição:

---

(29) A Castanhal Cabaceiras, propriedade da empresa Jorge Mutran Exportação e Importação Ltda., teve, em duas ocasiões, escravos retirados de suas terras. Sobre o assunto: SAKAMOTO, Leonardo (org.). Op. cit., p. 32.

(30) "Art. 243: As glebas de qualquer região do País onde forem localizadas culturas ilegais de plantas psicotrópicas serão imediatamente expropriadas e especificamente destinadas ao assentamento de colonos, para o cultivo de produtos alimentícios e medicamentosos, sem qualquer indenização ao proprietário e sem prejuízo de outras sanções previstas em lei". BRASIL. Constituição da República Federativa do Brasil de 1988. Promulgada em 5 de outubro de 1988. Disponível em: <http://www.planalto.gov.br/ccivil_03/Constituicao/Constituicao.htm>. Acesso em: 09 de março de 2009.

(31) BRASIL. Lei n. 8.257, de 26 de novembro de 1991. Dispõe sobre a expropriação das glebas nas quais se localizem culturas ilegais de plantas psicotrópicas, e dá outras providências. Disponível em: <http://www.lei.adv.br/8257-91.htm>. Acesso em: 9 de maio de 2009.

Art. 243. As glebas de qualquer região do país onde forem localizadas culturas ilegais de plantas psicotrópicas ou a exploração de trabalho escravo serão imediatamente expropriadas e especificadamente destinadas à reforma agrária, com o assentamento prioritário aos colonos que já trabalhavam na respectiva gleba sem qualquer indenização prevista em lei.

Parágrafo Único: Todo e qualquer bem de valor econômico apreendido em decorrência do tráfico ilícito de entorpecentes e drogas afins e da exploração do trabalho escravo será confiscado e reverterá, conforme o caso, em benefícios de instituições e pessoal especializado no tratamento e recuperação de viciados, no assentamento dos colonos que foram escravizados, no aparelhamento e custeio de atividades de fiscalização, controle, prevenção e repressão ao crime de tráfico ou trabalho escravo[32].

Após a aprovação em dois turnos no Senado[33], a proposta foi enviada à Câmara dos Deputados, onde recebeu o número 438/2001. No entanto com a pressão da chamada "bancada ruralista", conhecida por defender os interesses do grandes proprietários agrícolas e por barrar projetos favoráveis à reforma agrária, a PEC passou por algumas modificações e foi aprovada em primeiro turno na Câmara, possuindo agora o seguinte dispositivo:

Art. 243. As propriedades rurais e urbanas de qualquer região do país onde forem localizadas culturas ilegais de plantas psicotrópicas ou a exploração do trabalho escravo serão expropriadas e destinadas à reforma agrária e a programas de habitação popular, sem qualquer indenização ao proprietário e sem prejuízo de outras sanções previstas em lei, observado, no que couber, o disposto no art. 5º.

Parágrafo único: Todo e qualquer bem de valor econômico apreendido em decorrência do tráfico ilícito de entorpecentes e drogas afins e da exploração do trabalho escravo será confiscado, e reverterá a um fundo especial a destinação específica, na forma da lei[34].

Temos em vista que o novo texto da PEC não muda materialmente, apenas destoa do texto antigo quanto à possibilidade de a expropriação também acontecer em zonas urbanas, desde que constatada a presença de trabalho escravo, para fins de habitação popular. O ponto negativo foi a retirada da pretensão de assentamento prioritário das vítimas do trabalho escravo nos locais expropriados. No entanto, tal assertiva não retira o direito de os trabalhadores libertados serem cadastrados em programas de reforma agrária ou urbana.

Certamente, o pior resultado da alteração foi a necessidade de a proposta, após a segunda votação na Câmara, voltar ao Senado para ser aprovada novamente em dois turnos para, assim, passar a integrar o texto Constitucional. Esta demora na aprovação do texto necessariamente está relacionada à tentativa de manutenção de certos privilégios dos grandes produtores rurais encabeçados no discurso de alguns parlamentares do que numa desordem institucional do Congresso Nacional, que não consegue ser ágil na aprovação de algumas propostas.

Com base no contexto sociopolítico relacionado ao trabalho escravo e a proposta de expropriação das propriedades onde se encontra a presença deste tipo de mão-de-obra, passaremos a analisar a possibilidade de erradicação desta forma de exploração trabalhista e de concretização dos valores fundamentais através dos dispositivos trazidos pela PEC-438.

4. A EFETIVAÇÃO DA PEC N. 438 COMO UM INSTRUMENTO DE ERRADICAÇÃO DO TRABALHO ESCRAVO E EFETIVAÇÃO DOS DIREITOS FUNDAMENTAIS TRABALHISTAS

A partir da necessidade de superação de um contexto sociopolítico de desigualdade nas relações de trabalho, torna-se necessária a adoção de medidas alternativas que viabilizem os valores máximos de tratamento digno para o trabalhador e dignidade do ser humano preservados pela Constituição.

É importante ressaltarmos que no corpo normativo constitucional há limitações ligadas ao contexto sociopolítico de sua criação. Assim, a Constituição

---

(32) Projeto de Emenda à Constituição Federal n.. 57/1999, do Senador Ademir Andrade. Disponível em: <http://www.senado.gov.br/sf/atividade/materia/detalhes.asp?p_cod_mate=40941.>. Acesso em: 10 de maio de 2009.

(33) "Art. 60: A Constituição poderá ser emendada mediante proposta: § 2º – A proposta será discutida e votada em cada Casa do Congresso Nacional, em dois turnos, considerando-se aprovada se obtiver, em ambos, três quintos dos votos dos respectivos membros". BRASIL. Constituição da República Federativa do Brasil de 1988. Promulgada em 05 de outubro de 1988. Disponível em: <http://www.planalto.gov.br/ccivil_03/Constituicao/Constituicao.htm>. Acesso em: 09 de março de 2009.

(34) Disponível em: <http://www.camara.gov.br/sileg/Prop_Detalhe.asp?id=36162>. Acesso em: 16 de maio de 2009.

não contém todos os instrumentos necessários para a realização plena dos direitos sociais no tempo. No entanto, a Carta Magna não apresenta um conteúdo hemeneuticamente fechado, possibilitando a abertura para a criação de outros meios que possam viabilizar a efetivação máxima dos direitos humanos.

O contexto social revela-se desfavorável para a realização dos direitos sociais básicos, em especial na zona rural, onde as relações sociais são profundamente marcadas pelo alto nível de concentração fundiária e pela violência aos trabalhadores campesinos. Esta violência tanto pode ser de ordem estrutural (pela abstenção do Estado em efetivar políticas públicas) ou de ordem pessoal (agressões físicas ou psicológicas contra a população mais pobre do campo)[35].

Nesse sentido, a PEC, ao prever a possibilidade de utilização do meio expropriatório para sancionar práticas criminosas no campo, retira a propriedade privada como um instrumento de manutenção das desigualdades sociais e de exploração do trabalho humano para, através da reforma agrária, inseri-la num contexto de efetivação de direitos sociais. Garante-se, desta maneira, o cumprimento amplo dos preceitos relativos à função social da propriedade.

Além da possibilidade de fracionamento da propriedade para fins de reforma agrária através do procedimento expropriatório, a sanção prevista pela medida traz, em seu conteúdo, a efetivação do tratamento digno do trabalho humano trazido pela Carta Magna. Desta forma, a PEC-438 confere, ao penalizar fortemente quem se utiliza da exploração do trabalho escravo, máxima proteção ao trabalho realizado de forma digna.

Na temática em tela, é importante também ressaltarmos que não somente indivíduos praticam o aliciamento do trabalho escravo, como também pessoas jurídicas realizam tal fato antijurídico. Assim, a mudança de foco do "indivíduo" para o instrumento de manutenção da exploração (a propriedade) confere à PEC-438 também a possibilidade de punição das organizações empresariais, com a perda do bem expropriado.

A sanção trazida pela proposta em comento é aplicada, portanto, na propriedade privada carente de cumprir sua função social e, consequentemente, responsável pela exclusão social e pela degradação do trabalho humano, resultando na violação dos valores básicos preservados pela Constituição Federal. Desta forma, a propriedade, antes responsável pela exclusão social, agora irá ser repartida para fins de reforma agrária, de modo a privilegiar a agricultura familiar e a pequena propriedade rural, atendendo aos objetivos constitucionais no que concerne à redução das desigualdades sociais e regionais e à justiça social.

É de se observar que as relações de exploração trabalhista não atingem somente as vítimas imediatas, mas a todos os trabalhadores do campo que sofrem com a ausência de cumprimento dos preceitos relativos à função social da propriedade, haja visto que o não cumprimento da função social está inserido num contexto mais amplo de desigualdade social na zona rural do que simplesmente o trabalho escravo. Assim, a expropriação para fins de reforma agrária será benéfica a toda população materialmente oprimida do campo, e não apenas a poucos indivíduos.

A proposta identificada pela PEC-438 também pode possibilitar uma mudança do modo de atuação do Estado brasileiro, que passará a considerar a reforma agrária como uma importante política de prevenção de conflitos decorrentes da violação dos direitos e garantias trabalhistas.

Esta proposta somente funcionará efetivamente se for vinculada a uma fiscalização mais ampla dos setores de fiscalização, que, nos últimos anos, apesar do aumento do número de trabalhadores libertados, está aquém de atingir a realidade escravista no país. Desta forma, necessita-se de um maior investimento do Poder Público nos setores responsáveis pela apuração e condenação das denúncias de exploração da mão de obra escrava.

Ressalte-se que a atuação governamental não deve estar restrita à penalização prevista pela PEC-438, nem tão somente ao melhor aparelhamento do sistema de persecução penal, mas também se deve pensar uma política global, que consiga reunir diversos setores do Estado na realização de melhorias para a população mais pobre no campo, como reforma agrária, concessão de créditos agrícolas a pequenos proprietários, reconhecimento e demarcação das terras indígenas e quilombolas etc. A efetivação destas políticas, certamente, ajudaria a prevenir e reduzir os conflitos sociais no campo.

Deve-se levar em consideração uma perspectiva contra-hegemônica em relação ao direito de propriedade, de forma a vinculá-lo ao cumprimento da função social, assim como prescreve a Constituição.

---

(35) Sobre o tema ler: MELO, João Alfredo Telles (org.). Ob. cit. p. 63-76

A propriedade privada não é um direito absoluto, devendo ser regida pela sua funcionalidade social, atendendo, desta forma, aos valores da justiça social, da valorização do trabalho e da dignidade da pessoa humana.

Assim como o Deputado Tarcizio Zimmerman expõe no seu parecer sobre a PEC-438[36], é necessário lutar por uma "segunda abolição" da escravatura no Brasil, que, desta vez, venha compartilhada com uma democratização do acesso à terra para a população excluída socialmente. Assim já escrevia Joaquim Nabuco, em 1881, sobre a necessidade de uma lei agrária no país que garantisse o acesso à terra a todos os brasileiros. Vejamos:

> A propriedade não tem somente direitos, tem também deveres, e o estado da pobreza entre nós, a indiferença com que todos olham para a condição do povo, não faz honra à propriedade, como não faz honra ao Estado. Eu, pois, se for eleito não separarei mais as duas questões: a da emancipação dos escravos e a da democratização do solo. Uma é complemento da outra. Acabar com a escravidão não basta; é preciso destruir a obra da escravidão (...) Sei que falando assim serei acusado de ser um nivelador. Mas não tenho medo de qualificativos. Sim, eu quisera nivelar a sociedade, mas para cima, fazendo-a chegar ao nível do art. 179 da Constituição do Império que nos declara todos iguais perante a Lei[37].

Contudo, vale ressaltar que tal medida ainda se encontra em pauta de votação na Câmara dos Deputados, não devendo ser efetivada num futuro próximo, haja vista que ainda deve passar pelo Senado Federal após sua possível aprovação na Câmara. Assim, é importante a mobilização dos setores organizados da sociedade para pressionar o Estado, em todas suas instâncias, a buscar efetivação dos direitos sociais. A luta da população explorada em busca de uma política alternativa, radicalmente efetivadora de direitos básicos, é, sem dúvidas, um instrumento importante na transformação das relações materiais de produção, de forma a encarar o homem como sujeito produtor da história, em busca de sua emancipação enquanto sujeito coletivo de direitos.

5. REFERÊNCIAS BIBLIOGRÁFICAS

BARROSO, Luis Roberto. *Interpretação e Aplicação da Constituição: Fundamentos de uma Dogmática Constitucional Transformadora.* 3. ed. São Paulo: Saraiva, 1999. p. 234.

CAZETTA, Ubiratan. *A Escravidão Ainda Resiste.* In: POSSIBILIDADES JURÍDICAS DE COMBATE À ESCRAVIDÃO CONTEMPORÂNEA. Brasília: Organização Internacional do Trabalho, 2007.

CENTRO DE ESTATÍSTICA RELIGIOSA E INVESTIGAÇÕES SOCIAIS (orgs). *Direitos Humanos no Brasil 2:* Diagnósticos e Perspectivas. Rio de Janeiro: Mauad, Ano 2, n. 2, 2007. p. 173.

GOMES, Nágila Nogueira. *O Trabalho Escravo Contemporâneo no Brasil em Face do Princípio Constitucional da Dignidade da Pessoa Humana.* Dissertação (Mestrado em Direito). Fortaleza: Universidade Federal do Ceará, 2004.

MELO, João Alfredo Telles (org.). *Reforma Agrária Quando?* CPI Mostra as causas da luta pela terra no Brasil. Brasília: Senado Federal, 2006.

REPÓRTER BRASIL. *Mentiras Mais Contadas Sobre Trabalho Escravo.* Disponível em: <http://www.reporterbrasil.com.br/conteudo.php?id=9>. Acesso em: 05 março 09

RUBIO, David Sánchez. *Direitos Humanos, Ética da Vida Humana e Trabalho Vivo.* In: WOLKMER, Antônio Carlos (org.). *Direitos Humanos e Filosofia Jurídica na América Latina.* Rio de Janeiro: Lúmen Juris, 2004.

SAKAMOTO, Leonardo (org.). *Trabalho Escravo no Brasil do Século XXI.* Brasília: Organização Internacional do Trabalho, 2007.

SARLET, Ingo Wolfgang. *Dignidade da Pessoa Humana e Direitos Fundamentais na Constituição Federal de 1988.* 5. ed. Porto Alegre: Livraria do Advogado, 2007.

SILVA, José Afonso da. *Curso de Direito Constitucional Positivo.* 25. ed. São Paulo: Malheiros, 2006.

SYDOW, Evanize; MENDONÇA, Maria Luiza (orgs.). *Direitos Humanos no Brasil 2008:* Relatório da Rede Social de Justiça e Direitos Humanos. São Paulo: Rede Social de Justiça e Direitos Humanos, 2008.

ZIMMERMANN, Tarcísio. *Parecer final da Comissão Especial Destinada a dar Parecer à Proposta de Emenda à Constituição n. 438-A, de 2001.* 27 de abril de 2004. Disponível em: <http://www.camara.gov.br/sileg/Prop_Detalhe.asp?id=36162>. Acesso em: 16 de maio de 2009.

---

(36) ZIMMERMANN, Tarcísio. *Parecer final da Comissão Especial Destinada a dar Parecer à Proposta de Emenda à Constituição n. 438-A, de 2001.* 27 de abril de 2004. Disponível em: <http://www.camara.gov.br/sileg/Prop_Detalhe.asp?id=36162>. Acesso em: 16 de maio de 2009.

(37) NABUCO, Joaquim. [sem título]. [S.I.: s. n] 1884. apud. ZIMMERMANN, Tarcísio. Ob. cit., p. 9.

OS DIREITOS SOCIAIS COMO CATEGORIA DE DIREITOS FUNDAMENTAIS DO IDOSO

João Felipe Bezerra Bastos(*)

1. CONSIDERAÇÕES INICIAIS

Este artigo foi inspirado a partir da convivência com pessoas longevas, que frequentemente relatam as dificuldades por que passam em diversas situações do cotidiano, bem como se levando em conta o aumento populacional dos idosos no mundo. Portanto, sendo o envelhecimento populacional um fenômeno mundial[1], do qual o Brasil faz parte, é que se busca neste artigo trabalhar, acompanhar e estudar, na perspectiva do Direito, os impactos ocasionados por esta mutação social, visando atenuá-las.

Para explicar esta ascensão do envelhecimento, observam-se as seguintes colocações: de 1950 até hoje, a esperança de vida, ao nascer, em todo mundo, aumentou em 19 anos. Atualmente, uma em cada dez pessoas tem 60 anos de idade ou mais; para 2050, a previsão é que seja de uma para cada cinco pessoas no mundo, em seu conjunto, e de uma para três, para o mundo desenvolvido.[2] Ainda, segundo as projeções, o número de pessoas com 100 anos de idade ou mais aumentará 15 vezes, passando de 145.000 mil pessoas em 1999 para 2,2 milhões em 2050.[3] No mesmo ano de 2050, um quinto da população mundial será de idosos, refletindo em 2 bilhões de longevos, podendo ultrapassar a população de jovens com menos de 15 anos de idade, segundo estimativas da Organização das Nações Unidas (ONU). Além do que, segundo a ONU, nos próximos 10 anos, a população de pessoas com mais de 60 anos de idade aumentará em quase 200 milhões, superando a marca de 1 bilhão de pessoas com mais de 60 anos no mundo, e mais de 66% deles estarão vivendo em países como o Brasil, em desenvolvimento.[4]

(*) Mestre em Direito Constitucional pela Universidade Federal do Ceará- UFC. Especialista em Direito Processual Civil pela Universidade do Sul de Santa Catarina- Unisul (2008). Graduado em Direito pela Universidade Christus- UniChristus (2007). E-mail: jfelipebastos@yahoo.com.br.

(1) Conforme dados trazidos pelo Instituto Brasileiro de Geografia e Estatística (IBGE), o envelhecimento é um fenômeno mundial, ou seja, o crescimento da população idosa, em números absolutos e relativos, está ocorrendo em um nível sem precedentes. Em 1950, eram cerca de 204 milhões de idosos no mundo e, em 1998, ou seja, quase cinco décadas depois, esse contingente alcançava 579 milhões de pessoas, ou seja, um crescimento de quase 8 milhões de pessoas idosas por ano. *In.* INSTITUTO BRASILEIRO DE GEOGRAFIA E ESTATÍSTICA. *Perfil dos idosos responsáveis pelos domicílios do Brasil 2001/IBGE, Departamento de População e Indicadores Sociais.* Rio de Janeiro, 2002, p. 11-12.

(2) *Ibidem*, p. 11.

(3) Nesse sentido, ver: *In*: INSTITUTO BRASILEIRO DE GEOGRAFIA E ESTATÍSTICA. Disponível em: <http://www.ibge.gov.br/home/presidencia/noticias/25072002pidoso.shtm>. Acesso em: 26 mar. 12.

(4) Verificar no relatório da ONU. Em uma década, mundo terá mais de 1 bi de idosos. *Diário do Nordeste.* Fortaleza, 2 de outubro de 2012. Disponível em: <http://diariodonordeste.globo.com/materia.asp?codigo=1187888#diariovirtual>. Acesso em: 2 out. 12.

É por meio desse célere crescimento que o Brasil, no ano de 2025, chegará a ser o sexto país do mundo com o maior número de pessoas idosas, pelo menos segundo dados da Organização Mundial de Saúde (OMS).[5] Além disso, já em 2050, a previsão é que o número de idosos triplique, passando de 21 milhões para 64 milhões de longevos. Por estas previsões, a proporção de pessoas mais velhas no total da população brasileira passaria de 10%, em 2012, para 29%, em 2050.[6]

Todo esse crescimento em relação à população de idosos é um reflexo do avanço da ciência, não só pelo fato do prolongamento de vida dos doentes, mas por curar doenças consideráveis graves ou letais; bem ainda devido às políticas públicas de vacinação e de imunização, do acesso à informação e da consequente queda na taxa de natalidade nas famílias. Todas essas ações contribuíram para que ocorresse tal fenômeno na atualidade: o mundo está envelhecendo, está se transformando em um mundo de pessoas idosas.

Com isso é que, ao mesmo tempo em que se observa tal realidade brasileira e mundial, pode-se concluir que há um despreparo muito grande por parte da família, da sociedade e do Estado em enfrentá-la e compreendê-la. Não se percebe na sociedade como um todo um olhar humanista[7], de respeito e de consideração aos direitos fundamentais dos longevos.

Destarte, apesar desse atraso para com os idosos, evidencia-se que o Brasil avançou muito em termos de legislação que amparasse essa camada da população, protegendo, assim, os seus direitos fundamentais. Por outro lado, mesmo com o esforço do Legislativo, ainda constata-se que vivemos em um país carente de políticas públicas de promoção e proteção desses direitos e, principalmente, a falta de efetivação.

Para tanto, este artigo tem como escopo analisar e mostrar a importância de se fazer cumprir as normas constitucionais e infraconstitucionais de amparo ao idoso. Tudo isto, sob o enfoque da efetivação dos direitos fundamentais da pessoa idosa, como premissa axiológica para concretização de um ideal de justiça no âmbito dos direitos fundamentais sociais dos longevos. Além de demonstrar a importância de uma atuação conjunta, entre o Estado, a sociedade e família na concretização desses direitos.

2. OS DIREITOS SOCIAIS COMO CATEGORIA DE DIREITOS FUNDAMENTAIS DOS IDOSOS

Preliminarmente, é de bom alvitre esclarecer que apesar dos direitos dos idosos estarem em regra localizados nas três dimensões dos direitos fundamentais[8], destina-se este tópico a abordar o campo dos direitos sociais da pessoa idosa, como sujeito de direitos fundamentais promovidos pelo Estado, além de fazer uma breve análise do papel da constituição frente aos anseios sociais.

Feitas estas considerações, mostra-se de suma importância demonstrar as bases do constitucionalismo social, ainda que de maneira sintética, para que se possa vislumbrar as origens históricas dos fundamentos constitucionais presentes na atual Carta Magna de 1988.

No plano da teoria, o constitucionalismo social teve como base histórica o pensamento de igualdade imbricado com a noção de justiça, conceito este que

---

(5) Constatar, IN: INSTITUTO BRASILEIRO DE GEOGRAFIA E ESTATÍSTICA. Disponível em: <http://www.ibge.gov.br/ibgeteen/datas/idoso/politica_do_idoso_no_brasil.html>. Acesso em: 25 abr. 12.

(6) Verificar no relatório da ONU. Em uma década, mundo terá mais de 1 bi de idosos. *Diário do Nordeste*. Fortaleza, 2 de outubro de 2012. Disponível em: <http://diariodonordeste.globo.com/materia.asp?codigo=1187888#diariovirtual>. Acesso em: 2 out. 12.

(7) Seria um sentimento ou um pensamento que deve servir de parâmetro para as autoridades competentes, bem como toda a sociedade em tornar eficaz a norma garantidora de direitos da pessoa idosa. Ver nesse sentido, Rogério Gesta Leal, " Humanismo é uma corrente filosófica que pensa o mundo embasado no ser humano, afirmando que o homem é o valor mais importante de uma sociedade e que todos os seres humanos são iguais inclusive em seus direitos de compartilhar ideias e crenças diferentes. LEAL. Rogério Gesta. *Direitos Humanos e Humanismo: uma necessária integração*. In: MEZZAROBA, Orides (orgs.). *Humanismo Latino e Estado no Brasil*. Florianópolis: Fundação BOAITEUX, 2003, p. 318.

(8) Há consagração destes direitos, nos direitos civis e políticos (primeira dimensão), direitos econômicos e sociais (segunda dimensão) e direitos coletivos e difusos (terceira dimensão), bem ainda, recentemente, podemos citar o direito à paz (quinta dimensão). Destarte, tendo o direito à paz uma colocação única frente aos demais direitos, pois consoante à interpretação do professor Paulo Bonavides, viver em paz e em harmonia com todas as pessoas é uma necessidade vital, ou melhor, é uma busca incessante do ser humano a um ideal de vida. Nesse cenário, de promoção da paz interna e externa que se entende que a proteção dos direitos fundamentais da pessoa idosa estão inseridos também nessa dimensão, pois garantir uma efetivação desses direitos é garantir ao idoso uma velhice digna, consequentemente uma paz espiritual. Como exemplos, dos demais direitos de primeira, segunda e terceira dimensão, respectivamente, cita-se: os artigos 10, § 3º; art. 15 e art. 45, todos do Estatuto do Idoso.

remonta a Aristóteles, desde há muitos séculos antes de Cristo. Contudo, se pode afirmar que tal concepção, como compreendida hodiernamente, foi resultante da junção de elementos de cunho ideológico, doutrinárias e utópicas propagadas por pensadores da monta de Platão, Aristóteles, Tomás Morus, Santo Tomás de Aquino, dentre outros de igual relevância.[9]

Da afirmação supra se pode deduzir que o conceito de justiça social possui origens bastante remotas, muito antes de se cogitar de uma noção de constitucionalismo. O principal formulador da noção de justiça certamente foi Aristóteles, contudo, os outros pensadores mencionados tiveram enorme contribuição no aprimoramento da ideia de justiça de Aristóteles, discípulo de Platão.

Sobre essa afirmação, cabe fazer uma ponderação: os antecessores de Aristóteles tinham uma concepção diferente de justiça. Enquanto para eles o conceito de justiça estaria naturalmente imbricado com as relações interindividuais ou coletivas, para Aristóteles ser justo era observar os ditames da lei e do direito, podendo-se por isso afirmar-se que Aristóteles foi o formulador do conceito jurídico de justiça.[10]

Mas, antes mesmo de tentar compreender o conceito de justiça social como premissa para o constitucionalismo social, necessário perquirir a indagação das mais tormentosas e que certamente não possui somente uma resposta: O que seria justo? Essa resposta é perseguida já há muito tempo e certamente não é única.

Recorrendo aos ensinamentos do professor Gérson Marques de Lima em seu livro "A JUSTIÇA nas lendas, nas fábulas e na história Universal", percebe-se uma ideia de justiça um pouco diferente dos ideais de justiça traçados por Aristóteles, apesar de que o filósofo, posteriormente reconhece a importância da equidade no conceito de justiça, vejamos:

A justiça é a virtude mais admirada pelos homens, embora nem sempre seja a mais desejada. Como um dos seus cânones é a igualdade entre os homens, o tratamento isonômico entre as pessoas, não interessa aos detentores do poder, por exemplo, aplicá-la, porquanto se igualariam aos dominados e, então, já não poderiam subjugá-los. Sua aplicação, neste caso, só interessa parcialmente, na exata medida em que se mostre apta a justificar a relação de domínio. Por isto, editam leis dizendo o que é justo e o que é injusto, para pautarem a atividade e o comportamento dos homens. **Daí, os detentores do poder afirmam o que é justo é o que está na lei.** Ora, sendo esta feita por eles próprios, a justiça disponibiliza aos dominados é a justiça elaborada pelos dominantes, segundo os seus preceitos convenientes à sua manutenção no poder. **A justiça, em tal visão deixa de ser encarada como virtude propriamente dita para se confundir com a legalidade.**[11] (Grifei-os)

Tal pensamento nos remete aos ideais defendidos por Ferdinand Lassale, conforme se constatará mais adiante.

Por outro lado, Aristóteles já dizia em sua célere obra Ética a Nicômaco: "Justiça consiste em dar a cada qual o que é seu". Mas como determinar o que seria a cada um de direito? Daí Aristóteles complementou seu conceito com a concepção de equidade, ou seja, uma igualdade em sua forma qualificada que consiste em tratar os desiguais na medida de sua desigualdade e os iguais na medida de sua igualdade. Caso contrário, estar-se-ia incorrendo em verdadeira desigualdade.

Deveras, é nesse sentido, conforme o tema, que o Estado deve trabalhar na proteção e promoção dos direitos fundamentais da pessoa idosa, a fim de lhes garantir uma melhor qualidade de vida, além de que os detentores do poder devem focar sua gestão no intuito de promover e manter a justiça social e a ordem.

Além disso, o conceito de Justiça em Aristóteles, que é pautado na noção de igualdade, é no contexto da Polis um fim em sim mesmo, ou seja, em última análise a Polis era o centro das decisões políticas fundamentais e não os indivíduos. A esses cabiam se submeter aos preceitos da Polis, sob pena de incorrer em uma desvirtuação. Importante destacar que o conceito de justiça elaborado por Aristóteles era puramente jurídico, colocando a Polis sempre em primeiro plano.

Para o filósofo a justiça representava a maior das virtudes, sendo que sua ideia sobre os aspectos

---

(9) BONAVIDES, Paulo. *Teoria do Estado*. 6. ed. rev e ampl. São Paulo: Malheiros, 2007, p. 338.

(10) NADER, Paulo. *Filosofia do Direito*. 5. ed. Rio de Janeiro: Forense, 1996, p. 110.

(11) LIMA, Francisco Gérson Marques de. *A justiça nas lendas, nas fábulas e na história universal*. Pernambuco: Nossa Livraria, 2002, p. 19.

da virtude seguiram o modelo de Platão (para Platão justiça correspondia à própria felicidade), classificando a justiça tanto no aspecto de virtude geral como especial. Aquela é consistente em o cidadão cumprir a lei elaborada pela Polis ao passo que esta consiste no aspecto da equidade.[12]

Dessa afirmação se pode concluir que no entendimento de Aristóteles, quem cumprisse as determinações normativas da Polis, seria dotado de uma virtude que era reputada como a principal, consistente no equivalente atual da observância do princípio da legalidade geral, aplicável ao cidadão, que consiste no fato de que tudo que não está proibido em lei é permitido fazê-lo. Na mesma linha de raciocínio reputa-se interessante citar o pensamento de Kelsen, visto que o jusfilósofo agrega a concepção platônica de justiça, na medida em que aquele que age conforme os ditames da lei seria feliz, pois é justo.[13]

Porém, é de bom alvitre dizer que diante de tamanha complexidade e a necessidade de total dedicação em uma pesquisa acadêmica voltada exclusivamente às diferentes concepções de justiça, o nosso entendimento acerca de justiça seria um equilíbrio entre a lei e o que é justo, ou seja, os detentores do poder não podem se deixar levar por uma visão "dominante x dominado" em que a aplicação da lei se destina única e exclusivamente a manter uma relação de domínio, mas sim focar numa relação de equidade e humanística. Caso não ocorra desta forma, acabaríamos confundindo o conceito de justiça com legalidade, consoante defende Gérson Marques.

Mais modernamente se contempla o princípio da juridicidade, que além da observância às regras acabam por atender aos princípios, tendo o princípio da dignidade humana o seu substrato axiológico que serve como vetor paradigmático no que tange ao atendimento dos princípios dela decorrentes, notadamente os direitos sociais e mais especificamente os direitos sociais de proteção aos idosos. Neste caso, se entende que com o surgimento do princípio da juridicidade, as decisões tendem a se aproximarem mais do conceito de justiça, visto ter como alicerce o meta princípio da dignidade da pessoa humana.

Ocorre que ainda havia muita resistência no plano mundial, do reconhecimento da força normativa dos direitos sociais, principalmente por parte de estudiosos do Direito que consideravam que tal categoria de direitos seriam meros programas de Governo, um modelo a ser seguido pelo Estado, mas que não necessariamente possuía força normativa.

A Constituição Federal de 1988 foi quem dotou os direitos sociais realmente de uma eficácia normativa[14], muito embora a Constituição de 1946 tivesse sido pioneira em vários aspectos, o certo é que o *status* de direitos fundamentais propriamente ditos foi afirmado na Carta Magna de 1988, sendo esta uma Constituição verdadeiramente social.

Diante disto, Gianpaolo Poggio Smanio assevera:

> O Estado tem, portanto, por força das disposições constitucionais mencionadas, a intervenção obrigatória na proteção e defesa da família, da criança, do adolescente e **do idoso**. Essa intervenção deve assegurar a sua eficácia na garantia da vida e dos demais direitos fundamentais.[15] (Grifei-os)

De modo semelhante, o art. 229 e 230 da Constituição Federal expõem respectivamente, *verbis*: "Os filhos maiores tem o dever de ajudar a amparar os pais na velhice, carência ou enfermidade". Já "a família, a sociedade, o Estado têm o dever de amparar as pessoas idosas, assegurando sua participação na comunidade, defendendo sua dignidade e bem-estar e garantindo-lhes o direito à vida".

No mesmo foco de pensamento, o art. 6º da Constituição Federal de 1988 também, menciona, *verbis*: "são direitos sociais a educação, a saúde, o trabalho, a moradia, o lazer, a segurança, a previdência social, a proteção à maternidade e à infância, a assistência aos desamparados na forma desta Constituição".

Ao dispor sobre a prestação da Assistência Social, preceitua nossa Carta Magna em seu art. 203, inciso I, *verbis*: "a proteção à família, à maternidade, à infância, à adolescência e à velhice."

No campo da norma infraconstitucional, o Estatuto do Idoso (Lei n. 10.741/03) prevê em seus

---

(12) ARISTÓTELES. *Ética a Nicômaco*. Tradução de Edson Bini. São Paulo: Edipro, 2002, p. 135-162.

(13) KELSEN, Hans. *O que é justiça?* 3. ed. Trad. de Luís Carlos Borges. São Paulo: Martins Fontes, 2001, p. 6-7.

(14) Assim, podemos entender a real aplicação dos direitos fundamentais quando a nossa Carta Maior traz em seu art. 5º, inciso LXXVIII, § 1º, *in verbis*: § 1º – As normas definidoras dos direitos e garantias fundamentais têm aplicação imediata.

(15) SMANIO, Gianpaolo Poggio. A tutela constitucional dos interesses difusos. Jus Navigandi,Teresina, ano 8, n. 438, 18 set. 2004. Disponível em: <http://jus2.uol.com.br/doutrina/texto.asp?id=5710>. Acesso em: 29 abr. 12.

art. 8º, respectivamente, o direito à vida, sendo o envelhecimento tratado como direito personalíssimo e sua proteção insere-se no âmbito dos direitos sociais, surgidos no início do século XX.[16] Todos esses direitos e garantias se devem ao fato do reconhecimento e da preocupação do Estado em garantir aos idosos uma velhice digna.[17]

Com isso, o alerta ao governo brasileiro para a necessidade de se criar, o mais rápido possível, políticas sociais que preparem a sociedade para essa realidade, visto que o envelhecimento da população mundial é um tema de agenda global, tanto que já foi formulado o Plano de Ação Internacional na II Assembleia Mundial do Envelhecimento das Nações Unidas, realizada em Madrid, em 2002.[18]

Nesse mesmo pensamento, o autor Alexandre de Moraes assevera:

> Mais do que reconhecimento formal e obrigação do Estado para com os **cidadãos da terceira idade**, que **contribuíram para o seu crescimento e desenvolvimento**, o **absoluto respeito aos direitos humanos fundamentais dos idosos**, tanto em seu **aspecto individual como comunitário, espiritual e social**, relaciona-se diretamente com a previsão constitucional de **consagração da dignidade da pessoa humana**.[19] (Grifei-os)

Eis, pois, a razão de ser da necessidade de preocupação do Estado Democrático de Direito em garantir a proteção e promoção dos direitos fundamentais sociais dos idosos.

Decerto, apesar de todo o esforço legislativo, ainda vivemos em um país carente no que tange a concretização desses direitos.

2.1. Os direitos sociais e a reserva do possível

O princípio da reserva do possível fora criado no âmbito do direito alemão, em uma realidade bastante diversa da verificada no direito brasileiro, tendo em vista que na Alemanha o Estado promove políticas públicas[20] no sentido de garantir ao povo condições mínimas de subsistência no tocante ao fornecimento de serviços essenciais como saúde, educação, a **assistência aos desamparados**, previdência social, salário mínimo condizente as necessidades vitais do indivíduo, dentre outros.

Portanto, ao que parece, a reserva do possível, tal qual fora concebida na Alemanha não deve ter o mesmo âmbito de abrangência no Brasil em que muitas vezes faltam essas condições mínimas de existência com dignidade. Dentro do mesmo raciocínio, recorre-se a Juliane Kokot *apud* Andreas J. Krell, *verbis*: "O mundo em desenvolvimento ou periférico em que o Brasil ainda (faz parte), significa uma realidade expressiva e sem precedentes, a qual não se pode descuidadamente aplicar as teorias científicas nem as posições políticas trasladadas dos países ricos".[21] Continuando, João Maurício Adeodato *apud* Andreas J. Krell complementa, *verbis*: "Assim, a discussão europeia sobre o Estado Social e a redução de suas prestações e a contenção dos respectivos direitos subjetivos não podem absolutamente ser transferido para o Brasil onde o Estado Providência[22] nunca foi implantado.[23]

---

(16) Verificar também os arts. 9º e 10 respectivamente, *verbis*: "É obrigação do Estado, garantir à pessoa idosa a proteção à vida e à saúde, mediante efetivação de políticas sociais públicas que permitam um envelhecimento saudável e em condições de dignidade". "É obrigação do Estado e da sociedade, assegurar à pessoa idosa a liberdade, o respeito e a dignidade, como pessoa humana e sujeito de direitos civis, políticos, individuais e sociais, garantidos na Constituição e nas leis".

(17) Dada a sua dimensão, não esmiuçaremos com maiores detalhes as normas constitucionais e infraconstitucionais de amparo aos idosos em nosso ordenamento jurídico.

(18) FELIX, Renan Paes. *Estatuto do Idoso. Leis ns. 8.842/94 e 10.741/03*. 2. ed. Bahia: Salvador. JusPodivm. 2010. p. 11.

(19) MORAES, Alexandre. *Direito Constitucional*. 17 ed. São Paulo: Atlas, 2005, p. 744.

(20) São ações, iniciativas e programas adotados pelo Estado no cumprimento de suas atribuições institucionais. Ver neste sentido: LIMA, George Marmelstein. *Curso de Direitos Fundamentais*. 3. ed. São Paulo: Atlas, 2011, p. 84.

(21) KRELL, Andreas J. *Direitos Sociais e Controle Judicial no Brasil e na Alemanha. Os (des)caminhos de um Direito Constitucional "Comparado"*. Porto Alegre: Sergio Antônio Fabris Editor, 2002. p. 54.

(22) Conforme Lênio Strek, entende-se por Estado de Providência o Estado do Bem-Estar Social ou Welfare state. Contudo, acrescenta o autor: " Evidentemente, a minimização do Estado em países que passaram pela etapa do Estado Providência ou *welfare state* tem consequências absolutamente diversas da minimização do Estado em países como o Brasil, onde não houve Estado Social. O Estado interventor-desenvolvimentista-promovedor, que deveria fazer esta função social, foi, especialmente no Brasil, *pródigo (somente) para as elites*, enfim, para as camadas médio-superiores da sociedade, que se apropriaram/aproveitaram de tudo desse Estado, privatizando-o, dividindo/loteando com o capital internacional os monopólios e os oligopólios da economia e, entre outras coisas". STREK, Luis Lenio. *CONSTITUIÇÃO OU BARBÁRIE? – A lei como possibilidade emancipatória a partir do Estado Democrático de Direito*. Disponível em: <http://www.leniostreck.com.br/site/wp-content/uploads/2011/10/16.pdf>. Acesso em: 25 mai. 2012.

(23) KRELL, Andreas J. op. cit., p. 54.

Contudo, existe uma corrente doutrinária, à qual nos filiamos, que apresenta um contra-argumento à reserva do possível, no entendimento de que a ideia de um condicionamento econômico, no sentido de disponibilidade financeira do Estado não é exclusivo dos direitos sociais, mas abrangeria todos os direitos fundamentais, diante do fato de que de certa forma, todo direito fundamental envolve custos diante dos cofres estatais, quer diretos, quer indiretos, a fim de possam ser concretizados.[24]

Todavia, saliente-se que o argumento da reserva do possível, tal qual fora concebido na realidade alemã, não pode ser transposta para a realidade brasileira, tendo em vista que lá o mínimo existencial é realmente atendido, diferentemente do Brasil, em que muitas vezes há flagrante desrespeito à dignidade humana do indivíduo.

Realmente, como efetivar os direitos de primeira dimensão, que constituem direitos individuais, civis e políticos sem que houvesse uma prestação estatal ativa no sentido de garantir de maneira plena esses direitos? Como concretizar, por exemplo, o direito à vida (1ª dimensão) sem que antes o Estado proporcione políticas públicas de promoção e proteção ao direito fundamental à **saúde** (2ª dimensão) dos **idosos em situação de risco**? Para que serve o direito à propriedade, à liberdade (1ª dimensão) se muitas pessoas não têm acesso à moradia digna, meio ambiente sadio ou segurança (2ª dimensão)?

Nesse diapasão, é que deve o Estado buscar assegurar tais direitos através da efetivação dos seus direitos sociais fundamentais, que de certo modo demandam recurso financeiro[25] para o Estado.

Portanto, na compreensão aqui compartilhada, se conclui que o argumento da reserva do possível, mesmo que se admita a sua aplicação, não deveria ser aplicável somente aos direitos sociais, pois todos os direitos fundamentais possuem um custo efetivo para o Estado, direto ou indiretamente. Em suma, é importante tratar os direitos fundamentais como valores indivisíveis e interdependentes, a fim de não se priorizarem os direitos de primeira dimensão em detrimento dos de segunda ou vice-versa. Ambos se complementam.

Não se pretende, com isso, que negue a existência de uma reserva. O que se almeja demonstrar é que tal argumento se constitui em uma falácia, caso se considere que somente os direitos sociais representam um custo elevado para o Estado. Isto é, apesar da reserva do possível ser uma limitação da atuação estatal em prol de efetivação de direitos, tanto de maneira espontânea quanto em relação às determinações judiciais, é imperioso dizer que é notória a banalização do uso da reserva do possível, por parte do Poder Público, como forma de se eximir das suas obrigações constitucionais.

Portanto, o Estado deve disponibilizar elementos concretos a respeito da impossibilidade material de se cumprir o que determina a decisão judicial, quando o problema for levado ao judiciário.

Nesse sentido, vale citar o trecho do voto do ministro Celso de Melo na ADPF 45/2004, *verbis*:

> "**cláusula** da "*reserva do possível*" – **ressalvada** a ocorrência de **justo** motivo objetivamente aferível – **não pode** ser invocada, pelo Estado, **com a finalidade** de exonerar-se, **dolosamente**, do cumprimento de suas obrigações constitucionais, **notadamente** quando, dessa conduta governamental negativa, **puder resultar** nulificação ou, até mesmo, **aniquilação** de direitos constitucionais **impregnados** de um sentido de essencial fundamentalidade.[26] (grifos nossos)

---

(24) ABRAMOVICH, Víctor; COURTIS, Christian. *Los derechos sociales como derechos exigibles*. Madrid: Editorial Trotta, 2002, p. 22.

(25) No Brasil a "reserva do possível" foi enfrentada pelo STF, especialmente em votos do Ministro Celso de Melo, que já assinalou o seguinte: "É *que a realização dos direitos econômicos, sociais e culturais* – além de caracterizar-se pela gradualidade de seu processo de concretização – depende, em grande medida, de um inescapável vínculo financeiro subordinado às possibilidades orçamentárias do Estado, de tal modo que, comprovada, objetivamente, a incapacidade econômico-financeira da pessoa estatal, desta não se poderá razoavelmente exigir, considerada a limitação material referida, a imediata efetivação do comando fundado no texto da Carta Política. Não se mostrará lícito, no entanto, ao Poder Público, em tal hipótese – mediante indevida manipulação de sua atividade financeira e/ou político-administrativa – criar obstáculo artificial que revele o ilegítimo, arbitrário e censurável propósito de fraudar, de frustrar e de inviabilizar o estabelecimento e a preservação, em favor da pessoa e dos cidadãos, de condições materiais mínimas de existência. Cumpre advertir, desse modo, que a cláusula da "reserva do possível" – ressalvada a ocorrência de justo motivo objetivamente aferível – não pode ser invocada, pelo Estado, com a finalidade de exonerar-se do cumprimento de suas obrigações constitucionais, notadamente quando, dessa conduta governamental negativa, puder resultar nulificação ou, até mesmo, aniquilação de direitos constitucionais impregnados de um sentido de essencial fundamentalidade". (STF, RE 436966, rel. Min. Celso de Melo, j. 26/10/2005) Aqui, deve-se *lembrar que os direitos dos idosos serão concretizados mediante políticas públicas, que demandam recursos financeiros*. Nesse diapasão, a efetivação dos direitos do idoso depende da reserva do possível ou da cláusula do financeiramente do possível. Portanto, mesmo os direitos que dependem de disponibilidade orçamentária possuem eficácia mínima que deve ser respeitado. Olhar também art. 3º, incisos II e III do Estatuto do Idoso – Lei n. 10.741/03. (grifei-os)

(26) Voto do ministro Celso de Melo, na ADPF n. 45/2004.

De certo, consoante exemplo supracitado, é que o direito à saúde, por estar mais diretamente ligado ao direito à vida, é tão fundamental que na ausência ou insuficiência dessas prestações materiais pode ser pleiteado por meio judicial[27]. Assim, o titular do direito à saúde pode exigir do Estado providências fáticas relevantes para o desfrute da prestação que lhe constitui o objeto.[28]

Recorrendo aos ensinamentos de George Marmelstein, *in verbis*:

> É de suma importância tratar os direitos fundamentais como valores indivisíveis e interdependentes, a fim de não priorizarem os direitos de liberdade em detrimento dos direitos sociais ou vice-versa. **Na verdade, de nada adianta a liberdade sem que sejam concedidas as condições materiais e espirituais mínimas para a fruição desse direito**. Não é possível, portanto, falar em liberdade sem um mínimo de igualdade, nem de igualdade sem as liberdades básicas. (...)[29] (Grifei)

É certo que, muitas vezes, o Estado não atua da forma adequada, no sentido de que, não raras vezes, determinados grupos sociais privilegiados, terminam por ter uma proteção mais efetiva do Estado. Por outro lado, os grupos menos favorecidos, por vezes, terminam por ter um campo de proteção menor. Isso faz do discurso dos direitos fundamentais um discurso desprovido de sentido, o que acaba por afetar tanto a concretização dos direitos sociais, quanto dos direitos de liberdade. Portanto, há de se impor o reconhecimento tanto dos direitos de liberdade como dos direitos sociais submetidos à reserva do possível do Estado, caso se adote essa tese.[30]

De qualquer maneira, a reserva do possível, tal qual concebida no contexto da sociedade alemã não pode servir de parâmetro para o caso brasileiro, pois a realidade social é bastante distinta da verificada no Brasil, tendo em vista que o mínimo social daquele país equivale ao médio existencial brasileiro.

2.2. Os direitos sociais e o mínimo existencial

No Brasil não se pode afirmar que não existam mecanismos estatais que tenham por desiderato promover o bem-estar social. Até porque a própria Carta Magna determina ao Estado que construa uma sociedade livre, justa e solidária, bem como a promoção do bem de todos, sem preconceitos de origem, sexo, religião, **idade**, dentre outras formas de discriminação, sendo estes alguns dos objetivos fundamentais da República Federativa do Brasil. Todas essas ações visam à justiça social.

Ocorre que, o grande desafio que se mostra contemporaneamente é justamente a implementação de uma política que possibilita a efetivação desse objetivo.

A Constituição, ao contrário do que muitos pensam, não é contraditória. Sua aplicação é que muitas vezes se dá de maneira distorcida. Suas regras, seus princípios, devem sempre convergir para um objetivo comum qual seja, o de promover a dignidade da pessoa humana. E isso só se faz possível quando se busca harmonizar seus princípios, tendo em vista que não há hierarquia entre normas constitucionais.

Aliás, não se pode olvidar que os direitos sociais, juntamente com a soberania popular, os princípios da atividade econômica, bem como os direitos de participação política vêm a consagrar o Brasil como um Estado Democrático de Direito. Como tal, não há que se falar em contradição de princípios constitucionais, mas sim, deve-se almejar dar legitimidade à sociedade para que esta busque a realização de políticas promovedoras do bem estar de todos.[31]

---

(27) Assim entendeu o Ministro Gilmar Mendes, *in verbis*: "Ementa: Suspensão de Segurança. Agravo Regimental. Saúde pública. Direitos fundamentais sociais. Art. 196 da Constituição. Audiência Pública. Sistema Único de Saúde – SUS. Políticas públicas. Judicialização do direito à saúde. Separação de poderes. Parâmetros para solução judicial dos casos concretos que envolvem direito à saúde. Responsabilidade solidária dos entes da Federação em matéria de saúde. Fornecimento de medicamento: Zavesca (miglustat). Fármaco registrado na ANVISA. Não comprovação de grave lesão à ordem, à economia, à saúde e à segurança públicas. Possibilidade de ocorrência de dano inverso. Agravo regimental a que se nega provimento. (STA 175-Agr/CE, Relator: Min. GILMAR MENDES (Presidente), Data de Julgamento: 17/03/2010, Tribunal Pleno, Data de Publicação: DJe-076 DIVULG 29/04/2010 PUBLIC 30/04/2010 EMENT VOL-02399-01 PP-00001)

(28) CUNHA JUNIOR, Dirley.. *Controle judicial das omissões do poder público*. 2. ed. rev. e atual. São Paulo: Saraiva, 2008, p. 314.

(29) LIMA, George Marmelstein. Op. cit., p. 62.

(30) HOLMES, S. "El constitucionalismo, la democracia y la desintegración del Estado". In: KOH, H.; SLYE, R. (orgs.). *Democracia deliberativa y derechos humanos*. Barcelona, 2004, p. 146 ss.

(31) GRAU, Eros Roberto. *A ordem econômica na Constituição de 1988 (interpretação e crítica)*. São Paulo: Editora Revista dos Tribunais, 1990, p. 132.

Além disso, não se pode esquecer do papel do Estado frente à promoção e efetivação de direitos constitucionalmente protegidos. O que se critica é a defesa de uma total falta de atuação Estatal, no sentido de garantir o bem-estar social, através da concretização de direitos fundamentais do idoso, que busquem a garantir a sua dignidade. Assim, conforme já dito alhures, cita-se novamente o art. 230 da Constituição Federal de 1988, norma esta que deve ser perquirida constantemente pelos sujeitos assim definidos no artigo.

Nesse cenário reputa-se citar o entendimento de Andreas Krell, *verbis*:

> A teoria do mínimo existencial tem a função de atribuir ao indivíduo um direito subjetivo contra o Poder Público em casos de diminuição da prestação de serviços sociais básicos que garantam a sua existência digna, significando o direito de **requerer um mínimo dos meios de sobrevivência ou subsistência**, de tal forma que sem o mínimo necessário a existência, cessaria a possibilidade da própria sobrevivência. **Esse mínimo estaria baseado no próprio conceito de dignidade humana**.[32] (Grifei-os)

Contudo, existe uma visão mais ampliativa do mínimo existencial, que considera o contexto sociocultural do indivíduo, o que estaria intrinsecamente imbricado com as condições da personalidade do indivíduo, que sem dúvida integra a dignidade humana do mesmo, e também da participação e interação na comunidade em que vive. Estar-se-ia integrando ao conceito de mínimo existencial o conceito de mínimo social. Aqui, é interessante mencionar novamente o artigo acima citado, que aduz o papel da sociedade e da família e do Estado em assegurar ao idoso sua participação na comunidade, defendendo sua dignidade e bem-estar.[33]

Desse conceito, se depreende que essa ampliação está voltada ao princípio da socialidade, que considera o indivíduo não mais somente um sua essencialidade individual, mas busca sua integração na comunidade em que vive. Nesse aspecto, o mínimo existencial não mais se restringe a assegurar o direito à vida ou a liberdade do indivíduo, mas a dignidade do mesmo em relação à sociedade. Assim se observa nas palavras George Marmelstein quando aduz:

> A Constituição Federal brasileira não prevê que apenas um mínimo será protegido. Existem, pelo contrário, algumas diretrizes que orientam para uma proteção cada vez mais ampla, por exemplo no âmbito da saúde, que orienta pelo princípio da universalidade do acesso e da integralidade do atendimento, o que afasta a ideia minimalista.[34] Da mesma forma, o Pacto Internacional dos Direitos Econômicos, Sociais e Culturais, já incorporado ao ordenamento jurídico brasileiro em janeiro de 1922, fala em máximo dos recursos disponíveis para implementar os direitos sociais, o que também é incompatível com a ideia minimalista.[35]

No entendimento aqui perfilhado, esta é a melhor compreensão do mínimo existencial, eis que engloba o mínimo social, que considera o indivíduo inserido em uma realidade social e não isoladamente.

2.3. Os direitos sociais e o princípio da subsidiariedade

Primeiramente, é necessário dizer que o assunto que deriva do princípio da subsidiariedade é, a saber: a atuação do Judiciário como garantidor de direitos fundamentais de caráter prestacional, sendo mais conhecido como judicialização da política.

Porém, é de bom alvitre dizer que o assunto é bastante polêmico, tendo em vista que envolve sobremaneira uma relação com o processo democrático que se verifica hodiernamente. Isso se deve pelo fato de ser este, um fenômeno inevitável diante da atual conjuntura do papel do Juiz na atualidade.[36]

---

(32) KRELL, Andreas J. Op. cit., p. 62.
(33) NOVAIS, Jorge Reis. *Direitos sociais – teoria jurídica dos direitos sociais enquanto direitos fundamentais*. Portugal: Coimbra Editora, 2010, p. 195.
(34) "Art. 194, (...)Parágrafo único. Compete ao Poder Público, nos termos da lei, organizar a seguridade social, com base nos seguintes objetivos: I – universalidade da cobertura e do atendimento (...)"; "Art. 198. Art. 198. As ações e serviços públicos de saúde integram uma rede regionalizada e hierarquizada e constituem um sistema único, organizado de acordo com as seguintes diretrizes (...); II – atendimento integral, com prioridade para as atividades preventivas, sem prejuízo dos serviços assistenciais; III – participação da comunidade.
(35) LIMA, George Marmelstein. Op. cit., p. 350.
(36) Neste artigo, defendemos o posicionamento de que a Judicialização da política se complementa ao conceito de ativismo judicial, sendo o ativismo, em linhas gerais, uma decisão ou comportamento dos magistrados no sentido de revisar temas e questões – *prima*

Diante da atual problemática vivenciada pelas pessoas, no caso em comento dos idosos, em não ter seus direitos fundamentais devidamente efetivados pelo Poder Legislativo ou Executivo, quando prevê a Constituição Federal de 1988 uma aplicação imediata dos direitos e garantias fundamentais[37], questiona-se: "qual o mecanismo de proteção que essas pessoas teriam quando tais direitos não são devidamente respeitados, protegidos ou promovido pelos Poderes Legislativo ou Executivo?"

Partindo desse pressuposto é que se começa a entender a importância do princípio da subsidiariedade no campo da efetivação dos direitos fundamentais expostos na nossa Carta Magna.

Destarte, surge então o papel do Judiciário[38] na concretização desses direitos, ainda que subsidiariamente. Nesse sentido, vale destacar o papel do Ministro Celso de Melo quando em entrevista justificou o papel do juiz na proteção das normas constitucionais, *verbis*:

> O STF, sob a atual Constituição, tomou consciência do alto relevo de seu papel institucional. Desenvolveu uma jurisprudência que lhe permite atuar como força moderadora no complexo jogo entre os poderes da República. Desempenha o papel de instância de equilíbrio e harmonia destinada a compor os conflitos institucionais que surgem não apenas entre o Executivo e o Legislativo, mas, também, entre esses poderes e os próprios juízes e tribunais. O Supremo acha-se investido, mais do que nunca, de expressiva função constitucional que se projeta no plano das relações entre o Direito, a Política e a Economia. – **O tribunal promove o controle de constitucionalidade de todos os atos dos poderes da República. Atua como instância de superposição.** A Suprema Corte passa a exercer, então, verdadeira função constituinte com o papel de permanente elaboração do texto constitucional. Essa prerrogativa se exerce, legitimamente, mediante processos hermenêuticos. Exerce uma função política e, pela interpretação das cláusulas constitucionais, reelabora seu significado, para permitir que a Constituição se ajuste às novas circunstâncias históricas e exigências sociais, dando-lhe, com isso, um sentido de permanente e de necessária atualidade. Essa função é plenamente compatível com o exercício da jurisdição constitucional. O desempenho desse importante encargo permite que o STF seja co-partícipe do processo de modernização do Estado brasileiro. É importante ressaltar que, hoje, o **Supremo desempenha um papel relevantíssimo no contexto de nosso processo institucional, estimulando-o, muitas vezes, à prática de ativismo judicial, notadamente na implementação concretizadora de políticas públicas definidas pela própria Constituição** que são **lamentavelmente descumpridas**, por **injustificável inércia**, pelos **órgãos estatais competentes**. O Supremo tem uma clara e nítida visão do processo constitucional. Isso lhe dá uma consciência maior e uma percepção mais expressiva do seu verdadeiro papel no desempenho da jurisdição constitucional.[39] (Grifo nosso)

Isso é plenamente válido, sobretudo porque na visão aqui defendida o papel do juiz não pode ficar adstrito à de um mero aplicador da lei. Isto porque o Direito é um fato social e como tal não deve ser interpretado literalmente em todo e qualquer caso. Nesse contexto é essencial que o aplicador da norma tenha em mente a relação entre o fato social em concreto e a norma jurídica, tendo em vista a importância da eficácia social da norma.[40]

---

facie – de competência de outras instituições. Já a judicialização é o ato de se levar questões, que *a priori*, favoreceriam a transferência decisória do campo dos Poderes Executivo e Legislativo para o Poder Judiciário.

(37) Art. 5º, § 1º, da CF/88, *verbis*: "As normas definidoras dos direitos e garantias fundamentais têm aplicação imediata".

(38) Nesse sentido, olhar o trecho do voto do Ministro Celso de Melo na já citada ADPF 45/04: É certo que não se inclui, ordinariamente, no âmbito das funções institucionais do Poder Judiciário – e nas desta Suprema Corte, em especial – a atribuição de formular e de implementar políticas públicas (JOSÉ CARLOS VIEIRA DE ANDRADE. *Os Direitos Fundamentais na Constituição Portuguesa de 1976*. Coimbra: Almedina, 1987, p. 207.), pois, nesse domínio, o encargo reside, primariamente, nos Poderes Legislativo e Executivo. *Tal incumbência, no entanto, embora em bases excepcionais, poderá atribuir-se ao Poder Judiciário, se e quando os órgãos estatais competentes, por descumprirem os encargos político-jurídicos que sobre eles incidem, vierem a comprometer, com tal comportamento, a eficácia e a integridade de direitos individuais e/ou coletivos impregnados de estatura constitucional, ainda que derivados de cláusulas revestidas de conteúdo programático*. Trecho do voto do Ministro Celso de Melo na já citada ADPF 45/04. (Grifei-os)

(39) Site: Consulto Jurídico. Entrevista com o Ministro Celso de Mello em março de 2006 em que menciona o papel do Judiciário na concretude de direitos fundamentais. Disponível em: <http://www.conjur.com.br/2006-mar-15/juizes_papel_ativo_interpretacao_lei>. Acesso em: 02 jul. 12.

(40) MAXIMILIANO, Carlos. *Hermenêutica e aplicação do direito*. Rio de Janeiro: Forense, 2007, p. 1.

Tal informação do pensamento acima decorre do fato de que o Direito é um fato social e que, portanto não deve ficar adstrito a uma mera interpretação gramatical. Não se pretendendo, contudo, negar-se a importância do método gramatical, mas tão somente a insuficiência do mesmo, no sentido de simplificar em demasia o sentido da norma.

Além disso, impende frisar que os direitos fundamentais por serem normas jurídicas são direitos plenamente exigíveis e justificáveis[41], ou seja, podem ter sua aplicação e efetivação forçada pelo Poder Judiciário. É que os constitucionalistas chamam de "dimensão subjetiva", expressão que justifica a possibilidade de os direitos fundamentais serem exigidos por seus titulares, dada a sua pretensão subjetiva em que essas pessoas detêm o direito de reivindicá-los no campo do Judiciário.[42]

Nesse sentido, pode-se demonstrar, no campo internacional, a justiciabilidade dos direitos fundamentais, sendo uma exigência da própria Declaração Universal dos Direitos Humanos de 1948 que estabelece em seu art. 8º uma proteção judicial desses direitos, *verbis:* "todo homem tem direito a receber dos tribunais nacionais competentes remédio efetivo para os atos que violem os direitos fundamentais que lhe sejam reconhecidos pela Constituição e pela lei."

Para tanto, apesar da importância do Judiciário em dar eficácia e de promover tais direitos, entende-se que o princípio da subsidiariedade deve ser observado pelo Poder Judiciário de maneira bastante cautelosa, visto envolver o princípio da separação dos poderes e da democracia.

Desse modo, um ativismo no sentido de garantir o mínimo existencial dos indivíduos é plenamente razoável. O que não é razoável é o ativismo exacerbado que se pode observar nas Jurisprudências do Supremo Tribunal Federal. Tal ativismo, devido ao fato de pecar pelo excesso, é avesso a um Estado reputado como democrático de direito, até porque, devido ao critério de escolha dos membros da Suprema Corte ser no mínimo questionável[43], as decisões tendem a serem somente políticas e raramente jurídicas. Portanto, deve haver um equilíbrio, a fim de que possa ser preservado.

2.4. *A estrutura positiva e negativa dos direitos sociais*

Os direitos sociais, assim como as demais categorias de direitos fundamentais, envolvem tanto uma atuação Estatal positiva como negativa, sendo o primeiro garantidor das políticas públicas, enquanto o segundo como um *non facere*, no sentido de que o Estado deve abster-se, em algumas situações, no tocante, por exemplo, ao fato de que o Estado tem de evitar legislar com o desiderato de ferir o núcleo intangível dos direitos fundamentais sociais, conforme se verá no subtópico 2.4.2.

No concernente à vinculação dos direitos fundamentais pelo Estado, esta pode ser entendida sobre duplo aspecto: o primeiro composto pelo critério formal/institucional, em que o Estado detém o poder, através das três esferas: Executivo, Legislativo e Judiciário, no qual detêm o poder do Estado, se obrigando pelos Direitos Fundamentais, e o segundo abrangendo o aspecto material/funcional, que seria as funções exercidas pelos órgãos do Estado que também se vinculam aos direitos fundamentais.[44]

Assim, verificam-se abaixo estas relações envolvendo os direitos sociais enquanto prestações positivas e negativas.

2.4.1. *Direitos sociais enquanto prestações positivas*

Entende-se por direitos sociais enquanto prestações positivas como direitos a atuação estatal po-

---

(41) Essa previsão específica veio a positivar a universalidade e a plena efetividade do direito à saúde, independentemente da idade, conforme entendimento do Supremo Tribunal Federal: "*o direito à saúde* – além de qualificar-se como direito fundamental que assiste a todas as pessoas – representa consequência constitucional indissociável do direito à vida. O Poder Público, qualquer que seja a esfera institucional de sua atuação no plano da organização federativa brasileira, não pode mostrar-se indiferente ao problema da saúde da população, sob pena de incidir, ainda que por omissão, em censurável comportamento inconstitucional. *O direito público subjetivo à saúde traduz bem jurídico constitucionalmente tutelado*, por cuja integridade deve velar, de maneira responsável, o Poder Público (federal, estadual e municipal) que incube formular – e implementar – políticas sociais e econômicas que visem a garantir a plena consecução dos objetivos proclamados no art. 196 da Constituição da República". STF – Rextr. n. 271.286/RS – Rel. Min. Celso de Mello- Diário da Justiça, Seção 1,3 abr. 2001, p. 49. *Além desses direitos fundamentais, ficam assegurados aos idosos os direitos como: à educação, cultura, esporte e lazer; direito à profissionalização e ao trabalho; à previdência social; à assistência social; à habitação; ao transporte, bem como, à alimentação, à liberdade, ao respeito e à dignidade.*(Grifou-se)

(42) MARMELSTEIN,. George. Op. cit., p. 325-326.

(43) Acerca das críticas no tocante ao critério de escolha dos membros do Supremo Tribunal Federal remetemos o leitor para a leitura da obra de MARQUES DE LIMA, Francisco Gérson. *O Supremo Tribunal Federal na crise institucional brasileira: abordagem interdisciplinar de sociologia constitucional*. São Paulo: Malheiros, 2009.

(44) SARLET, Ingo Wolfgang. *A eficácia dos direitos fundamentais*, 8. ed. Porto Alegre: Livraria do Advogado, 2007, p. 382-383.

sitiva, no sentido de proporcionar meios que garantam direitos como a saúde, a moradia, o saneamento básico, o trabalho, a assistência aos desamparados, dentre outros, como os direitos já mencionados no art. 230 do texto constitucional. Tais direitos, como quaisquer categorias de direitos fundamentais não se encontram na esfera de disponibilidade do Estado, que não pode simplesmente abdicar de promovê-los, sob pena de desrespeito à própria República.

Importante atentar para o fato de que se deve estabelecer a diferença entre as espécies de prestações positivas: o direito a **uma prestação normativa perante o Estado** e o **Direito a uma ação positiva fática**. Esta, ação fática, também poderá ser realizada perante o particular e pelo Estado como, à guisa de exemplo, o papel da família e da sociedade em dar eficácias as normas garantidoras de proteção ao idoso, e do próprio Estado em promover políticas públicas em prol de dar eficácia as normas por ele estabelecida, como, por exemplo, construção de novos asilos e casas de apoio a pessoa idosa em risco de vida.

Assim, para melhor esclarecer, verifica-se o seguinte exemplo: o papel da família em garantir ao idoso uma vida digna, proporcionando-lhe um bem-estar. No caso em questão, deve-se citar o cuidado, o dever de amparo do filho em relação aos pais idosos, em situação de risco. Neste caso, haveria **uma ação positiva fática, bem como uma prestação normativa**, pois a norma prevê *ipsi literis*, a obrigação que os filhos têm em amparar seus pais quando estes necessitam. Já quando o Estado oferece mecanismos que visem a estimular a assistência a estes idosos desamparados[45], como a criação de programas sociais destinados a pessoa idosa e na promoção e conscientização de políticas públicas, além da concretização de direitos fundamentais pelo Judiciário, entende-se que há também **uma ação positiva fática**, porém por parte do Estado. Nesse caso, impende citar a seguinte situação: o estímulo pelo Poder Público às empresas privadas para admissão de idosos no mercado de trabalho. Isso pode ser feita através da criação de subsídios ou redução da carga tributária. Aqui entende-se promoção de políticas públicas e efetivação de direitos[46].

Em contrapartida, quando o Estado atua de modo legisferante[47] por meio **da criação de normas garantidoras dos direitos constitucionais dos idosos** garantindo a eficácia dos dispositivos constitucionais como: o artigo 6º e o artigo 230 da Constituição Federal, entende-se que há uma **ação normativa do Estado** no sentido de regulamentar tais ações positivas, observando, é claro, o princípio da legalidade.[48]

O direito a uma **prestação normativa** significa direito a que o Estado através de seus atos crie normas, a fim de garantir um bem maior. No caso em comento seria assegurar a incolumidade, a saúde, a assistência ao desamparado, além do principal que é a dignidade do idoso. Ainda dentro **desta prestação normativa**, pode-se citar outro exemplo, como a **criação** da Lei n. 12.213/10 que instituiu o Fundo Nacional do Idoso e autoriza deduzir do imposto de renda devido pelas pessoas físicas e jurídicas as doações efetuadas aos Fundos Municipais, Estaduais e Nacional do Idoso. Assim, tal norma regulamentará o financiamento dos programas e das ações relativas ao idoso com vistas em assegurar os seus direitos sociais e criar condições para promover sua autonomia, integração e participação efetiva na sociedade.

Por sua vez, o Direito a uma **ação positiva fática** seria uma manifestação positiva do que está positivado na lei, ou seja, significa o direito a uma atuação positiva no mundo dos fatos e nesse ínterim tanto o Estado como o particular estão legitimados a assim proceder. Esclarece Alexy que os direitos fundamentais sociais são considerados direitos à prestações por excelência aonde há um feixe de posições que dizem respeito em parte à prestações fáticas e em parte à prestações normativas.[49] Importante dizer, que a diferenciação entre as duas prestações é bastante tênue, pois ambas se complementam.

Além disso, faz-se mister esclarecer que há um entendimento que concebe o direito a prestações positivas de maneira ampla. Estas abarcam o dever do Estado de prestar ações no sentido de garantir os direitos fundamentais, sejam através de políticas

---

(45) Olhar, art. 6º da Constituição Federal/88.
(46) Assim prevê o art. 28, inciso III do Estatuto do Idoso, *verbis*: Art. 28. O Poder Público criará e estimulará programas de: III – estímulo às empresas privadas para admissão de idosos ao trabalho.

(47) Conforme prevê o art. 98 do Estatuto do Idoso, *verbis*: Abandonar o idoso em hospitais, casas de saúde, entidades de longa permanência, ou congêneres, ou não prover suas necessidades básicas, quando obrigado por lei ou mandado: Pena – detenção de 6 (seis) meses a 3 (três) anos e multa.
(48) ALEXY, Robert. *Teoria dos direitos fundamentais*. Tradução de Virgílio Afonso da Silva. 2. ed. São Paulo: Malheiros, 2011. p. 202 e 203.
(49) *Ibidem*, p. 202.

públicas ou programas de governo a serem implementados gradativamente. Essa ideia é oposta à de direito de defesa, que inclui o direito a uma posição absenteísta do Estado, não provedora de direitos.⁽⁵⁰⁾

Portanto, o referido autor esclarece que os direitos sociais **a prestações em sentido estrito** distinguem-se dos **direitos sociais a prestações em sentido amplo,** pois estes dizem respeito à atuação positiva do Estado no cumprimento dos seus deveres de proteção, já decorrentes da sua condição de Estado democrático de Direito e não propriamente como garantidor de padrões mínimos e justiça social, ao passo que os direitos a prestação em sentido estrito, entenda-se direitos sociais, dizem respeito a direito a algo (prestações fáticas) decorrentes de sua atuação de Estado Social.⁽⁵¹⁾

2.4.2. Os direitos sociais enquanto prestações negativas

Muito embora a característica marcante dos direitos sociais resida justamente no fato de que ensejam a atuação do Estado de forma efetiva, o fato é que, como quaisquer direitos fundamentais, os direitos sociais também possuem uma dimensão negativa, para serem concretizados de maneira efetiva.

Antes de adentrar no cerne da dimensão negativa dos direitos sociais, a título de informação, deve esclarecer que as ações negativas do Estado podem ser divididas em três categorias: a primeira consiste em não fazer do Estado, no sentido de se abster, de dificultar ou impedir determinadas ações do titular do direito; a segunda é determinada por um *non facere* no intuito de que não sejam modificadas determinadas situações do titular do direito; na terceira o Estado deve se imiscuir de eliminar posições jurídicas do titular.⁽⁵²⁾

Assim, não obstante o fato de que os direitos sociais se caracterizam como autênticos direitos a prestações positivas em face do Estado e os direitos de liberdade seriam, ao contrário daqueles, direitos negativos, o fato é que eles possuem também um cunho negativo, mesmo que essa seja uma característica secundária no caso dos direitos sociais.

Cabe destacar que o rol de direitos fundamentais expressos na Constituição Federal de 1988 não condiz com a real efetividade empregada as normas disciplinadoras de direitos sociais. Isso coloca à prova o próprio papel do Direito, diante do fato de que, no liberalismo (ainda não totalmente superado, pois vivemos em um momento neoliberal), em que pese o Estado social brasileiro restar configurado, a concretização de políticas promovedoras desses direitos não constitui ainda matéria afeta à maioria dos juízes e demais aplicadores do Direito.⁽⁵³⁾

Pois bem, diante desse breve relato, impende voltar à temática principal, questionando-se: em que consistiria essa dimensão negativa dos direitos sociais? Em sua dimensão negativa, ao contrário da positiva, não se exige uma prestação do Estado no intuito de promover uma política de promoção dos direitos sociais. Essa dimensão consiste no dever jurídico do Estado, bem como de terceiros de se absterem de agredir os direitos sociais que, no caso dos direitos sociais dos idosos, consiste no dever de abstenção do Estado de intervir negativamente na relação jurídica com os idosos. Impende citar como exemplo uma ação de fornecimento de medicamentos em que o idoso em situação de vulnerabilidade e risco de vida pleiteia, através do seu advogado, à Fazenda Pública o fornecimento de um medicamento "X", devidamente autorizado pelas normas do SUS – Sistema Único de Saúde. Desse pleito, a Fazenda, ao contestar tal pedido, se vale do disposto do art. 188 do CPC⁽⁵⁴⁾, ocasionando na demora na solução do litígio. Neste caso, se entende que a Fazenda Pública deveria se abster de tal prerrogativa, a fim de garantir ao idoso, em risco de vida, o direito social à saúde, direito este indissociável ao direito à vida.

É nesse contexto que se pactua com a ideia negativa dos direitos sociais.

3. A APLICABILIDADE DA TEORIA DA FORÇA NORMATIVA DA CONSTITUIÇÃO DE KONRAD HESSE AOS DIREITOS SOCIAIS

Hesse não deixa dúvidas de que pretende, em sua aula inaugural na Universidade de Freiburg – RFA, em 1959, ter o pensamento de Lassalle como referencial, visto que inicia sua palestra exatamente fazendo referência à conferência de Lassalle, de 1862, e questionando-o:

---

(50) *Ibidem*, p. 402.
(51) *Ibidem*, p. 202.
(52) *Ibidem*, p. 196.

(53) SILVA, Virgílio Afonso da. O Judiciário e as políticas públicas: entre transformação social e obstáculo à realização dos direitos sociais. In: SOUZA NETO, Cláudio Pereira de; SARMENTO, Daniel (organizadores). *Direitos sociais: fundamentação, judicialização e direitos sociais em espécie.* Rio de Janeiro: Lumen Juris, 2008, p. 587-588.

(54) Art. 188 do CPC. Computar-se-á em quádruplo o prazo para contestar e em dobro para recorrer quando a parte for a Fazenda Pública ou o Ministério Público.

Afigura-se justificada negação do Direito Constitucional, e a consequente negação do próprio valor da Teoria Geral do Estado enquanto ciência, se a Constituição Jurídica expressa, efetivamente, uma momentânea constelação de *poder*. Ao contrário, essa doutrina afigura-se desprovida de fundamento se puder admitir que a Constituição contém, ainda que de forma limitada, uma força própria, motivadora e ordenadora da vida do Estado. A questão que se apresenta diz respeito à força *normativa* da Constituição.[55]

Contudo, foi nesse cenário, em não atender a realidade social, que o **fenômeno do aumento populacional de idosos**, passou-se despercebido pelos estudiosos de larga parte do século passado, isto é, o envelhecimento da população mundial apenas passou a ser motivo de preocupação nas últimas duas décadas do século XX.

É imperioso dizer que, os ideais defendidos por Lassale[56], foram interpretados de maneira equivocada. O que ocorre, é que realmente há uma dificuldade de efetivação das normas constitucionais, visto que na maioria das vezes são direitos sociais, e que dependem de uma atuação política, do orçamento público e da gestão dos recursos orçamentários. Isto sem falar na corrupção, que afeta, desvirtua de maneira direta e indireta a destinação e aplicação desses recursos.

Após os ensinamentos de Hesse, que muito facilitou essa compreensão, cujo trabalho deixou um legado: a interação dos dois fenômenos, a Constituição jurídica e realidade político-social; impende dizer que, segundo o jurista, não há resposta adequada às questões sociais, caso não haja uma análise inseparável de ambos os fenômenos em seu contexto, e no seu condicionamento recíproco.

No caso em análise, de amparo ao idoso, se pode dizer que dada à elevação da expectativa média de vida, que tem ocorrido nos últimos anos em diversos países, inclusive no Brasil, conforme já dito neste artigo, o contingente das pessoas idosas tem aumentado consideravelmente, e isto tem despertado maior atenção da sociedade e do Estado para com os idosos, pelo menos teoricamente, de forma que há uma busca, apesar de lenta, na garantia do pleno exercício de sua cidadania.[57]

Dessa forma, sem isolamentos, a pretensão de eficácia da norma jurídica somente será realizada se levar em conta as condições históricas de sua realização, bem como as condições naturais, técnicas, econômicas e sociais, numa relação de interdependência criando regras que não podem ser desconsideradas.

Para tanto, deve-se entender que, para que os direitos fundamentais, no caso em análise, os direitos sociais dos idosos, sejam levados a sério, é necessário que a Constituição faça parte da vida dos indivíduos como um todo, não se limitando aos poderosos. Deve existir um dever de lealdade para com as normas constitucionais e a ordem de valores nela contida, independentemente de qualquer ideologia partidária.[58]

Destarte, Hesse aduz que a norma constitucional não tem existência autônoma em face da realidade. A sua essência reside na vigência, isto é, na situação por ela regulada, que se materializa na realidade. A pretensão de eficácia da norma jurídica somente, será realizada se levar em conta essas condições expostas.

Diante disto, o autor defende a ideia de que a Constituição não poderá se limitar apenas na expressão do *"ser"*, mas também do *"dever ser."* Divergindo frontalmente do que pensava Lassalle, pois para

---

(55) HESSE, Konrad. *A Força Normativa da Constituição*. Tradução Gilmar Ferreira Mendes. Porto Alegre: Sergio Antonio Editor. 1991, p. 11.

(56) No contexto brasileiro, deve se entender que tal teoria só teria aceitação caso a comunidade jurídica esquecesse do compromisso político e do engajamento social que a Constituição traz. Algo que é totalmente inviável, pois a Constituição, sendo a norma Superior em um ordenamento jurídico, além de rígida, como é o caso no ordenamento jurídico brasileiro, exerce sim, uma influência social e política nas pessoas. Essas influências acabam por formar uma consciência cívica nas pessoas, que assimilam o conteúdo da Constituição, por assim dizer, ainda que de forma involuntária. Assim, não é correta a afirmação de Lassale, quando este diz que a Constituição escrita não passa de um emaranhado de papel, que uma lei só poderá ser seguida se for condizente com os fatores reais de poder, sendo impossível de se colocar em prática, pois caso isto ocorresse estaria em desacordo com a realidade vigente de um país, dado que a maioria das pessoas não estão inseridas no rol dos poderosos. Além disto, tal assertiva não procede, pois os preceitos da Constituição acabam por ser assimilados pelas pessoas, notadamente naquelas dotadas de consciência cívica. Portanto, entender a Constituição escrita como um emaranhado de papel é o mesmo que renegá-la à um papel de simples livro não constituindo assim, um mandamento para que o Estado e os cidadãos, nas relações entre Estado-cidadão e particular-particular hajam conforme o preconizado pela Carta Magna.

(57) Destarte, conforme se verificará no andamento deste artigo, o Estado começa a dar uma atenção especial a essa camada da população.

(58) GRIMM, Dieter. *Constituição e político*. Belo Horizonte: Del Rey, 2006, p. 96.

Hesse ela significa mais do que o simples reflexo das condições fáticas de sua vigência, particularmente às forças sociais e políticas. Assim, graças à pretensão de eficácia, a Constituição procura imprimir ordem e conformação à realidade político-social, determinando e ao mesmo tempo sendo determinada, condicionadas, mas independentes.

Desse modo, verifica-se que Hesse não dissocia a Constituição da realidade político-social, defendendo uma relação de interdependência entre realidade e a Constituição, possibilitando a concretização de tarefas por ela mesma impostas, o *"dever ser."*

Em síntese, Hesse conclui, *verbis*:

> "A Constituição Jurídica está condicionada à realidade histórica. Ela não pode ser separada da realidade concreta de seu tempo. A pretensão de eficácia da Constituição somente pode ser realizada se se levar em conta essa realidade. A Constituição Jurídica não configura apenas a expressão de uma dada realidade. Graças ao elemento normativo, ela ordena e conforma a realidade político-social. As possibilidades, mas também os limites da força normativa da Constituição, resultam da correlação do ser com o dever ser".[59]

Assim, é que se pactua com o entendimento acima, visto que a Constituição de um país deve estar atrelada aos anseios de sua população, sendo demasiado de nossa parte, conforme se verificará no próximo tópico, acerca da teoria do sentimento constitucional, tal qual elaborada por Pablo Lucas Verdú, que a Constituição se resumiria apenas na relação fator social e texto constitucional, posto que, a eficácia da norma constitucional não consiste em somente adaptar os dispositivos a uma determinada realidade social, mas sim impor certas atribuições. Isto nada mais é do que coadunar a expressão "ser" com o "deve ser".

4. A APLICAÇÃO DA TEORIA DO SENTIMENTO CONSTITUCIONAL DE PABLO LUCAS VERDÚ NO ÂMBITO DOS DIREITOS SOCIAIS

O direito, para se legitimar perante uma determinada sociedade, deve corresponder com a realidade social em que é inserido, bem como o contexto histórico.

Assim acontece também com a Lei Maior do país, isto é, a Constituição Federal, que deve também guardar relação com o momento social. De fato, o sentimento que animou o constituinte de 1988 não foi o mesmo que anima os dias atuais, pois nos anos 80 nem sequer se cogitava falar em pesquisa com células-tronco, reconhecimento de uniões homoafetivas como entidade familiar, utilização de alimentos transgênicos, clonagem etc.

Nesse caso, a teoria do sentimento constitucional, tal qual elaborada por Pablo Lucas Verdú, foi invocada visto que corresponde às necessidades da comunidade.

No entanto, consoante adiantado no tópico anterior, seria demasiado simplório de nossa parte afirmar que a Constituição se resumiria somente na correspondência entre o contexto social e o texto constitucional posto que a eficácia da norma constitucional não consiste em somente adaptar os dispositivos a uma determinada realidade social, mas sim poder impor atribuições.[60] Caso os preceitos contidos na Carta Magna forem efetivados, bem como a ordem estabelecida por ela sirva como um norte para a orientação de condutas, e se for possível deduzir o *animus* de concretização da ordem constitucional, a Constituição terá sido concretizada conforme os ditames do sentimento constitucional.[61]

Isso ocorre devido o fato que o ordenamento jurídico também exerce sobre os indivíduos um determinado poder que influencia nas regras de conduta das pessoas.

Oportuno citar como exemplo o recente reconhecimento das uniões homoafetivas como entidade familiar. Isso é fruto de uma mudança de paradigma interpretativo feito pelo Supremo Tribunal Federal, ampliando o disposto na Constituição. Tal mudança de paradigma exerceu influência sobre toda a sociedade, não somente entre os indivíduos homoafetivos. Para estes últimos, especificamente, a igualdade e a isonomia preconizados expressamente na Constituição fora finalmente obedecido, nesse sentido.

Com a devida vênia, conforme dito alhures, não há como se pactuar com a teoria de Ferdinand Lassale, para quem, em sua concepção sociológica sobre a Constituição escrita, esta seria uma mera folha de papel. Isto porque a Constituição do país, que seja verdadeiramente reputada como legítima e democrática, não pode ser um emaranhado de disposi-

---

(59) HESSE, Konrad. Op. cit., p. 25.

(60) HESSE, Konrad. Op. cit., p. 19.
(61) HESSE, Konrad. Op. cit., p. 19-20.

ções que não condizem com a realidade social, pois seus fundamentos devem servir de paradigma para a atuação do Estado perante a sociedade, exprimindo os verdadeiros sentimentos desta.[62]

De fato, as normas reputadas como essenciais na Constituição só sofrem metamorfose quando passam por grandes processos sociais de transformações como crises econômicas, revoluções, mudança substancial na sociedade, dentre outras. E são justamente os sentimentos existentes no seio social que possibilitam essas mudanças de paradigma. Isso demonstra o que se pode denominar de consciência cívica.

O problema é quando essa consciência é demonstrada por interesses exclusivamente individuais, que não estão voltados para o bem-estar da sociedade como um todo, mas pautados em causas que desembocam para o mais puro egoísmo, demonstrando um sentimento apenas parcial de constitucionalidade.

Esse sentimento parcial e de inconsciência social certamente interessa a determinados grupos que estão no poder.

Uma Constituição, quando devidamente promulgada, se insere como um mandamento fundamental que rege a vida de todos de um país, pois é a norma maior. Seus princípios, pautados no princípio vetor da dignidade da pessoa humana, não podem ficar adstritos a uma mera folha de papel, como defendido por Lassale, mas constitui um alicerce para a mudança de postura do Estado como um todo, para a concretização dos preceitos da Carta Magna.

Essencial atentar para o fato de que enquanto o direito não é lesionado, não se conhece verdadeiramente sua força. Através da aferição de uma injustiça é que o direito se manifesta em sua plenitude, alcançando o seu grau máximo de concretização. Sob esse prisma, o mesmo ocorre em relação aos princípios constitucionais, quando se acarreta uma lesão à dignidade da pessoa humana através de, por exemplo, um ato arbitrário do Estado, a Constituição se manifesta concretamente.

Nesse comento, o sentimento existente na Constituição seria comparável ao sentimento de paixão, amor e ódio, quando se perquire que tal sentimento consistiria no apego pelo sentimento de justiça e equidade. Isto porque o direito como instrumento para a busca da paz social somente se demonstra como tal se tiver como desiderato a convivência harmônica entre os indivíduos, buscando uma mudança efetiva de pensamento da sociedade, ao ter como fundamentos dentre outros, a cidadania e a dignidade da pessoa humana. Tal sentimento estaria contextualizado nos indivíduos no tocante à posição harmônica de um determinado grupo social no que tange ao respectivo ordenamento jurídico.[63]

Dessa maneira é que se vislumbra o sentimento constitucional referido por Pablo Lucas Verdú, o qual estaria presente na própria sociedade, na medida em que a concretização ou não do disposto na Carta Magna afeta as regras de convivência fundamentais no atinente a vida em sociedade.

Destarte, a concretização dos direitos e garantias fundamentais, no caso dos idosos, é essencial para uma convivência social em perfeita harmonia, pois, caso contrário, e que certamente se observa com mais frequência no contexto brasileiro, os preceitos da Constituição Federal em sua maioria não são atendidos em consonância com os anseios da população.

A título exemplificativo, oportuno mencionar o caso do salário mínimo. A Constituição estabelece que o salário mínimo deva atender às necessidades básicas do indivíduo com alimentação, vestuário, lazer, moradia, educação, saúde, higiene. Um salário mínimo de R$ 678,00 – seiscentos e setenta e oito reais (a partir de 01/01/2013) jamais atingirá sequer um terço dessas necessidades da população expressas na Constituição. Nesta mesma linha de raciocínio é necessário citar outro exemplo: **os dos idosos**, sobre os quais a Constituição Federal/88 prevê, em seu art. 230 e parágrafos, a **obrigação da família, da sociedade e do Estado em amparar as pessoas idosas das mais diversas formas.**[64] Quando isso não ocorre, ou seja, quando o disposto na norma constitucional não é efetivado, como acontece no Brasil, isso gera um sentimento que Pablo Lucas Verdú denomina **de ressentimento constitucional**.[65] Esse

---

(62) BONAVIDES, Paulo. *Curso de direito constitucional*. 13. ed, São Paulo: Malheiros, 2003, p. 278.

(63) VERDÚ, Pablo Lucas. *O sentimento constitucional*: aproximação ao estudo do sentir constitucional como modo de integração política. Rio de Janeiro: Editora Forense, 2004, p. 53 e 69.

(64) Art. 230 – CF A família, a sociedade e o Estado têm o dever de amparar as pessoas idosas, assegurando sua participação na comunidade, defendendo sua dignidade e bem-estar e garantindo-lhes o direito à vida. § 1º – Os programas de amparo aos idosos serão executados preferencialmente em seus lares. § 2º – Aos maiores de sessenta e cinco anos é garantida a gratuidade dos transportes coletivos urbanos.

(65) VERDÚ, Pablo Lucas. Op. cit., p. 53 e 69.

sentimento seria justamente uma frustração íntima presente na psique dos indivíduos, eis que as concepções sobre justiça e equidade, já antes defendida por Aristóteles, não se mostram efetivadas, pois a própria norma constitucional não o fora.

Nesse momento, cabe a inserção do sentimento constitucional de **harmonizar dois fundamentos da ordem constitucional brasileira: a dignidade da pessoa humana e a cidadania**, no **caso dos idosos**. Isso porque os idosos têm direito a que se respeitam o disposto art. 230 da CF/88 e seus parágrafos, **garantindo a esses longevos uma cidadania plena e um respeito a sua dignidade**.

Diante disto, conclui-se que, assim como os demais direitos sociais, o fato de inscrever a proteção dos direitos dos idosos na constituição ou legislação infraconstitucional não é garantia de sua eficácia concreta. Antes de tudo, é preciso que o ordenamento jurídico tenha força normativa, que os agentes responsáveis pelo seu cumprimento efetivamente a levem a sério, orientando suas ações e decisões pelos princípios e objetivos constitucionais, todos incumbidos de fazer com que todos os seres humanos tenham direitos iguais a uma vida digna.[66]

Por derradeiro, o grande desafio, consoante dito alhures, consiste em efetivar as normas constitucionais e infraconstitucionais de proteção à pessoa idosa, visto que a população de longevos no país cresce significativamente. Assim, é imperioso possuir a capacidade de integrar esta camada da sociedade, isto é, o idoso, no sistema social, não só valorizando conquistas de direitos e, sim, elaborando mecanismos de controle que garantam a sua aplicação. Isso sim é necessário para que seja concretizado o sentimento constitucional.

CONSIDERAÇÕES FINAIS

A população idosa é o grupo que apresenta as taxas mais elevadas de crescimento. Assim, diante de tal realidade, o Estado brasileiro precisa se preparar para atender a demanda desse segmento populacional, principalmente nos setores ligados aos direitos fundamentais da pessoa idosa. Da mesma forma, a sociedade e a família detêm grandes responsabilidades para com seus longevos.

Destarte, como os demais direitos sociais, o fato de inscrever a proteção dos direitos dos idosos na Constituição ou legislação infraconstitucional não é garantia de sua eficácia concreta, antes de tudo, é preciso que o ordenamento jurídico tenha força normativa, que os agentes responsáveis pelo seu cumprimento efetivamente a levem a sério, orientando suas ações e decisões pelos princípios e objetivos constitucionais, todos incumbidos de fazer com que os seres humanos tenham direitos iguais a uma vida digna.

Com isso, impende frisar que não é a lei, somente, capaz de alterar a realidade social. Seria ingenuidade crer que a solução virá através dos textos normativos. A iniciativa não passará de mais uma norma sem efetividade, meramente decorativa, incapaz de fazer frente à arraigada cultura preconceituosa em relação aos longevos; se a família, a sociedade e o Estado não se mobilizarem e se conscientizarem para a realização desse objetivo, será este o principal obstáculo à efetivação dos direitos fundamentais dos idosos, conforme ficou constatado neste artigo.

Em suma, o grande desafio consiste em efetivar as normas de amparo à pessoa idosa, visto que a população de mais idade cresce significativamente no país. Além disso, busca-se integrar esta camada da sociedade ao contexto social, não só valorizando conquistas de direitos e, sim, elaborando mecanismos de controle que garantam a sua aplicação.

Isto, sim, é necessário para que seja concretizado o verdadeiro SENTIMENTO CONSTITUCIONAL defendido por Pablo Lucas Verdú, pois só desta forma se terá a materialização em plenitude do conceito de dignidade da pessoa humana e cidadania. Para tanto, é necessário, também, o poder público estar sempre atento aos anseios dessa camada da população, buscando, na medida do possível, a inserção de recursos nos orçamentos estatais que visam à efetivação de certos direitos fundamentais do idoso. Assim, em respeito ao princípio da prioridade absoluta e dada a relevância do tema, deve-se priorizar ações voltadas à melhoria da qualidade de vida desse grupo social, para que se possa colher os frutos desses esforços visando o bem-estar social, ou senão, conviver com a miséria decorrente do descaso.

REFERÊNCIAS BIBLIOGRÁFICAS

ABRAMOVICH, Víctor; COURTIS, Christian. *Los derechos sociales como derechos exigibles*. Madrid: Editorial Trotta, 2002, p. 22.

ALEXY, Robert. *Teoria dos direitos fundamentais*. Tradução de Virgílio Afonso da Silva. 2. ed. São Paulo: Malheiros, 2011.

---

(66) RAMOS, Paulo Roberto Barbosa. A Velhice na Constituição. *Revista de Direito Constitucional e Internacional*. Ano 8, n. 30, São Paulo: Revista dos Tribunais, jan./mar. 2000, p. 201.

ARISTÓTELES. *Ética a Nicômaco*. Tradução de Edson Bini. São Paulo: Edipro, 2002, p. 135-162.

BONAVIDES, Paulo. *Curso de direito constitucional*. 13. ed, São Paulo: Malheiros, 2003.

_____. *Teoria do Estado*. 6. ed. rev e ampl. São Paulo: Malheiros, 2007, p. 338.

CUNHA JUNIOR, Dirley. *Controle judicial das omissões do poder público*. 2 ed. rev. e atual. São Paulo: Saraiva, 2008, p. 314.

FELIX, Renan Paes. *Estatuto do Idoso. Leis ns. 8.842/94 e 10.741/03*. 2. ed. Bahia: Salvador. JusPodivm. 2010, p. 20.

GRAU, Eros Roberto. *A ordem econômica na Constituição de 1988 (interpretação e crítica)*. São Paulo: Editora Revista dos Tribunais, 1990, p. 132.

GRIMM, Dieter. *Constituição e político*. Belo Horizonte: Del Rey, 2006, p. 96.

HESSE, Konrad. *A Força Normativa da Constituição*. Tradução Gilmar Ferreira Mendes. Porto Alegre: Sergio Antonio Editor, 1991.

HOLMES, S. "El constitucionalismo, la democracia y la desintegración del Estado". In: KOH, H.; SLYE, R. (orgs.), *Democracia deliberativa y derechos humanos*, Barcelona, 2004, p. 146 ss.

INSTITUTO BRASILEIRO DE GEOGRAFIA E ESTATÍSTICA. *Perfil dos idosos responsáveis pelos domicílios do Brasil 2001/IBGE. Departamento de População e Indicadores Sociais*. Rio de Janeiro, 2002, p. 11.

_____. Disponível em: <http://www.ibge.gov.br/ibgeteen/datas/idoso/politica_do_idoso_no_brasil.html>. Acesso em: 25 abr. 12.

_____. Disponível em: <http://www.ibge.gov.br/home/presidencia/noticias/25072002pidoso.shtm>. Acesso em: 26 mar. 2012.

KELSEN, Hans. *O que é justiça?* 3. ed. Trad. de Luís Carlos Borges. São Paulo: Martins Fontes, 2001, p. 6-7.

KRELL, Andreas J. *Direitos Sociais e Controle Judicial no Brasil e na Alemanha. Os (des)caminhos de um Direito Constitucional "Comparado"*. Porto Alegre: Sergio Antônio Fabris Editor. 2002, p. 54.

LEAL, Rogério Gesta. *Direitos Humanos e Humanismo: uma necessária integração*. In: MEZZAROBA, Orides (org.). *Humanismo Latino e Estado no Brasil*. Florianópolis: Fundação BOAITEUX, 2003.

LIMA, George Marmelstein. *Curso de Direitos Fundamentais*. 3. ed. São Paulo: Atlas, 2011.

LIMA. Francisco Gérson Marques de. *A justiça nas lendas, nas fábulas e na história universal*. Pernambuco: Nossa Livraria, 2002, p. 19.

_____. *O Supremo Tribunal Federal na crise institucional brasileira: abordagem interdisciplinar de sociologia constitucional*. São Paulo: Malheiros, 2009.

MAXIMILIANO, Carlos. *Hermenêutica e aplicação do direito*. Rio de Janeiro: Forense, 2007, p. 1.

MORAES, Alexandre. *Direito Constitucional*. 17. ed. São Paulo: Atlas, 2005.

NADER, Paulo. *Filosofia do Direito*. 5. ed. Rio de Janeiro: Forense, 1996, p. 110.

NOVAIS, Jorge Reis. *Direitos sociais – teoria jurídica dos direitos sociais enquanto direitos fundamentais*. Portugal: Coimbra Editora, 2010.

RAMOS, Paulo Roberto Barbosa. A Velhice na Constituição. *Revista de Direito Constitucional e Internacional*. Ano 8, n. 30, São Paulo: Revista dos Tribunais, jan./mar. 2000.

SARLET, Ingo Wolfgang. *A eficácia dos direitos fundamentais*. 8. ed. Porto Alegre; Livraria do Advogado, 2007.

SILVA, Virgílio Afonso da. O Judiciário e as políticas públicas: entre transformação social e obstáculo à realização dos direitos sociais. In: SOUZA NETO, Cláudio Pereira de; SARMENTO, Daniel (organizadores). *Direitos sociais: fundamentação, judicialização e direitos sociais em espécie*. Rio de Janeiro: Lumen Juris, 2008.

Site: Consulto Jurídico. Entrevista com o Ministro Celso de Mello em março de 2006 em que menciona o papel do Judiciário na concretude de direitos fundamentais. Disponível em: <http://www.conjur.com.br/2006-mar-15/juizes_papel_ativo_interpretacao_lei>. Acesso em: 02 jul. 2012.

SMANIO, Gianpaolo Poggio. A tutela constitucional dos interesses difusos. *Jus Navigandi*, Teresina, ano 8, n. 438, 18 set. 2004. Disponível em: <http://jus2.uol.com.br/doutrina/texto.asp?id=5710>. Acesso em: 29 abr. 2012.

STRECK, Lenio. *CONSTITUIÇÃO OU BARBÁRIE? – A lei como possibilidade emancipatória a partir do Estado Democrático de Direito*. Disponível em: <http://www.leniostreck.com.br/site/wp-content/uploads/2011/10/16.pdf>. Acesso em: 25 maio 2012.

TAQUARY, Eneida Orbage de Brito. O direito fundamental ao envelhecimento. *Revista jurídica consulex*. Brasília, ano VIII, n. 171, fev. 2004, p. 54.

VERDÚ, Pablo Lucas. *O sentimento constitucional*: aproximação ao estudo do sentir constitucional como modo de integração política. Rio de Janeiro: Editora Forense, 2004.

DIREITO À ALIMENTAÇÃO: CONCEITO, NATUREZA JURÍDICA, POSITIVAÇÃO, POLÍTICAS PÚBLICAS E ABORDAGEM INTERNACIONAL

Laís Arrais Maia Fortaleza (*)
Michelle Amorim Sancho Souza (**)

1. DIGNIDADE DA PESSOA HUMANA: VALOR-FONTE DOS ORDENAMENTOS JURÍDICOS MODERNOS

O fim da Segunda Guerra Mundial, inegavelmente, representou um marco no Direito[1], porque, a partir do resgate dos valores para os textos jurídicos, o reconhecimento da força normativa da Constituição, da normatividade dos princípios, da expansão da jurisdição constitucional e do desenvolvimento de uma hermenêutica constitucional, foi possível, paulatinamente, a consagração ampla e irrestrita da dignidade da pessoa humana nos ordenamentos ocidentais.

Dessa forma, conforme Jorge Miranda[2], o surgimento do Estado Social, já que, no período liberal, era apregoada a abstenção completa da atuação estatal na esfera das relações humanas[3], e das constituições e dos textos internacionais que emergiram no pós-guerra, como a Declaração Universal dos Direitos Humanos de 1948, diante das barbáries ocorridas, demonstraram a necessidade de preocupação com a promoção da dignidade humana, a qual se consolidou como a fonte ética de onde brotam todos os direitos fundamentais e o valor-fonte das mais variadas ordens.

Nesse contexto, afirmamos, desde já, que o referido postulado se encontra primeiramente men-

---

(*) Mestre pelo Curso de Mestrado em Teoria da Ordem Constitucional pela Universidade Federal do Ceará e graduada no Curso de Direito pela Universidade de Fortaleza. Tem experiência na área do Direito, com ênfase em Direito Contitucional, atuando nos temas de mandato político e partidos políticos. Possui também experiência na área do Direito Internacional, com ênfase em Direitos Humanos e Integração Sul Americana. É membro do Conselho Nacional de Pesquisa e Pós-graduação em Direito (CONPEDI).

(**) Possui graduação em Direito pela Universidade Federal do Ceará (2009). Atualmente, é Analista Judiciária (Área Judiciária) do Tribunal de Justiça do Estado do Ceará – TJCE e Professora da Faculdade Integrada do Ceará – FIC – Estácio. Atua nas áreas de Direito Constitucional e Sociologia Constitucional e Direito Penal e Processual Penal. É especialista em Direito Constitucional pela Escola Superior da Magistratura do Estado do Ceará (2010). É Mestre em Ordem Jurídica Constitucional pela Universidade Federal do Ceará (2012). As linhas de pesquisa são: identidade constitucional brasileira, sociologia constitucional e bases filosóficas da dignidade humana e coletiva.

(1) Segundo Luís Roberto Barroso, a 2ª Guerra Mundial representou, na Europa Ocidental, o marco histórico do movimento denominado de Neoconstitucionalismo ou Neopositivismo, o qual tenciona, em suma, demonstrar que o discurso constitucional assume definitivamente o topo do ordenamento jurídico, seja formal, seja materialmente.

(2) MIRANDA, Jorge. *Manual de direito constitucional*. Tomo IV. 4. ed. Portugal: Editora Coimbra, 2008, p. 194. No mesmo sentido, vide NOBRE JÚNIOR, Edílson Pereira. *O direito brasileiro e o princípio da dignidade humana*. Disponível em: <http://www.jfrn.gov.br/docs/doutrina93.doc>. Acesso em: 09 de junho de 2010.

(3) Segundo Paulo Bonavides, na obra *Do estado liberal ao estado social*, (2007, p. 40), na doutrina do liberalismo, o Estado foi sempre o fantasma que atemorizou o indivíduo. Foi, portanto, durante esse período, em que foram consolidados os clássicos direitos de defesa.

cionado em textos constitucionais pátrios em 1934, pois, sob a influência fortemente da Constituição de Weimar de 1919, estabelece um título referente à ordem econômica e social, que tem por fim assegurar a existência digna do homem[4].

Entretanto, foi somente, no cenário constitucional hodierno, que a dignidade humana foi elevada à categoria de fundamento da República Federativa do Brasil (art. 1º, III, CF)[5]. Há, ainda, menção, no art. 170, *caput*, CF, que o objetivo da ordem econômica é, justamente, a garantia de uma existência digna, conforme os ditames da justiça social, muito semelhante ao previsto no discurso de 1934 e o art. 226, § 7º, ao tratar do planejamento familiar, informa que este é fundado na dignidade[6].

A partir desses breves comentários, devemos, antes de adentrarmos ao cerne do presente trabalho, procurarmos delimitar o conteúdo desse conceito que, embora seja dotado de certa abstração, permite que, pelo estudo de suas dimensões[7], possa haver uma maior compreensão de seu significado na ordem constitucional vigente. Trata-se, inegavelmente, de um conceito aberto, o qual se encontra permanentemente em construção[8].

Segundo já adiantado acima, a dignidade humana constitui o núcleo vetor por onde irradiam todos os direitos fundamentais; sendo, portanto, "valor absoluto da sociedade, seu elemento axiológico essencial sem o qual o Estado perde sua própria razão de existir[9]". Não há um direito fundamental ou um direito humano à dignidade, porquanto essa é a fonte e o fundamento onde se assentam todos os direitos[10].

Nessa esteia de pensamento, somos ontologicamente dignos; sendo, portanto, qualidade inerente a todo e qualquer ser humano, por isso irrenunciável e inalienável[11]. Já apregoava a Declaração Universal de Direitos Humanos, em seu art. 1º, que, por sermos dotados de razão e consciência, todos são igualmente livres, dignos e detentores dos mesmos direitos. Reforça, ainda, a solidariedade, característica também nata dos seres humanos, pois é imprescindível a convivência em sociedade, onde o indivíduo se realiza[12], e será de extrema importância para o estudo do direito à alimentação.

A dignidade demanda, ainda, o reconhecimento do outro como ser ontologicamente digno, capaz de participar, em igualdade de condições como todos os demais membros de determinada sociedade, do projeto social vigente. Contempla-se, então, a dimensão comunitária ou social. A igualdade, por conseguinte, importa, segundo Edílson Pereira Nobre Júnior[13], em a) em igualdade perante os poderes públicos, seja em decorrência da elaboração da lei, seja em sua aplicação e b) emerge a consideração da pessoa humana como conceito dotado de universalidade; sendo, portanto, inviável qualquer discriminação entre brasileiros natos e estrangeiros,

---

(4) De acordo com o art. 113, CF/1934, a ordem econômica deve ser organizada conforme os princípios da justiça e as necessidades da vida nacional, de modo que assegure a todos uma existência digna do homem. Dentro desses limites é garantida a liberdade econômica. Essa constituição, na lição de José Afonso da Silva, em *Curso de direito constitucional positivo*, (2009, p. 81), representou "um documento de compromisso entre o liberalismo e o intervensionismo".

(5) Como a Constituição de 1988 foi fortemente influenciada pelo constitucionalismo lusitano, apenas a título de conhecimento, o art. 1º da Constituição Portuguesa de 1976 afirma que Portugal é uma República soberana, baseada na dignidade humana e na vontade popular e empenhada na construção de uma sociedade livre, justa e solidária. Ainda, Canotilho explica que. Como princípio fundante dessa República, há a dignidade, compreendida pelo reconhecimento da pessoa como ente conformador de si próprio e limite do domínio político da República.

(6) O discurso constitucional de 1988 reforça também que as crianças e os idosos são dignos (art. 227 e art. 230, ambos da CF), por isso a família, a sociedade e o Estado possuem o dever de assegurar-lhes essa condição, a qual é ontológica de todos os seres humanos, conforme demonstraremos, bem como o Fundo de Combate à Pobreza deverá viabilizar a todos os brasileiros o acesso a níveis dignos de subsistência (art. 79, ADCT).

(7) Iremos nos basear, principalmente, na obra de Ingo Wolfgang Sarlet para fazer o estudo das dimensões da dignidade humana.

(8) SARLET, Ingo Wolfgang. *Dignidade da pessoa humana e direitos fundamentais na constituição de 1988*. 7. ed. Porto Alegre: Livraria do Advogado, 2009, p. 46.

(9) LORENZO, Wambert Gomes Di. *Teoria do estado da solidariedade*: da dignidade da pessoa humana aos seus princípios corolários. Rio de Janeiro: Elsevier, 2010, p. 53. No mesmo sentido, Agenor Cassaril, em *A pessoa humana como centro e fim do direito*, leciona que a pessoa humana é o fundamento primeiro do direito. Com efeito, o homem é o ser que, dentro do tempo e do espaço, se apresenta e deve ser considerado como "centro e fim" de tudo o que existe, pois ele é pessoa, isto é, o ser em consciência e em liberdade. Esta sua identidade o torna o valor absoluto – o único valor absoluto – a que tudo se refere. O absolutismo do homem, dentro da realidade do mundo, afirma-lhe o primado ontológico e finalístico: ele é o ser supremo, não podendo, por isso, ser intrumentalizado.

(10) Id., Ibid., p. 35.

(11) SARLET, op. cit., 2009, p. 45-47

(12) Ensina Maria de Moraes, em *O princípio da solidariedade*, que "do ponto de vista da moderna sociologia, portanto, o indivíduo, como tal, não existe; coexiste, juntamente com os outros indivíduos".

(13) NOBRE JÚNIOR, op. cit.

salvo aquelas relacionadas ao exercício dos direitos políticos.

Como já adiantado, a dignidade está em permanente construção, por isso o seu significado deve ser compreendido de acordo com o momento histórico em que está inserido. Trata-se da dimensão histórico-cultural.

Finalmente, em relação à dimensão autonômica e prestacional, precisamos, desde já, reforçar que tanto é necessário que o Estado e a comunidade política garantam a autodeterminação de seus indivíduos quanto ocorra a efetiva proteção dessa dignidade, principalmente, para aqueles que tenham essa capacidade diminuída, como nos casos de demência.

Assim, na lição de Luísa Cristina Pinto e Netto[14]:

> a dignidade da pessoa humana exige atuações estatais positivas, prestacionais, além das clássicas abstenções impostas pelos direitos de liberdade; em outras palavras, a dignidade humana não se satisfaz com os direitos de liberdade, exige a previsão e efetivação de direitos sociais que garantam as condições materiais de vida digna e de desenvolvimento da personalidade.

Nessa seara de pensamento, o estudo dessa dimensão está extremamente relacionado com a consagração do direito à alimentação, uma vez que, como uma decorrência direta do direito à vida[15], quando o indivíduo não possui condições fáticas, como, por exemplo, financeiras, para arcar com uma alimentação adequada, compete ao Estado, sobretudo, a garantia desse direito.

Entretanto, não podemos nos esquecer, segundo ressalta Wambert Di Lorenzo[16], de que a questão social tem a sua base em uma antropologia individualista, a qual culminou na crise do Estado Social, porquanto a "solidariedade tem dois aspectos, sendo virtude moral e princípio social. Quer dizer, é tarefa exclusiva da sociedade da qual o Estado é mero instrumento e, não, protagonista".

Dessa forma, os direitos sociais, em sua grande maioria, compreendidos como "obrigações de prestações *positivas* cuja satisfação não consiste numa 'omissão', um *non facere*, mas numa 'acção', um *facere*[17]", não está adstrita a sua concretização a cargo somente dos poderes públicas, mas toda a sociedade possui o dever de concorrer para essa efetivação[18].

A título de corroboração, o art. 194, CF afirma que a seguridade social, a qual compreende os direitos relativos à saúde, previdência e assistência social, compreende um conjunto de ações integrada tanto dos poderes públicos quanto da comunidade política pátria.

Com essas considerações a respeito da dignidade humana, seguiremos, então, para o escopo primordial de nosso trabalho.

2. CONCEITO E NATUREZA JURÍDICA DO DIREITO À ALIMENTAÇÃO

O discurso constitucional de 1988 adota, essencialmente, um constitucionalismo social[19], em que há uma verdadeira preocupação constante com a promoção da justiça social e as questões atinentes à concretização dos direitos sociais a todos os membros da comunidade política. Evidencia-se esse modelo logo com a consagração como fundamento da nossa República a livre iniciativa, atrelada aos valores sociais do trabalho (art. 1º, IV, da CF).

Então, o Estado Social emerge, justamente, no contexto de fracasso do liberalismo, em que é imprescindível a atuação estatal para regulamentar, notadamente, o mercado, uma vez que os pressupostos do *laissez-faire* não mais poderiam subsistir, diante da premente necessidade de garantia da justiça social, "o que pode ser identificado com o princípio da socialidade, destinado a reger a atividade estatal, aí incluída a intervenção econômica dirigista e planejadora[20]".

Nesse contexto, a pobreza, que tem como uma de suas causas a fome, um problema de mag-

---

(14) NETTO, Luísa Cristina Pinto e. Luísa Cristina Pinto. *Os direitos sociais como limites materiais à revisão constitucional*. Bahia: Juspodivm, 2009.

(15) NUNES, Mérces da Silva. *O direito fundamental à alimentação*: e o princípio da segurança. Rio de Janeiro: Elsevier, 2008, p. 52.

(16) LORENZO, op. Cit., 2010, p. 18.

(17) QUEIROZ, Cristina. *Direitos fundamentais sociais*: funções, âmbito, conteúdo, questões interpretativas e problemas de justiciabilidade. Portugal: Editora Coimbra, 2006, p. 06.

(18) Leciona, nesse contexto, Virgílio Afonso da Silva, em *O judiciário e as políticas públicas*: entre transformação social e obstáculo à realização dos direitos sociais, que "da mesma forma que a conquista de direitos civis e políticos foi uma conquista da sociedade civil, efetivada por meios políticos, a implementação de direitos sociais e econômicos não vai ser realizada de forma diversa".

(19) MARQUES DE LIMA, Francisco Gérson. *O STF na crise institucional brasileira* – estudos de casos: abordagem interdisciplinar de sociologia constitucional. São Paulo: Malheiros, 2009.

(20) NETTO, op. Cit., 2009, p. 29.

nitude mundial, causa a morte, todos os anos, de aproximadamente dezoito milhões de seres humanos, sendo que esse índice engloba dez milhões de crianças[21].

Quanto à fome, expressão biológica de males sociológicos e que se encontra extremamente ligada às distorções econômicas – subdesenvolvimento[22] – é responsável, no Brasil pela existência de 11,7 milhões de pessoas subnutridas, entre os anos de 2003 e 2005[23], data mais recente pesquisada.

Dessa forma, antes de adentrarmos propriamente nas legislações pertinentes ao assunto, a fim de perquirirmos o conceito e a natureza do direito à alimentação, precisamos destacar que já no Código Civil de 1916, como uma decorrência do próprio direito à existência, consoante antecipado mais acima, era previsto um capítulo referente aos alimentos.

Hodiernamente, subtítulo III, do título II, concernente ao direito patrimonial, do direito de família, trata desse assunto. Conforme Carlos Roberto Gonçalves[24]:

> o vocábulo "alimentos" tem, todavia, conotação muito mais ampla do que na linguagem comum, não se limitando ao necessário para o sustento de uma pessoa. Nele se compreende não só a obrigação de prestá-los, como também o conteúdo da obrigação a ser prestada. A aludida expressão tem, no campo do direito, uma acepção técnica de larga abrangência, compreendendo não só o indispensável ao sustento, como também o necessário à manutenção da condição social e moral do alimentando.

Nesse diapasão, alimento, segundo Fernando Netto[25], possui tanto um significado vulgar, já que se relaciona com tudo aquilo que determinada pessoa ingere tendo em vista o seu sustento, quanto uma acepção científica que deve abranger, ainda, os nutrientes capazes de preencher papéis biológicos específicos, como por exemplo, fornecer energia, material plástico para os tecidos, bem como o direito à nutrição líquida e à água potável.

Com essa definição apresentada, já é possível destacar que, como corolário imediato do direito à vida, a alimentação saudável não pode ser dissociada do contexto dos direitos sociais, porque se relaciona, igualmente, com a necessidade de existência de um meio ambiente saudável, conforme leciona Mérces Nunes[26].

Assim, o art. 2º, Lei n. 11.346, de 15 de setembro de 2006, que cria o sistema nacional de segurança alimentar (SISAN), responsável por assegurar o direito humano à alimentação adequada, esclarece que:

> Art. 2º. A alimentação adequada é direito fundamental do ser humano, inerente à dignidade da pessoa humana e indispensável à realização dos direitos consagrados na Constituição Federal, devendo o poder público adotar as políticas e ações que se façam necessárias para promover e garantir a segurança alimentar e nutricional da população.
>
> § 1º. A adoção dessas políticas e ações deverá levar em conta as dimensões ambientais, culturais, econômicas, regionais e sociais.
>
> § 2º. É dever do poder público respeitar, proteger, promover, prover, informar, monitorar, fiscalizar e avaliar a realização do direito humano à alimentação adequada, bem como garantir os mecanismos para sua exigibilidade.

Portanto, a partir da Emenda n. 62, de 04 de fevereiro de 2009, é inegável que o direito à alimentação foi positivado como fundamental na ordem constitucional, por isso não poderá sequer existir emenda tendente a aboli-lo, por ser uma cláusula pétrea explícita[27].

Finalmente, trata-se de um direito fundamen-

---

(21) Informação veiculado no Jornal Diário do Nordeste, na data de 06 de junho de 2010, na Seção Editorial, p. 02.

(22) Definição retirada do sítio: <http://www.josuedecastro.com.br/port/index.html>. Acessado em 08 de junho de 2010.

(23) Informação Disponível em: <http://www.fao.org/economic/ess/publications-studies/statistical-yearbook/fao-statistical-yearbook-2009/g-human-welfare/en/>. Acessado em 08 de junho de 2010.

(24) GONÇALVES, Carlos Roberto. *Direito civil brasileiro*. Vol. VI. 4. ed. São Paulo: Saraiva, 2007, p. 449.

(25) NETTO, Fernando Gama de Miranda. *Aspectos materiais e processuais do direito fundamental à alimentação*. In: NETO, Cláudio Pereira de Souza e SARMENTO, Daniel (Orgs). *Direitos sociais*: fundamentos, judicialização e direitos sociais em espécie. Rio de Janeiro: Lumen Juris, 2008, p. 1087.

(26) NUNES, op. cit., 2008, p. 56.

(27) As cláusulas pétreas estão diretamente relacionadas com os limites de atuação do Poder Derivado, por isso, o Constituinte Originário, no art. 60, por exemplo, estabeleceu certas limitações, de cunho circunstancial (art. 60, § 1º, CF) e material, as denominadas cláusulas pétreas explícitas (art. 60, § 4º, CF), a fim de que o legislador derivado não pudesse descaracterizar por completo a identidade constitucional brasileira, caso não sejam obedecidos certas barreiras na modificação do discurso constitucional.

tal, pertencente ao ramos dos direitos sociais[28] e humano, consoante será explanado no tópico referente ao plano internacional.

3. POLÍTICAS PÚBLICAS RELACIONADAS AO DIREITO À ALIMENTAÇÃO

No Brasil o programa de maior eficácia para combater a fome tem sido o Fome Zero, que foi criado em 2003, sobre os alicerces do programa Comunidade Solidária de 1995. O Fome Zero, tem o objetivo de erradicar a fome e a miséria do Estado brasileiro. A principal meta do governo é combater a fome e suas causas estruturais, que culminam por aumentar a exclusão social, bem como busca também garantir a segurança alimentar de todos os brasileiros, para isso utiliza-se de três frentes, sendo estas: um conjunto de políticas públicas; a construção participativa de uma Política Nacional de Segurança Alimentar e Nutricional; e um grande mutirão contra a fome que envolve os três níveis de governo (Federal, Estadual e Municipal) e todos os ministérios.

Segundo o site do programa, no Brasil, o Fome Zero atua em 4 eixos, buscando assim garantir a longevidade da qualidade de vida do cidadão atingido pelo programa. São esses eixos o acesso aos alimentos, o fortalecimento da agricultura familiar, a geração de renda e a articulação, mobilização e controle social.

A priori houveram e ainda existem muitas criticas ao Fome Zero, em especial por seu objetivo no início não ser tão claro, bem como por seu caráter populista que acaba por angariar votos. Alguns dizem que a EC n. 64/2010 acabou por institucionalizar o Fome Zero, tornando impossível o fim deste programa.

O fato é que as desigualdades no Brasil têm diminuído cada vez mais, contudo deve-se observar que essas mudanças não devem ser apenas uma ilusão econômica, mas sim, devem fazer uso de meios temporários para transformá-las em mudanças permanentes. Os programas assistencialistas não devem ser um fim em si só, mas sim um meio para a obtenção de um objetivo ainda maior e mais durável, conforme se depreende de informações retiradas do sítio do referido programa:

O Programa Fome Zero foi criado para combater a fome e as suas causas estruturais, que geram a exclusão social e para garantir a segurança alimentar de todos os brasileiros e brasileiras em três frentes: um conjunto de políticas públicas; a construção participativa de uma Política Nacional de Segurança Alimentar e Nutricional; e um grande mutirão contra a fome, envolvendo as três esferas de governo (federal, estadual e municipal) e todos os ministérios. De acordo com o *site* do programa, no Brasil existem 44 milhões de pessoas ameaçadas pela fome. O Programa Fome Zero consiste num conjunto de mais de 30 programas complementares dedicados a combater as causas imediatas e subjacentes da fome e da insegurança alimentar, implementados pelo ou com o apoio do Governo Federal.

Finalmente, iremos abordar o direito à alimentação no plano internacional.

4. DIREITO À ALIMENTAÇÃO NO PLANO INTERNACIONAL

O direito à alimentação, como demonstrado, possui *status* constitucional, contudo critica-se o fato de que já era lei, uma vez que o princípio basilar da constituição brasileira é a dignidade humana, logo a alimentação adequada já estaria contida no ordenamento brasileiro, haja vista que é parte fundamental para o desenvolvimento humano e qualidade de vida.

Esse "novo" direito não é tão novo assim, haja vista que é considerado direito humano dede de 1948, pois está expresso no artigo 25, § 1º, da Declaração Universal dos Direitos do Homem, como transcrito abaixo:

Art. 25

3. Todo o homem tem direito a um padrão de vida capaz de assegurar a si e a sua família saúde e bem estar, inclusive alimentação, vestuário, habitação, cuidados médicos e os serviços sociais indispensáveis, e direito à segurança em caso de desemprego, doença, invalidez, viuvez, velhice ou outros casos de perda de meios de subsistência em circunstâncias fora de seu controle.

Os direitos humanos são o conjunto básico de direitos necessários para que os cidadãos tenham

---

(28) No mesmo sentido, GAMBA, Juliane Caravieri Martins e MONTAL, Zélia Maria Cardoso. *O direito humano à alimentação adequada*: revisitando o pensamento de Josué de Castro. Revista Jurídica. Da Presidência. v. 11. Out./jan. de 2010.

uma vida digna e suas liberdades protegidas. Por esta razão são universais[29] e não devem ser desrespeitados. O conceito de direitos humanos de Dalmo de Abreu Dallari difere do anteriormente mencionado, para o qual direitos humanos representam "uma forma abreviada de mencionar os direitos fundamentais da pessoa humana. Esses direitos são considerados fundamentais porque sem eles a pessoa humana não consegue existir ou não é capaz de se desenvolver e participar plenamente da vida".[30]

É improvável considerar que os direitos fundamentais de um cidadão estão sendo respeitados se o próprio passa fome, vive em uma situação de miséria, porém é importante citar que essa crença de que o direito à alimentação é direito humano não é algo novo. As Nações Unidas, fazem estudos e levantamentos de dados a muitos anos, para melhorar suas campanhas para a erradicação da miséria mundo afora.

A PEC n. 047/2003 (proposta de emenda constitucional) aprovada no Congresso Nacional e publicada no DOU, no dia 5 de fevereiro do presente ano, no qual a promulgação da Emenda Constitucional n. 64 inclui o direito a alimentação entre os direitos sociais contidos no artigo 6º da Constituição brasileira, pode ser vista como uma emenda eleitoreira, uma vez que tal direito já existia, e mesmo que não fosse expresso, era parte importante do super princípio da dignidade da pessoa humana.

No âmbito internacional a definição de direito a alimentação adequada está contida no Acordo Internacional dos Direitos Econômicos, Sociais e Culturais e no Comentário Geral n. 12 adotado em maio de 1999 pelo Comitê dos Direitos Econômicos, Sociais e Culturais, órgão responsável pelo monitoramento da implementação do Acordo[31]. A definição usada neste relatório é a seguinte:

O direito à alimentação é o direito de ter um acesso regular, permanente e livre tanto diretamente ou por meios de compras financiadas, à alimentação suficiente e adequada tanto quantitativamente como qualitativamente, correspondendo às tradições culturais das pessoas a quem o consumo pertence, e que assegura uma realização física e mental, individual e coletiva, de uma vida digna e livre de medo.

Observa-se novamente a impossibilidade do homem de ter uma vida considerada digna sem ter uma alimentação adequada. A principal consequência desse direito é a segurança alimentar, que possibilita o pleno desenvolvimento do cidadão se alinhada com a efetivação dos demais direitos humanos.

No Acordo acima mencionado pode-se encontrar no art. 11, §§ 1º e 2º, um dos componentes do conceito de direito a alimentação, sendo este primeiro a noção de alimentação adequada.

Art. 11

§ 1. Os Estados-partes no presente Pacto reconhecem o direito de toda pessoa a um nível de vida adequado para si próprio e para sua família, inclusive à alimentação, vestimenta e moradia adequadas, assim como uma melhoria contínua de suas condições de vida. Os Estados-partes tomarão medidas apropriadas para assegurar a consecução desse direito, reconhecendo, nesse sentido, a importância essencial da cooperação internacional fundada no livre consentimento.

§ 2. Os Estados-partes no presente Pacto, reconhecendo o direito fundamental de toda pessoa de estar protegida contra a fome, adotarão, individualmente e mediante cooperação internacional, as medidas, inclusive programas concretos, que se façam necessários para:

2. Melhorar os métodos de produção, conservação e distribuição de gêneros alimentícios pela plena utilização dos conhecimentos técnicos e científicos, pela difusão de princípios de educação nutricional e pelo aperfeiçoamento ou reforma dos regimes agrários, de maneira que se assegurem a exploração e a utilização mais eficazes dos recursos naturais.

3. Assegurar uma repartição eqüitativa dos recursos alimentícios mundiais em relação às necessidades, levando-se em conta os problemas tanto dos países importadores quanto dos exportadores de gêneros alimentícios.

Neste sentido os Estados têm sim o dever de auxiliar os seus nacionais na obtenção de uma ali-

---

(29) A Carta das Nações Unidas foi assinada em São Francisco, a 26 de Junho de 1945, após o encerramento da Conferência das Nações Unidas sobre Organização Internacional, entrando em vigor a 24 de Outubro daquele mesmo ano. Este documento trás em texto a característica universal dos Direitos Humanos.

(30) DALLARI, Dalmo de Abreu. *Direitos humanos e cidadania.* São Paulo: Moderna, 1998, p. 7.

(31) Um comentário geral é um tipo de exegese autorizada de um tratado, para que se dê uma interpretação geralmente aceita. Comentário Geral n. 12 a respeito do artigo 11 da Convenção (ver "Compilation of general comments and general recommendations adopted by human rights treaty bodies" (HRI/GEN/1/Rev. 4, 7 de fevereiro de 2000, p. 57-65).

mentação saudável, buscando assim evitar a fome e a má nutrição. Tal auxílio deve ser feito por meio de intervenções e/ou políticas públicas que objetivem a melhoria da qualidade de vida do povo que compõe aquele Estado. Como é possível compreender, o comentário número 12, acerca do Acordo Internacional dos Direitos Econômicos, Sociais e Culturais, o artigo 11, transcrito anteriormente deve ser assim interpretado:

> O direito à alimentação adequada é alcançado quando todos os homens, mulheres e crianças, sozinhos ou em comunidade com outros, [têm] acesso físico e econômico em todos os momentos a alimentação adequada ou meios para sua obtenção. O <u>direito à alimentação adequada</u> deve, portanto, não ser interpretado em um estreito ou restrito senso no qual o equipara com um pacote mínimo de calorias, proteínas e outros nutrientes específicos. O <u>direito à alimentação adequada</u> terá de ser realizado progressivamente. De qualquer modo, os Estados têm uma obrigação central de tomar ações necessárias de atenuar e aliviar a fome.... até em tempos de desastres naturais ou outros[32].

Os outros dois componentes fundamentais para o conceito de alimentação adequada são os elementos de adequação e sustentabilidade. No conceito de adequação buscar-se-á saber se a acessibilidade e a qualidade de determinados alimentos ou dietas são adequados para as circunstâncias dadas. Quanto a sustentabilidade, esta noção está diretamente ligada com a idéia de segurança alimentar e alimentação adequada, uma vez que para se obter sustentabilidade, pressupõe-se que essa alimentação de qualidade deve estar disponível não apenas para os cidadãos hoje, mas também para as gerações futuras.

É importante observar que o conceito de adequação, muito tem a ver com as características sociais, culturais, econômicas e climáticas, enquanto a idéia de sustentabilidade está muito mais ligada a longevidade, a disponibilidade de alimentação entendida como de qualidade a longo prazo. Tais observações estão em acordo com o Comentário Geral n. 12:

---

(32) Comentário Geral 12, sobre o art. 11 do Acordo Internacional sobre os Direitos Econômicos, Sociais e Culturais.

Adequação e sustentabilidade do acesso e da disponibilidade de alimento

7. O conceito de adequação é particularmente significativo com relação ao direito à alimentação, na medida em que ele serve para salientar vários fatores que devem ser tomados em consideração para determinar se os alimentos ou dietas específicas que estão disponíveis podem ser considerados os mais apropriados, em um conjunto determinado de circunstâncias, para os objetivos do art. 11 do Pacto. A noção de sustentabilidade está intrinsecamente ligada à noção de alimentação adequada e segurança alimentar, o que significa estar o alimento disponível tanto para a geração atual, como para as futuras gerações. O significado preciso de "adequado" está condicionado, em grande parte, pelas condições sociais, econômicas, culturais, climáticas, ecológicas, e outras mais, que prevalecem, enquanto que a "sustentabilidade" incorpora a noção de disponibilidade e acessibilidade em longo prazo.

8. O Comitê considera que o conteúdo essencial do direito à alimentação adequada consiste do seguinte:

A disponibilidade do alimento, em quantidade e qualidade suficiente para satisfazer as necessidades dietéticas das pessoas, livre de substâncias adversas e aceitável para uma dada cultura.

A acessibilidade ao alimento de forma sustentável e que não interfira com a fruição de outros direitos humanos.

Do momento em que o direito a alimentação primeiro aparece como Direito Humano, na Declaração Universal sobre os Direitos do Homem em 1948, até a criação do Comitê da Alimentação Mundial em 1996, passaram-se quase 50 anos. Levou-se todo esse tempo para criar o primeiro plano de ação conjunta internacional que fosse de fato coerente e buscasse a efetividade de tal direito.

No dia 13 de novembro de 1996, a Cúpula da Alimentação Mundial, decidiu por adotar a Declaração de Roma, que versa sobre a segurança alimentar, onde os membros participantes desta Cúpula, comprometeram-se a implementar, monitorar e acompanhar o Plano de Ação da mesma em todos os níveis, firmando-se assim um compromisso com a comunidade internacional, que tornou-se conhecido como compromisso sete[33]. Tal compromisso

---

(33) COMPROMISSO SETE
Implementaremos, monitoraremos e acompanharemos este Plano de Ação em todos os níveis, em cooperação com a comunidade internacional.
A Base das Ações
54. A segurança alimentar mundial preocupa todos os membros da comunidade internacional em decorrência de sua crescente interdependência em torno de questões como a estabilidade política e a paz, a erradicação da pobreza, a prevenção de crises e desastres e ações diante dessas eventualidades, a degradação ambiental, o comércio, ameaças globais à sustentabilidade da segurança alimentar, o crescimento demográfico, os movimentos populacionais transfronteiriços e a cooperação nas áreas de tecnologia, pesquisa, investimentos e finanças.
55. Os mecanismos nacionais, regionais e internacionais de cooperação política, financeira e técnica devem concentrar-se em lograr, na maior brevidade possível, a segurança alimentar mundial sustentável.
56. Os governos são os principais responsáveis pela criação de um ambiente econômico e político que garanta a segurança alimentar a todos os seus cidadãos, envolvendo todos os elementos da sociedade civil para esse fim. A comunidade internacional e o sistema das Nações Unidas, inclusive a Organização das Nações Unidas para a Agricultura e Alimentação e outros órgãos e organismos têm, no âmbito de seus mandatos, importantes contribuições a oferecer à meta da segurança alimentar para todos.
57. A natureza multidimensional do acompanhamento dos compromissos assumidos na Cúpula Mundial da Alimentação inclui ações em nível nacional e intergovernamental e medidas que envolvem diversos órgãos. Além da mobilização indispensável de esforços nacionais, a efetiva implementação do Plano de Ação da Cúpula Mundial da Alimentação exige uma forte cooperação internacional, um processo de monitoramento nos níveis nacional, regional e global e a utilização de mecanismos e foros existentes. Para garantir uma melhor cooperação, será necessário melhorar as informações sobre os diferentes atores envolvidos nos campos da segurança alimentar, da agricultura, da pesca, da silvicultura e do desenvolvimento rural, bem como, onde necessário, suas atividades e recursos. O estabelecimento de metas realistas e o monitoramento do progresso alcançado em sua consecução exigem informações e análises confiáveis e relevantes que ainda não estão disponíveis frequentemente nos níveis nacional e internacional. Para que se faça um acompanhamento adequado dos compromissos assumidos na Cúpula Mundial da Alimentação, a coordenação e a cooperação de todo o sistema das Nações Unidas, inclusive das instituições de Bretton Woods, são vitais e devem levar em consideração o mandato da Organização das Nações Unidas para a Agricultura e Alimentação e de outras organizações pertinentes. Levando em consideração a Resolução n. 50/109 da AGNU, os resultados da Cúpula Mundial da Alimentação devem ser incluídos nas ações de acompanhamento dos compromissos assumidos em conferências e cúpulas importantes das Nações Unidas, bem como na implementação de seus respectivos programas de ação, segundo a Resolução n.

definiu cinco objetivos para que houvesse uma melhor efetivação do direito a alimentação adequada, bem como buscou-se deixar clara a importância da cooperação internacional para assegurar o sucesso desta empreitada. Sendo os cinco objetivos[34] mencionados anteriormente os seguintes:

Objetivo 7.1: Adotar ações dentro da estrutura nacional de cada país para aumentar a segurança alimentar e proporcionar a implementação dos compromissos do Plano de Ação da Cúpula da Alimentação Mundial.

Objetivo 7.2: Melhorar a cooperação subregional, regional e internacional e mobilizar e otimizar o uso de recursos disponíveis para apoiar esforços nacionais para o alcance mais cedo possível da segurança da manutenção mundial da alimentação.

Objetivo 7.3: Monitorar ativamente a implementação do Plano de Ação da Cúpula da Alimentação Mundial.

Objetivo 7.4: Deixar claro o conteúdo do direito à alimentação adequada e o direito fundamental de todos de serem livres da fome, como determinado pelo Acordo Internacional dos Direitos Econômicos, Sociais e Culturais e outros instrumentos regionais e internacionais relevantes, e dar particular atenção à implementação e realização completa e progressiva deste direito como um meio de alcançar a segurança alimentar para todos.

Objetivo 7.5: Compartilhar responsabilidades no alcance da segurança alimentar para todos, para que a implementação do Plano de Ação da Cúpula da Alimentação Mundial aconteça ao nível mais baixo no qual seu propósito poderia ser melhor alcançado.

50/227 da AGNU e a Resolução 1996/36 do ECOSOC, visando promover a segurança alimentar sustentável para todos como um elemento fundamental do esforço do sistema das Nações Unidas para erradicar a pobreza. Nesse contexto, a implementação do Plano de Ação da Cúpula Mundial da Alimentação exige ações intergovernamentais, a serem empreendidas particularmente por meio do CFS, e entre diferentes órgãos por meio do Comitê Administrativo Coordenador (ACC). No campo, os representantes de todos os órgãos das Nações Unidas devem trabalhar no âmbito do sistema de coordenadores de residentes das Nações Unidas para apoiar a implementação do Plano de Ação da Cúpula Mundial da Alimentação nos diferentes países.
(34) Os cinco objetivos estão contidos no compromisso sete, que busca a aliança da comunidade internacional para melhor efetivar o direito a alimentação e a segurança alimentar.

REFERÊNCIAS BIBLIOGRÁFICAS

BARROSO, Luís Roberto. *Neoconstitucionalismo e constitucionalização do Direito* (o triunfo tardio do Direito Constitucional no Brasil). Disponível em: <http://www.direitodoestado.com/revista/RERE-9-MAR%C3%87O-2007-LUIZ%20ROBERTO%20BARROSO.pdf>. Acesso em: 09 de abril de 2010.

BONAVIDES, Paulo. *Do estado liberal ao estado social*. 8. ed. São Paulo: Malheiros, 2007.

DALLARI, Dalmo de Abreu. *Direitos humanos e cidadania*. São Paulo: Moderna, 1998, p. 7.

GAMBA, Juliane Caravieri Martins e MONTAL, Zélia Maria Cardoso. *O direito humano à alimentação adequada*: revisitando o pensamento de Josué de Castro. Revista Jurídica. Da Presidência. v. 11. Out./jan. de 2010.

GONÇALVES, Carlos Roberto. *Direito civil brasileiro*. v. VI. 4. ed. São Paulo: Saraiva, 2007, p. 449.

LORENZO, Wambert Gomes Di. *Teoria do estado da solidariedade*: da dignidade da pessoa humana aos seus princípios corolários. Rio de Janeiro: Elsevier, 2010.

MARQUES DE LIMA, Francisco Gérson. *O STF na crise institucional brasileira* – estudos de casos: abordagem interdisciplinar de sociologia constitucional. São Paulo: Malheiros, 2009.

MIRANDA, Jorge. *Manual de direito constitucional*. Tomo IV. 4. ed. Portugal: Editora Coimbra, 2008.

MOURÃO, Fernando Augusto Albuquerque; PORTO, Walter Costa e MANTOVANINI, Thelmer Mário. *As constituições dos países de língua portuguesa comentada*. Brasília: Senado Federal, 2007.

MORAES, Maria Celina Bodin de. *O princípio da solidariedade*. Disponível em: <http://www.idcivil.com.br/pdf/biblioteca9.pdf>. Acessado em: 11 de maio de 2010.

NETO, Cláudio Pereira de Souza e SARMENTO, Daniel (orgs). *Direitos sociais*: fundamentos, judicialização e direitos sociais em espécie. Rio de Janeiro: Lumen Juris, 2008.

NETTO, Luísa Cristina Pinto e. Luísa Cristina Pinto. *Os direitos sociais como limites materiais à revisão constitucional*. Bahia: Juspodivm, 2009.

NOBRE JÚNIOR, Edílson Pereira. *O direito brasileiro e o princípio da dignidade humana*. Disponível em: <http://www.jfrn.gov.br/docs/doutrina93.doc>. Acesso em: 09 de junho de 2010.

QUEIROZ, Cristina. *Direitos fundamentais sociais*: funções, âmbito, conteúdo, questões interpretativas e problemas de justiciabilidade. Portugal: Editora Coimbra, 2006, p. 06.

SARLET, Ingo Wolfgang. *Dignidade da pessoa humana e direitos fundamentais na constituição de 1988*. 7. ed. Porto Alegre: Livraria do Advogado, 2009.

SILVA, José Afonso da. *Curso de direito constitucional positivo*. São Paulo: Malheiros, 2009.

O DIREITO FUNDAMENTAL DE ACESSIBILIDADE DAS PESSOAS COM DEFICIÊNCIA NO ÂMBITO DOS TRANSPORTES, O PASSE LIVRE E A QUESTÃO ECONÔMICO-TARIFÁRIA

Liliane Sonsol Gondim (*)
Álisson José Maia Melo (**)

1. INTRODUÇÃO

Passados vinte e cinco anos da promulgação da Constituição Federal e mais de quatro desde o ingresso da Convenção Internacional sobre os Direitos das Pessoas com Deficiência e seu Protocolo Facultativo no ordenamento jurídico brasileiro, muito ainda falta para consolidar o *status* jurídico do portador de deficiência para que este se coloque em condições de igualdade com os demais indivíduos. São todos eles destinatários de direitos fundamentais que, muitas vezes, não podem ser exercidos em igualdade de condições, precisando, por isso, ver relevadas todas as distinções, de modo a tornar mais equânime o exercício desses direitos.

É nesse sentido que se mostra relevante a discussão sobre o direito fundamental de acessibilidade das pessoas portadoras de deficiência no âmbito dos transportes, por entender-se como instrumental e acessório ao exercício de outros direitos fundamentais.

Para isso, é necessário discutir-se os fundamentos constitucionais do direito fundamental de acessibilidade, dedicando-se especial atenção aos dispositivos constitucionais correlatos e à Convenção Internacional sobre os Direitos das Pessoas com Deficiência, que trouxe claro reforço normativo à Constituição, tornando indiscutível o dever de garantir a acessibilidade por todas as esferas federativas.

Em complemento ao regramento constitucional, passa-se a analisar a instituição do "passe livre" para a pessoa portadora de deficiência reconhecidamente pobre e a legislação existente sobre o assunto nos níveis federal e estadual, especificamente no Estado do Ceará.

Acerca das decisões judiciais sobre o assunto, não se pôde furtar à análise de recente decisão em que foi concedido o direito à reserva de dois assentos nas aeronaves para pessoas portadoras de deficiência reconhecidamente pobres, à semelhança do que já era assente em relação aos outros modais de transporte interestadual coletivo.

Por ser medida que impacta diretamente no equilíbrio econômico-financeiro dos contratos de concessão de serviço público de transporte, mostra-se necessário direcionar o olhar para essa questão, inclusive com relação aos argumentos levados à discussão judicial pelas empresas concessionárias e sua repercussão nas decisões proferidas.

Cada um desses pontos leva ao reconhecimento de diversos níveis de acessibilidade com que se

---

(*) Mestre em Direito pela Universidade Federal do Ceará (UFC). Procuradora Autárquica da Agência Reguladora de Serviços Públicos Delegados do Estado do Ceará (Arce).

(**) Doutorando pelo Programa de Pós-Garduação em Direito da Universidade Federal do Ceará (PPGD/UFC). Mestre em Direito pela Universidade Federal do Ceará (UFC). Analista de Regulação da Agência Reguladora de Serviços Públicos Delegados do Estado do Ceará (Arce).

deparam os portadores de deficiência, vinculados a cada tipo de obstáculo, que necessariamente precisa ser vencido.

2. FUNDAMENTO CONSTITUCIONAL

No bojo da ordem constitucional pátria, a Constituição fala em oportunidades esparsas, sem trazer uma seção específica a respeito dos deficientes. A primeira oportunidade é feita ao tratar dos direitos dos trabalhadores, no que toca à proibição de qualquer discriminação relativa a salário ou aos critérios de admissão (art. 7º, inc. XXXI). Em seguida, ao tratar das competências dos entes federativos, coloca como compromisso de todos os entes da Federação brasileira "cuidar [...] da proteção e garantia das pessoas portadoras de deficiência" (art. 23, inc. II) e, no aspecto legiferante, a competência legislativa concorrente sobre "proteção e integração social das pessoas portadoras de deficiência" (art. 24, inc. XIV). Por conta dessa atribuição legislativa concorrente, mas especialmente porque a Constituição conferiu competência material para todos os entes, os Municípios também têm competência para legislar sobre o assunto, no âmbito do interesse local.

Mais especificamente aos transportes, veja-se que a Constituição adotou três parâmetros normativos distintos. Para a União, definindo exaustivamente suas competências privativas, estabelece a competência para "explorar" os transportes nas modalidades aéreo, ferroviário, aquaviário e rodoviários interestadual e internacional, e a respectiva administração das infraestruturas (art. 21, inc. XII, als. *c* a *f*), bem como a competência para legislar privativamente sobre "diretrizes da política nacional de transporte", sobre o regime das infraestruturas e sobre os transportes (art. 22, incs. IX a XI). Já para os Municípios, sua competência envolve "organizar e prestar" o serviço público de transporte coletivo (art. 30, inc. V), subentendida nessa competência de organização a definição das regras de prestação adequada do serviço. Diversamente do que ocorre com outras competências municipais, esse serviço não conta com a cooperação dos demais entes federados. Por fim, para os Estados, a Constituição não estabelece competência explícita, recaindo na reserva de competências não vedadas (art. 25, § 1º); por exclusão, aos Estados compete a organização e prestação do serviço de transporte rodoviário intermunicipal.

A Constituição volta a prestigiar os deficientes no âmbito do regime dos servidores públicos, primeiramente pela reserva de percentual de cargos na Administração Pública (art. 37, inc. VIII) e depois pela autorização de adoção de requisitos e critérios diferenciados de aposentadoria (art. 40, § 4º, inc. I). A mesma regra de diferenciação é aplicada no âmbito da previdência social (art. 201, § 1º). Também no âmbito da assistência social, a habilitação e a integração dos deficientes à vida comunitária e a garantia de um salário mínimo de benefício ao deficiente pobre são arroladas entre seus objetivos (art. 203, incs. IV e V). A Constituição ainda lembra dos deficientes na educação, exigindo atendimento educacional especializado na rede regular (art. 208, inc. III).

Por fim, no capítulo relativo à família, à criança e ao adolescente, ao jovem e ao idoso, a Constituição prevê a criação de programas de prevenção e atendimento especializado para os deficientes desde os primeiros anos e de integração social, em coerência com a competência legislativa concorrente e com a política de assistência social, bem como demanda a facilitação do acesso a bens e serviços coletivos, com a supressão de obstáculos de qualquer natureza, em especial os arquitetônicos (art. 227, § 1º, inc. II). Em acréscimo, estabelece a normatização, mediante lei em sentido estrito, da construção de logradouros e edifícios de uso público e fabricação de veículos de transporte coletivo adequados aos portadores de deficiência (art. 227, § 2º) e da adaptação dos logradouros, edifícios e veículos atualmente existentes (art. 244). Conquanto topicamente localizado no tema da criança, do adolescente e do jovem, tais garantias ao deficiente ultrapassam os critérios etários, beneficiando todo o grupo de proteção, até mesmo se considerarmos que as crianças, adolescentes e jovens de hoje serão os adultos e idosos de amanhã.

De todo o exposto, verifica-se que a Constituição, embora não tenha colocado os deficientes numa localização especial do seu texto, foi recorrente na lembrança do tratamento específico a esse grupo vulnerável, especialmente ao atribuir um compromisso dos entes federativos na promoção da habilitação e integração social. O fundamento desse discrímen não pode ser outro que não o direito à igualdade, alçado ao *status* de direito fundamental na parte final do art. 5º, *caput*, da Constituição.

No entanto, é imprescindível verificar que, embora não conste, no rol dos direitos fundamentais listados na Constituição de 1988, um direito ou conjunto de direitos fundamentais voltados para os deficientes, o art. 5º, § 2º, na redação original da Constituição, não só autorizava a abertura normativa dos direitos fundamentais para outros locais do próprio texto constitucional, decorrentes do regime e dos princípios adotados, como se poderia extrair especialmente do art. 227, mas também remetia aos tratados internacionais assinados pela República. Mais recentemente, a Emenda Constitucional n. 45/04 ampliou a força normativa desses direitos fundamentais decorrentes, estabelecendo no § 3º a regra de que tratados internacionais de direitos humanos, quando respeitarem os procedimentos e o quórum para aprovação de emenda constitucional, passam a ter *status* equivalente.

Integrando o assim chamado bloco de constitucionalidade, verifica-se que até hoje veio a integrar formalmente a Constituição de 1988 com força de emenda constitucional, com fundamento no art. 5º, § 3º, somente um único documento internacional, a saber, a Convenção Internacional sobre os Direitos das Pessoas com Deficiência e seu Protocolo Facultativo, aprovado pelo Congresso Nacional através do Decreto Legislativo n. 186, de 9 de julho de 2008, e recepcionado no ordenamento jurídico pelo Decreto n. 6.949, de 25 de agosto de 2009. Nos dezoito artigos da Convenção, apensada ao Decreto, positiva-se um capítulo específico para a regulamentação dos direitos fundamentais dos deficientes. Mais especificamente, ao tratar do direito à acessibilidade, no art. 9, dispõe a Convenção nos seguintes termos:

> Art. 9º
> Acessibilidade
> 1. A fim de possibilitar às pessoas com deficiência viver de forma independente e participar plenamente de todos os aspectos da vida, **os Estados Partes tomarão as medidas apropriadas para assegurar às pessoas com deficiência o acesso, em igualdade de oportunidades com as demais pessoas, ao meio físico, ao transporte**, à informação e comunicação, inclusive aos sistemas e tecnologias da informação e comunicação, bem como a outros serviços e instalações abertos ao público ou de uso público, tanto na zona urbana como na rural. **Essas medidas, que incluirão a identificação e a eliminação de obstáculos e barreiras à acessibilidade, serão aplicadas, entre outros, a:**
> a) **Edifícios, rodovias, meios de transporte** e outras instalações internas e externas, inclusive escolas, residências, instalações médicas e local de trabalho; [grifos nossos]

Não significa dizer que antes da promulgação do Decreto n. 6.949/09 não estava garantido o direito fundamental de acessibilidade aos deficientes, já que era possível inferir esse direito dos demais dispositivos constitucionais já destacados; todavia, forçoso reconhecer que com a inserção dessa Convenção no bloco de constitucionalidade, além de um claro reforço normativo, tem-se que esse direito fundamental entrou no âmbito da explicitude textual, passando a ser indiscutível a obrigação da República, em todas os seus níveis federativos, de garantir a acessibilidade.

Assim, o fundamento por trás da promoção dos direitos dos deficientes repousa nos direitos humanos, encontrando assento especialmente no princípio da isonomia, na medida em que possibilita uma maior igualdade de oportunidades para os deficientes.

Indo além dessa assertiva, é forçoso reconhecer o direito ora discutido como direito fundamental que reclama aplicabilidade imediata, conforme art. 5º, § 1º, da Constituição. A aplicabilidade da norma independe de qualquer providência legislativa ulterior para se concretizar. Nesse sentido, não há que se negar a fruição do direito fundamental por motivo relacionados a sua regulamentação. Entretanto, ainda que a regulamentação da legislação possa tratar apenas de questões operacionais ou atinentes ao exercício do direito sem, contudo, poder suprimi-lo, reconhece-se que a ausência de alguns elementos de natureza material pode vir a obstaculizar o exercício do direito em sua plenitude.

3. LEGISLAÇÃO FEDERAL

No exercício das competências da União já ressaltadas na seção anterior, é possível confirmar que o direito fundamental à acessibilidade dos deficientes já se encontrava consagrado implicitamente na versão original da Constituição, uma vez que uma das primeiras legislações aprovadas sob a nova ordem constitucional foi a Lei n. 7.853, de 24 de outubro de 1989, que dispunha sobre o apoio às pessoas portadoras de deficiência e sobre sua integração social. Referida legislação tem como escopo a proteção integral do deficiente para o pleno exercício de seus direitos. Dentro do âmbito dessa proteção, estão incluídas algumas questões relativas à acessibilidade, mais especificamente em relação aos transportes:

> Art. 2º [...].
> Parágrafo único. Para o fim estabelecido no *caput* deste artigo, os órgãos e entidades da administração direta e indireta devem dispensar, no âmbito de sua competência e finalidade, aos assuntos objetos esta Lei, tratamento prioritário e adequado, tendente a viabilizar, sem prejuízo de outras, as seguintes medidas:

[...]

V – na área das edificações:

a) a adoção e a efetiva execução de normas que garantam a funcionalidade das edificações e vias públicas, que evitem ou removam os óbices às pessoas portadoras de deficiência, permitam o acesso destas a edifícios, a logradouros e a meios de transporte.

Vê-se que essa primeira legislação teve uma preocupação imediata com a acessibilidade arquitetônica dos deficientes no que toca aos espaços públicos, com destaque para a acessibilidade aos meios de transporte nesse viés. Contudo, os problemas de acessibilidade dos deficientes não se resumem tão somente ao aspecto arquitetônico; embora isso seja tolerável no âmbito corriqueiro do ambiente urbano, é necessário reconhecer que, a despeito das medidas legislativas e políticas para a inserção dos deficientes no mercado de trabalho (bem como no âmbito da própria Administração Pública) em condições de igualdade salarial, há uma indiscutível diferença socioeconômica que atinge esse grupo vulnerável que atinge sua condição financeira. Assim, em determinadas situações, a acessibilidade arquitetônica não é suficiente, devendo ser garantida, inclusive, a acessibilidade financeira do deficiente.

Imbuído desse espírito é que, posteriormente, veio a ser sancionada a Lei n. 8.899, de 29 de junho de 1994, garantindo o direito ao "passe livre às pessoas portadoras de deficiência, comprovadamente carentes, no sistema de transporte coletivo interestadual" (art. 1º). Atuando dentro do âmbito de exercício de sua competência para explorar esses serviços, a União limitou-se a conferir esse direito somente nessa modalidade de transporte, em respeito aos espaços de liberdade legislativa dos demais entes federativos para organizar seus respectivos serviços de transporte. Deve-se observar que a Lei n. 8.899/94 não fez restrições relativas à modalidade de transporte, assinalando somente as condições cumulativas de se tratar de transporte coletivo e de transporte interestadual.

Com relação à condição de "comprovadamente carente", remete-se à disciplina da Assistência Social, nos termos da Lei n. 8.742, de 7 de dezembro de 1993. Em especial, no âmbito do benefício de prestação continuada – garantia de um salário mínimo mensal ao deficiente –, a legislação, na sua redação original, definia deficiente como a pessoa "incapacitada para a vida independente e para o trabalho" e estipulava que a incapacidade de prover a própria manutenção era definida com base na respectiva família, cuja renda mensal *per capita* fosse inferior a um quarto do salário mínimo (art. 20, §§ 2º e 3º). Esses dispositivos sofreram recentes alterações legislativas em 2011, passando o conceito de deficiente a ser a pessoa "que tem impedimentos de longo prazo de natureza física, mental, intelectual ou sensorial, os quais, em interação com diversas barreiras, podem obstruir sua participação plena e efetiva na sociedade em igualdade de condições com as demais pessoas", conceito aliás muito menos preconceituoso e mais condizente com as diferentes aptidões e potencialidades dos deficientes, que longe estão de serem considerados inválidos. Já quanto à incapacidade de manutenção, embora a redação tenha sido alterada formalmente, não houve alteração substancial, permanecendo o índice de um quarto do salário mínimo *per capita* na família. Assim, deve ser reconhecido como comprovadamente carente o deficiente que se enquadre nessa condição, ainda que seja beneficiário da prestação continuada.

A despeito de se reconhecer que essa lei vem sendo aplicada dessa forma, é importante referenciar recente decisão do STF, em que esse tribunal concluiu que a aferição da condição de pobreza para fins de concessão dos benefícios de assistência social, o julgador não fica adstrito à questão meramente aritmética, havendo a possibilidade de considerar, em sua decisão, outros elementos constantes do caso concreto[1].

No mesmo sentido, a Lei n. 8.989, de 24 de fevereiro de 1995, conferiu isenção do Imposto sobre Produtos Industrializados (IPI) para a aquisição de automóveis para utilização por "pessoas que, em razão de serem portadoras de deficiência física, não possam dirigir automóveis comuns". No entanto, essa Lei sofreu alterações em 2003, com ampliação do escopo da isenção para as pessoas com deficiências "física, visual, mental severa ou profunda, ou autistas" (art. 1º, inc. IV), ou seja, independentemente de o veículo ser adaptado ou de ser o deficiente o próprio motorista, regulamentando nos §§ 1º e 2º do art. 1º as definições, respectivamente, de deficiência física e visual.

Outro perfil da acessibilidade, relacionado mais propriamente ao aspecto sociocultural do

---

(1) A esse respeito, cf. RC n. 4.374, RE n. 567.985 e RE n. 580.963.

que econômico, está na prioridade de atendimento, garantido aos deficientes e aos idosos na Lei n. 10.048, de 8 de novembro de 2000. Nos termos dessa Lei, "As repartições públicas e empresas concessionárias de serviços públicos estão obrigadas a dispensar atendimento prioritário, por meio de serviços individualizados que assegurem tratamento diferenciado e atendimento imediato" (art. 2º). E, mais, no tocante especificamente aos transportes públicos, a legislação foi além da previsão na Lei n. 7.853/89, dispondo tanto que "As empresas públicas de transporte e as concessionárias de transporte coletivo reservarão assentos, devidamente identificados" (art. 3º) quanto que "Os veículos de transporte coletivo a serem produzidos após doze meses da publicação desta Lei serão planejados de forma a facilitar o acesso a seu interior das pessoas portadoras de deficiência" (art. 5º, *caput*), conferindo o prazo de cento e oitenta dias para as adaptações necessárias aos veículos já existentes (art. 5º, parágrafo único). É triste, contudo, observar que a despeito das determinações constitucionais e da existência de legislação do final da década de 1980, somente dez anos depois é que, mediante lei ordinária, se fez exigir a adaptação dos veículos para as exigências de acessibilidade.

No âmbito da regulamentação pelo Poder Executivo, deve-se salientar que praticamente todas essas legislações destacadas tiveram decretos. Contudo, tais regulamentações somente vieram a partir do final da década de 1990. Com efeito, a Lei n. 7.853/89 somente veio a ser regulamentada pelo Decreto n. 3.298, de 20 de dezembro de 1999, definindo deficiência em moldes similares à redação original da Lei n. 8.742/93 como "toda perda ou anormalidade de uma estrutura ou função psicológica, fisiológica ou anatômica que gere incapacidade para o desempenho de atividade, dentro do padrão considerado normal para o ser humano" (art. 3º, inc. I) e regulamentando as espécies de deficiência no art. 4º. Esse regulamento menciona poucas vezes a respeito dos transportes, incluído como direito básico do deficiente (art. 2º), com especial menção ao acesso do aluno deficiente ao transporte (art. 24, inc. VI) e ao estímulo ao turismo mediante serviços adaptados de transporte (art. 46, inc. VIII). Por fim, no art. 51, inc. I, definia acessibilidade como a "possibilidade e condição de alcance para utilização, com segurança e autonomia, [...] dos transportes", sendo que esse dispositivo foi revogado pelo Decreto n. 5.296, de 2 de dezembro de 2004, que, por sua vez, regulamenta as Leis ns. 10.048/00 e 10.098/00.

Esse Decreto merece especial atenção, haja vista que, além de disciplinar novamente a respeito da definição de deficiente como a pessoa "que possui limitação ou incapacidade para o desempenho de atividade" (art. 5º, § 1º, inc. I) e de acessibilidade como a "condição para utilização, com segurança e autonomia, total ou assistida [...] dos serviços de transporte e dos dispositivos", bem como tratar das espécies de deficiência (art. 5º, § 1º, inc. I, als. *a* a *e*), confere um capítulo específico para a acessibilidade nos serviços de transportes coletivos. Tratando da acessibilidade "aos serviços de transporte coletivo terrestre, aquaviário e aéreo" sobre "os veículos, terminais, estações, pontos de parada, vias principais, acessos e operação" (art. 31), estabelece o Decreto n. 5.296/04 que os sistemas de transporte coletivo "são considerados acessíveis quando todos os seus elementos são concebidos, organizados, implantados e adaptados segundo o conceito de desenho universal, garantindo o uso pleno com segurança e autonomia por todas as pessoas" (art. 34). Especificamente, o regulamento vai trazer normas que envolvem a acessibilidade arquitetônica e o atendimento prioritário para cada uma das modalidades de transporte (arts. 38 a 44).

À primeira vista, o referido regulamento parece se coadunar com o espírito demonstrado pelas mencionadas leis federais no que se refere à necessidade de se implementar ações afirmativas com a finalidade de corrigir desigualdades históricas respeitantes aos portadores de deficiência. As Leis Federais ns. 10.048/2000 e 10.098/2000 impõem às empresas de transporte coletivo de passageiros, entre outras exigências, a acessibilidade nos veículos vinculados à operação, seja mediante adaptação, seja mediante fabrico, no caso dos veículos novos. A edição dessas normas veio atender ao reclamo constitucional constante de diversos dispositivos constitucionais, especialmente do art. 227, § 2º.

Na esteira do mandamento constitucional, alguns dispositivos da Lei n. 10.048/2000 estabeleceram que "as empresas públicas de transporte e as concessionárias de transporte coletivo reservarão assentos, devidamente identificados, aos idosos, gestantes, lactantes, pessoas portadoras de deficiência e pessoas acompanhadas por crianças de colo".

Adiante, outro dispositivo prescreveu que "os veículos de transporte coletivo a serem produzidos após doze meses da publicação desta Lei serão planejados de forma a facilitar o acesso a seu interior das pessoas portadoras de deficiência". Em seguida, "Os proprietários de veículos de transporte coletivo em utilização terão o prazo de cento e oitenta dias, a contar da regulamentação desta Lei, para proceder às adaptações necessárias ao acesso facilitado das pessoas portadoras de deficiência".

Embora a competência para legislar sobre proteção e garantia das pessoas portadoras de deficiência seja concorrente, conforme art. 24, XIV, da CF, é certo que tanto a competência para legislar sobre diretrizes da política nacional de transportes quanto sobre trânsito e transportes é privativa da União. Ressalte-se que a competência privativa, ou seja, indelegável, da União em transportes é relativa ao serviço público de transportes de sua competência, o que não é o caso do transporte rodoviário intermunicipal de passageiros – de competência dos estados-membros. As leis federais acima são notadamente normas gerais sobre transportes, além de trazerem normas dirigidas especificamente à indústria fabricante dos veículos de uso coletivo. São, portanto, perfeitamente válidas e aplicáveis ao serviço público de transporte rodoviário intermunicipal de passageiros.

No entanto, diante da prescrição legal, torna-se imperioso reconhecer o vício de ilegalidade que acompanha o Decreto n. 5.296/2004, o qual, ao regulamentar as leis antes apontadas, elasteceu os prazos determinados pela Lei, tornando-se letra morta nesse tocante. Havendo conflito entre o decreto e a lei que regulamenta, prevalece o que está prescrito na lei, e não o que dispõe o decreto, ainda que superveniente.

Por fim, merece destaque o Decreto n. 3.691, de 19 de dezembro de 2000, que, regulamentando a Lei n. 8.899/94, estabeleceu que "As empresas permissionárias e autorizatárias de transporte interestadual de passageiros reservarão dois assentos de cada veículo, destinado a serviço convencional", para ocupação por pessoas deficientes (art. 1º) e remete a uma disciplina pelo Ministro de Transportes (art. 2º). Com efeito, foi inicialmente publicada a Portaria MT n. 001, de 9 de janeiro de 2001, sendo que esta foi logo substituída pela Portaria Interministerial n. 003, de 10 de abril de 2001, assinada pelos Ministros da Justiça, dos Transportes e da Saúde, disciplinando sobre o sistema de transporte coletivo interestadual, nos modais rodoviário, ferroviário e aquaviário. Juntamente com esse normativo também vieram a ser publicadas a Instrução Normativa STA n. 001, específica sobre o passe livre no transporte aquaviário, e a Instrução Normativa STT n. 001, específica para os modais ferroviário e rodoviário, ambas de 10 de abril de 2001, e ambas posteriormente revogadas pela Portaria GM n. 261, de 3 de dezembro de 2012.

4. LEGISLAÇÃO DO ESTADO DO CEARÁ

No âmbito do Estado do Ceará, embora se perceba verdadeira omissão legislativa diante da relevante competência concorrente que lhe foi outorgada, o legislador estadual não ignorou totalmente a questão. A Lei Estadual n. 13.094, o principal instrumento normativo que trata do transporte rodoviário intermunicipal de passageiros, ao consolidar as normas dessa espécie de serviço público, é inócua no que diz respeito à garantia de acessibilidade aos portadores de deficiência e dispõe apenas que:

> Art. 20. Os demais componentes da equipe de operação do veículo deverão:
>
> I – auxiliar o embarque e desembarque de passageiros, especialmente crianças, senhoras, pessoas idosas e deficientes motores, sendo que, no caso de serviço regular de transporte de passageiros metropolitanos, tal exigência só será devida nos terminais;
>
> (...).

A par dessa lei, o Estado já havia concedido, através da Lei n. 12.568/1996, o benefício da gratuidade do serviço regular intermunicipal aos portadores de deficiência física que sejam pobres. Lamenta-se que a referida lei não tenha estendido o benefício para outros tipos de deficiência, mas, ainda assim, considera-se a Lei n. 12.568/1996 absolutamente consentânea com a Constituição Federal, ainda que anterior à Convenção Internacional sobre os Direitos das Pessoas com Deficiência já mencionada, ao conceder o benefício social gratuitamente aos portadores de deficiência comprovadamente pobres.

Ao afirmar que o benefício é dirigido aos deficientes físicos pobres, são igualmente promovidos os preceitos contidos nos objetivos fundamentais da República Federativa do Brasil respeitantes à erradicação da pobreza e da marginalização e à redução das desigualdades sociais.

É necessário, nesse ponto, esclarecer, que a necessidade de comprovação da pobreza decorre da Lei n. 14.859, de 28 de dezembro de 2010, que revogou, em parte, a Lei n. 12.568/1996, no que se refere à forma de comprovação da pobreza, ao dispor de modo diverso. Nos termos da lei mais recente, considera-se, *in verbis*:

> Art. 1º É considerado pobre, para inscrição em programas sociais, e para obtenção de benefícios do Estado, toda pessoa que apresente privação acentuada dos elementos básicos para a sobrevivência digna, tais como: alimentação, habitação e vestuário.
>
> Art. 2º A solicitação de qualquer benefício ou serviço público, relacionado à condição de pobreza, no âmbito dos Poderes Executivo, Legislativo e Judiciário do Estado do Ceará, deverá ser acompanhada de documentação que comprove esse estado.
>
> Parágrafo único. As disposições do *caput* também se aplicam aos concessionários, permissionários e delegatários de serviço público.
>
> Art. 3º São documentos idôneos a comprovação do estado de pobreza:
>
> I – fatura de energia elétrica que demonstre o consumo de até 80 kWh mensais;
>
> II – fatura de água que demonstre o consumo de até 10 (dez) metros cúbicos mensais;
>
> III – comprovante de inscrição em benefícios assistenciais do Governo Federal;
>
> IV – comprovante de obtenção de rendimento mensal inferior a meio salário mínimo por membro do núcleo familiar.
>
> § 1º Não será aceita declaração de próprio punho ou qualquer documento produzido unilateralmente pela parte interessada.

Dessa forma, resta afastada a sistemática da Lei n. 1.060/1950, originalmente prevista quando da concessão do benefício, que admitia a declaração de próprio punho formulada pelo requerente.

Aparentemente, a lei estadual mostra-se mais benéfica em relação ao critério de pobreza adotado, ao permitir a concessão da gratuidade para indivíduos que comprovem possuir rendimento mensal inferior a meio salário mínimo. Entretanto, num vislumbre sistemático da legislação, é possível que o rendimento mensal familiar seja complementado por benefícios assistenciais do Governo Federal, o que retiraria do eventual beneficiário a gratuidade do transporte por ultrapassar o teto de um quarto de salário mínimo para fazer jus à gratuidade do transporte.

Na verdade, essa situação mostra que tal dispositivo da legislação estadual apenas corrige eventuais injustiças, no caso de o deficiente estar contemplado na situação antes descrita, o que automaticamente lhe remeteria à média mensal superior a um quarto de salário mínimo *per capita*. Acrescente-se que tal fato impõe maior razão à recente decisão do STF apontada na seção anterior, em que se permite maior liberdade ao julgador em reconhecer situações de pobreza que necessariamente ficariam excluídas pela regra legal, que dessa forma, se sobreporia aos princípios constitucionais.

5. TRANSPORTE AÉREO E GRATUIDADE: DECISÃO JUDICIAL

Recentemente, o Tribunal Regional Federal da 1ª Região julgou favoravelmente a apelação da sentença concedida no bojo de uma ação civil pública ajuizada pelo Ministério Público Federal, determinando a reserva de dois assentos nas aeronaves de uma determinada companhia aérea para pessoas portadoras de deficiência nos voos domésticos. Veja-se a ementa do julgado:

> CONSTITUCIONAL, ADMINISTRATIVO E PROCESSUAL CIVIL. AÇÃO CIVIL PÚBLICA. PORTADORES DE DEFICIÊNCIA, COMPROVADAMENTE CARENTES. TRANSPORTE AÉREO COLETIVO E INTERESTADUAL DE PASSAGEIROS. GRATUIDADE. GARANTIA FUNDAMENTAL. EQUILÍBRIO ECONÔMICO-FINANCEIRO. FONTE DE CUSTEIO. DESNECESSIDADE. DANO MORAL COLETIVO. CABIMENTO. ADEQUAÇÃO DA VIA ELEITA. COMPETÊNCIA TERRITORIAL E DIMENSÃO DE SUA EFICÁCIA, NESTE JULGADO COLETIVO.[2]

A referida decisão cuidou de estender o conceito de transporte coletivo ao transporte aéreo, que os regulamentos infralegais haviam cuidado de restringir indevidamente. Ela foi incisiva ao afirmar que a Lei n. 8.899/94 jamais poderia ter excluído o transporte aéreo do conceito de transporte coletivo interestadual, reconhecendo ser aquele uma espécie deste e, sobretudo, por tal interpretação levar a ignorar os direitos fundamentais insculpidos na Constituição Federal.

---

(2) TRF-1 – AC: 2006.38.03.003235-6 MG, Relator: DESEMBARGADOR FEDERAL SOUZA PRUDENTE, Data de Julgamento: 12/08/2013, QUINTA TURMA, Data de Publicação: e-DJF1 p.170 de 20/08/2013.

Outro argumento vencido no julgado foi de que a concessão do benefício estava condicionada à criação da fonte de custeio correspondente. O Tribunal afastou a ideia de benefício da seguridade social, este sim, adstrito ao dispositivo constitucional que proíbe a criação, a majoração ou a ampliação de benefício ou serviço da seguridade social sem a correspondente fonte de custeio (art. 195, § 5º).

De fato, afastada a caracterização da gratuidade como benefício da seguridade social, não há que se falar em condicionantes, dada a ausência de previsão legal para tanto. Ademais, a disciplina dos contratos de concessão impõe ao pleito de desequilíbrio econômico-financeiro da equação a análise da administração pública e só então, eventual recomposição do equilíbrio, sendo tratado essencialmente como um problema de política tarifária.

Além da questão financeira, o Tribunal afirmou que se entendesse necessária a condicionante, estaria sendo criado um óbice à concessão da gratuidade que inviabilizaria um dos objetivos fundamentais constitucionais, especificamente a construção de uma sociedade livre, justa e solidária (CF, art. 3º, inc. I). O acórdão entendeu ocorrido, inclusive, dano moral coletivo, com base no Código de Defesa do Consumidor (CDC), considerando ser injustificável e intolerável a ofensa, ao ferir gravemente os direitos de uma comunidade (art. 6º, inc. VI) e violar flagrantemente uma garantia legalmente assegurada às pessoas carentes portadoras de deficiência, na qualidade de consumidores usuários dos serviços. Entendeu o Tribunal que da atitude da concessionária, resultaram transtornos de ordem física, psíquica e emocional decorrentes da angústia e do sofrimento de não terem o serviço prestado para si.

Outros aspectos respeitantes ao mesmo assunto foram analisados, ainda que de modo perfunctório, pelo Ministro Joaquim Barbosa, em sede de pedido de suspensão de liminar. Insatisfeita, a concessionária buscou suspender a liminar anteriormente concedida, mas teve seu pleito indeferido. Apesar de ter sido considerada parte ilegítima para pleitear a medida, uma vez que é privativa do poder público, o referido ministro não se furtou de rebater alguns dos argumentos levantados pela concessionária, que consistiam em afirmar que a União havia optado por excluir o transporte aéreo do benefício criado pela Lei n. 8.899/94; que seria inconstitucional a criação de benefício da seguridade social sem prévia fonte de custeio; que a empresa se veria compelida a transferir para os demais consumidores o ônus da medida; que o benefício frustraria sua expectativa de lucro; e, por fim, de que haveria desequilíbrio artificial das condições de concorrências, por ser a única concessionária a ser atingida pela decisão final, ficando as suas concorrentes livres do ônus correspondente à concessão da gratuidade.

Basicamente, o ministro afirmou ser inconsistente a afirmação de que a concessão do benefício inviabilizaria a exploração do serviço de transporte aéreo, o que corrobora a posição de que esse é um problema de política tarifária. Acrescentou, ainda, que as empresas dispõem de outras fontes de renda, demonstrando o caráter puramente patrimonial do interesse jurídico da empresa, o que a afastaria do argumento de que a decisão impugnada traria grave risco de ruptura da ordem social.

6. A QUESTÃO ECONÔMICO-TARIFÁRIA

É interessante observar que a Constituição, no artigo 227, § 1º, inc. II, ao mencionar a supressão dos obstáculos de qualquer natureza, permite o vislumbre da questão econômica como um fator que obstaculiza o exercício pleno da locomoção dessas pessoas. Em outras palavras, a vulnerabilidade socioeconômica dos portadores de deficiência que utilizam o transporte público constitui, juntamente com o preço das tarifas do transporte coletivo, um impedimento ao deslocamento desses usuários, atraindo a incidência do mencionado dispositivo inclusive no que toca à gratuidade do transporte público.

A partir da premissa de que, constatada a vulnerabilidade socioeconômica de uma parcela daqueles que utilizam o transporte público, os preços das tarifas do transporte coletivo podem se mostrar como um impedimento ao deslocamento dessas pessoas, faz-se necessário analisar os instrumentos postos à disposição do poder público para viabilizar a concretização do direito fundamental correlato.

Na ação judicial mencionada na seção anterior, a concessionária de transporte aéreo argumentou, no que importa à questão econômica, que teria sido concedido um benefício de seguridade social sem a correspondente discriminação prévia da fonte de custeio e que se estaria criando artificialmente uma situação de desequilíbrio das condições concorrenciais, uma vez que a coisa julgada seria subjetivamente limitada a si própria, não se estendendo a outros concessionários de transporte aéreo.

É imperioso reconhecer que se trata da concessão de um direito que traz, em si, a produção de efeitos financeiros para as empresas prestadoras do serviço, uma vez que reduz o universo de usuários pagantes do serviço.

Ressalte-se que em ação direta de inconstitucionalidade, especificamente na ADI n. 3.768/DF, foi afastada a exigência de prévia designação da fonte de custeio quando se trata de medida capaz de viabilizar a concretização da dignidade da pessoa humana. Entretanto, ainda que se afaste o referido argumento, é discutível a classificação da gratuidade concedida como um benefício da seguridade social, não se submetendo, portanto, à exigência de se apontar a fonte de custeio. A gratuidade mostra-se mais condizente com a ideia de ação afirmativa, com previsão constitucional, instrumental de que dispõe o poder público para atacar situações antiisonômicas, como é o presente problema.

Com relação à alteração unilateral das condições contratuais estabelecidas no momento da licitação das concessões, ela é integralmente permitida, desde que observada a recomposição do equilíbrio econômico-financeiro, caso a equação se desequilibre. É importante reconhecer que a observância da manutenção do equilíbrio econômico-financeiro dos contratos possui assento constitucional. O art. 37, XXI, é considerado a matriz constitucional da observância do equilíbrio econômico-financeiro dos contratos.[3]

A política tarifária é definida pelo poder concedente e é certo que, havendo um custo, ele será absorvido por uma das partes. A gratuidade concedida pode ser contemplada na estrutura tarifária, de modo a transferir os custos decorrentes do benefício aos demais usuários do serviço não contemplados por ela, ou pode ter como base financeira um universo mais amplo, composto por todos os contribuintes, se definido um subsídio a ser custeado pelo poder concedente. Em última análise, será pago, sempre, pelo indivíduo, usuário do serviço público ou mero contribuinte, haja vista que o Estado não é um ente produtor de riquezas.

A concessão de uma gratuidade a ser suportada pelos demais cidadãos é medida perfeitamente consentânea com o arcabouço constitucional e repousa sobre o princípio da solidariedade e nos objetivos fundamentais da República, notadamente a construção de uma sociedade livre, justa e solidária, a erradicação da pobreza e a marginalização, a redução das desigualdades sociais e, ainda, a promoção do bem de todos, afastadas quaisquer formas de discriminação.

7. CONCLUSÃO

Diante das ideias apresentadas, pode-se concluir que o benefício da gratuidade do transporte possui fundamento constitucional, notadamente no princípio da isonomia, ao possibilitar a participação na vida em sociedade de pessoas deficientes e economicamente desfavorecidas.

O benefício da gratuidade do transporte coletivo para deficientes reconhecidamente pobres constitui um direito cuja concretização possui assento no princípio da solidariedade, porquanto seu custeio ser transferido aos co-cidadãos do indivíduo beneficiado, sejam eles usuários ou não do transporte.

O direito à gratuidade do transporte coletivo para os deficientes reconhecidamente pobres acrescenta outras dimensões relacionadas à ideia de acessibilidade, que não mais se restringe à acessibilidade arquitetônica ou à acessibilidade vinculada à adaptação de veículos e equipamentos. Além da apontada acessibilidade sociocultural, respeitante à prioridade de atendimento, há, ainda, mas não menos importante, a acessibilidade econômica, relacionada à condição socioeconômica do indivíduo, verdadeira barreira invisível, porém sólida, que condiciona o exercício de outros direitos e que o deficiente ainda precisa vencer.

O reconhecimento desses diversos perfis de acessibilidade é absolutamente consentâneo com a Constituição Federal, ao procurar suprimir obstáculos de qualquer natureza com que se deparam os deficientes.

O reconhecimento imediato do direito à gratuidade passa pela questão atinente à possibilidade de o Estado alterar quaisquer normas relativas ao serviço, com exceção do equilíbrio econômico-financeiro. Uma vez desequilibrada a relação, é dever do poder concedente restabelecê-la, sendo essa a única exceção à prerrogativa da Administração.

A concessão do referido benefício afeta permissionários e concessionários do serviço público

---

(3) SCHWIND, Rafael Wallbach. O custo dos direitos – O caso da gratuidade prevista no Estatuto do Idoso e a remuneração do concessionário de transporte urbano. *Revista de Direito Público da Economia (RDPE)*, Belo Horizonte: Fórum, ano 6, n. 21, jan./mar. 2008, p. 216.

de transporte coletivo de passageiros, criando a necessidade de se rediscutir as planilhas que subsidiam o estabelecimento da tarifa, caso a gratuidade já não tenha sido contemplada no momento da apresentação da proposta para participar da licitação correlata.

REFERÊNCIAS BIBLIOGRÁFICAS

BRASIL. Constituição da República Federativa do Brasil de 1988. *Diário Oficial da União*, Brasília, DF, 05 out. 1988, p. 1. Disponível em: <http://www.planalto.gov.br/ccivil_03/Constituicao/Constituicao.htm>. Acesso em: 15 out. 2013.

_____. Decreto n. 3.298, de 20 de dezembro de 1999. Regulamenta a Lei n. 7.853, de 24 de outubro de 1989, dispõe sobre a Política Nacional para a Integração da Pessoa Portadora de Deficiência, consolida as normas de proteção, e dá outras providências. *Diário Oficial da União*, Brasília, DF, 21 dez. 1999, p. 10. Disponível em: <http://www.planalto.gov.br/ccivil_03/decreto/D3298.htm>. Acesso em: 15 out. 2013.

_____. Decreto n. 3.691, de 19 de dezembro de 2000. Regulamenta a Lei n. 8.899, de 29 de junho de 1994, que dispõe sobre o transporte de pessoas portadoras de deficiência no sistema de transporte coletivo interestadual. *Diário Oficial da União*, Brasília, DF, 20 dez. 2000, p. 58. Disponível em: <http://www.planalto.gov.br/ccivil_03/decreto/D3691.htm>. Acesso em: 15 out. 2013.

_____. Decreto n. 5.296, de 2 de dezembro de 2004. Regulamenta as Leis nºs 10.048, de 8 de novembro de 2000, que dá prioridade de atendimento às pessoas que especifica, e 10.098, de 19 de dezembro de 2000, que estabelece normas gerais e critérios básicos para a promoção da acessibilidade das pessoas portadoras de deficiência ou com mobilidade reduzida, e dá outras providências. *Diário Oficial da União*, Brasília, DF, 3 dez. 2004, p. 5. Disponível em: <http://www.planalto.gov.br/ccivil_03/_Ato2004-2006/2004/Decreto/D5296.htm>. Acesso em: 15 out. 2013.

_____. Decreto n. 6.949, de 25 de agosto de 2009. Promulga a Convenção Internacional sobre os Direitos das Pessoas com Deficiência e seu Protocolo Facultativo, assinados em Nova York, em 30 de março de 2007. *Diário Oficial da União*, Brasília, DF, 26 ago. 2009, p. 3. Disponível em: <http://www.planalto.gov.br/ccivil_03/_Ato2007-2010/2009/Decreto/D6949.htm>. Acesso em: 15 out. 2013.

_____. Lei n. 7.853, de 24 de outubro de 1989. Dispõe sobre o apoio às pessoas portadoras de deficiência, sua integração social, sobre a Coordenadoria Nacional para Integração da Pessoa Portadora de Deficiência – Corde, institui a tutela jurisdicional de interesses coletivos ou difusos dessas pessoas, disciplina a atuação do Ministério Público, define crimes, e dá outras providências. *Diário Oficial da União*, Brasília, DF, 25 out. 1989, p. 1920. Disponível em: <http://www.planalto.gov.br/ccivil_03/leis/l7853.htm>. Acesso em: 15 out. 2013.

_____. Lei n. 8.742, de 7 de dezembro de 1993. Dispõe sobre a organização da Assistência Social e dá outras providências. *Diário Oficial da União*, Brasília, DF, 8 dez. 1993, p. 18769. Disponível em: <http://www.planalto.gov.br/ccivil_03/LEIS/L8742.htm>. Acesso em: 15 out. 2013.

_____. Lei n. 8.899, de 29 de junho de 1994. Concede passe livre às pessoas portadoras de deficiência no sistema de transporte coletivo interestadual. *Diário Oficial da União*, Brasília, DF, 30 jun. 1994, p. 9673. Disponível em: <http://www.planalto.gov.br/ccivil_03/leis/l7853.htm>. Acesso em: 15 out. 2013.

_____. Lei n. 8.989, de 24 de fevereiro de 1995. Dispõe sobre a Isenção do Imposto sobre Produtos Industrializados – IPI, na aquisição de automóveis para utilização no transporte autônomo de passageiros, bem como por pessoas portadoras de deficiência física, e dá outras providências. *Diário Oficial da União*, Brasília, DF, 25 fev. 1995, edição extra, p. 2653. Disponível em: <http://www.planalto.gov.br/ccivil_03/LEIS/L8989.htm>. Acesso em: 15 out. 2013.

_____. Lei n. 10.048, de 8 de novembro de 2000. Dá prioridade de atendimento às pessoas que especifica, e dá outras providências. *Diário Oficial da União*, Brasília, DF, 09 nov. 2000, p. 1. Disponível em: <http://www.planalto.gov.br/ccivil_03/LEIS/L10048.htm>. Acesso em: 15 out. 2013.

_____. Ministério dos Transportes. Portaria Interministerial n. 003, de 10 de abril de 2001. Disciplinar a concessão do Passe Livre às pessoas portadoras de deficiência, comprovadamente carentes, no sistema de transporte coletivo interestadual, nos modais rodoviário, ferroviário e aquaviário e revoga a Portaria/MT n. 1, de 9 de janeiro de 2001. *Diário Oficial da União*, Brasília, DF, 11 abr. 2001. Disponível em: <http://www.transportes.gov.br/index/conteudo/id/75233>. Acesso em: 15 out. 2013.

_____. _____. Portaria GM-MT n. 261, de 3 de dezembro de 2012. Disciplina a concessão e a administração do benefício de passe livre à pessoa com deficiência, comprovadamente carente, no sistema de transporte coletivo interestadual de passageiros, de que trata a Lei n. 8.899, de 29 de junho de 1994. *Diário Oficial da União*, Brasília, DF, 4 dez. 2012. Disponível em: <http://www.transportes.gov.br/index/conteudo/id/75199>. Acesso em: 15 out. 2013.

_____. _____. Portaria MT n. 001, de 9 de janeiro de 2001. Regula concessão de passe livre às pessoas portadoras de deficiência, comprovadamente carentes, no sistema de transportes coletivo interestadual, conforme disposto no art. 1º do Decreto n. 3.691, de 19 de dezembro de 2000. *Diário Oficial da União*, Brasília, DF, 10 jan. 2001. Disponível em:

<http://www.redeprofis.com.br/admin/webeditor/uploads/files/pdfs/PortariaMTn.pdf>. Acesso em: 15 out. 2013.

_____. _____. Secretaria de Transportes Aquaviários. Instrução Normativa STA n. 001, de 10 de abril de 2001. Disciplina a concessão do Passe Livre à pessoa portadora de deficiência, no transporte aquaviário. *Diário Oficial da União*, Brasília, DF, 11 abr. 2001. Disponível em: <http://www.transportes.gov.br/index/conteudo/id/75230>. Acesso em: 15 out. 2013.

_____. _____. Secretaria de Transportes Terrestres. Instrução Normativa STT n. 001, de 10 de abril de 2001. Disciplina a concessão do Passe Livre à pessoa portadora de deficiência, nos transportes ferroviário e rodoviário. *Diário Oficial da União*, Brasília, DF, 11 abr. 2001. Disponível em: <http://www.transportes.gov.br/index/conteudo/id/75230>. Acesso em: 15 out. 2013.

SCHWIND, Rafael Wallbach. O custo dos direitos – O caso da gratuidade prevista no Estatuto do Idoso e a remuneração do concessionário de transporte urbano. *Revista de Direito Público da Economia (RDPE)*, Belo Horizonte: Fórum, ano 6, n. 21, jan./mar. 2008, p. 215-240.

A RESPONSABILIDADE CIVIL DO EMPREGADOR E O ACIDENTE DE TRABALHO: UMA DISCUSSÃO FACE À PROTEÇÃO DO ACIDENTADO

Marcelo Gonçalves Viana (*)
Fernanda Cláudia Araújo da Silva (**)

INTRODUÇÃO

O crescimento da economia brasileira verificada nos últimos anos ocasionou um incremento significativo das atividades produtivas e um consequente aumento do número de trabalhadores, tem acarretado também uma maior preocupação com a questão do acidente trabalhista tanto na área de prevenção quanto na área objeto da responsabilização judicial e posterior reparação dos danos materiais e morais sofridos pelos obreiros.

No campo jurídico, tal responsabilização é tratada no âmbito da responsabilidade civil a qual significa que subsiste para aquele que causou ou deu causa a um dano contra outrem o dever de repará-lo. Ou seja, objetiva-se com esse instituto que o paciente da ação danosa retorne ao seu *status quo*; para tanto, ataca-se o patrimônio do agente como forma de efetivação da obrigação reparadora.

No entanto, o ataque ao patrimônio, como forma de reparação, como se tem hoje consolidado, nem sempre foi a forma de compensação adotada pelas civilizações ao longo da história. Observa-se que no início o que prevalecia era a noção de vingança, fazendo o causador passar pelo mesmo dano sofrido pela vítima.

Somente num segundo momento, a sociedade passou a adotar a reparação pecuniária com mecanismo de compensação dos danos sofridos, a qual era mediada pelo Estado no que tange à quantificação do prejuízo a ser remediado. Há nessa etapa a inserção do elemento culpa como fator motivador da obrigação de indenizar.

O dano moral, ou seja, aquele que não tem um caráter patrimonial, é doutrinariamente conceituado como uma dor, vexame, sofrimento, desconforto, humilhação, resumidamente tido como uma "dor da alma". Justamente pela sua intangibilidade e extrema subjetividade encontra grandes divergências quanto a sua aferição e posterior quantificação.

Observa-se que a referida espécie danosa ganhou força no ordenamento pátrio com a Constituição de 1988 consagrando em seu texto o princípio da dignidade da pessoa humana – base dos valores morais e dos direitos personalíssimos – passando este a ser considerado um fundamento do Estado Democrático de Direito.

A responsabilização subjetiva está inicialmente prevista, para a seara trabalhista, na Constituição Federal em seu Art. 7º, XXVIII, quando imputa ao

---

(*) Bacharel em Administração pela Universidade Estadual do Ceará (UFC). Bacharel em Direito pela Universidade de Fortaleza (Unifor). Advogado. E-mail: mgviana@gmail.com.

(**) Mestre em Direito. Professora da Universidade Federal do Ceará (UFC). Chefe do Departamento de Direito Público. E-mail: f.c.araujo@hotmail.com.

empregador a obrigação de indenizar os danos sofridos pelo trabalhador quando verificada e existência de dolo ou culpa em sua conduta na concretização de acidente de trabalho. Observa-se aqui a não delimitação das espécies de dano aplicáveis nas relações de trabalho. Dessa forma, torna-se indispensável a definição da figura acidente de trabalho. Para tanto se recorre à conceituação prevista em lei, a qual basicamente considera-o como sendo um infortúnio ocorrido pelo exercício do trabalho, o qual provoca lesões do tipo físico ou psíquico ao trabalhador, incluindo-se, ainda, o evento morte. Equipara-se ao acidente de trabalho as doenças profissionais ou do trabalho e os acidentes *in itinere*.

Não obstante o preceito constitucional, se tem observado na prática sua mitigação pelos julgadores em detrimento da aplicação de preceito infraconstitucional que autoriza a aplicação da teoria da imputação civil objetiva quando da ocorrência de acidentes decorrentes da relação de trabalho, utilizando como justificativa a teoria do risco do empreendimento. Tal fato ainda é bastante controverso, tanto na doutrina quanto nos Tribunais, assim como é bastante discutível a quantificação do dano e o montante a ser garantido à vítima do mesmo.

1. ASPECTOS GERAIS SOBRE RESPONSABILIDADE CIVIL

A responsabilidade civil constitui instituto da ciência jurídica que busca, basicamente, o retorno do paciente de uma ação danosa ao seu *status quo* anterior ao cometimento de ato ilícito; para tanto se utiliza do ataque ao patrimônio do agente causador do dano como forma de efetivação da obrigação reparadora.

No entanto, tal ataque patrimonial, como se tem hoje pacificado, nem sempre foi a forma de compensação adotada pelas civilizações ao longo da história. Observa-se que nos primórdios da humanidade o que prevalecia era a noção de vingança, ou seja, havia uma reação instintiva, imediata e brutal da vítima contra seu ofensor sem a existência de regras ou limitações. Evidenciava-se, portanto, a chamada vingança privada conforme palavras de Alvino Lima[1]: "forma primitiva, selvagem talvez, mas humana, da reação espontânea e natural contra o mal sofrido; solução comum a todos os povos nas suas origens, para a reparação do mal pelo mal".

Contudo, caso a ofensa não pudesse ser imediatamente vingada, passou a vigorar, em um segundo momento, agora já na forma de regramento, a chamada Lei de Talião, que tinha como ponto fundamental a máxima: "olho por olho, dente por dente", onde buscava fazer com que o causador de um dado sofresse os mesmos males causados por ela à sua vítima. Desta feita, se alguém sofresse um dano material ou físico em decorrência da ação de outrem estaria, pessoalmente ou juntamente com seu grupo familiar, legalmente autorizado a agir da mesma forma contra o causador.

Num outro momento, nasce a ideia de substituição do ato vingativo pela compensação econômica, estando ainda a critério da vítima tal desejo.

Somente mais tarde, quando se observa uma maior autoridade do Estado, é que se observa a vedação da possibilidade da justiça ser efetivada pela vítima, tornando-se assim obrigatória a composição econômica do ilícito baseada em leis, como no caso da Lei das XII Tábuas.

Segundo Carlos Roberto Gonçalves[2], a partir dos tempos romanos, obtém-se uma distinção entre a pena e a reparação, onde a primeira ficaria a cargo exclusivamente do Estado para fins de repressão dos delitos públicos com os valores pecuniários destinados aos cofres públicos, enquanto a segunda destinava-se aos ilícitos privados, regulamentada pelo Estado, mas com os valores entregues pelo ofensor à sua vítima.

Vislumbra-se, desde então, a regra da composição materializada na reparação pecuniária onde o Estado age como garantidor e mediador. Refere-se neste momento à Lei Aquília, expressão embrionária da utilização do elemento culpa como fator determinante do dever de reparar e impondo ao patrimônio do ofensor o suporte ao ressarcimento da vítima.

1.1. *Definições doutrinárias importantes na reponsabilidade*

Necessário se faz, para uma melhor compreensão acadêmica, a inserção de conceitos formulados por alguns expoentes da doutrina nacional, iniciando-se pela noção básica do que seja responsabilidade e, num segundo momento, adentrando, especificamente, em sua espécie civil.

Nas palavras de Cavalieri Filho[3], a responsabilidade pode ser expressa no sentido etimológico ou

---

(1) Apud GONÇALVES, Carlos Roberto. *Responsabilidade civil*. 9. ed. São Paulo: Saraiva, 2005, p. 4.

(2) GONÇALVES, Carlos Roberto. Op. cit., p. 5.

(3) CAVALIERI FILHO, Sergio. *Programa de responsabilidade civil*. 8. ed. São Paulo: Atlas, 2008, p. 2.

jurídico. Senão vejamos: "[...] Em seu sentido etimológico, responsabilidade exprime a ideia de obrigação, encargo, contraprestação. Em sentido jurídico, o vocábulo não foge a essa ideia. Designa o dever que alguém tem de reparar o prejuízo decorrente da violação de um outro dever jurídico.[...]".

Tratando-se de responsabilidade, Sílvio de Salvo Venosa[4] afirma que a mesma nasce quando alguma pessoa, seja essa natural ou jurídica, em virtude de um ato, fato ou negócio danoso por ela causado deve arcar com as suas consequências. Dessa forma, ainda segundo o autor, toda atividade humana pode gerar o dever de indenizar.

Segundo José de Aguiar Dias[5], a ideia de obrigação é a que mais se aproxima do conceito de responsabilidade, tendo em vista o vocábulo conter a raiz latina *spondeo*. Segundo o autor, uma fórmula conhecida, pela qual se ligava solenemente o devedor, nos contratos verbais do direito romano. Então vejamos:

> [...] responsável, responsabilidade, assim como, enfim, todos os vocábulos cognatos, exprimem ideia de equivalência de contraprestação, de correspondência. É possível, diante disso, fixar uma noção, sem dúvida ainda imperfeita, de responsabilidade, no sentido de repercussão obrigacional (não interessa investigar a repercussão inócua) da atividade do homem [...].

Quando se adentra no tema responsabilidade civil, deve-se ressaltar que o vocábulo "civil" traduz um caráter patrimonial da reparação de um dano efetivado, objetivando retornar a vítima ao seu estado de antes do cometimento do ilícito. Nas palavras de Sérgio Cavalieri Filho[6], a responsabilidade civil seria o instituto capaz de implementar o sentimento de justiça, ressarcindo a vítima de ato ilícito onde tal compensação deverá ser de forma integral. E assim assevera:

> O anseio de obrigar o agente, causador do dano, a repará-lo inspira-se no mais elementar sentimento de justiça. O dano causado pelo ato ilícito rompe o equilíbrio jurídico-econômico anteriormente existente entre o agente e a vítima. Há uma necessidade fundamental de se restabelecer esse equilíbrio, o que ser procura fazer relocando o prejudicado no *status quo ante*. Impera neste campo o princípio da *restitutio in integrum*, isto é, tanto quanto possível, repõe-se a vítima à situação anterior a lesão. Isso se faz através de uma indenização fixada em proporção ao dano. [...]. Limitar a reparação é impor à vítima que suporte o resto dos prejuízos não indenizados.

Maria Helena Diniz[7] define responsabilidade civil como: "a aplicação de medidas que obriguem alguém a reparar dano moral ou patrimonial causado a terceiros em razão de ato próprio, imputado a pessoa por quem ele responde, ou fato de coisa ou animal sob sua guarda, ou ainda, de simples imposição legal".

O dever de indenizar está presente no Código Civil de 2002 em seu título IX:

> **Art. 927.** Aquele que, por ato ilícito (arts. 186 e 187), causar dano a outrem, fica obrigado a repará-lo.
>
> **Parágrafo único.** Haverá obrigação de reparar o dano, independentemente de culpa, nos casos especificados em lei, ou quando a atividade normalmente desenvolvida pelo autor do dano implicar, por sua natureza, risco para os direitos de outrem.

O pressuposto anteriormente citado remete expressamente aos artigos também do Código Civil[8] que definem o que seja ato ilícito fazendo-se, portanto, necessário para uma compreensão global e sistematizada suas inserções a seguir: "Art. 186 – Aquele que, por ação ou omissão voluntária, negligência, ou imprudência, violar direito e causar dano a outrem, ainda que exclusivamente moral, comete ato ilícito" e "Art. 187 – Também comete ato ilícito o titular de um direito que, ao exercê-lo, excede manifestamente os limites impostos pelo seu fim econômico ou social, pela boa-fé ou pelos bons costumes".

A responsabilidade é inserida por Gonçalves[9] no campo do direito obrigacional, pois, segundo ele,

---

(4) VENOSA, Sílvio de Salvo. *Direito Civil*: responsabilidade civil. 10. ed. São Paulo: Atlas, 2010, p. 1.

(5) DIAS, José de Aguiar. *Da responsabilidade civil*. 10. ed. Rio de Janeiro: Forense, 1997, p. 2.

(6) CAVALIERI FILHO, Sérgio. Op. cit., p. 13.

(7) DINIZ, Maria Helena. *Curso de direito civil brasileiro*: responsabilidade civil. 17. ed. São Paulo: Saraiva, 2003, v. 7, p. 36.

(8) Lei n. 10.406, de 10 de janeiro de 2002. Institui o Código Civil. Diário Oficial da União, Brasília, DF, 11 jan. 2002. Disponível em: <http://www.planalto.gov.br/ccivil_03/leis/2002/l10406.htm>. Acesso em: 20 mar. 2013.

(9) GONÇALVES, Carlos Roberto. *Responsabilidade civil*. 9. ed. São Paulo: Saraiva, 2003, p. 2

"a principal consequência da prática de um ato ilícito é a obrigação que acarreta, para o seu autor, de reparar o dano, obrigação esta de natureza pessoal, que se resolve em perdas e danos".

Os ensinamentos antes expostos e o texto legal afirmam ser a responsabilidade civil um instrumento capaz de efetivar o sentimento de justiça quando do cometimento de ato ilícito através do ataque ao patrimônio do ofensor buscando o ressarcimento dos danos causados à vítima colocando-a em seu *status quo* original. Contudo, tal instituto carece para sua concretização dos pressupostos ou requisitos que serão a seguir aludidos.

1.2. Requisitos identificadores da responsabilização civil

Os requisitos constituem os elementos indispensáveis para que se possa definir a existência de algo. No caso da responsabilidade civil são os que definem se há ou não o dever de reparação por parte de alguém em consequência de alguma ação ou omissão que ocasionou algum prejuízo de ordem moral ou material.

Dessa forma, tem-se como pressupostos da concretização da responsabilidade civil gerando a obrigação de reparar os danos: a conduta do agente (ação ou omissão), a culpa ou dolo do agente, o dano e o nexo causal os quais serão adiante explicitados[10].

1.2.1. Conduta do Agente: ação/omissão

A conduta do agente decorre de um ato por ele praticado ou ainda da não prática de um determinado ato ao qual estava obrigado a fazê-lo. Para Cavalieri Filho[11] "[...] o termo conduta abrange as duas formas de exteriorização da atividade humana. Conduta é gênero de que são espécies a ação e a omissão". Ainda de acordo com o referido, a ação é um comportamento positivo, comissivo, exemplificado por ele como a destruição de uma coisa alheia, a morte ou lesão corporal causada a outrem. No caso da omissão esta se caracteriza por uma inatividade ou abstenção de uma conduta devida.

Segundo Maria Helena Diniz[12], a conduta ou, para ela, a ação que constitui o fato gerador da responsabilidade, é definida como: "[...] ato humano, comissivo ou omissivo, ilícito ou lícito, voluntário e objetivamente imputável, do próprio agente ou de terceiro, ou o fato de animal ou coisa inanimada, que cause dano a outrem, gerando o de satisfazer os direitos do lesado".

Ressalta também Diniz[13] que a conduta "deverá ser voluntária no sentido de ser controlável pela vontade à qual se imputa o fato". Assim, exclui-se a possiblidade de imputação de atos cometidos sob o vício da vontade, ou seja, sob coação absoluta como, exemplifica ela: estado de inconsciência, sob o efeito de hipnose, sonambulismo, dentre outros.

Nos ensinamentos de Rui Stoco[14]: "Não há responsabilidade civil sem determinado comportamento humano contrário à ordem jurídica". Ainda segundo ele, a ação e a omissão seria o primeiro momento da responsabilidade civil fazendo uma analogia ao crime.

Cabe aqui ressaltar que tal pressuposto consta expressamente no texto legal quando da definição de ato ilícito no Art. 186 supracitado ao mencionar a conduta comissiva ou omissiva do agente.

1.2.2. Culpa ou Dolo do Agente

A ocorrência do dever de reparar como regra geral no ordenamento brasileiro funda-se na definição da culpa, expressando desta feita a chamada responsabilidade subjetiva. Assim, tem-se a culpa em sentido amplo entendida como a violação de um dever jurídico a qual pode instituir-se de forma intencional, caracterizando o dolo ou ainda por imperícia, imprudência ou negligência sem que haja a vontade de causar dano. Nas palavras de Maria Helena Diniz[15]: "Não há responsabilidade sem culpa, exceto disposição legal expressa, caso em se terá responsabilidade objetiva". Dessa forma, explicita ainda a referida autora:

> O dolo é a vontade consciente de violar o direito, dirigida a consecução do fim ilícito, e a culpa abrange a imperícia, a negligência e a imprudência. A imperícia é a falta da habilidade ou inaptidão para praticar certo ato; a negligência é a inobservância de normas que nos ordenam agir com atenção, capacidade,

---

(10) GONÇALVES, Carlos Roberto. *Responsabilidade civil*. 9. ed. São Paulo: Saraiva, 2005.
(11) CAVALIERI FILHO, Sergio. *Op. cit.*, p. 24.
(12) DINIZ, Maria Helena. *Op. cit.*, p. 39
(13) DINIZ, Maria Helena. *Op. cit.*, p. 20.
(14) STOCO, Rui. *Tratado de responsabilidade civil*. 7. ed. São Paulo: Revista dos Tribunais, 2007, p. 129.
(15) DINIZ, Maria Helena. *Op. cit.*, p. 42.

solicitude e discernimento; e a imprudência é precipitação ou ato de proceder sem cautela[16].

Carlos Roberto Gonçalves[17] em consonância com Diniz, conceitua: "o dolo consiste na vontade de cometer uma violação de direito e a culpa, na falta de diligência. Dolo, portanto, é a violação deliberada, consciente, intencional, do dever jurídico".

O fato violador de uma obrigação preexistente constitui o ato ilícito que tem como base a culpa. Nesse sentido, observa-se a presença de um elemento objetivo que consiste na ilicitude e um subjetivo expresso no mau procedimento imputável. Assim a conduta ilícita pode ser dividida em dolosa quando se identifica a vontade direta de prejudicar representando a culpa em sentido amplo e ainda a culpa em sentido estrito onde caracteriza a negligência em relação ao direito alheio, conforme José de Aguiar Dias[18]. Sendo assim, cabe aqui transcrever o entendimento do referido autor:

> Corresponde à distinção entre dolo e culpa propriamente dita a estabelecida no direito romano, e conservada em muitas legislações, entre delito e quase-delito. Delito é a violação intencional da norma de conduta. Quase-delito é o fato pelo qual a pessoa capaz de ofender, operando sem malícia, mas com negligência não escusável, em relação ao direito alheio, comete infração prejudicial a outrem.

Maria Helena Diniz[19] traz ainda em sua obra uma classificação da culpa quanto a fatores como: a) a natureza do dever violado; b) a graduação; c) os modos de apreciação e d) conteúdo da conduta culposa. Em relação ao primeiro fator, segundo a autora, a culpa pode ser tida como contratual quando há a violação de um acordo entre os sujeitos ou ainda extracontratual a qual se origina da violação de um preceito legal.

O segundo fator busca aferir extensão da culpa do agente dividindo-se em: culpa grave a qual é assemelhada ao dolo, tendo em vista, que se caracteriza por uma negligência extrema; culpa leve consistindo naquela onde o dano poderia ter sido evitado se o causador tivesse agido com diligência ordinária, e por fim a culpa levíssima a que ocorre quando a lesão só poderia ser evitada caso o agente tivesse tido uma diligência extraordinária.

Cabe ressaltar que, no direito brasileiro, o grau de culpa, em regra, não interfere no dever do agente reparar o dano. Como explicita o *caput* do Art. 944 do Código Civil de 2002: "a indenização mede-se pela extensão do dano". No entanto, o mesmo artigo em seu parágrafo único autoriza o magistrado a agir com equidade quando no caso concreto houver desproporção excessiva entre o dano e a culpa, podendo reduzir o *quantum* indenizatório àquele que entender mais adequado.

O terceiro aspecto utilizado pela doutrinadora para classificar a culpa do agente divide-se em: *in concreto*, o qual ocorre quando se faz uma análise do caso real, juntamente aos conceitos de imperícia, imprudência e negligência e *in abstrato* a qual é a adotada no sistema jurídico brasileiro fazendo um confronto da ação culposa do caso concreto ao comportamento de um homem médio.

Já o quarto fator, que se fere ao conteúdo da conduta culposa, pode ser subdividido em: *in committendo* ou *in faciendo* quando há a prática de um ato positivo do agente; *in omittendo*, quando o agente comete uma abstenção, ou seja, pratica um ato negativo; *in eligendo*, a qual decorre de uma má escolha realizada por aquele a quem se confia uma obrigação e por fim *in vigilando* oriunda da falta de atenção em relação à atividade de outrem.

1.2.3. Dano: material e moral

O dano constitui o elemento caracterizador da existência do dever de indenizar, ou seja, sem a sua presença não há de se falar em indenização ou ressarcimento, tendo em vista que a vítima nada sofreu em decorrência da conduta do agente; pode-se entender ser esse a materialização da conduta e que sem ele não há responsabilização civil.

Segundo Sérgio Cavalieri Filho[20], o dano pode ser conceituado "como sendo a subtração ou diminuição de um bem jurídico, qualquer que seja a sua natureza, quer se trate de um bem patrimonial, quer se trate de um bem integrante da própria personalidade da vítima, como a sua hora, a imagem, a liberdade, etc".

Dessa forma, percebe-se a necessidade da concretização de um dano para que nasça a responsabi-

---

(16) DINIZ, Maria Helena. *Op. cit.*, p. 43
(17) GONÇALVES, Carlos Roberto. *Op. cit.*, p. 33.
(18) DIAS, José de Aguiar. *Op. cit.*, p. 14.
(19) DINIZ, Maria Helena. *Op. cit.*, p. 43.

(20) CAVALIERI FILHO, Sérgio. *Op. cit.*, p. 71.

lidade civil. Contudo, Maria Helena Diniz[21] ressalta que um dano ensejador de tal dever deve ser o dano indenizável e para tanto elenca requisitos imprescindíveis para a ocorrência desse como: a) *diminuição ou destruição de um bem jurídico, patrimonial ou moral pertencente a uma pessoa*; b) *efetividade ou certeza do dano*, onde ele tem que ser real e efetivo, não implicando, necessariamente, que é atual devendo apenas demonstrar que é decorrente de uma ação ensejadora do dano; c) *causalidade*, onde há a necessidade do dano ser oriundo da conduta direta ou indireta do agente; d) *subsistência do dano no momento da reclamação do lesado*, ou seja, caso já se tenha operado a reparação do dano pelo agressor este não mais será indenizável; e) *legitimidade ativa* para reclamar uma indenização o autor tem que ser titular do direito o qual, em regra, será o lesado ou seus beneficiários[22] e para finalizar tem-se o requisito da *ausência de causas excludentes de responsabilidades*, uma vez que ao excluírem a responsabilidade afastam a existência de um dano indenizável.

Após definir-se se um determinado dano é indenizável, passa-se ao estudo das principais espécies de danos passíveis de ser objeto de responsabilidade civil como o dano material e o moral.

O dano material ou patrimonial caracteriza-se, principalmente, por seu caráter econômico e concretude. Segundo Maria Helena Diniz[23], o dano patrimonial consiste em uma lesão concreta ao patrimônio da vítima acarretando perda ou deterioração, total ou parcial, de seus bens materiais capazes de serem avaliados pecuniariamente sendo, portanto, suscetível a indenização pelo responsável. Ainda segundo a autora, "O dano patrimonial mede-se pela diferença entre o valor atual do patrimônio da vítima e aquele que teria, no mesmo momento, se não houvesse a lesão". Há ainda da divisão do dano material em dano emergente e lucro cessante. O primeiro é o que causa efetiva e imediata diminuição no patrimônio da vítima decorrente da conduta ilícita do agente onde a indenização deve ser suficiente para *a restitutio in integrum* (restituição integral). Já o lucro cessante, nas palavras de Cavalieri Filho[24] "consiste na perda do ganho esperável, na frustração da expectativa de lucro, na diminuição potencial do patrimônio da vítima". Esse, segundo o autor, decorre não apenas da paralisação da atividade lucrativa ou produtiva, mas também da frustração daquilo que era razoavelmente esperado. **As duas espécies estão positivadas no Código Civil de 2002 conforme o art. 402, do Código Civil**[25].

O dano moral ganhou expressiva importância no ordenamento jurídico a partir da consagração do princípio da dignidade da pessoa humana como um fundamento do Estado Democrático de Direito instituído pela Constituição Federal de 1998, já em seu art. 1º, inciso III. Esse fato mostrou-se fundamental para a disseminação da obrigatoriedade de reparação civil decorrente do dano moral em todos os institutos jurídicos brasileiros, seguindo-se, dessa forma, o princípio da hierarquia das normas. Para tanto se transcreve os incisos V e X do art. 5º da Carta Magna, confirmadores da reparabilidade do dano moral, bem como ressalta-se a análise do expresso no art. 186 do Código Civil.

De acordo com Silvio de Salvo Venosa (2010, p. 49) o dano moral pode ser entendido como "[...] o prejuízo que afeta o ânimo psíquico, moral e intelectual da vítima. Sua atuação é dentro dos direitos da personalidade". Pela própria definição percebe-se a dificuldade que é a definição do *quantum* indenizatório, tendo em vista tratar-se de algo imponderável. Para tanto, segundo o autor, deve-se levar em consideração o critério do homem médio na análise de cada caso concreto.

Na visão de Sérgio Cavalieri Filho[26] alguns autores consideram o dano moral como "[...] dor, vexame, sofrimento, desconforto, humilhação – enfim, dor da alma." No entanto, o autor afirma que tal espécie não mais está limitada a esses sentimentos nefastos devendo abranger todos os bens personalíssimos, propondo chamá-lo de dano imaterial ou não patrimonial. Tal ampliação deve-se, segundo ele, à consagração do direito subjetivo constitucional à dignidade da pessoa humana, esta que representa a essência de todos os direitos personalíssimos.

O dano moral, segundo Zannoni[27] pode ser dividido em dano moral direto ou indireto. A primeira espécie ocorre quando da lesão a um interesse que visa à satisfação ou gozo de um bem jurídico extrapatrimonial incluso nos direitos da personalidade

---

(21) DINIZ, Maria Helena. *Op. cit.*, p. 61.
(22) Nesse sentido, entende o Superior Tribunal de Justiça como dano reflexo, indireto ou ricochete. STJ. REsp 1.208.949 (*online*).
(23) DINIZ, Maria Helena. *Op. cit.*, p. 64-65.
(24) CAVALIERI FILHO, Sérgio. *Op. cit.*, p. 73.

(25) "Salvo as exceções expressamente previstas em lei, as perdas e danos devidas ao credor abrangem, além do que ele efetivamente perdeu, o que razoavelmente deixou de lucrar".
(26) CAVALIERI FILHO, Sérgio. *Op. cit.*, p. 79.
(27) *Apud* GONÇALVES, Carlos Roberto. *Op. cit.*, p. 566.

ou nos atributos do indivíduo exemplificado pela lesão à vida, à honra, à intimidade, ao nome etc. Já o dano indireto consiste naquele que provoca prejuízo a qualquer interesse não patrimonial, decorrente de uma lesão a um bem patrimonial da vítima. Como exemplo o autor cita o dano causado a um objeto de estimação, de valor afetivo, da vítima.

José de Aguiar Dias[28], utilizando-se de um conceito negativo, afirma que tem-se o dano moral "quando ao dano não correspondem as características do dano patrimonial". Ainda segundo o autor, a distinção não decorre da natureza do direito, bem ou interesse lesado, mas do efeito gerado pela lesão e sua repercussão sobre a vítima.

1.2.4. Nexo de causalidade

O nexo causal em termos de aferição do dever de indenizar consiste, basicamente, na relação existente entre o dano indenizável e a conduta do agente. Dessa feita, só há de se falar em responsabilização civil de um indivíduo quando houver comprovação de que sua conduta ilícita gerou um determinado dano a outrem consistindo, portanto, requisito essencial da responsabilidade seja ela subjetiva ou objetiva. Nesse contexto afirma Maria Helena Diniz[29]:

> O vínculo entre o prejuízo e a ação designa-se "nexo causal", de modo que o fato lesivo deverá ser oriundo da ação, diretamente ou como sua consequêcia previsível. [...] Todavia, não será necessário que o dano resulte apenas imediatamente do fato que o produziu. Bastará que se verifique que o dano não ocorreria se o fato não tivesse ocorrido. Este poderá não ser a causa imediata, mas, se for condição para a produção do dano, o agente responderá pela consequência.

Neste momento deve-se fazer a distinção entre nexo causal e imputabilidade ou culpabilidade os quais não devem ser confundidos. O primeiro relaciona-se aos elementos objetivos imputados à conduta do agente, enquanto a imputabilidade identifica quais os elementos subjetivos presentes na conduta relacionam-se ao autor, conforme ensina Lopes[30].

Venosa[31] afirma, quando da identificação do nexo causal, ser necessário atentar para a dificuldade de sua prova, bem como de identificar o fato que constitui a verdadeira causa do dano quando múltiplas causas se apresentam em um determinado evento. Objetivando solucionar tal celeuma utiliza-se da teoria da equivalência das condições[32] e da teoria da causalidade adequada[33].

Rui Stocco[34], sobre as teorias *supra*, afirma:

> [...], independentemente da teoria que se adote, como a questão só se apresenta ao juiz, caberá a este, na análise do caso concreto, sobrepesar as provas, interpretá-las como conjunto e estabelecer se houve violação do direito alheio, cujo resultado seja danoso, e se existe um nexo causal entre esse comportamento do agente e o dano verificado.

Diante disso, percebe-se que a não comprovação do nexo causal, a qual fica a cargo da vítima, acarreta a impossibilidade de responsabilização do agente. Portanto, cabe ao agente, como forma de defesa, demonstrar a quebra do liame entre sua conduta e o dano, o que constitui uma excludente de responsabilidade como por exemplo: a culpa exclusiva da vítima, o fato de terceiro, o caso fortuito e força maior dentre outras.

1.3. Responsabilidade contratual e extracontratual

A responsabilidade contratual e a extracontratual constituem espécies do dever de indenizar diferenciando-se quanto ao local onde está prescrito o dever a ser zelado. Ressalta Silvio de Salvo Venosa[35]: "O dever violado será o ponto de partida, não importando se dentro ou fora de uma relação contratual".

Assim, a responsabilidade contratual nasce quando do inadimplemento de uma cláusula contratual celebrada entre partes. Tem-se, portanto, ferido o princípio da obrigatoriedade da convenção o qual explicita que as obrigações assumidas nos contra-

---

(28) DIAS, José de Aguiar. *Op. cit.*, p. 992.
(29) DINIZ, Maria Helena. *Op. cit.*, p. 100.
(30) *Apud* CAVALIERI FILHO, Sérgio. *Op. cit.*, p. 45.
(31) VENOSA, Sílvio de Salvo. *Op. cit.*, p. 57.

(32) A primeira afirma que tudo aquilo que concorre para o evento danoso deve ser apontado como nexo causal não distinguindo causa, condição ou ocasião. Dessa forma, para se saber se uma dada causa participa do evento, deve-se suprimi-la, mentalmente, e imaginar se ele ocorreria da mesma forma.

(33) Na teoria da causalidade adequada, segundo o autor, deve-se buscar a causa predominante a qual representa, unicamente, o antecedente necessário, específico, ao surgimento do dano. Neste caso, a cabe ao juiz, na análise do caso concreto, fazer a identificação.

(34) STOCO, Rui. *Op. cit.*, 2007, p. 152.
(35) VENOSA, Sílvio de Salvo. *Op. cit.*, p. 22.

tos devem ser fiel e integralmente cumpridas. Já a responsabilidade extracontratual surge quando da ofensa de um dever jurídico previsto em lei. Nesse sentido afirma Ricardo Pereira Lira[36] "o dever jurídico pode surgir da lei ou da vontade dos indivíduos".

A responsabilidade extracontratual, de acordo com Rui Stoco (2007, p. 140) é definida como: "[...] o encargo imputado pelo ordenamento jurídico ao autor do fato, ou daquele eleito pela lei como responsável pelo fato de terceiro, de compor o dano originado de ato ilícito, ou seja, da obrigação daquele que, por ação ou omissão voluntária, violar direito e causar dano a outrem".

Segundo José de Aguiar Dias[37]: "A responsabilidade extracontratual no direito brasileiro assenta, por doutrina pacífica, no princípio da culpa, [...]", afirmando também que seus princípios fundamentais são: o ato ilícito englobando a ação ou omissão voluntária; os limites do ato ilícito como: a legítima defesa e a deterioração ou destruição de coisa alheia para remover perigo iminente e, por fim, a reparabilidade do dano os quais se encontram presentes nos arts. 186 a 188 do Código Civil.

1.4. Responsabilidade subjetiva x objetiva

A responsabilidade civil também pode ser dividida em subjetiva ou objetiva utilizando-se, para tanto, da consideração ou não do elemento culpa em sua distinção. Dessa forma, quando o dever de indenizar fundamentar-se na culpa em sentido amplo, *lato sensu*, abrangendo, conforme expresso no Art. 186 do Código Civil, a ação, omissão culposa ou dolosa significa dizer que se está diante da responsabilidade subjetiva, teoria da culpa, ou teoria clássica. Neste sentido, segundo Carlos Roberto Gonçalves[38]: "A prova da culpa do agente passa ser pressuposto necessário do dano indenizável", ou seja, o agente terá que ter agido com dolo ou culpa para ser responsabilizado pelos danos causados à vítima. Ressalta-se que cabe à vítima o ônus de provar a conduta culposa do agente, fato este que historicamente vem mostrando-se um fator limitador da satisfação jurisdicional, pois nem sempre se consegue efetivar tal elemento probatório.

Já a responsabilidade objetiva, ou independente de culpa, é aquela onde se faz desnecessária a aferição da conduta culposa ou dolosa do agente, sendo suficiente para sua configuração a existência do nexo causal entre o dano sofrido pela vítima e a atitude do causador. Essa espécie está prevista em várias situações legais e, de forma mais abrangente, no parágrafo único do Art. 927[39] do Código Civil, onde expressa a chamada teoria do risco.

Sérgio Cavalieri Filho[40] fazendo um relato evolucionista da responsabilidade objetiva, explica ter sido no campo dos acidentes de trabalho onde, primeiramente, a noção de culpa mostrou-se insuficiente para que surgisse o dever de indenizar, contribuindo, portanto, para a concretização da teoria do risco. Segundo o autor:

> Risco é perigo, é probabilidade de dano, importando, isso dizer que aquele que exerce uma atividade perigosa deve-lhe assumir os riscos e reparar o dano dela decorrente. [...] todo prejuízo deve ser atribuído ao seu autor e reparado por quem o causou, independentemente de ter ou não agido com culpa.
>
> Na medida em que a produção passou a ser mecanizada, aumentou vertiginosamente o número de acidentes, não só em razão do despreparo dos operários, mas, também, e principalmente, pelo empirismo das máquinas então utilizadas, expondo os trabalhadores a grandes riscos. O operário ficava desamparado diante da dificuldade – não raro, impossibilidade – de provar a culpa do patrão.

Rui Stoco[41] demostrando que a sobreposição entre essas duas espécies de responsabilidade ainda se faz bastante controversa e expressa a existência de três correntes. A primeira, de acordo com o autor, defendida pelos irmãos Mazeaud, repele a doutrina do risco enfatizado a responsabilidade subjetiva. Segundo os referidos irmãos, nas palavras de Caio Mário da Silva Pereira[42], "a equidade quer que aquele que retira os proveitos suporte os riscos, mas ela quer, também, que aquele cuja conduta é irreprochável não possa ser inquietado".

A segunda seria daqueles que consideram a teoria do risco como substituta da teoria da culpa a qual

---

(36) *Apud* CAVALIERI FILHO, Sérgio. *Op. cit.*, p. 15.
(37) DIAS, José de Aguiar. *Op. cit.*, p. 561.
(38) GONÇALVES, Carlos Roberto Gonçalves. *Op. cit.*, p. 21.
(39) "[...] quando a atividade normalmente desenvolvida pelo autor do dano implicar, por sua natureza, risco para os direitos de outrem".
(40) CAVALIERI FILHO, Sérgio. *Op. cit.*, p. 135-136.
(41) STOCO, Rui. *Op. cit.*, p. 157.
(42) *apud* CAVALIERI FILHO, Sérgio. *Op. cit.*, 2008, p. 139.

já seria insatisfatória e estaria superada. E por fim, tem-se a corrente adotada por Caio Mario, a qual se filia o autor, que prega a convivência entre as duas espécies onde a culpa representaria o princípio geral definidor da responsabilidade enquanto a teoria do risco aplicar-se-ia aos casos legalmente expressos ou àqueles decorrentes de profissão ou atividade que expõem a vítima ao risco de sofrer dano.

Assim, ao se fazer uma análise das correntes *supra* juntamente com os preceitos do Código Civil de 2002 percebe-se que o legislador optou por considerar como regra geral da responsabilidade civil a modalidade subjetiva, aplicando a espécie objetiva em casos específicos e naqueles decorrentes da teoria do risco onde é dada maior liberdade ao magistrado na sua aplicação no caso concreto.

2. O ACIDENTE DE TRABALHO FACE À RESPONSABILIDADE CIVIL

Os doutrinadores utilizam uma vasta gama de conceitos visando à caracterização do acidente de trabalho não sendo, portanto, um tema totalmente pacificado. No entanto, todos eles têm como ponto de partida de suas definições aquela prevista no ordenamento previdenciário, mais precisamente, no art. 19, *caput* da Lei n. 8.213, de 1991 a qual versa sobre os planos e benefícios da previdência social.

> Art. 19. Acidente de Trabalho é o que ocorre pelo exercício do trabalho a serviço da empresa ou pelo exercício do trabalho dos segurados referido no inciso VII do art. 11 desta Lei, provocando lesão corporal ou perturbação funcional que cause a morte ou a perda ou a redução, permanente ou temporária, da capacidade para o trabalho.

Nesse sentido, Maria Helena Diniz[43] afirma ser o acidente do trabalho "evento danoso que resulta no exercício do trabalho, provocando no empregado, direta ou indiretamente, lesão corporal, perturbação funcional ou doença que determine morte, perda total ou parcial, permanente ou temporária, da capacidade para o trabalho".

José Otávio de A. Barros Júnior[44] utiliza as palavras de Sérgio Pinto Martins as quais se aproximam das de Maria Helena Diniz, na definição do acidente do trabalho com sendo:

> [...] a contingência que ocorre pelo exercício de trabalho a serviço do empregador ou pelo exercício de trabalho dos segurados especiais, provocando lesão corporal ou perturbação funcional que cause a morte ou a perda ou redução, permanente ou temporária, da capacidade para o trabalho.

Alguns doutrinadores em suas definições utilizam-se da expressão infortúnio do trabalho tendo este como gênero do qual são espécies o acidente e a doença do trabalho. Nesse sentido, Octávio Bueno Magano[45] afirma ser aquele "[...] o evento verificado no exercício do trabalho de que resulte lesão corporal, perturbação funcional ou doença que cause a morte ou a perda ou redução, permanente ou temporária, da capacidade para o trabalho".

O art. 20, da Lei n. 8.213/91 traz a equiparação das doenças ocupacionais ao conceito do que os doutrinadores chamam de "acidente-tipo" previsto no artigo antecessor estendendo também a elas seus efeitos. No § 1º do mesmo artigo o legislador elenca um rol de doenças não equiparadas. Já no § 2º abre a possibilidade de ampliação do rol de doenças legalmente previstas quando permite a análise no caso concreto.

Ressalta-se que também quanto ao § 1º do artigo *supra* faz-se necessária a observação do caso concreto para que haja a exclusão da espécie do gênero doença do trabalho. Assim, se ficar demonstrado que o trabalho contribuiu para o aparecimento de doença degenerativa, inerente a grupo etário, que não produza incapacidade laborativa ou ainda doença endêmica ficará caracterizado o infortúnio do trabalho.

Ainda em relação ao mesmo instituto legal referido faz-se necessário destacar seu Art. 21, pois equipara também ao acidente de trabalho, para fins de benefícios previdenciários certas ocorrências o que demonstra uma ampliação da tutela. Como por exemplo tem-se o caso de acidente ocorrido no deslocamento do trabalhador de sua residência para o trabalho chamado de acidente *in intinere*.

Alexandre Agra Belmonte[46] em sua interpretação dos artigos *supra* identifica como requisitos: a existência do trabalho, a ocorrência do acidente do dano e o nexo causal entre os últimos.

---

(43) DINIZ, Maria Helena. *Op. cit.*, p. 433.
(44) BARROS JÚNIOR, José Otávio de A. *Op. cit.*, p. 831.
(45) *Apud* BRANDÃO, 2009, p. 118.
(46) *Apud* ROBINSON, 2009, p. 519.

Em termos evolucionistas das ideias referentes ao acidente do trabalho, juntamente, com os mecanismos protetivos ao trabalhador considera-se a Revolução Industrial ocorrida na Europa no Século XVIII como marco inicial, haja vista ter promovido o desenvolvimento da economia mundial com o advento das indústrias mecanizadas, o aumento do fluxo de pessoas nas cidades e o surgimento de uma nova classe social, o operário, ou, como preferem alguns, o proletariado.

Tal desenvolvimento trouxe consigo a problemática do acidente de trabalho, gerando desde um afastamento temporário da função, passando pela invalidez permanente ou até mesmo a morte do trabalhador. Tais consequências repercutem, sensivelmente, no próprio trabalhador acidentado, sua família, na empresa e na sociedade.

Contudo, somente em 1884, na Alemanha, foi editada a primeira lei específica sobre acidentes do trabalho como forma de conter a onda revolucionária inspirada nas ideias de Marx e Engels. Seguindo a visão alemã, outros povos ocidentais editaram suas leis que apesar de equivalentes, deram origem a grupos distintos como: a) *o germânico*, orientado por uma completa intervenção estatal no seguro do acidente do trabalho, também adotado pela Áustria, Noruega, Portugal etc.; b) *o anglo-saxônico*, de caráter liberal seguido por Inglaterra, Austrália, Canadá etc., onde não se verifica a obrigação de seguro, nem jurisdição nem garantias especiais sendo eminentemente contratual; c) *o francês*, adotado pela França, Bélgica, Holanda etc., o qual representa uma espécie híbrida onde mesmo sem declarar o monopólio estatal e a jurisdição especial normatizava o pagamento de indenizações decorrentes de acidentes do trabalho.

Em 1891 o Papa Leão XIII por meio da "Encíclica *Rerum Novarum*" alertou o mundo sobre a necessidade de tutela à saúde do trabalhador responsabilizando todos os povos pela implementação de uma justiça social. Essa medida influenciou legisladores e estadistas a criarem leis e tratados protetivos dos obreiros[47]. Nesse sentido tem-se abaixo parte do texto original da referida encíclica *ipisis litteris*:

> [...] Não pode haver capital sem trabalho, nem trabalho sem capital. A concordância traz consigo a ordem e a beleza, ao contrário um conflito perpétuo de que só podem resultar confusão e lutas selvagens. Ora, para dirimir este conflito e cortar o mal na sua raiz, as Instituições possuem uma virtude admirável e múltipla.

Tais atitudes culminariam, em 1919, com a consagração do Direito Internacional do Trabalho através da criação da Organização Internacional do Trabalho – OIT pelo Tratado de *Versailles* que significou um marco na proteção do trabalhador, haja vista que as decisões ali tomadas refletiriam de forma mais rápida e eficaz num grande número de Estados ao mesmo tempo. A OIT tem como objetivos: a liberdade sindical e reconhecimento do direito de negociação coletiva; eliminação de todas as formas de trabalho forçado, abolição efetiva do trabalho infantil e a eliminação de todas as formas de discriminação no emprego ou ocupação[48].

Sebastião Geraldo de Oliveira[49] a fim de demonstrar a realidade da problemática dos acidentes de trabalho no mundo destaca dados estatísticos publicados pela Organização Internacional do Trabalho – OIT.

> [...] em 1985, a cada três minutos um trabalhador perdia a vida no mundo em consequência de acidente do trabalho ou doença profissional, e a cada segundo, pelo menos, quatro trabalhadores sofriam algum tipo de lesão. Em duas décadas a situação piorou amargamente. Estatísticas da mesma OIT atestam que ocorrem por ano no mundo 270 milhões de acidente, representando um média aproximada de 740 mil por dia ou nove por segundo. [...] Além das perdas humanas e todos os efeitos colaterais dolorosos, há um custo econômico extraordinário que ultrapassa anualmente um trilhão de dólares americanos, por volta de 4% do produto interno bruto global [...].

No cenário brasileiro, a partir da década de 70, houve uma maior preocupação por parte dos agentes legislativos em buscar mecanismos capazes de conter a elevação dos índices de acidentes de trabalho, pois naquela época o país ostentou o lamentável título de campeão mundial de acidentes de trabalho. Nas duas décadas seguintes observaram-se quedas nesses índices saindo do patamar de 2 (dois) mi-

---

(47) SILVA, José Antônio Ribeiro de Oliveira. 2008, p. 30.

(48) HUSEK, 2009.

(49) OLIVEIRA, Sebastião Geraldo de. (2008, p. 29-30.).

lhões para 400 (quatrocentos) mil acidentes por ano. Entre os anos de 1994 a 2001, o número de acidentes de trabalho manteve-se constante.

No entanto, destaca ainda o autor, já se faz necessária a implementação de novas medidas, pois segundo as estatísticas oficiais, nos anos de 2002 a 2006 os índices voltaram a subir de forma acentuada e consistente. Ressalta-se ainda que esses números oficiais não representam a realidade, pois estudos indicam que o país deixa de registrar cerca de 50% (cinquenta por cento) do total de infortúnio trabalhista apontando como causas para tanto o fato de a informação ser prestada pelo empregador e o fato de ele deixar de fazê-las por fatores como ignorância, receio das consequências ou falta de registro formal do trabalhador[50].

2.1. Aspectos evolutivos constitucionais protetivos ao acidente de trabalho

A Constituição de 1988 é considerada como o texto magno nacional que melhor protegeu os direitos humanos em geral. Doutrinadores afirmam que tal tendência representaria uma tentativa de corrigir as injustiças praticadas nos períodos anteriores ao mesmo tempo de impedir que esses tempos sejam retomados no futuro.

Dentro desse contexto, José Cairo Júnior[51] explicita no texto constitucional os avanços relacionados à proteção e saúde do trabalhador e ainda as garantias destinadas a esse quando sofrer um acidente do trabalho.

> Na atual Constituição Federal (1988), que inclui os direitos sociais no título destinado aos Direitos e Garantias Individuais, além da gama de vantagens atribuídas ao trabalho, em seu Art. 7º trata expressamente do acidente do trabalho no inciso XXVIII, *in verbis*: "seguro contra acidentes de trabalho a cargo do empregador, sem excluir a indenização a que este está obrigado quando incorrer em dolo ou culpa"; de normas de saúde, higiene e segurança, no inciso XXII: "redução dos riscos inerentes ao trabalho, por meio de normas de saúde, higiene e segurança" [...].

Carlos Roberto Gonçalves[52] ao analisar o texto constitucional *supra*, ressalta o avanço por ele trazido quando permite que o obreiro, vítima de um infortúnio laboral, busque judicialmente uma indenização baseada na responsabilidade civil do empregador, cumulável com a acidentária, quando esse incorrer em dolo ou culpa.

Não obstante a realidade constitucional, deve-se ressaltar que a chegada ao ponto atual, obviamente, ainda não o ideal, ocorreu gradativamente dentro do processo constitucional brasileiro.

Historicamente, o primeiro texto constitucional brasileiro que outorgou alguma proteção à saúde do trabalhador foi a Constituição Imperial de 1824 a qual, ainda em tempos escravocratas, previa a garantia dos socorros públicos mesmo não se referindo especificamente às relações de trabalho subordinado.

A Constituição de 1891, baseada no modelo americano, e de cunho individualista, não representou avanços quanto às questões sociais desta feita, também não agregou institutos protetivos do trabalho.

Somente a partir da Carta Magna de 1934, de característica socialdemocrata, observou-se a inclusão de alguns direitos sociais e trabalhistas com a instituição do sistema de previdência o qual seria financiado em partes iguais entre a União, empregador e empregado abrangendo, dentre outros riscos, o acidente de trabalho.

A Constituição de 1937, fruto de um golpe de estado e outorgada por Getúlio Vargas, marca o início do período conhecido como Estado Novo. Nas palavras de Claudio Brandão[53]: "Houve referência ao trabalho como meio de subsistência do indivíduo que, por isso, passou a contar com a proteção do Estado no sentido de sua defesa (art. 136), e a instituição do seguro em face do acidente do trabalho, [...]".

Após o término da Segunda Guerra Mundial e o fim do Estado Novo, o país encontrava-se em fase de redemocratização. Nesse cenário, foi promulgada a Constituição de 1946 a qual representou grandes avanços no que tange à relações sociais e, mais especificamente, trabalhistas como, por exemplo, a instituição do seguro contra acidentes do trabalho não estatal custeado pelo empregador, representando um direito social do segurado conforme se depreende do art. 157, XVII; a expressa referência, contida no inciso VIII do mesmo artigo, sobre a higiene e segurança do trabalho e o direito de greve.

Em 1967, durante o período ditatorial iniciado com o golpe de 1964 foi promulgada uma nova

---

(50) OLIVEIRA, 2008.
(51) CAIRO JÚNIOR, José. 2008, p. 63.
(52) GONÇALVES, Carlos Roberto. (2006, p. 474).

(53) BRANDÃO, Cláudio. 2009, p. 85.

Constituição a qual ostentava tendência de centralização político-administrativa na União e ampliação dos poderes do Presidente da República. Contudo, apesar de reduzir os direitos individuais, o texto expressava com maior definição os direitos trabalhistas. Essa ordem constitucional sofreu várias alterações através da Emenda Constitucional n. 1 em 1969, o que para alguns representou uma nova constituição. No entanto, não houve alteração quanto às normas de proteção do trabalhador. Esse cenário só veio a ser modificado e, desta feita, de modo significativo com o fim do regime ditatorial e a promulgação da Constituição Federal de 1988 vigente, marco da nova redemocratização brasileira.

2.2. Perspectivas legais protetivas ao acidente de trabalho

Em termos infraconstitucionais e baseado no fato de que o Brasil até 1888 ainda era um país escravocrata a primeira lei brasileira que tratou sobre o acidente de trabalho foi o Código Comercial de 1850[54].

Mauro César Martins de Souza[55] relata que a primeira lei brasileira específica sobre o infortúnio do trabalho foi o Decreto Legislativo n. 3.724, de 15 de janeiro de 1919 o qual atribuiu ao empregador a obrigação de pagar indenizações acidentárias, contudo, não havia ao obreiro a garantida de recebimento, pois a norma não estipulava o seguro obrigatório.

A segunda lei acidentária específica foi o Decreto n. 24.637, de 10 de julho de 1934 o qual ampliou a abrangência dos infortúnios alcançando as doenças profissionais atípicas e garantiu o pagamento com a obrigatoriedade de seguro privado ou depósito junto ao Banco do Brasil ou Caixa Econômica Federal com valores variando de acordo com o número de empregados[56].

O país observou um hiato de dez anos para que fosse editada sua terceira norma acidentária que foi o Decreto-lei n. 7.036, de 10 de novembro de 1944. Essa norma caracterizou-se por ampliar, ainda mais, o conceito de acidente de trabalho, passando a incorporar as concausas e o acidente *in itinere*, instituir a obrigação ao empregador de promover a máxima segurança e higiene no trabalho para os empregados, obrigando-os a cumprir as normas de segurança, bem como exigir que o empregador formalizasse um seguro contra riscos de acidentes junto à Previdência Social. No entanto, excluiu de forma expressa qualquer responsabilização do empregador no direito comum referente ao mesmo acidente.

Em 28 fevereiro 1967, foi promulgado o Decreto-lei n. 293, o qual teve como principal característica a transferência do seguro de acidente do trabalho para as seguradoras privadas em concorrência com o INPS. No mesmo ano passou a viger a quinta espécie legislativa sobe o acidente de trabalho a Lei n. 5.316 de 14 de setembro de 1967 a qual, nas palavras de Mauro Cesar Martins de Souza[57], foi o dispositivo que iniciou "a utilização da teoria do risco social em acidente do trabalho, que aumentou novamente as situações infortunísticas e tornou obrigatório o ajuste de seguro de acidentes do trabalho junto à Previdência Social, mas silenciou quanto à possibilidade de dupla reparação".

Somente em 1976 foi promulgada a sexta lei acidentária – Lei n. 6.367, que manteve o seguro contra acidentes previsto na lei anterior, só que desta feita integrando-o como seguro social juto à Previdência Social, incumbindo ao Estado o dever de promover a preservação dos direitos individuais. Decorre ainda desse instituto o melhoramento da definição de acidente de trabalho e suas causas como, por exemplo, a inclusão da doença oriunda da contaminação acidental do pessoal da área médica no rol das acidentárias.

Fechando o aspecto evolutivo infraconstitucional, tem-se a Lei n. 8.213, de 24 de julho de 1991, em vigor, promulgada sobre a égide da Constituição de 1988, que foi regulamentada pelo Decreto n. 3.048, de 6 de maio de 1999. Essa norma dispõe sobre os planos e benefícios da Previdência Social e dá outras providências e centraliza em seus Arts. 19 a 23 os aspectos referentes ao acidente de trabalho, não sendo, portanto, uma lei específica apenas para o infortúnio laboral.

---

(54) Art. 79. Os acidentes imprevistos e inculpados, que impedirem aos prepostos o exercício de suas funções, não interromperão o vencimento do seu salário, contanto que a inabilitação não exceda a 3 (três) meses contínuos.

Art. 560. Não deixará de vencer a soldada ajustada qualquer indivíduo da tripulação que adoecer durante a viagem em serviço do navio, e o curativo será por conta deste; se, porém, a doença for adquirida fora do serviço do navio, cessará o vencimento da soldada enquanto ela durar, e a despesa do curativo será por conta das soldadas vencidas; e se estas não chegarem, por seus bens ou pelas soldadas que possam vir a vencer.

(55) SOUZA, Mauro César Martins de. 2000, p. 55.
(56) OLIVEIRA, 2008, p. 34.
(57) SOUZA, Mauro Cesar Martins de. 2000, p. 55.

2.3 Espécies de acidentes de trabalho

Conforme já se pode perceber, a infortunística laboral definida na Lei n. 8.213 e fonte basilar dos doutrinadores comporta classificação em algumas subdivisões.

Neste sentido, adotar-se-á aqui a classificação elaborada por Cláudio Brandão[58], também utilizada por José Antônio Ribeiro de Oliveira Silva[59] onde se tem as seguintes espécies do gênero: a) *acidente-tipo*; b) *doenças ocupacionais*; c) *acidentes por equiparação, ocorridos no ambiente e horário de trabalho* e os *ocorridos fora do ambiente e do horário de trabalho*.

2.3.1. Acidente-tipo

De acordo com a doutrina, essa espécie também conhecida como acidente típico ou acidente em sentido estrito é a que está prevista no Art. 19, da Lei n. 8.213/91, já transcrito antes. Assim, afirma Cláudio Brandão[60]:

> Trata-se de um evento único, subitâneo, imprevisto, bem configurado no espaço e no tempo e de consequências geralmente imediatas, não sendo essencial a violência, podendo ocorrer sem provocar alarde ou impacto, ocasionando, meses ou anos depois de sua ocorrência, danos graves e até fatais, exigindo-se, apenas, o nexo de causalidade e a lesividade.

Ainda sobre a caracterização do acidente-tipo, Octavio Bueno Magano[61] afirma que o seu fato gerador pode assumir os critérios de exterioridade, subtaneidade e violência. O primeiro decorre do fato da causa relacionada à constituição orgânica do obreiro, ou seja, vem de fora para dentro. O segundo aspecto refere-se ao caráter abrupto do acontecimento sendo irrelevante a análise sobre a ocorrência imediata ou não da lesão no organismo. Tal fator seria analisado, apenas, em relação à necessidade de prova do nexo quando as lesões não são imediatas. Já a violência expressa à exteriorização de modo material como no caso de uma queda ou esmagamento provocado por prensa hidráulica, contudo, o infortúnio pode dar-se sem violência como aquele provocado pela inalação perdurada de gases tóxicos.

Sebastião Geraldo de Oliveira[62] analisando a caracterização decorrente do art. 19 entende que o mesmo:

> [...] é expresso quanto a exigência de que o evento decorra do exercício do trabalho a serviço da empresa. Em outras palavras, é necessário que entre a atividade do empregado e o acidente haja uma relação de causa e efeito, também chamada de nexo etiológico ou nexo causal. Daí a locução correta acidente do trabalho e não acidente no trabalho.

Quanto à lesão corporal ou perturbação mental, como fator caracterizador, o autor afirma ser essas indispensáveis à configuração do acidente do trabalho, justificando tal posicionamento através do art. 20, § 1º, alínea 'c', da Lei n. 8.213/91 que expressa não ser doença do trabalho aquela que não produzir incapacidade laborativa. Portanto, tem-se também como aspecto levantado pelo doutrinador a necessidade que o evento danoso acarrete a morte, ou a perda ou a redução, permanente ou temporária, da capacidade para o trabalho.

2.3.2. Doenças ocupacionais

Essa espécie de infortúnio laboral já é assim considerada desde a primeira lei brasileira específica – Decreto Legislativo n. 3.724/19 – quando mencionava em seu art. 1º, alínea *b*, a expressão moléstia contraída exclusivamente pelo exercício do trabalho, *in verbis*:

> Art. 1º Consideram-se accidentes no trabalho, para os fins da presente lei:
>
> a) o produzido por uma causa subita, violenta, externa e involuntaria no exercicio do trabalho, determinado lesões corporaes ou perturbações funccionaes, que constituam a causa unica da morte ou perda total, ou parcial, permanente ou temporaria, da capacidade para o trabalho;
>
> b) a molestia contrahida exclusivamente pelo exercicio do trabalho, quando este fôr de natureza a só por si causal-a, e desde que determine a morte do operario, ou perda total, ou parcial, permanente ou temporaria, da capacidade para o trabalho. (*Sic!*)

Atualmente tem-se como normatização das doenças ocupacionais as previstas no art. 20, da Lei n. 8.213/91, já transcrito, o qual expressamente as inclui, em seu *caput*, como acidente do trabalho.

---

(58) BRANDÃO, Cláudio. 2009, 121.

(59) SILVA, José Antônio de Oliveira, 2008, p. 87.

(60) BRANDÃO, Cláudio. 2009, 122.

(61) *Apud* SILVA, 2008, p. 88.

(62) OLIVEIRA, Sebastião Geraldo de. 2008, p. 44-45.

As doenças profissionais no texto de Sebastião Geraldo de Oliveira[63] classificam-se em típicas e atípicas. A primeira espécie, também chamada de tecnopatia ou ergopatia, é aquela peculiar a determinada atividade ou profissão, ou seja, de antemão já é sabido que o obreiro pode vir a desencadeá-la sendo o nexo causal presumido.

A atípica ou mesopatia também origina-se da atividade desenvolvida pelo trabalhador; contudo, não se vincula à profissões específicas como no caso da LER – Lesão por Esforço Repetitivo, que pode acometer trabalhadores das mais diversas áreas. Nesse caso não há de se falar em presunção do nexo causal exigindo comprovação de que a doença decorreu efetivamente da atividade profissional desenvolvida.

Na classificação de Cláudio Brandão[64] (2009, p. 156-159) as doenças profissionais representam as típicas da classificação de Oliveira, sendo para ele, aquelas "produzidas ou desencadeadas pelo exercício profissional peculiar a determinada atividade", possuindo no trabalho sua causa única, isto é, originam-se da qualidade insalubre do trabalho. Tal condição insalubre geralmente decorrente de agentes físicos, químicos ou biológicos, assim definidos em lei que persistem mesmo com a adoção de mecanismos protetivos.

Quanto às atípicas seriam, para Cláudio Brandão, as chamadas doenças do trabalho, "aquelas desencadeadas em função de condições especiais em que o trabalho é realizado e com ele se relacionam diretamente". Sua principal característica, conforme já havia mencionado Sebastião Geraldo de Oliveira[65], reside no fato de não terem o nexo causal presumido exigindo comprovação do tipo pericial, testemunhal, dentre outras.

Em relação às doenças provenientes de contaminação acidental prevista no Art. 21, III da Lei n. 8.213/91, já transcrito, Cláudio Brandão[66] afirma ser:

[...] a situação de contágio, infecção ou doença adquirida pelo empregado de forma imprevista, casual, fortuita, durante a execução de suas tarefas, no local e em horário de trabalho ou outra circunstância amparada pelo legislador, que amplie o conceito de infortúnio (trajeto, durante as refeições, nos intervalos, dentre outros).

Aqui se encontra presente a necessidade de existência de nexo causal, vinculando a contaminação acidental com o exercício da atividade. Tal espécie busca prioritariamente proteger profissionais que podem manter contato direto com pessoas portadoras de vírus, como os profissionais da área de saúde, manicures, técnicos de banco de sangue, dentre outros.

2.3.3. Acidentes por equiparação

Essa espécie acidentária consiste numa ampliação do conceito de acidente do trabalho feita pelo legislador a qual se expressa no art. 21, da Lei n. 8.213/91. As hipóteses legalmente previstas guardam apenas relação indireta com a atividade desenvolvida pelo obreiro.

Inicialmente tem-se a chamada concausa ou causas concorrentes, conforme se depreende do inciso I do art. 21, da Lei n. 8.213/91: "o acidente ligado ao trabalho que, embora não tenha sido a causa única, haja contribuído diretamente para a morte do segurado, para a redução ou perda da sua capacidade para o trabalho, ou produzido lesão que exija atenção médica para sua recuperação".

Nas palavras de Miguel de Castro Tupinambá Nascimento[67] a concausalidade seria um fenômeno capaz interferir na extensão dos danos consistindo na:

[...] aceitação de que, na ocorrência acidentária, podem concorrer uma causa vinculada ao trabalho e outras tantas sem qualquer relação com a atividade laboral, denominadas concausas. A concausalidade, portanto, é circunstância independente do acidente e que à causa deste se soma para dar o resultado danoso final. O fundamento lógico da concausalidade é que a causa traumática ou o fator patogênico sozinhos não geram idênticas consequências na totalidade das pessoas, isto porque cada uma tem maior ou menor poder de reação a tais causas agressivas, ou maior ou menor receptividade a seus aspectos negativos.

Segundo Cláudio Brandão[68] as concausas podem ser classificadas em: *a) anteriores ou prévias; b) simultâneas ou concomitantes;* e *c) supervenientes ou posteriores*. As primeiras consistem naquelas onde o trabalhador já apresenta uma predisposição latente

---

(63) OLIVEIRA, Sebastião Geraldo de. 2008, p. 46
(64) BRANDÃO, Cláudio. 2009, p. 162
(65) OLIVEIRA, Sebastião Geraldo de. *Op. cit.*
(66) BRANDÃO, Cláudio. 2009, p. 166

(67) *Apud* SILVA, 2008, p. 101.
(68) BRANDÃO, Cláudio. (2009, p. 172-174).

somente aflorada a partir do acidente. As segundas são aquelas onde os sintomas da enfermidade coincidem com o momento do acidente, como, por exemplo, quando um empregado sofre um desmaio, por causa alheia ao trabalho, mas em função desta vem a ter sua mão esmagada pela máquina que operava. A terceira hipótese consiste em causas que surgem após o infortúnio, refletindo consequências deste, não tendo, no entanto, correlação direta com o ato danoso em si, mas contribuindo para seus agravamentos. A título de exemplo dessa modalidade tem-se a manifestação da síndrome do pânico em um agente bancário devido à ocorrência de assaltos em sua agência.

O art. 21, da Lei n. 8.213/91, em seu inciso II, equipara ao acidente do trabalho aquele sofrido pelo trabalhador em consequência de eventos, apesar de alheios a atividade laboral específica, ocorridos no local e horário de trabalho. Conforme explicita Cláudio Brandão[69]:

> É o que se denomina concausalidade indireta, na medida em que não há uma relação de causa e efeito entre o dano sofrido pelo empregado e a atividade que estava executando no momento em que ocorreu, mas foi o trabalho que, indiretamente, propiciou a ocorrência da lesão.

Ainda nesse sentido, e considerando que aqui se tem uma ampliação dos conceitos de horário e local de trabalho, o que possibilita ao dispositivo enquadrar como acidente do trabalho um maior número de eventos. Contudo, por serem hipóteses trazidas pelo dispositivo em análise de ocorrência não muito comum aqui, tecer-se-á comentário apenas à modalidade constante na alínea "c" por manter relação mais direta com a responsabilidade civil.

A referida hipótese decorre de ato de imprudência, negligência ou imperícia de terceiro ou de companheiro de trabalho são os chamados acidentes de trabalho por culpa de terceiro não se relacionando diretamente com a execução do serviço, mas ligados pelos critérios cronológicos e topográficos.

Faz-se pacífico o entendimento que a norma é interpretada tomando por base a responsabilização culposa do agente. Ressalta-se que por agente aqui também pode ser entendido o empregador que, por exemplo, não empreendeu a vigilância necessária da operação de máquina que ocasionou lesão ao obreiro. É um caso típico de extensão da norma, objetivando a efetivação de seus fins sociais.

Outras modalidades de acidente por equiparação, que devem ser destacadas, são aquelas ocorridas fora do ambiente e horário de trabalho previstas no inciso IV do art. 21 da Lei n. 8.213/91, as quais representam uma elasticidade ao conceito de acidente do trabalho. Nesse caso, o fator relevante à caracterização do acidente é saber se o mesmo ocorreu ou não pelo exercício do trabalho ou em consequência dele.

Dentre as hipóteses previstas no dispositivo destacar-se-á a da alínea "d", do inciso IV, do art. 21 da Lei n. 8.213/91, que considera acidente do trabalho aquele ocorrido "no percurso da residência para o local de trabalho ou deste para aquela, qualquer que seja o meio de locomoção, inclusive veículo de propriedade do segurado".

Doutrinariamente, tal modalidade é chamada de acidente *in itinere*, ou acidente de trajeto, aquele ocorrido quando o obreiro encontra-se "a caminho ou na volta do trabalho, no itinerário habitual ou rotineiro", conforme palavras de José de Oliveira[70].

Todavia, a conceituação supra carece de efetividade, tendo em vista não definir claramente o que seja caminho habitual, rotineiro ou até mesmo se esse a ser feito pelo trabalhador tem que ser rigorosamente o mesmo, dentre outro quesitos. Sobre isso, a doutrina admite algumas relativizações, conforme se extrai dos ensinamentos de Sebastião Geraldo de Oliveira[71]:

> Como será necessário estabelecer o nexo causal do acidente como o trabalho, são aceitáveis pequenos desvios e toleradas algumas variações quanto ao tempo de deslocamento, desde que "compatíveis com o percurso do referido trajeto", [...]. Se o tempo do deslocamento (nexo cronológico) fugir do usual ou se o trajeto habitual (nexo topográfico) for alterado substancialmente, resta descaracterizada a relação de causalidade do acidente com o trabalho.

Cláudio Bandão[72], acerca da questão do deslocamento, diz que a melhor forma de aferição dá-se pela finalidade que é a ida ou volta para o trabalho.

---

(69) BRANDÃO, Cláudio. *Op. cit.*, p. 176.

(70) *Apud* BRANDÃO, p. 192.

(71) OLIVEIRA, Sebastião Geraldo de. 2008, p. 54.

(72) Brandão, p. 197.

Expressa ainda que a ocorrência de um desvio ou parada durante o deslocamento deverá ser analisados, no caso concreto, utilizando-se o princípio da razoabilidade, a fim da determinação ou não do nexo causal caracterizador do acidente do trabalho.

3. PRINCÍPIOS INDENIZATÓRIOS: PROTEÇÃO DO EMPREGADO E A DIGNIDADE DA PESSOA HUMANA – PERSPECTIVAS NA APLICAÇÃO AO DANO NOS ACIDENTES DE TRABALHO

Como já tratado, a responsabilização de um agente decorre de um ato ilício por ele praticado, dolosa ou culposamente, ou ainda por sua qualidade específica, no caso da espécie objetiva.

Segundo Renato Saraiva[73], os princípios de forma geral exercem uma tríplice função: informativa, normativa e interpretativa, e nas palavras do referido autor eles são:

> [...] fundamento e inspiração para o legislador na elaboração da norma positivada, atuando também como forma de integração da norma, suprindo as lacunas e omissões da lei, exercendo, ainda, importante função, operando como baliza orientadora na interpretação de determinado dispositivo pelo operador do Direito.

Na área trabalhista, a possibilidade de utilização dos princípios como mecanismo na busca de uma solução em um caso concreto está positivada na Consolidação das Leis do Trabalho – CLT em seu art. 8º, onde autoriza seu uso por autoridades administrativas, como, por exemplo, auditores fiscais do trabalho e pela Justiça do Trabalho.

Contudo, faz-se necessário mencionar alguns princípios específicos da seara trabalhista capazes de instrumentalizar a responsabilização do agente nos casos de acidentes do trabalho, são os chamados princípios indenizatórios, destacando-se o princípio da proteção do trabalhador e o da dignidade da pessoa humana.

O princípio da proteção de acordo com Renato Saraiva[74] é, sem dúvida, a espécie de maior amplitude e importância no Direito do Trabalho, haja vista, ser ele responsável pela criação de mecanismos e regras próprias capazes de proteger o polo mais fraco da relação de trabalho, diminuindo as desigualdades no pacto laboral.

Esse também é o pensamento de Sebastião Geraldo de Oliveira[75] quando, destacando a autonomia do Direito do Trabalho, afirma que o mesmo:

> [...] como ramo autônomo da ciência jurídica, ostenta princípios peculiares ou lhe atribuem uma fisionomia especial. O mais importante deles é o princípio da proteção, segundo o qual a norma jurídica tem como finalidade básica o amparo, a tutela, enfim, a proteção do trabalhador.

Há ainda que mencionar que o princípio da proteção é gênero do qual são espécies o princípio *in dubio pro operário*: o da aplicação da norma mais favorável e o da condição mais benéfica. O primeiro afirma que na análise de um preceito sobre regra trabalhista, caso haja mais de uma interpretação possível, deve-se utilizar aquela que for mais benéfica ao obreiro. A segunda espécie expressa que, independentemente do nível hierárquico, deve-se sempre aplicar a norma mais favorável ao trabalhador. Já a terceira divisão nas palavras de Renato Saraiva[76]:

> [...] determina que as condições mais vantajosas estipuladas no contrato de trabalho do obreiro, ou mesmo as constantes no regulamento da empresa, prevalecerão, independentemente da edição de normas supervenientes dispondo sobre a mesma matéria, estabelecendo nível protetivo menor.

Desse modo, o princípio da proteção, tanto pela sua amplitude de atuação quanto pelo seu objetivo de conferir ao trabalhador uma superioridade jurídica tendente a atenuar as desigualdades na relação trabalhista, tem influenciado de forma contumaz a elaboração das normas de segurança e saúde do trabalhador as quais guardam relação direta com as indenizações decorrentes dos acidentes do trabalho e a responsabilização civil dos agentes.

O outro princípio relevante na caracterização e definição das indenizações acidentárias, apesar de atuar de forma geral em todo o direito, é o da dignidade da pessoa humana, haja vista a inter-relação existente ente este e a saúde do trabalhador. Esse

---

(73) SARAIVA, Renato. (2011, p. 31).
(74) SARAIVA, Renato. (2011, p. 32).
(75) OLIVEIRA, Sebastião Geraldo de. (2010, p. 39).
(76) *Op. cit.*, p. 34.

princípio afirma que toda pessoa, pelo simples fato de sua condição humana, é titular de direitos a serem respeitados pela outras pessoas e pelo Estado. Para José Antônio Ribeiro de Oliveira Silva[77] o princípio significa:

> [...] que a pessoa humana é dotada de direitos essenciais sem cuja realização não terá forças suficientes para a conformação de sua personalidade e o seu pleno desenvolvimento enquanto pessoa. [...]. Há direitos inatos, indissociáveis da condição de pessoa humana, pessoa que merece o maior respeito possível, simplesmente por ser, por existir. Esses direitos consubstanciam o que se tem convencionado chamar de mínimo existencial.

Cintia Maria da Fonseca Espada[78] expressa que o princípio da dignidade da pessoa humana relaciona-se de forma íntima com o princípio maior do Direito do Trabalho na esfera laboral, e nesse sentido afirma ainda que "[...] a dignidade da pessoa humana do trabalhador hipossuficiente depende da tutela dos direitos fundamentais, questão que não pode ser analisada em descompasso com a nova hermenêutica constitucional, que busca a efetividade das normas jurídicas".

Neste cenário, a doutrina ressalta a definição de mínimo existencial para tratar das condições mínimas de existência digna da pessoa humana. Esse mínimo seria expresso pelos direitos sociais. No caso da Constituição brasileira, quanto ao aspecto trabalhista, esses direitos estariam elencados no seu Art. 7º, inciso IV, quando traz as necessidades vitais básicas dos trabalhadores, incluindo entre eles a saúde do obreiro. Esta que, segundo José Antônio Ribeiro de Oliveira Silva[79], por compor o conteúdo essencial da dignidade da pessoa humana não pode, jamais, ter postergada sua proteção. Nesse intuito é que deve ser de sobremaneira e minunciosamente analisada quando da ocorrência de um dano acidentário capaz de ensejar uma indenização ao obreiro vitimado.

3.1. Discussão acerca da responsabilidade no acidente de trabalho: objetiva ou subjetiva?

Doutrinária e jurisprudencialmente há um grande debate acerca de qual espécie de responsabilidade civil deve ser aplicada para os casos relacionados aos acidentes do trabalho. Nesse âmbito, a questão primordial a ser definida é se o empregador deve responder apenas quando incorrer em culpa ou dolo ou se deverá arcar com o ônus de forma objetiva, considerando a teoria do risco da atividade.

É necessário destacar que fora do mundo jurídico poucos são aqueles que conhecem, na totalidade, os direitos do obreiro acometido por um infortúnio trabalhista. Em muitas vezes nem mesmo o próprio acidentado tem esse conhecimento, acabando por acreditar que seus direitos resumem-se aos benefícios previdenciários.

Nesse sentido, a Constituição Federal de 1988 consagrou expressamente o dever de indenizar a ser arcado pelo empregador conforme o art. 7º, inciso XXVIII.

Analisando o citado dispositivo, percebe-se que o legislador constituinte adotou como critério de responsabilização a espécie subjetiva, pois afirma que a indenização será devida se o empregador incorrer em dolo ou culpa. Destarte, como já mencionado no capitulo anterior, a eficácia da norma resta comprometida vez que o ônus da prova recai sobre o empregado o qual, como é sabido, encontra-se sempre em situação de inferioridade frente ao empregador, dificultado desta maneira a obtenção das tão necessárias provas.

Sebastião Geraldo de Oliveira[80] na análise do art. 7º traz o julgado da Apelação Cível n. 127.9114, da 1ª Câmara Cível do Tribunal de Alçada de Minas Gerais, fazendo registro a diversidade de fundamentos da ação acidentária e de responsabilidade civil, senão veja-se:

> O empregado acidentado recebe os benefícios da Previdência Social, cujo pagamento independe da caracterização de culpa, já que a cobertura securitária está fundamentada na teoria da responsabilidade objetiva. E pode receber, também, as reparações decorrentes da responsabilidade civil, quando o empregador tiver dolo ou culpa de qualquer grau na ocorrência, com apoio na responsabilidade de natureza subjetiva.

No mesmo sentido, expressa Teresinha Lorena Saad[81]:

---

(77) Op. cit., p. 67.
(78) Apud NORONHA, 2011, p. 29.
(79) Antônio Ribeiro de Oliveira Silva (2008, p. 70).

(80) OLIVEIRA, Sebastião Geraldo de. (2008, p. 79).
(81) Apud OLIVEIRA, 2008, p. 80.

Quando uma vida é ceifada ou uma invalidez é determinada, prematuramente, e de modo definitivo, pela conduta negligente ou imprudente daquele que tem a obrigação de zelar pela segurança física do seu empregado, a responsabilidade migra para o campo do direito comum, levando para o passivo da empresa toda a dimensão do dano e a indenização consequente. Indeniza o empregador não pelo risco (elemento intrínseco de seu empreendimento), pois esse é ressarcido, dentro das fronteiras securitárias, mas pela ilicitude da sua conduta.

Contudo, a partir da Emenda Constitucional n. 45, de 2004, que transferiu para a Justiça do Trabalho a competência para julgar as causas relacionadas com os acidentes de trabalho, duas questões que já estavam pacificadas voltaram a ser discutidas na justiça especializada. A primeira diz respeito à possibilidade do acúmulo da indenização por acidente do trabalho com os benefícios previstos na lei acidentária e uma possível compensação dos valores pagos pelo INSS no intuito de evitar que o acidentado obtenha padrão de renda maior do que tinha antes do infortúnio. A segunda refere-se à aplicação direta da teoria do risco ao acidente do trabalho onde não mais haveria a necessidade de comprovação da culpa do empregador.

Em relação à primeira controvérsia, esta foi sendo pacificada nos tribunais trabalhistas no sentido de que além de ser possível a cumulação de proventos entre os recebidos pelo INSS e os recebidos a título de indenização, não deve haver compensação dos valores pagos pelo INSS frente os referentes à indenização cabível ao empregador. Nesse entendimento, foi aprovado o Enunciado n. 48 em novembro de 2007 durante a 1ª Jornada de Direito Material e Processual na Justiça do Trabalho que expressa:

Acidente do trabalho. Indenização. Não compensação do benefício previdenciário. A indenização decorrente de acidente de trabalho ou doença ocupacional, fixada por pensionamento ou arbitrada para ser paga de uma só vez, não pode ser compensada com qualquer benefício pago pela Previdência Social.

Quanto à segunda, esta ainda gera muitas divergências entre doutrinadores e tribunais. A doutrina, diante do extremo ônus para o obreiro representado pela necessidade de prova da culpa do empregador, passou a advogar em prol da teoria do risco para o acidente de trabalho como forma evolutiva do processo de responsabilização. Nesse sentido, são as palavras de Carlos Roberto Gonçalves[82]: "Os novos rumos da responsabilidade civil, no entanto, caminham no sentido de considerar objetiva a responsabilidade das empresas pelos danos causados aos empregados, com base na teoria do risco-criado".

Segundo José Antônio Ribeiro de Oliveira Silva[83]: "A busca por sedimentar a teoria da responsabilidade objetiva em matéria de acidente do trabalho ganhou novo e considerável fôlego, no Brasil, após a promulgação do novo Código Civil". Para o autor tal avanço deve-se ao art. 927 do instituto, já citado no primeiro capítulo, o qual, em seu parágrafo único, considera a responsabilidade objetiva "quando a atividade normalmente desenvolvida pelo autor do dano implicar, por sua natureza, risco para os direitos de outrem". Contudo ressalta, ainda, que divergências ocorrem quanto à definição de qual atividade é de risco, qual o grau desse risco e ainda se é a teoria é cabível a qualquer atividade econômica.

Cesar Zucatti Pritsch[84] considerando a responsabilidade objetiva como a espécie cabível ao acidente do trabalho aduz que no texto constitucional, apesar da caracterização subjetiva do inciso XXVIII do art. 7º, não há óbice quanto à aplicação da teoria do risco. Justifica o autor que a Constituição estabelece os parâmetros mínimos dos direitos trabalhistas, de acordo com o expresso no seu art. 5º, § 2º: "Os direitos e garantias expressos nesta Constituição não excluem outros decorrentes do regime e dos princípios por ela adotados, ou dos tratados internacionais em que a República Federativa do Brasil seja parte, combinado com o *caput* do art. 7º, da CF. Assim, segundo o autor, não há oposição na Carta Magna quanto à aplicação do art. 927 do Código Civil nos acidentes do trabalho.

O mesmo autor, entendendo que o tema não é pacífico, infere que aqueles que não optam pela espécie objetiva, mesmo assim, têm que considerar a chamada responsabilidade subjetiva com presunção de culpa. Modalidade que admite a hipossuficiência do obreiro transferindo para o empregador o ônus probatório onde inicialmente a culpa seria presumidamente do empregador cabendo a esse provar que não a tem no caso concreto baseado no princípio

---

(82) *Apud* SILVA, 2010, p. 60.

(83) SILVA, José Antônio Ribeiro de Oliveira. (2010, p. 60).

(84) PRITSCH, Cesar Zucatti. *Responsabilidade civil decorrente de acidente de trabalho ou doença ocupacional*. Revista LTr: Revista Legislação do Trabalho. São Paulo: LTr, 03/2012, p. 311.

da proteção. A justificativa funda-se no princípio da aptidão para a prova, uma vez que o empregador é quem detém toda a documentação relativa à segurança e saúde do trabalho.

CONSIDERAÇÕES FINAIS

No presente artigo, buscou-se demonstrar que a responsabilidade civil vem, principalmente, após a chamada Revolução Industrial, ganhando cada vez mais relevância dentro dos ordenamentos jurídicos. Tal fato pode ser justificado tendo em vista que o desenvolvimento do setor produtivo industrial trouxe consigo uma maior aglutinação de pessoas em torno dos centros urbanos o que, por conseguinte, ocasionou um número cada vez maior de relacionamentos entre os indivíduos.

No cenário brasileiro, mais especificamente no âmbito das relações de trabalho, tal instituto demonstra cada vez mais sua relevância na implementação da justiça indenizatória para aqueles acometidos de alguma espécie acidentária trabalhista. Nesse sentido, a efetivação dos preceitos da responsabilidade civil na seara trabalhista ganhou força a partir da EC n. 45/2004 que transferiu, já até mesmo de forma tardia, a competência para processar e julgar as causas que têm como objeto a indenização por dano moral decorrente do acidente de trabalho, que eram destinadas às Justiças Comuns Estaduais para a alçada da Justiça Trabalhista.

Essa mudança trouxe para os trabalhadores uma maior segurança, agilidade e efetividade jurisdicional quanto à concretização de uma pretendida reparação civil, tendo em vista ser essa especializada capacitada para tal fim. Os julgadores trabalhistas são capazes de melhor aferir a existência de um possível dano decorrente de acidente de trabalho e quantificá-lo de forma justa e coerente dentro de critérios, valores, princípios e fundamentos consagrados no ordenamento próprio das relações de trabalho.

Contudo, devido à existência de preceitos normativos conflitantes, principalmente a partir da vigência do Código Civil de 2002, quando instituiu legalmente a espécie objetiva de responsabilização pelo cometimento de ato ilícito foram suscitadas várias divergências sobre qual teoria deveria prevalecer para a reparação dos danos morais oriundos do acidente do trabalho.

Nesse sentido, como se observou ao longo desse trabalho, ainda não há consenso entre os agentes jurisdicionais e doutrinadores, atuantes na esfera trabalhista, quanto à aferição do dano moral oriundo do acidente de trabalho. Para os doutrinadores, há uma maior tendência, também, não pacificada, em aplicar a responsabilidade objetiva a partir da teoria do risco da atividade.

Diante de todo o exposto, com o intuito de firmar posição sobre a matéria, advogamos pela tese de que no âmbito dos acidentes do trabalho a reparação civil deve manter-se na regra da responsabilidade subjetiva, necessitando a comprovação da culpa do empregador. Para tanto, entendemos não ser necessária a aferição do grau de culpa, ou seja, o dever nasce para aquele mesmo que sua culpa seja levíssima. Ainda nesse sentido, filiamo-nos à corrente que, atendendo ao caráter hipossuficiente dos obreiros, prega a inversão do ônus probatório, dessa forma caberia ao empregador a missão de comprovar em juízo que não efetivou nenhuma conduta, omissiva ou comissiva, capaz de contribuir para o infortúnio trabalhista.

Não obstante tal posicionamento, também entendemos pela possibilidade de aplicação da responsabilidade objetiva nos acidentes do trabalho, porém divergimos quanto à caracterização do risco, haja vista considerarmos que esta poderá ser aplicada quando a atividade desenvolvida pelo obreiro for de risco e não somente quando atividade da empresa for de risco, como têm considerado alguns julgadores e doutrinadores. A título de exemplificação do nosso pensamento, não consideramos de risco a atividade empreendida por uma secretária acometida de doença ocupacional que trabalha em uma empresa do ramo de transporte de valores.

REFERÊNCIAS BIBLIOGRÁFICAS

BRANDÃO, Cláudio. *Acidente do trabalho e responsabilidade civil do empregador.* 3. ed. São Paulo: LTr, 2009.

BARROS JÚNIOR, José Otávio de A. *O dano moral no acidente do trabalho e a responsabilidade civil objetiva do empregador.* Revista LTr: Revista Legislação do Trabalho. São Paulo: LTr, 07/2008, p. 827 a 835.

BRASIL. Constituição (1988). *Constituição da República Federativa do Brasil.* Diário Oficial da União, Brasília, DF, 5 out. 1988. Disponível em: <http://www.planalto.gov.br/ccivil_03/constituicao/ConstituicaoCompilado.htm>. Acesso em: 20 mar. 2013.

_____. Lei n. 10.406, de 10 de janeiro de 2002. Institui o Código Civil. Diário Oficial da União, Brasília, DF, 11 jan. 2002. Disponível em: <http://www.planalto.gov.br/ccivil_03/leis/2002/l10406.htm>. Acesso em: 20 mar. 2013.

_____. Lei n. 8.213, de 24 de julho de 1991. Dispõe sobre os Planos de Benefícios da Previdência Social e dá outras providências. Disponível em: <http://www.planalto.gov.br/ccivil_03/leis/l8213cons.htm>. Acesso em: 05 maio 2013.

CAIRO JÚNIOR, José. *O acidente do trabalho e a responsabilidade civil do empregador*. 4. ed. São Paulo: LTr, 2008.

CAVALIERI FILHO, Sérgio. *Programa de responsabilidade civil*. 8. ed. São Paulo: Atlas, 2008.

DIAS, José de Aguiar. *Da responsabilidade civil*. 11. ed. Rio de Janeiro: Renovar, 2006.

DINIZ, Maria Helena. *Curso de direito civil brasileiro*. v. 7: Responsabilidade civil. 17. ed. São Paulo: Saraiva, 2003.

GONÇALVES, Carlos Roberto. *Responsabilidade civil*. 9. ed. São Paulo: Saraiva, 2005.

OLIVEIRA, Sebastião Geraldo de Oliveira. *Indenizações por acidente do trabalho ou doença ocupacional*. 4. ed. São Paulo: LTr, 2008.

PRITSCH, Cesar Zucatti. *Responsabilidade civil decorrente de acidente de trabalho ou doença ocupacional*. Revista LTr: Revista Legislação do Trabalho. São Paulo: LTr, 03/2012. p. 308 a 321.

ROBINSON, Carlos Alberto. *Danos morais e materiais decorrentes de acidente de trabalho: alteração do prazo prescricional em prejuízo da vítima*. Revista LTr: Revista Legislação do Trabalho. São Paulo: LTr, 5/2009, p. 517 a 526.

SARAIVA, Renato. *Direito do trabalho*. 13. ed. São Paulo: Método, 2011.

SARAIVA, Renato. *Curso de direito processual do trabalho*. 8. ed. São Paulo: Método, 2011.

SILVA, José Antônio Ribeiro de Oliveira. *Acidente do trabalho responsabilidade objetiva do empregador*. São Paulo: LTr, 2008.

_____. *A responsabilidade objetiva do empregador pelos danos decorrentes de acidente do trabalho*. Revista LTr: Revista Legislação do Trabalho. São Paulo: LTr, 01/2010. p. 54 a 64.

SOUZA, Mauro César Martins de. *Responsabilidade civil decorrente do acidente do trabalho: doutrina e jurisprudência*. São Paulo: Agá Juris, 2000.

STOCO, Rui. *Tratado de responsabilidade civil*. 7. ed. São Paulo: Revista dos Tribunais, 2007.

VENOSA, Sílvio de Salvo. *Direito Civil: responsabilidade civil*. 10. ed. São Paulo: Atlas, 2010.

DIREITO À ALIMENTAÇÃO E SEGURANÇA ALIMENTAR/NUTRICIONAL: INTERFACES SOCIOPOLÍTICAS

Marcos Aurélio Macedo(*)
Maria Lúcia Magalhães Bosi(**)

INTRODUÇÃO

Alimentar-se é um ato que projeta mais que sobrevivência, é uma permissão a uma vida saudável e ativa, dentro dos padrões culturais de cada país, com qualidade que propicie nutrição e prazer.

(MANIGLIA, 2009, p. 123)

O pensamento econômico neoliberal, no âmbito da configuração de Estados na contemporaneidade, tem inspirado políticas públicas pautadas nos direitos sociais. Tal movimento recebe influência de uma complexa rede de elementos, objetivos e subjetivos, dentre eles, o sentimento de solidariedade nacional para com demandas de sobrevivência das pessoas e comunidades que, de tão empobrecidas, são reduzidas à condição de famintos e miseráveis.

Revisitando a história brasileira, evidencia-se que os direitos sociais emergem em períodos de hipertrofia do executivo em relação aos demais poderes da República, com a centralidade da (toda poderosa) administração governamental aos olhos da grande

---

(*) Nutricionista e Professor Assistente da Universidade Estadual Vale do Acaraú (UVA). Trabalhou de 2002 a 2008 com assessoria de programas/projetos sociais junto ao Fundo Cristão para Crianças e sua rede de 102 entidades conveniadas. Coordenou o Curso de Bacharelado em Nutrição das Faculdades INTA, em Sobral-CE. Especialista em Saúde Pública (ESP-CE/UVA). Especialista em Nutrição em Saúde Pública (Unifesp). Mestre em Ciências Biológicas-Fisiologia. Advogado militante na área de Direito Humano à Alimentação Adequada. Doutorando em Saúde Coletiva (UECE/UFC), para onde converge sua trajetória acadêmica e profissional ao campo da pesquisa qualitativa, partindo do propósito de discutir o sentido e o alcance do Programa Fome Zero/Bolsa Família no contexto da exigibilidade da Alimentação Adequada como Direito Humano.

(**) Professora Titular da Faculdade de Medicina da Universidade Federal do Ceará, redistribuída da Universidade Federal do Rio de Janeiro, instituição onde atuou por mais mais de 2 décadas. Graduada em Nutrição e em Psicologia. Mestre em Ciências Sociais. Doutora em Saúde Pública pela Fundação Oswaldo Cruz. Pós-Doutora junto ao Center for Critical Qualitative Health Research da Universidade de Toronto (2009) – bolsa CAPES. Coordenadora Adjunta do Programa de Pós-graduação em Saúde Coletiva. Integrou a comissão de implantação do Doutorado (Associação Ampla) criado em 2007. Pesquisadora em distintos grupos de pesquisa DGP/CNPq. Lidera o Laboratório de Avaliação e Pesquisa Qualitativa em Saúde (LAPQS) subvencionado por agências de fomento (CNPq, CAPES, FUJB, FUNCAP, dentre outras). Participa em iniciativas internacionais mediante parcerias estabelecidas com núcleos de excelência como PROGIECS (México) e o CQ (Canadá), que se expressam em seus projetos e publicações. Extensa experiência e produção bibliográfica na área de Saúde Coletiva, com ênfase em Ciências Humanas e Sociais, bem como Nutrição em Saúde Coletiva. Membro do conselho editorial e (ou) parecerista de mais de 20 periódicos sediados no Brasil e no exterior. Participou dos grupos que implantaram, na década de 90, os cursos que deram origem à rede de pós-graduação em Saúde Coletiva (*stricto sensu*) nos Estados de Pernambuco e Ceará." que já titularam centenas de profissionais, contribuindo, assim, para a descentralização da pós-graduação no eixo Sul-Sudeste.

massa da população. Nessa perspectiva, a mobilização política dirige-se, principalmente, para a ação direta com o governo, desconsiderando a mediação da representação em favor da leitura messiânica do Estado, posto seu reconhecimento como agente capaz de solver as necessidades e interesses de todos, particularmente os mínimos sociais (CHAUI, 1995; CARVALHO, 2011; YAZBEK, 2012).

A contar da década de 1990, o núcleo central das políticas sociais brasileiras tem sido os programas de caráter compensatório e seletivo, focalizados nos pobres entre os mais pobres (no sentido econômico do termo) e, por isso, excluídos no mercado, vivendo em situações-limite em matéria de sobrevivência física. Tem-se no país, portanto, o legado da subordinação da questão social à lógica econômica, favorecendo uma preocupante despolitização da discussão sobre a produção da pobreza. Nesses termos, esvazia-se o debate social, haja vista a circunscrição do sistema de proteção social à letra da lei (YAZBEK, 2012).

Contudo, como alerta Burlandy (2004), os menos pobres dentre os pobres constituem os segmentos sociais que, em termos relativos, historicamente mais se apropriam dos serviços e benefícios prestados no bojo de programas sociais, favorecendo assim a reprodução ao invés da compensação das desigualdades sociais.

Por sua vez, o direito (e a garantia) fundamental à alimentação, em sentido substancial, como demanda de proteção social, está relacionado à relevância do bem jurídico tutelado: a vida. Pretensão assumida nessa área sensível da existência do homem em coletividade, notadamente em matéria de segurança no âmbito da nutrição, se justifica, se não enquanto questão social, como dever político baseado na "dignidade da pessoa humana"; vale dizer, um princípio fundamental da República Federativa do Brasil na condição de Estado Democrático de Direito, consoante a Constituição Federal (art 1º, inc. III).

Na Carta Magna, os direitos sociais situam-se na esfera dos direito fundamentais que, uma vez investidos de uma lógica da justiça distributiva, ganham efetiva força jurídica, e não somente moral, simbólica ou política (RODRIGUEZ, 2007). Adicionalmente, o princípio da prevalência dos direitos humanos (art. 4º, inc. II) confere ainda mais força à exigibilidade jurídica dessa categoria específica de direitos.

É notável a evolução legislativa no Brasil no trato do direito à alimentação com fundamento no princípio da dignidade da pessoa humana. Contudo, foi inicialmente na forma da Lei n. 11.346/2006, de caráter nacional, que a alimentação adequada foi positivada como direito fundamental no país, inerente à aludida dignidade sendo, ao mesmo tempo, indispensável à realização dos direitos constitucionais. Nesse espaço se afirma que o poder público tem o dever de adotar políticas e ações de promoção e garantia da segurança alimentar/nutricional.

A edição da Emenda Constitucional n. 64/2010 consignou o termo *alimentação* na lista dos direitos sociais, conforme propósito perseguido por movimentos sociais em parceria com agentes situados em diferentes esferas de poder. Tal reconhecimento do constituinte derivado remete de pronto a uma reflexão sobre os limites e possibilidades do Estado para com a obrigação de fazer acontecer políticas sociais consentâneas com a almejada condição de segurança alimentar/nutricional, tendo em vista a concretude do direito fundamental à alimentação.

Percorrendo o texto da Constituição de 1988, sem muito esforço hermenêutico, resta inequívoca a evidência de que o direito fundamental social à alimentação decorre do direito à vida e vincula-se fortemente ao direito à saúde (art. 196) e ao direito à sadia qualidade de vida (art. 225), que, por sua vez, circunscrevem fatores relacionados à condição de segurança alimentar/nutricional (NUNES, 2008).

Na fronteira que justapõe a natureza social comum ao direito fundamental à alimentação e à condição humana de segurança alimentar/nutricional, esse capítulo se investe no objetivo de discutir interfaces sociopolíticas da alimentação no âmbito de sua configuração no universo jurídico. Para tanto, os autores assumem a hermenêutica como atitude crítica e interpretativa.

Uma atitude hermenêutica impõe à reflexividade do próprio ato de interpretar, obrigando à consideração do quanto e como o sentido no qual se investe a crítica é devedor e credor daquilo que se pretende ver criticado. Para esse movimento do pensamento faz-se necessário assumir, no plano da reflexão (em sua contextualização histórica), de onde se origina e para onde se destina o pensar/agir humano (AYRES, 1994).

1. CONFIGURAÇÃO DO ESTADO DEMOCRÁTICO PARA COMO IMPERATIVO DOS DIREITOS HUMANOS SOCIAIS

Os direitos humanos são autênticos e verdadeiros direitos fundamentais acionáveis, exigíveis e demandam séria e responsável observância. Por isso, devem ser reivindicados como direitos e não como caridade, generosidade ou compaixão.

(PIOVESAN, 2007, p. 26)

O constitucionalismo, fenômeno histórico multidimensional (social, político, jurídico, ideológico etc.) voltado a estabelecer uma nova ordem jurídica constitucional, originou-se por contraposição ao absolutismo, pretendendo a jurisdicização do liberalismo, de modo a garantir liberdades civis e políticas da pessoa em face do Estado. Por outro lado, no afã de assegurar uma economia de livre mercado, sem limites de expansão, os constitucionalistas de então, membros da burguesia emergente, reivindicavam a segurança jurídica negada pelo regime absolutista (KELSEN, 2000).

Não por acaso, portanto, no século XVIII, a garantia do direito de propriedade servia de parâmetro e de limite para a identificação dos direitos fundamentais. Na época, havia pouca tolerância às pretensões conflitantes com tal direito, daí porque se argumentava que a exclusão dos não proprietários de terra do processo eleitoral (voto censitário) era uma forma de legitimar a democracia, haja vista a concepção de que aqueles com menor renda tenderiam a se corromper em busca de propriedade e outros bens materiais, viciando desse modo as eleições livres (BRANCO, 2002).

No segmento de um gradativo processo de evolução do constitucionalismo, os princípios e regras constitucionais, com raízes na Declaração dos Direitos Humanos de 1948, passaram a ser conclamados como obrigação ética superior. Para tanto, ao longo da história, há inúmeros registros de gradual adequação e coerência do conteúdo das constituições com as carências e necessidades de cada povo. Dessa forma e conteúdo, o que antes era uma mera carta política escrita em linguagem jurídica, artificialmente construída, com fraca eficácia jurídica e social, passou a ser reconhecida e afirmada como um autêntico dever jurídico na direção de ordens sociais democráticas e justas, valorando o indivíduo como sujeito de direitos: um cidadão (DALLARI, 2010).

Nessa acepção de Estado hodierno, a administração pública traz para si a responsabilidade de realizar o bem comum e de satisfazer as necessidades materiais de sua população, valorando a dignidade da pessoa humana (sustentáculo da tese de limitação do arbítrio e do poder do Estado). Constrói-se então um ordenamento jurídico constitucional em harmonia com propósitos democráticos e sociais, pactuados em tratados e acordos internacionais de direitos humanos. Tudo isso em um ambiente econômico no qual grandes corporações transnacionais criam impasses e, não raro, impedem a realização do bem comum ao determinar funções do Estado a reboque do modelo econômico neoliberal (MANIGLIA, 2009; PENTEADO FILHO, 2006).

Àquela altura, verifica-se ainda que, no Estado Liberal, a solidariedade social deixa o campo da moral para ocupar a ordem jurídica, agora como uma espécie de dever para com o próximo. Todavia, tornar esse dever uma obrigação jurídica elimina a moral que deve existir como essência da coesão social (SOUTO MAIOR, 2007).

Todavia, a aludida proteção do Estado a certas pessoas, no sentido da assistência aos mais necessitados em suas carências e necessidades, parecia, na perspectiva dos então (1948 e anos seguintes) detentores do poder econômico, romper com a igualdade dos próprios cidadãos perante a lei, interferindo, inclusive, na livre competição. Além disso, a ajuda do Estado também foi apontada, pelos mesmos agentes hegemônicos, como uma forma de restringir a liberdade individual do beneficiado, comprometendo assim sua condição de eleitor independente (CARVALHO, 2011).

Na verdade, foi, sobretudo, a partir da Primeira Guerra Mundial que se fortaleceu a cidadania enquanto discurso social, de modo que, daí em diante, todas as constituições contêm dispositivos de direito social, tratando, de forma imediata, de normas trabalhistas e previdenciárias – causas de tensões no núcleo ideológico do liberalismo (SOUTO MAIOR, 2007).

Ressalte-se que o renascimento do liberalismo econômico trouxe consigo o desenvolvimento da cultura do consumo, inclusive para a população mais excluída. Nesse sentido, a cidadania reivindicada é o direito ao consumo. Se o direito de comprar um objeto da moda – necessidade artificialmente criada – tem a força de silenciar ou inibir qualquer modalidade de militância política dos que vivem à margem da sociedade, as perspectivas de avanço democrático estariam sensivelmente diminuídas (CARVALHO, 2011).

A propósito da contextualização da condição de vulnerabilidade humana no polo mais fraco da correlação de forças desiguais da sociedade contemporânea, que o remete à proteção do Estado provedor, o jurista cearense Paulo Bonavides, com notável propriedade, assevera:

> A circunstância de achar-se o Homem contemporâneo – o homem-massa –, desde o berço, colhido numa rede de interesses sociais complexos, com a sua autonomia material bastante diminuída, na maior parte dos casos irremissivelmente extinta, há concorrido para que ele, em meio a essas atribulações, como um náufrago em desespero, invoque a proteção do Estado, esperança messiânica de sua salvação. (BONAVIDES, 2011, p. 200).

De toda sorte, um direito social é assim chamado não pela sua dimensão coletiva – posto esse direito ter como titular, na maioria das situações, pessoas consideradas individualmente (BRANCO, 2002) –, mas porque existe, sobretudo, para atender as exigências do bem comum, reivindicadas pelos defensores, sensíveis e/ou carentes, da justiça social.

Assim, no contexto da crescente tensão dicotômica liberal entre os valores (jurídicos) liberdade e igualdade, a aludida edição da Declaração Universal dos Direitos Humanos de 1948 trouxe extraordinária inovação em matéria de linguagem de direitos. Conjugando os discursos liberal e social da cidadania, tal declaração traz direitos civis e políticos ao lado daqueles econômicos, sociais e culturais, como também estabelece a premissa da universalidade dos direitos humanos, culminando por demarcar a concepção contemporânea de cidadania (PIOVESAN, 2003).

Na sequência, a grande maioria das constituições adotou a cidadania com fundamento no princípio da dignidade da pessoa humana e outros de índole sócio-jurídica, assumindo-se de então o conceito de cidadania contemporânea, como revelado por Lafter (1997, p. 6) – por alusão ao pensamento crítico de Hannah Arendt, vale dizer:

> Cidadania é o direito a ter direitos, pois a igualdade em dignidade e direito dos seres humanos não é um dado. É um construído da convivência coletiva, que requer o acesso a um espaço público comum. Em resumo, é esse acesso ao espaço público – o direito de pertencer a uma comunidade política – que permite a construção de um mundo comum através do processo de asserção dos direitos humanos.

No entanto, a conquista e a consolidação dessa acepção engajada de cidadania impõem respeito à constituição, somente alcançado a partir do compromisso permanente com os seus princípios (expressos ou implícitos), em linha com a preocupação com a sua efetividade nas relações sociais. Deve-se, ainda, como parte do processo de concretização dos preceitos constitucionais, considerar a evolução social dos próprios valores ali consagrados, sobretudo os direitos fundamentais (DALLARI, 2011; SARLET, 2007). Tal coerência é, sem dúvida, essencial para assegurar condições favoráveis à dignidade da pessoa humana e, também por isso, alcançar uma ordem social justa.

A premissa ideológica, logo consagrada nas constituições contemporâneas a 1948, de que o Estado é sujeito de direitos e obrigações – sendo a pessoa humana, como tal, sujeito de direitos –, fundamenta o exercício, identificado com a cidadania, da luta pela exigibilidade (jurídica, e administrativa) dos direitos sociais fundamentais em face do próprio Estado.

No Brasil, dentre os vários caminhos historicamente possíveis de desenvolvimento dos direitos civis, políticos e sociais, optou-se, na década de 1930, por esse último grupo, remetendo para frente o implemento e consolidação dos direitos civis e políticos. Todavia, naquele período notabilizado pelo populismo que atravessou o governo ditatorial de Getúlio Vargas – a proteção do Estado aos hipossuficientes fora apontada como uma quebra da igualdade de todos perante a lei, uma interferência indevida na livre competição e nas relações de trabalho (CARVALHO).

> Além disso, o auxílio do Estado era visto como restrição à liberdade individual do beneficiado, e como tal lhe retirava a condição de independência, requerida de quem deveria ter o direito de voto. Por essa razão, privaram-se, no início, os assistidos pelo Estado o direito do voto. Nos EUA, até mesmo os sindicatos de operários se opuseram a legislação social, considerada humilhante para o cidadão. (Idem, p. 221)

No processo de redemocratização no Brasil, vigorou um período de transição política entre a chamada "Nova República" e o anterior *Regime Militar*. Logo após o fim da ditadura militar, o Brasil estabeleceu uma nova ordem jurídica constitucional, a Constituição da Nova República, ao estabelecer normas identificadas com o Estado de Bem-Estar-Social, intervencionista e planejador. Prevaleceu a ideia de fortalecer o Estado para reduzir a desigualdade material no país, assinalando assim uma vertente contra-hegemônica ao modelo liberal de Estado – para o qual não haveria vítimas, cada um seria autor do seu destino. Ao mesmo tempo, entretanto, criou-se um arcabouço jurídico-constitucional para consolidação do país no contexto internacional marcado pela globalização econômica e por políticas neoliberais (FREITAS JÚNIOR, 2006; SOUTO MAIOR, 2007; PIOVESAN, 2003; STRECK, 2004).

Em matéria de tratados internacionais de direitos sociais, vigora no Brasil, desde 25 de setembro de 1992, a Convenção Americana sobre Direitos Humanos (Pacto de São José da Costa Rica), celebrada em 22 de novembro de 1969. Dessa forma, o Estado brasileiro assumiu o compromisso internacional de adotar providências com vistas a alcançar progressivamente a plena efetividade dos direitos decorrentes, dentre outros, das normas sociais contidas na Carta da Organização dos Estados Americanos, com a ressalva de que tal deva ser feito – via legislativa ou outros meios apropriados – de maneira progressiva, na medida dos recursos disponíveis (OEA, 1969).

Ainda sobre a incorporação dos direitos favoráveis à pessoa humana no ordenamento jurídico pátrio, é importante destacar que o Brasil também aderiu ao Protocolo de São Salvador – um desdobramento do Pacto de São José da Costa Rica, vigorando em nível internacional desde 16 de novembro de 1999 (BRASIL, 1999). Nele, em seu art. 12, intitulado "Direito à alimentação", está estabelecido que "toda pessoa tem direito a uma nutrição adequada que assegure a possibilidade de gozar do mais alto nível de desenvolvimento físico, emocional e intelectual". Sem dúvida, uma definição legal da vertente nutricional indissociavelmente ligada à segurança alimentar da pessoa humana, como pressuposto de uma vida digna.

Em geral, nas Cartas Internacionais de Direitos Humanos nas quais o Brasil é signatário, é assumido que os direitos dessa ordem – uma vez fundamentados nos próprios atributos de pessoa humana como premissa de dignidade – são indispensáveis para a promoção da justiça social (ONU, 1948; OEA, 1969).

Embora não citados nesse texto, cumpre assinalar ainda que o Brasil ratificou diversos outros tratados internacionais de não menos importância, com vistas a fundamentar, devidamente, políticas públicas eficazes para garantir a segurança alimentar/nutricional, como premissa indispensável à justiça social, na direção da construção da soberania alimentar.

2. (IN)SEGURANÇA ALIMENTAR E NUTRICIONAL E A FORÇA DO MERCADO

Pobreza e miséria são questões sociais e não naturais e fatais. Elas são produzidas pela forma como se organiza a sociedade.
(BOFF, 2005, p. 7)

Em face da problemática da má nutrição no mundo, discute-se a produção e o consumo sustentável de comida na perspectiva da segurança alimentar/nutricional, condição essa que, na forma da Lei 11.367/2006, consiste na realização do direito de todos ao acesso regular e permanente a alimentos de qualidade, em quantidade suficiente, sem comprometer o acesso a outras necessidades essenciais (BRASIL, 2006).

Nesse contexto, a agenda da sustentabilidade ambiental converge para a garantia do acesso a uma alimentação adequada e saudável nos sentidos ecológico e nutricional, integrado às dimensões política, econômica, cultural e social. Têm-se assim, múltiplas faces e um sem número de instrumentos para a abordagem da problemática da fome e de outros problemas percebidos no campo da alimentação e nutrição.

No âmbito do modo de produção capitalista, a quantidade e a qualidade de alimentos disponíveis para consumo humano são determinadas por processos complexos, identificados com interesses econômicos daqueles que detêm a hegemonia do mercado de alimentos, inclusive porque capazes de determinar hábitos, necessidades e demandas de consumo.

Mudanças verificadas nos padrões de consumo alimentar nos últimos anos têm influenciando sobremaneira os meios de produção agrícola, sobretudo em função da notória desvalorização das culturas tradicionais. Isso tudo num ambiente onde os produtores familiares, situados em posição marginal no debate acerca da SAN, têm limitada influência na cadeia de produção e consumo.

O quadro de sensível pobreza no meio rural brasileiro, especialmente no Nordeste, pode ser verificado junto às famílias classificadas como *produtoras familiares*, que, em sua maioria, sequer têm acesso a instrumentos de política agrícola capazes de assegurar o mínimo essencial ao seu autoconsumo, constituindo, dessa forma, um significante contingente de comunidades rurais em situação de insegurança alimentar (SILVA, 2006).

Não obstante, a existência humana é essencialmente dependente da satisfação de demandas nutricionais, entretanto, na lógica do mercado global, a *nutrição adequada* passou a representar uma expressão de marketing, com valor simbólico contabilizado em lucro – não raro, legitimada por expoentes cientistas (ainda que nesse aspecto não caiba generalizar, haja vista a produção contra-hegemônica nesse campo) e seus métodos úteis ao sistema alimentar prevalente no mercado global. O interesse em voga passa a ser a sustentabilidade econômica pautada em tecnologias apenas acessíveis aos grandes produtores de alimentos, em detrimento da agricultura de base familiar.

A realidade de insegurança alimentar/nutricional de comunidades rurais no Brasil desmente a teoria de que o livre comércio, e seu sucedâneo crescimento econômico, beneficiam aos pobres. Na realidade, o processo de internacionalização da economia, ao tempo em que limitou a capacidade de regulação estatal, tornou mais candentes questões relativas à regulamentação e controles de mercado, ao lado da adoção de salvaguardas e medidas compensatórias em favor das sociedades mais empobrecidas (KOERNER, 2003).

No nível internacional, grande parte dos sistemas alimentares mundo afora são realidades complexas, alguns dos quais envolvem nações inteiras, crescentemente dependentes de importações, inviabilizando os pequenos produtores rurais pelo critério da competitividade econômica do livre mercado. Assim, a produção para o consumo doméstico tende a desaparecer e, em contrapartida, novos padrões de demanda são definidos por grandes interesses econômicos, massacrando economias nacionais.

A fome como questão social foi fortemente evidenciada por volta de 1974, em virtude da inanição (aparentemente decorrente da escassez mundial de alimentos), face mais cruel da insegurança alimentar, ter vitimado milhões de pessoas, principalmente na África e na América Latina. Ocorre que, nesse período, a concepção de segurança alimentar restringia-se à realização de armazenamento estratégico de alimentos e de sua oferta segura e adequada. Apenas nos fins da década de 1970, com o paradoxo do registro de grande incremento na produção global de alimentos, ao lado do aumento do número de famintos, o mundo passou a conceber a realidade da fome e desnutrição como um problema de acesso e não de produção de alimentos. A partir de então, ao invés do enfoque no alimento, o ser humano passa, enfim, a ser destacado nas ações estratégicas e táticas dos Estados (MANIGLIA, 2009).

Haja vista o fato incontroverso de que a crescente hegemonia do modelo de produção e consumo voltado ao mercado global, sobretudo a partir da década de 1970, desfavoreceu severamente (ou mesmo quebrou) os tradicionais mecanismos e sistemas alimentares de base local (JONSSON, 1979), depreende-se porque se faz necessária uma abordagem da fome enquanto fenômeno social praticamente inseparável da pobreza, com uma expressão grave e óbvia da instabilidade econômica mundial.

Nessa mesma linha, o sociólogo Alberto Guerreiro Ramos afirmou, há mais de três décadas, com notável força visionária, que estaria em curso, em termos dispersos e incompletos, um processo institucional de transformação na sociedade que poderia culminar em uma *sociedade centrada no mercado* (multicêntrica ou reticular). Tal processo seria moldado a partir dos agentes históricos, através de duas formas: aceitação passiva das circunstâncias ou exploração criativa das oportunidades contemporâneas (RAMOS, 1981)

Ao longo de um percurso de desenvolvimento perverso e excludente assinalado por um modelo centrado no mercado e, por efeito, na concentração de renda, têm-se a emergência de ações afirmativas do tipo transferência condicionada de renda com o fito de corrigir distorções históricas. Destaca-se então a abordagem econômica de problemas nutricionais associados à desigualdade social, visto que o foco capitalista na lógica da ampliação do mercado de alimentos sobrepõe-se ao interesse pela condição humana de insegurança alimentar/nutricional. No Brasil, o Programa Fome Zero (PFZ) com o Bolsa família traduz bem essa ideia.

A propósito, as primeiras críticas ao PFZ, criado em 2003, estão relacionadas a seu processo inicial de implantação técnica e política. Quanto a isso, o sociólogo Francisco (Chico) de Oliveira afirmou não haver diferença entre o PFZ e os programas sociais do governo Fernando Henrique. Para esse fundador do PT, bastaria um estudo do orçamento de uma família beneficiária do sertão para evidenciar que tal iniciativa termina sendo inútil e inócua, não tendo o condão transformador que a sociedade anseia, mesmo reconhecendo que matar a fome de alguém não seja propriamente um gesto inútil e inócuo (OLIVEIRA, 2005).

De acordo com Chico de Oliveira, programas como Fome Zero seriam instrumentos de *funcionalização da miséria*. Isto é, tornariam a miséria suportável e funcional ao modelo socioeconômico. Esse autor entende que tais iniciativas constituem um tipo de *ajuda humanitária* para garantir a sobrevivência dos mais pobres sem mudar a condição social destes. Em outras palavras, esses programas não alterariam a estrutura de distribuição de riquezas no Brasil (OLIVEIRA, 2004), ou, conforme reflexão de Sodré (2005, p. 88), referenciando Karl Marx,

> As estruturas políticas são primordialmente receptivas às exigências do modo capitalista de produção, manifestando e ocultando ao mesmo tempo a subordinação funcional do poder político ao econômico.

De acordo com Carvalho (2011), o termo "estadania", em contraste com cidadania, é apropriado para designar uma cultura atentatória à democracia. Isso porque o foco se volta diretamente (sem intermediários) para o Estado com as suas benesses de proteção social; almejadas, em regra, por todos aqueles mais empobrecidos, a exemplo da transferência direta de renda, para oportunizar a inclusão na lógica perversa do consumo.

Noutro sentido, estudos nos campos da genética e fisiologia sustentam recomendações relativas ao consumo de alimentos transgênicos e funcionais, respectivamente. Trata-se de oportunidade de negócio no campo da alimentação e nutrição, habilmente manipulada pela indústria do setor. Entretanto, "esquecem" os inventores de comida com valor agregado (adicional econômico decorrente da transformação industrial da matéria-prima alimentar), que a condição humana de segurança alimentar/nutricional não é um bem econômico, valorado com investimento na compra de alimentos processados, mas, isto sim, um bem da vida, indissociavelmente relacionado à dignidade da pessoa humana.

Uma alimentação saudável e equilibrada precisa cada vez mais ser considerada um direito social, sobretudo porque a fome e o direito de comer não se limitam à insuficiência de comida, mas devem ser estendidos também ao comer mal, em quantidade e em qualidade. Tal assertiva parece-nos relevante haja vista o fato de milhões de brasileiros não comerem o suficiente e avançarmos céleres para outros milhões que, malgrado a desigualdade notável na renda entre ricos e pobres, comem cada vez pior, sobretudo, mais do que deviam. Nesse contexto do excesso no consumo, cresce no país uma epidemia de sobrepeso/obesidade, atual e relevante desafio à saúde coletiva.

3. RESERVA FINANCEIRA DO POSSÍVEL EM MATÉRIA DO DIREITO SOCIAL À ALIMENTAÇÃO

Na hipótese nas quais (por ação ou omissão) os órgãos legislativos ou executivos comprometem a eficácia e a integridade de quaisquer dos direitos sociais constitucionais, tem prevalecido em nosso sistema jurídico o entendimento consolidado no Supremo Tribunal Federal (STF) no sentido de conferir, excepcionalmente, ao judiciário o poder de determinar políticas públicas previstas na Constituição Federal, mitigando assim a questão da reserva do possível.

Em recente julgado do STF acerca de matéria relacionada ao Direto Social à Educação (desde então tantas vezes referenciado pelos ativistas dos diretos sociais), o ministro Celso de Melo em sua manifestação acerca da obrigação do município frente ao atendimento em creche e pré-escola para crianças de até cinco anos de idade, concluiu:

> O **administrador não tem discricionariedade para deliberar sobre a oportunidade e conveniência de implementação de políticas públicas discriminadas na ordem social** constitucional (...). Sendo assim (impõe-se) ao município de São Paulo, em face da obrigação estatal de respeitar os direitos das crianças, o dever de viabilizar, em favor destas, a matrícula em unidades de educação infantil próximas de sua residência ou do endereço de trabalho de seus responsáveis legais, sob pena de multa diária por criança não atendida. (BRASIL, 2011; grifos nossos)

Contanto, a hermenêutica constitucional brasileira, da lavra da Suprema Corte, evoluiu ao ponto de inadmitir que por mera discricionariedade da administração governamental seja o dinheiro público gasto de forma ilegítima, tanto mais com intuito de inviabilizar (ou fraudar) os direitos sociais. Na hipótese de uma prestação visar proporcionar condições mínimas de existência não é lícito ao Estado nem mesmo justificar-se pela precitada teoria da reserva do possível (STF. RE 436996/SP. Rel. Min. Celso de Mello. DJU: 7.11.2005).

No que concerne ao Direito Social à Alimentação, sua efetiva realização relaciona-se, em grande medida, com a capacidade econômico-financeira do Estado e, nesse ínterim, depende dos limites e possibilidades orçamentárias do governo (princípio da reserva do possível). Entretanto não seria mesmo razoável, nem legítimo, frustrar o cidadão da garantia fundamental da alimentação, indissociavelmente vinculada à nutrição como questão de segurança, que remete às condições materiais mínimas de existência digna, e assim, não pode prescindir de incorporar dimensões de ordem cultural, social e política.

> Assim, tratando-se o direito à alimentação de garantia constitucional diretamente relacionada ao supraprincípio da dignidade da pessoa humana, deve ser gozado com prioridade absoluta. (DJSP 30/10/2012, Judicial – 1ª Instância/ Interior, parte II, p. 884)

Decerto, em face da inoperância de uma ampla variedade de políticas públicas no campo da alimentação e nutrição, supostamente eficazes, embora com pouco ou nenhum alcance no âmbito da segurança alimentar/nutricional, a omissão estatal é uma conclusão que se impõe, porque grosso modo o governo deixa de fazer, ainda que parcialmente, o estabelecido no texto constitucional no que concerne à concretização da alimentação.

Sendo a alimentação parte indissociável da ordem social constitucional, a não concretização de políticas públicas nessa matéria caracteriza inércia qualificada do poder público, em afronta à ordem jurídica, por força da ausência (ou fragilidade) de medidas capazes de tornar real a condição humana de segurança alimentar/nutricional, em harmonia com o conjunto de princípios e garantias fundamentais de justiça social insculpidos na Lei Maior.

Para se ter uma ideia da força de uma norma de direito social na ordem constitucional do Brasil, basta considerar que os atos do Presidente da República atentatórios ao exercício dos direitos sociais (incluso a alimentação), por expressa disposição constitucional (art. 85, inc. III) são tipificados como crimes de responsabilidades, com previsão, dentre outras sanções, da perda do mandato presidencial. Punição conquanto tão extrema em nosso sistema político acreditamos só crível em ficção jurídica.

A presença da alimentação no rol dos direitos sociais da Constituição brasileira é apontada como um legado capaz de acelerar – por analogia aos catalizadores de processos bioquímicos em matéria de nutrição – a concretização do ideal de um país mais justo. Nesse sentido, pode ser útil para

> (...) impulsionar a articulação do governo federal com os governos municipais, estaduais e do Distrito Federal e com a sociedade civil em quatro eixos de atuação (...): ampliação do acesso à alimentação com transferência de renda; fortalecimento da agricultura familiar; promoção de processos de geração de renda e da articulação, mobilização e controle social. (BRASIL, 2003)

Frequentemente, os tribunais fundamentam o direito à alimentação no direito à saúde e à vida, com se extrai do AG 74622-RN, no qual a 4ª Turma do Tribunal Regional Federal da 5ª Região, em apertada síntese, fazendo coro a inúmeras decisões pelo país, em matéria análoga, reconheceu o dever do Estado para com a alimentação especial de criança com restrição dietética (no caso, tratava-se de um aminoácido), *in verbis*:

> Constitucional e Processual Civil. Direito à saúde e à vida. Criança portadora de doença congênita. Alimentação especial. Dever do Estado. Tutela que se limita ao fornecimento de leite sem tirosina. (...). (Relator: Des. Federal Lázaro Guimarães. DJ: 02.05.2008, p. 837)

Em recentes julgados, o Egrégio Superior Tribunal de Justiça teve oportunidade de enfrentar – determinando providências imediatas – situações de flagrante omissão estatal em matéria de saúde e nutrição e outros valores fundamentais, firmando jurisprudência no sentido de que a alegação de reserva financeira do possível não é um fundamento capaz de contrapor a obrigação estatal para com a efetivação dos direitos fundamentais. A título de exemplo, seguem três acórdãos com tal entendimento:

> ADMINISTRATIVO. DIREITO À SAÚDE. DIREITO SUBJETIVO. PRIORIDADE. CONTROLE JUDICIAL DE POLÍTICAS PÚBLICAS. ESCASSEZ DE RECURSOS. DECISÃO POLÍTICA. RESERVA DO POSSÍVEL. MÍNIMO EXISTENCIAL. (...)
>
> 5. A reserva do possível não configura

carta de alforria para o administrador incompetente, relapso ou insensível à degradação da dignidade da pessoa humana, já que é **impensável que possa legitimar ou justificar a omissão estatal capaz de matar o cidadão de fome** (...). O absurdo e a aberração orçamentários, por ultrapassarem e vilipendiarem os limites do razoável, as fronteiras do bom senso e até políticas públicas legisladas, são plenamente sindicáveis pelo Judiciário, não compondo, em absoluto, a esfera da discricionariedade do Administrador, nem indicando rompimento do princípio da separação dos Poderes. (STJ. REsp 1.068.731-RS, Min. Herman Benjamin, DJ 08.03.2012; grifos nossos)

ADMINISTRATIVO E CONSTITUCIONAL (...) ESCASSEZ DE RECURSOS COMO O RESULTADO DE UMA DECISÃO POLÍTICA. PRIORIDADE DOS DIREITOS FUNDAMENTAIS. CONTEÚDO DO MÍNIMO EXISTENCIAL (...).

(...)

4. (...) **a reserva do possível não pode ser oposta à efetivação dos Direitos Fundamentais**, já que, quanto a estes, não cabe ao administrador público preteri-los em suas escolhas. (...) Tais valores não podem ser malferidos, ainda que seja a vontade da maioria. Caso contrário, se estará usando da "democracia" para extinguir a Democracia.

5. (...) a realização dos Direitos Fundamentais não é opção do governante, não é resultado de um juízo discricionário nem pode ser encarada como tema que depende unicamente da vontade política. Aqueles direitos que estão intimamente ligados à dignidade humana não podem ser limitados em razão da escassez quando esta é fruto das escolhas do administrador. <u>Não é por outra razão que se afirma que a reserva do possível não é oponível à realização do mínimo existencial.</u>

6. O mínimo existencial não se resume ao mínimo vital, ou seja, o mínimo para se viver. O conteúdo daquilo que seja o mínimo existencial abrange também as condições socioculturais, que, para além da questão da mera sobrevivência, asseguram ao indivíduo um mínimo de inserção na "vida" social. (STJ. 2ª T. REsp.1.185.474-SC, Rel. Ministro Humberto Martins. DJ: 29.4.2010; grifos nossos)

(...) DIREITO FUNDAMENTAL. NORMA DE NATUREZA PROGRAMÁTICA. (...) ESFERA DE DISCRICIONARIEDADE DO ADMINISTRADOR. INGERÊNCIA DO PODER JUDICIÁRIO.

10. As meras diretrizes traçadas pelas políticas públicas não são ainda direitos senão promessas de *lege ferenda*, encartando-se na esfera insindicável pelo Poder Judiciário, qual a da oportunidade de sua implementação.

11. Diversa é a hipótese segundo a qual a Constituição Federal consagra um direito e a norma infraconstitucional o explicita, **impondo-se ao Judiciário torná-lo realidade, ainda que para isso, resulte obrigação de fazer, com repercussão na esfera orçamentária**.

12. Ressoa evidente que toda imposição jurisdicional à Fazenda Pública implica em dispêndio e atuar, sem que isso infrinja a harmonia dos poderes, porquanto no regime democrático e no estado de direito o Estado soberano submete-se à própria justiça que instituiu. Afastada, assim, a ingerência entre os poderes, o Judiciário, alegado o malferimento da lei, nada mais fez do que cumpri-la ao **determinar a realização prática da promessa constitucional**. (STJ. 1ª T. Resp. 753565/MS; Recurso Especial 2005/008658-2, Relator: Ministro Luiz Fux. DJ 28.05.2007; grifos nossos)

Em matéria correlata, tem-se uma interessante manifestação do Conselho Superior da Justiça do Trabalho (CSJT) na resposta à consulta (n.º 48561-84.2010.5.90), da Associação dos Magistrados do Trabalho da Paraíba. O objeto da solicitação foi a possibilidade de extensão aos associados (somente juízes federais) do auxílio-alimentação pago, *stricto sensu*, aos servidores públicos federais – com fundamento (pasmem), no artigo 6º da Constituição, ou, mais especificamente, no texto alterado pela Emenda Constitucional n. 64/2010 (que incluiu a alimentação no rol de direitos sociais). Resulta que o CSJT negou a pretensão ali anotada, por entender (com absoluta coerência, ética e bom senso), sem divergência, que:

(...) a mera previsão do direito à alimentação no rol dos direitos sociais não implica o direito subjetivo dos magistrados a receber parcela de sua remuneração destinada diretamente à sua alimentação.

A norma constitucional deve ser interpretada como o reconhecimento de que **todos os cidadãos brasileiros devem ter acesso à alimentação, e que o Estado tem o dever de procurar alocar seus recursos de maneira a satisfazer as necessidades alimentares de todos, e, em especial, a dos cidadãos com maior carência de recursos financeiros.** Este não é o caso, evidentemente, dos magistrados. (DeJT n. 685, data: 10/03/2011, p. 3-4; grifos nossos)

4. PRINCÍPIO DA PROIBIÇÃO DO RETROCESSO SOCIAL APLICADO À TUTELA DO DIREITO À ALIMENTAÇÃO

> *O significado da Constituição depende do processo hermenêutico que desvendará o conteúdo de seu texto, a partir de novos paradigmas insurgentes das práticas dos tribunais.*
>
> (STRECK, 2004, p. 14)

No contexto de luta em favor da concretização dos direitos fundamentais, tais como o direito social à alimentação, o "princípio da proibição do retrocesso social" (CANOTILHO, 1999, p. 542) tem destacada importância, visto que a sua aplicação tem por escopo proteger os direitos fundamentais já positivados, contrapondo a produção legislativa e compreensão hermenêutica que aponte para supressão ou restrição indevida de tão relevantes direitos.

Coerentes com tal entendimento em matéria de jurisdição constitucional, ao revelar harmonia entre suas decisões e a concepção de Estado Democrático de Direito, os tribunais em todo o mundo vêm assumindo posições concernentes com a ética do bem comum ao adotar proibição do retrocesso social como princípio basilar dos direitos sociais. Nesse sentido, destaca-se o acórdão n. 39/84, do Egrégio Tribunal Constitucional de Portugal, com a seguinte conclusão:

> A partir do momento em que o estado cumpre (total ou parcialmente), as tarefas constitucionalmente impostas para realizar um direito social, o respeito constitucional deste deixa de consistir (ou deixar de consistir apenas) numa obrigação positiva, para se transformar ou passar também a ser uma obrigação negativa. O Estado que estava obrigado a atuar para dar satisfação ao direito social, passa a estar obrigado a abster-se de atentar contra a realização dada ao direito social. (AC 34/84, DRe: 05.05.1984, n. 104, série I, p. 1455-1468)

Noutros termos, a teor do precitado entendimento da suprema corte portuguesa, uma vez criada uma lei requerida pela Constituição para a realização de um direito fundamental, o legislador passaria a ser impedido de revogá-la, retrocedendo a situação anterior. Por tal entendimento, os serviços e institutos jurídicos consagradores de direitos sociais, uma vez estabelecidos por lei, têm a sua existência constitucionalmente garantida, admitindo-se alteração ou reforma por outra norma legal nos limites constitucionais, não se admitindo a sua extinção ou revogação.

Impende ressaltar que a teor do Pacto Internacional dos Direitos Econômicos, Sociais e Culturais (PDESC), ratificado pelo Brasil em 1992, no livre e pleno exercício de sua soberania, o Estado deve observar o princípio da aplicação progressiva, o que de per si implica justamente no princípio da proibição do retrocesso social (PIOVESAN, 2007).

No acervo de jurisprudência brasileiro, colhe-se que já há precedentes nos quais se reconhece o quão fundamental é o direito social à alimentação, a ponto de justificar a aplicação do entendimento doutrinário que prima pela proibição ao retrocesso. Ademais, dado o caráter indispensável da alimentação para garantia do bem viver, é natural que demanda jurídica que envolva matéria dessa magnitude, reúna os fundamentos para decisão que antecipe o mérito do provimento final, quais sejam: *fumus boni juris* (fumaça do bom direito) e do *periculum in mora* (perigo da demora), como visto no seguinte julgado:

> (...) entre nós, está escrito que o princípio da dignidade humana é fundamento da República, e que os direitos sociais, entre os quais, lógico, o da alimentação, figuram como limites à atuação de qualquer poder. Se derrubarmos a ideia de Constituição Dirigente, derrubamos todo o nosso arcabouço constitucional, é colocarmos ao chão o princípio da dignidade da pessoa humana. Por isso é que se ensina, **em Direito Constitucional, que as conquistas sociais não podem retroceder.** Tudo o que a legislação já garantiu às classes trabalhadoras não pode ser suprimido. Entendemos, portanto, e (...) retomando a Canotilho, que se deva

aplicar **o princípio da proibição do retrocesso social**, de modo que nem uma lei municipal poderia suprimir o direito das partes-autora à cesta básica – quanto mais um decreto municipal. Nesse ambiente de interpretação legalista e constitucionalista, é que **a cesta básica deve ser garantida** aos servidores públicos de Santa Albertina-SP. Por fim, **como se trata de direito social de alimentação, inerente à sobrevivência humana**, defere-se a tutela antecipada, para que a cesta alimentação seja imediatamente restabelecida. (DJSP 09/10/2012, Judicial – 1ª Instância/Interior, parte II, p. 807)

A propósito da evolução legislativa, coerente com o constitucionalismo contemporâneo, o Projeto do Novo Código de Processo Civil, em tramitação no Congresso Nacional, em seu art. 6º prevê que ao aplicar a lei deve o juiz "atender aos fins sociais a que ela [a lei] se dirige e as exigências do bem comum, observando sempre o princípio da dignidade da pessoa humana".

Por oportuno, tendo em vista a realidade que a grande maioria dos brasileiros nunca teve assegurados vários dos direitos ditos de cidadania – ressalvando-se prestações mínimas, por parte de organizações estatais ou não, é razoável sustentar, como o fazem Agra (2007) e Piovesan (2007), a proibição do retrocesso social como uma cláusula de um conteúdo mínimo de direitos fundamentais (doutrina das *entrenchment clauses*), e, dessa forma, como um instrumento de referência para impulsionar avanços na solução do problema crônico da exclusão social no país.

Em reforço à ideia de não retorno das conquistas legislativas em matéria de direitos sociais, deve ser considerado, como lembram Valente, Franceschini & Burity (2007), que as notáveis desigualdades socioeconômicas (e sua manutenção) no Brasil refletem a correlação de poder desigual. De fato, no país que é um das distribuições de renda mais desiguais do mundo, fruto da absoluta prevalência dos interesses hegemônicos de uma minoria dominante em detrimento de uma maioria sofrida, que assiste atônita uma sucessão de violações e ameaças aos direitos sociais, reconhecidos como tal pela Constituição Federal.

5. CONSIDERAÇÕES FINAIS

Muito embora a alimentação esteja no rol dos direitos sociais constitucionais, é fato que assegurar a comida, desde a questão do acesso até a soberania alimentar, permanece como um desafio a ser superado no Brasil, ao menos na perspectiva dos direitos humanos. Em tal contexto, caracterizado por um hiato entre norma e decisão política, marcado pela negativa da efetividade do direito à alimentação, destacam-se, no contexto das políticas públicas, a ineficiência dos programas de renda mínima e o fracasso no trato da proteção ao meio ambiente.

Naturalmente, promover a segurança alimentar/nutricional é, sobretudo, um desafio de todos que remete ao necessário cuidado e zelo com o meio ambiente, prevenindo ou mitigando, tanto quanto possível, o impacto da ação humana sobre o clima, o solo, a água, a fauna, a flora e outros fatores da natureza imprescindíveis ao equilíbrio vital. Nessa linha, por além do direito positivo, impõe-se o desenvolvimento de sistemas alimentares saudáveis e sustentáveis e economicamente justos, em harmonia com a universalização do direito à alimentação.

É forçoso reconhecer que no contexto da atual crise do modelo econômico hegemônico desse início de século, incluindo o mercado de alimentos baseado no agronegócio, são notórias as ameaças à promoção do direto à alimentação no mundo. Diversas organizações não governamentais, a exemplo da *FoodFirst Information & Action Network* (FIAN, 2011), vêm denunciando a expropriação desmedida de terras e seu impacto deletério no clima e nos recursos naturais renováveis, bem como a exploração absurda do trabalho de pequenos agricultores e pecuaristas, pescadores artesanais, dentre outras pessoas, que embora majoritariamente responsáveis por alimentar a comunidade humana, sequer conseguem o que se faz necessário para cobrir as necessidades alimentares e nutricionais de suas famílias.

Também é importante incluir a discussão dos programas que se investem no propósito de promover o Direito à Alimentação, envolvendo a estrutura e os resultados almejados, como também, em especial, a percepção da segurança alimentar em famílias envolvidas em tais ações governamentais (CASEMIRO et al., 2010; ROCHA, 2011).

Albuquerque (2009) propugna pela importância de se planejar pesquisas capazes de avaliar o impacto acerca da situação e da percepção da segurança alimentar em famílias partícipes de determinados programas sociais. Na mesma trilha, Casemiro et. al.

(2010) observam que compreender a forma como os agentes sociais avaliam e (res)significam sua realidade, envolvendo preceitos de justiça, ética, participação política e intersetorialidade, pode constituir um bom começo com vistas à efetivação do propalado Direito Social à Alimentação.

Contudo, o direito à alimentação, ao modo de todos os demais direitos sociais, decorre de problemas, lutas, perdas e conquistas de uma nação politicamente organizada (o Estado), como também depende de mobilizações e articulações sociopolíticas para a sua efetiva concretização nas vidas vulneradas pela realidade mais ou menos severa da insegurança alimentar/nutricional. Por tais razões, Beurler (2008) propugna pela importância de questionar a omissão estatal em realizar plenamente o direito à alimentação, conforme enunciado pelo nosso ordenamento jurídico constitucional.

Por último (embora não menos importante), entendendo o social como a essência do direito, como prescreve Souto Maior (2007), e tendo em vista a sensível implicação da alimentação e nutrição humana com a dinâmica da vida em sociedade, se impõe relevante aos operadores do direito assumir a segurança alimentar como um compromisso social em favor de uma nação mais justa. Políticas nessa direção supõem o esforço de considerar, em particular, a gênese das históricas iniquidades sociais do Brasil, explicativas da vulnerabilidade nutricional que ameaça a dignidade humana de grandes continentes populacionais, na diversidade do território nacional.

No entanto, além de assumir a dignidade humana como princípio, conforme perspectiva fundada no reconhecimento jurídico dos direitos humanos, as políticas de Estado no campo da alimentação e nutrição, precisam fortalecer os mecanismos de *accountability – isto é, envolver, a um só tempo: vias de responsabilidades integradas em um sistema nacional de segurança alimentar/nutricional, deveres de transparência na prestação de contas dos programas sociais, democracia no trato das decisões e sistemas de controle eficientes do gasto público.*

REFERÊNCIAS BIBLIOGRÁFICAS

AGRA, Walber de Moura. O *entrenchment* como condição para a efetivação dos direitos fundamentais. TAVARES, André Ramos (coord.). *Justiça constitucional*: pressupostos teóricos e análises concretas. Belo Horizonte: Fórum, 2007.

AYRES, José Ricardo de C. M. Interpretação histórica e transformação científica: a tarefa hermenêutica de uma teoria crítica da epidemiologia. *Rev. Saúde Pública*, São Paulo, v. 28, n. 4, p. 311-319, 1994.

BOFF, Leonardo. *Ecologia social pobreza e miséria*. 2005. Disponível em: <http://www.ecoterrabrasil.com.br>. Acesso em: 31 jan. 2013.

BEURLER, Alexandra. *Direito humano à alimentação adequada no Brasil*. Curitiba: Juruá, 2008.

BONAVIDES, Paulo. *Do Estado Liberal ao Estado Social*. 10. ed. São Paulo: Malheiros, 2011.

BRANCO, Paulo Gustavo Gonet. Aspectos fundamentais de teoria geral dos direitos fundamentais. In: MENDES, Gilmar Ferreira; COELHO; Inocêncio Mártires; BRANCO, Paulo Gustavo Gonet. *Hermenêutica constitucional e os direitos fundamentais*. Brasília: Brasília Jurídica, 2002.

BRASIL. Câmara dos Deputados. *Relatório da comissão especial destinada a apreciar e proferir parecer à proposta de emenda à constituição n. 47, de 2003, do Senado Federal, que altera o art. 6º da Constituição Federal, para introduzir a alimentação como direito social.* 2003. Disponível em: <http://www4.planalto.gov.br/consea/pec-alimentacao/documentos/relatorio>. Acesso em: 20 nov. 2012.

BRASIL. Lei n. 11.346, de 15 de setembro de 2006. Cria o Sistema Nacional de Segurança Alimentar e Nutricional – SISAN. Diário Oficial [da] União, Brasília, DF, n. 179, p. 1, 2006. Seção 1.

BURLANDY, Luciene. *Comunidade solidária e os programas de alimentação e nutrição: focalização e parcerias*. 2003. Tese (Doutorado em Saúde Pública) – Fundação Oswaldo Cruz. Rio de Janeiro, 2003.

CANOTILHO, José Joaquim Gomes. *Direito constitucional e teoria da constituição*. 3. ed. Coimbra: Almediana, 1999.

CARVALHO, José Murilo de. *Cidadania no Brasil*: o longo caminho. 14. ed. Rio de Janeiro: Civilização Brasileira, 2011.

CASEMIRO, Juliana Pereira; VALLA, Victor Vincent; GUIMARAES, Maria Beatriz Lisboa. Direito humano à alimentação adequada: um olhar urbano. *Ciênc. saúde coletiva*, Rio de Janeiro, v. 15, n. 4, p. 2085-2093, 2010.

CHAUI, Marilena. Cultura política e política cultural. *Estudos avançados*, São Paulo, v. 9, n. 23, p. 71-84, 1995.

CUNHA JÚNIOR, Melchíades. *Sociólogo esclarece a sua decepção com o PT*. Jornal O Estado de São Paulo. Disponível em: <http://www.estadao.com.br/agestado/noticias/2003/dez/02/12.htm 02/12/2003>. Acesso em: 14 jul. 2005.

DALLARI, Dalmo de Abreu. *A constituição na vida dos povos*: Da idade média ao século XXI. São Paulo: Saraiva, 2010.

FIAN Internacional (FoodFirst Information & Action Network). *Informe Anual 2011*. Disponível: em: <http://www.fian.org/fileadmin/media/publications/d89s_La_Politica_Alimentaria_Comunitaria.pdf>. Acesso em: 24 jan. 2013.

FREITAS JÚNIOR, Antonio Rodrigues de. Os Direitos Sociais como condição da Democracia (ou, sobre os riscos de uma nova Assembleia de Revisão Constitucional). *Revista de Direito e Política*, v. 11, p. 11-29, 2006.

JONSSON, Urban. As causas da fome. In: VALENTE, Flávio Luiz Schieck (org.). *Fome e desnutrição*: determinantes sociais. São Paulo: Cortez, 1989.

KELSEN, Hans. *Teoria geral do direito e do estado*. Tradução de Luís Carlos Borges. São Paulo: Martins Fontes, 2000.

KOERNER, Andrei. O papel dos direitos humanos na política democrática: uma análise preliminar. *Rev. bras. Ciências Sociais*, São Paulo, v. 18 n. 53, p. 143-157, 2003.

LAFTER, Celso. A reconstrução dos direitos humanos: a contribuição de Hannah Arendt. *Estudos Avançados*, São Paulo, v. 11, n. 30, p. 55-65, 1997.

MANIGLIA, Elisabete. *As Interfaces do direito agrário e dos direitos humanos e a segurança alimentar.* São Paulo: UNESP, 2009.

NUNES, Mercês da Silva. *O direito fundamental à alimentação e o princípio da segurança*. Rio de janeiro: Elsevier/Campus Jurídico, 2008.

OEA. Organização dos Estados Americanos. Convenção Americana de Direitos Humanos – *Pacto de San José de Costa Rica*, 1969. Disponível em: <http://www2.idh.org.br/casdh.htm>. Acesso em: 07 jan. 2013.

OLIVEIRA, Francisco. O Momento Lênin. *Novos estudos*. São Paulo, n. 75, p. 23-47, 2006.

ONU. *Declaração Universal dos Direitos Humanos*, 1948. Disponível em: <http://www.onu-brasil.org.br/documentos_direitoshumanos.php>. Acesso em: 07 jan. 2013.

PENTEADO FILHO, Nestor Sampaio. *Manual de direitos humanos*: doutrina – legislação. São Paulo: Método, 2006.

PIOVESAN, Flávia. A responsabilidade do Estado na consolidação da cidadania. In: TAVARES, André Ramos; FERREIRA, Olavo A. V. Alves; LENZA, Pedro. *Constituição Federal, 15 anos*: mutação e evolução – comentários e perspectivas São Paulo: Método, 2003.

PIOVESAN, Flávia. Proteção dos direitos econômicos, sociais e culturais e do direito à alimentação adequada: mecanismos nacionais e internacionais. In: PIOVESAN, Flávia; CONTI, Írio Luiz (orgs.). *Direito humano à alimentação adequada*. Rio de Janeiro: Lumen Juris, 2007.

RAMOS, Alberto Guerreiro. *A nova ciência das organizações*: uma reconceituação da riqueza nas nações. Rio de Janeiro: Fundação Getúlio Vargas, 1981.

ROCHA, Eduardo Gonçalves. *Direito à alimentação*: Teoria constitucional-democrática e políticas públicas. São Paulo: LTr, 2011.

RODRIGUEZ, Maria Elena. Os direitos sociais na constituição. In: PIOVESAN, Flávia; CONTI, Írio Luiz (orgs.). *Direito humano à alimentação adequada*. Rio de Janeiro: Lumen Juris.

SAMPAIO, José Adércio Leite. Qual o significado dos Direitos Sociais hoje? *Revista Del Rey Jurídica*, Belo Horizonte, v. 9, n. 18, p. 70-71, 2007.

SARLET, *A eficácia dos direitos fundamentais*. 7. ed. Porto Alegre: Livraria do Advogado, 2007.

SILVA, Aldenor Gomes da (org.). *Da mobilização às mudanças sociais dinâmica das novas ruralidades do Nordeste Brasileiro*. São Paulo: Polis, 2006.

SOUTO MAIOR, Jorge Luiz. O que é direito social? In: CORREIA, Marcus Orione Gonçalves (org.). *Curso de direito do trabalho*. São Paulo: LTr, 2007.

STRECK, Lenio Luiz. Constituição, constitucionalismo e jurisdição constitucional – O problema da (in)efetividade dos direitos: Estão exauridas as conquistas do Estado democrático de direito? In: STRECK, Lenio Luiz. *Jurisdição constitucional e hermenêutica*. Rio de Janeiro: Forense, 2004.

VALENTE, Flávio Luiz Schieck; FRANCESCHINI, Thais; BURITY, Valéria. Instrumentos e mecanismos não judiciais de exigibilidade o direito humano à alimentação adequada no Brasil. In: PIOVESAN, Flávia; CONTI, Írio Luiz (orgs.). *Direito humano à alimentação adequada*. Rio de Janeiro: Lumen Juris, 2007.

YAZBEK, Maria Carmelita. Pobreza no Brasil contemporâneo e formas de seu enfrentamento. *Serv. Soc. Soc.*, São Paulo: Cortez. n. 110, p. 288-322, 2012.

BREVES CONSIDERAÇÕES SOBRE O FENÔMENO DA "JUDICIALIZAÇÃO DO DIREITO FUNDAMENTAL À SAÚDE" NO BRASIL

Marcus Vinicius Parente Rebouças (*)

NOTAS INTRODUTÓRIAS

"Os Estados Partes do presente Pacto reconhecem o direito de toda pessoa desfrutar o mais elevado nível possível de saúde física e mental."

(Art. 12, 1, do Pacto Internacional sobre Direitos Econômicos, Sociais e Culturais – PIDESC)

Hodiernamente, vivencia-se, no Brasil, um peculiar cenário histórico no qual o Poder Judiciário tem sido cada vez mais acionado para solucionar tensões sociais versando sobre questões constitucionais particularmente relacionadas ao direito fundamental à saúde, fenômeno ao qual se tem dado a denominação de "judicialização do direito à saúde". Em resposta, como não pode simplesmente pronunciar o *non liquet*, tanto o Supremo Tribunal Federal (STF) quanto as demais instâncias judiciárias brasileiras vêm, no desempenho da superlativa função institucional de guarda da Constituição, dilatando sintomaticamente as fronteiras da intervenção judicial nesse domínio, inclusive avançando sobre políticas públicas. Esse exercício de jurisdição constitucional em matéria sanitária tem, contudo, suscitado ponderáveis e acirrados debates quanto à legitimidade democrática do ativismo que, a passos largos, vem sendo encampado institucionalmente pelo Judiciário.

Imersa nesse universo problemático, esta sucinta pesquisa destina-se à análise de aspectos relacionados ao referido fenômeno. Não visa, contudo, a traçar limites precisos ao exercício da jurisdição constitucional nessa seara ou a exaurir a abordagem de todas as possibilidades e condicionantes do processo de concretização judicial do direito fundamental à saúde. Em verdade, aspira, tão somente, a expor a temática de modo problematizado, no intuito de, assim, contribuir para a ampliação do debate e dos horizontes de pré-compreensão (*Vorverständnis*) a seu respeito, concorrendo, ademais, para que a distribuição da justiça social no País, pelo menos no que tange particularmente à matéria relativa ao direito à saúde, dê-se de modo mais criterioso, ponderado e responsável.

1. O CONSTITUCIONALISMO DEMOCRÁTICO-SOCIAL DA CONSTITUIÇÃO

Promulgada no contexto do último processo de abertura política e redemocratização do País, a

---

(*) Juiz Federal da Seção Judiciária do Ceará. Ex-Procurador da Fazenda Nacional. Mestrando em Direito da Universidade Federal do Ceará (UFC). Graduado em Direito pela Univesidade Federal do Ceará (UFC). Especialista em Processo Penal pela Universidade de Fortaleza (UNIFOR). MBA em Administração Judiciária pela Fundação Getúlio Vargas (FGV).

Constituição de 1988, cognominada de "Constituição Cidadã" ou "Constituição Coragem", assimilando um componente revolucionário de transformação do *status quo*, encampou todo o peso dessa peculiar carga histórica, trasladada para o novel Texto Magno mediante, sobretudo, a assunção de um catálogo analítico e aberto de princípios, direitos e garantias fundamentais densamente afirmativo da "primazia do homem".

Com efeito, ao consagrar o elemento humano como "seu fim e sua esperança", como "valor-fonte", e estatuir o superprincípio estruturante da dignidade da pessoa humana como fundamento da novel República Federativa (art. 1º, III), o Constituinte de 1987/88, além de ter tomado uma decisão política fundamental a respeito do sentido, da finalidade e da justificação do poder estatal, reconheceu, na esteira da tradição kantiana, "que é o Estado que existe em função da pessoa humana, e não o contrário, já que o homem constitui a finalidade precípua, e não meio da atividade estatal".

De outro giro, ao optar pela estruturação da organização política sob a fórmula institucional do Estado Democrático de Direito (art. 1º, *caput*), o Estatuto Constitucional não só preceituou o primado das instituições e postulados político-democráticos; em verdade, encarnou, num mesmo compasso, a tábua antropocêntrica de valores éticos plasmada no sobreprincípio da dignidade da pessoa humana e imputou aos Poderes Legislativo, Executivo e Judiciário o compromisso superlativo de velarem, conjunta e sincronicamente, pela efetividade da plêiade de direitos fundamentais que positivara. Sob essa perspectiva, o Estado brasileiro só se legitima democraticamente enquanto instrumento institucionalizado para a efetivação dos direitos fundamentais reconhecidos na Constituição, em consonância com os imperativos dignificantes da pessoa humana, "fonte ética que confere unidade de sentido, de valor e de concordância prática a todo o sistema".

Nessa linha, a Constituição erigiu, no epicentro do sistema jurídico, uma descerrada, complexa e dialética rede multidimensional e plurifuncional de posições jurídicas fundamentalizadas, indivisíveis e interdependentes entre si e dotadas de força normativa potencializada, da qual se pode denotar, ante a constitucionalização de um vasto e aberto catálogo de direitos fundamentais, uma expansão das zonas ativas de atuação institucional do Estado.

Por sua vez, como réplica política às crônicas assimetrias socioeconômicas que, desde tempos imemoriais, maculam o tecido histórico-existencial da realidade brasileira, as forças sociais representadas no Corpo Constituinte endossaram também a ideologia compromissária e promocional do "constitucionalismo social", tipificadora do nominado Estado do Bem-Estar Social (*Welfare State* ou *État Providence*). Por conseguinte, sobretudo no Capítulo II do Título II ("Dos Direitos Sociais") e nos Títulos VII ("Da Ordem Econômica e Financeira") e VIII ("Da Ordem Social"), a *Lex Legum* incumbiu o Estado do mister fraternal de intervir no domínio social e econômico, adotando políticas efetivas de equalização niveladora das disparidades sociais e de maximização sustentável e responsável da eficácia dos mecanismos de justiça social.

É mormente nessa contextura singular que impingiu ao novel Estado Democrático e Social de Direito o dever institucional de promover, sobretudo mediante prestações positivas de cunho jurídico ou material, os denominados direitos fundamentais de segunda geração (ou dimensão), revestidos de forte índole social, econômica e cultural.

2. A CONSTITUCIONALIZAÇÃO DO DIREITO FUNDAMENTAL À SAÚDE

Dentre os direitos fundamentais de segunda geração nela consagrados, a Constituição de 1988, alinhando-se ao constitucionalismo democrático-social desenvolvido a partir do pós-Segunda Guerra Mundial, conferiu minudente disciplina normativa ao direito à saúde, definida esta, na forma da Constituição da Organização Mundial de Saúde (OMS), como "estado de completo bem-estar físico, mental e social do homem, e não apenas como a ausência de afecções e doenças".

Nessa esteira, inúmeros dispositivos permanentes da Constituição de 1988, tais como os arts. 6º, 7º, IV e XXII, 23, II, 24, XII, 30, VII, 34, VII, "e", 35, III, 129, II, 167, IV, 194, 196 a 200, 208, VII, 220, § 3º, II, e 227, § 1º, I, e alguns transitórios, como os arts. 53, IV, 55 e 77 do ADCT, tratam expressamente da temática relativa à saúde, tendo sido reservada, inclusive, uma seção específica sobre o assunto no capítulo destinado à Seguridade Social (Título VIII, Capítulo II, Seção II).

A esse respeito, cabe realçar a dicção do art. 6º da CF/1988, da qual deflui categórica afirmação da qualidade de direito fundamental social do direito à saúde, reconhecendo-lhe, dessarte, o atributo da dupla jusfundamentalidade, formal e material. De modo análogo, impende destacar a redação do art.

196 da Carta Magna, segundo a qual a saúde constitui "direito de todos e dever do Estado, garantido mediante políticas sociais e econômicas que visem à redução do risco de doença e de outros agravos e ao acesso universal e igualitário às ações e serviços para sua promoção, proteção e recuperação".

Todo esse detalhamento normativo denota inequívoco compromisso do Constituinte, inclusive do derivado, com o bem-estar social em matéria de saúde, a ser assegurado, sobretudo, mediante políticas públicas particularmente direcionadas a esse delicado domínio coexistencial. Em função disso, imputou-se ao Estado o "dever fundamental" de prover toda uma gama de condições jurídicas e materiais necessárias ao pleno exercício desse direito, não apenas numa perspectiva curativa (de recuperação), mas também protetiva (preventiva) e promocional (de progressiva e ascendente efetivação).

Em tempo, vale nota que a peculiar disciplina constituinte da matéria dimana, em larga medida, do fato de a saúde figurar como pressuposto inarredável à própria sobrevivência das pessoas ou à vida humana com padrões minimamente dignos, ou seja, de modo saudável e com certa qualidade, sendo, além disso, pré-requisito para a efetiva fruição de vários outros direitos, fundamentais ou não, bem como condição para o livre e pleno desenvolvimento da personalidade. Resta, assim, inconteste que, em termos gerais, o direito à saúde radica diretamente no princípio da dignidade da pessoa humana, matriz ético-axiológica fundamental da cultura jurídica hodierna e premissa estruturante do regime constitucional positivado.

Nesse particular, ressalte-se, ainda, que o direito à saúde é fortemente marcado pela interdependência ou interconexão com inúmeras outras posições jurídico-fundamentais tuteladas pelo sistema constitucional pátrio, tais como não só as relacionadas à vida, mas também à integridade física e psíquica, educação, moradia, alimentação, trabalho etc., havendo entre elas verdadeiras zonas de convergência ou de superposição (intersetorialidade), daí resultar também a peculiar relevância de seu meticuloso tratamento constitucional.

Noutra vertente, o direito à saúde envolve todo um mosaico de posições jurídico-subjetivas distintas quanto ao seu conteúdo, em função das quais se impingiu, reflexamente, ao Poder Público tanto um arranjo de funções cogentes de cunho defensivo quanto, e sobretudo, de caráter prestacional. No tocante à dimensão defensiva, as aludidas disposições constitucionais encerram, em rigor, normas jurídicas que outorgam direitos subjetivos de cunho negativo, impelindo o Estado a se abster de adotar posturas que tendam a comprometer a saúde das pessoas, individual ou coletivamente; já quanto à prestacional, tornam obrigatória a implementação de prestações estatais positivas, jurídicas ou materiais, no sentido de viabilizar a plena fruição desse direito pela população.

3. DA CRISE DO SISTEMA ÚNICO À JUDICIALIZAÇÃO DO DIREITO À SAÚDE

No intuito de conferir efetividade aos compromissos firmados na seara sanitária, a Constituição institucionalizou uma rede regionalizada e hierarquizada de instâncias estatais que, compondo um sistema integrado do qual participam todas as esferas da Federação, responde pelas ações e serviços públicos de saúde (arts. 198 e 200). Nesse compasso, o Estado brasileiro vem operando no contexto do chamado Sistema Único de Saúde (SUS), complexa instituição disciplinada pela Lei n. 8.080/1990, que desenvolve todo um conjunto de prestações sanitárias, acessíveis, em rigor, de modo integral, universal e gratuito a toda a população do País, executadas prioritariamente por órgãos e entidades públicas federais, estaduais e municipais, da Administração Direta e Indireta, bem como, em caráter complementar, mediante mecanismos de cooperação com instituições do setor privado.

Não obstante, pela própria complexidade e amplitude do âmbito de proteção do direito à saúde e pela onerosidade elevada das prestações materiais envolvidas, o SUS, mormente premido por restrições orçamentárias, vem-se mostrando incapaz de dar vazão satisfatória à excessiva demanda social nesse tocante, frustrando, assim, a "vontade da Constituição" (*Wille zur Verfassung*), lapidar locução de Konrad Hesse. Razões outras, tais como a corrupção, o desvio de verbas públicas, a inabilidade gerencial, a falta de investimentos, a ausência de marcos regulatórios claros, entre outras, também têm contribuído diretamente para o agravamento do sério problema e para a disseminação do sentimento generalizado de crise e falência múltipla do Sistema, tema que se encontra na pauta do dia dos noticiários, sendo, ademais, objeto de largo debate no seio da comunidade jurídica.

Esse desalinhamento entre a promessa constitucional empenhada e as políticas públicas direcionadas à concretização do direito à saúde tem levado, cada vez mais, a população a acionar o Judiciário, com lastro no princípio garantístico da inafastabilidade do controle jurisdicional (art. 5º, XXXV, da CF/1988), deduzindo pretensões no sentido de lhe serem asseguradas inúmeras prestações sanitárias sonegadas pela Administração. A esse fenômeno, tem-se dado a denominação de "judicialização do direito à saúde", reconhecido e averbado pela própria jurisprudência do STF.

De fato, diante do minucioso e solene compromisso constitucional, é intuitivo que a falta injustificada do Estado quanto ao desempenho de seus misteres na seara sanitária e o cumprimento insuficiente dos deveres fundamentais a seu cargo (omissão inconstitucional) possam render ensejo, em certas circunstâncias, à reclamação na via administrativa ou à mobilização do Judiciário em busca de medidas assecuratórias de posições jurídicas que porventura se encontrem ameaçadas ou tenham sido eventualmente violadas.

Por oportuno, podem ser citados como exemplos de prestações positivas a que o Estado vem sendo judicialmente compelido a cumprir: o fornecimento de medicamentos excepcionais, de compostos nutricionais, de insumos terapêuticos e de aparelhos médicos de elevado custo; a assunção de despesas de procedimentos cirúrgicos, consultas e de exames específicos e sofisticados; o implante de próteses; a internação em unidades hospitalares, inclusive da rede particular; a realização de transplantes de órgãos e tecidos; o custeio de transporte e de instalações para tratamento médico em localidades distantes; a construção de infraestruturas médico-hospitalares e de aterros sanitários; e a prática de ações de vigilância sanitária e de combate a endemias, epidemias e doenças infectocontagiosas.

Entre as inúmeras prestações sanitárias requestadas na via judiciária, muitas possuem previsão explícita na legislação infraconstitucional, inclusive com referências discriminadas em planos ou protocolos terapêuticos estatuídos pelo SUS. Nesses casos, a querela judicial gravita basicamente em torno de aspectos fáticos de ordem circunstancial, envolvendo, v.g., carências eventuais de estoques públicos ou discussões relativas a contingências pessoais.

Sem embargo, em várias demandas judiciais, as prestações sanitárias almejadas não possuem previsão alguma na legislação infraconstitucional, o que torna bem mais complexa a solução jurisdicional da questão. Deveras, nessas situações, o eventual reconhecimento do direito público subjetivo verberado há de se fundar apenas na concretização das cláusulas constitucionais abertas consagradoras do direito à saúde, dessumindo-se, para tanto, efeitos jurídicos diretos da Constituição, independentemente de regulamentação subconstitucional.

Em conjunturas desse jaez, vivenciam os magistrados o ponderável dilema de extrair diretamente da malha de normas constitucionais correlatas sua máxima eficácia jurídica sem, por outro lado, invadir esferas de atuação política reservada aos Poderes Legislativo e Executivo e sem transbordar dos lindes democráticos que legitimam o exercício institucional da jurisdição constitucional. Debate-se, pois, se, como e em que medida o direito constitucional à saúde traduz-se, independentemente de integração normativa formal por parte do Poder Legislativo (*interpositio legislatoris*), ou mesmo de regulamentação administrativa, em direitos subjetivos públicos a prestações positivas do Estado, passíveis de reclamação pelo titular do direito na esfera administrativa e de garantia pela via judicial.

4. A MUDANÇA RADICAL DA JURISPRUDÊNCIA EM MATÉRIA SANITÁRIA

Particularmente no que concerne às pretensões sanitárias fundadas apenas nas normas constitucionais consagradoras do direito à saúde, sobretudo nos arts. 6º e 196 da CF/1988, constata-se que a postura adotada pelo Judiciário vem-se alterando paulatinamente ao longo do tempo, consoante se pode inferir da trajetória delineada pela jurisprudência pátria.

Historicamente, predominara, num primeiro estádio, o entendimento jurisprudencial de que referidas normas constitucionais detinham eficácia limitada ou reduzida, evidenciando caráter meramente programático. Assim, deparando-se com a falta de regulamentação infraconstitucional integrativa, o Judiciário simplesmente negava o reconhecimento de qualquer direito subjetivo oponível ao Estado, julgando, por conseguinte, improcedentes os respectivos pedidos, sem promover qualquer exercício de concretização normativa. Para tanto, entre outros argumentos, alegava-se que o Judiciário não poderia se imiscuir em esfera de atuação estatal reservada, com exclusividade, ao Legislativo ou à Administração Pública, sob pena de afronta à separação dos poderes, bem como se aduzia que a execução de prestações sanitárias subordina-se à sistemática orçamentária, também exigida constitucionalmente.

No entanto, sob a ordem constitucional vigente, a postura restritiva anterior vem sucumbindo, a passos largos, em face do pujante movimento de consolidação de uma nova orientação jurisprudencial que reconhece cargas eficaciais mais significativas às normas constitucionais sanitárias, viabilizando, assim, a tutela judicial de algumas posições jurídico-subjetivas, mormente aquelas albergadas sob o pálio do chamado "mínimo existencial".

Na trilha do novo entendimento, várias decisões, inclusive em sede de provimentos judiciais de urgência proferidos à luz de cognição sumária, vêm sendo prolatadas diariamente, em ações individuais e coletivas, nas inúmeras instâncias judiciárias do País, reconhecendo níveis cada vez mais expressivos de eficácia jurídica direta e imediata às normas constitucionais consagradoras do direito à saúde, pronunciando-se, assim, a procedência de muitas pretensões sanitárias que não possuem respaldo algum na legislação subconstitucional.

Essa "virada jurisprudencial" é, antes de tudo, decorrência direta da gradativa superação do paradigma positivista de pensamento jurídico por um conjunto difuso e abrangente de novas ideias, agrupadas sob o rótulo genérico de pós-positivismo jurídico, ou mesmo de neoconstitucionalismo (embora haja ponderáveis questionamentos acerca dessa terminologia), temática a ser tratada no tópico subsequente.

5. TENDÊNCIAS ATUAIS DO CONSTITUCIONALISMO

Ante o sentimento generalizado de descrença e de esgotamento do positivismo jurídico como fonte de soluções adequadas para os profundos dilemas existenciais humanos vivenciados na pós-modernidade, o que se tornou inequívoco após a revelação dos horrores da Segunda Guerra Mundial, deflagrou-se, desde meados do século XX, no Brasil e no mundo, um complexo processo de gradual reordenação e consolidação de um novo paradigma de pensamento e práxis jurídicas a que se tem genericamente denominado de "pós-positivismo jurídico". Em linhas gerais, o pós-positivismo, "designação provisória e genérica de um ideário difuso" acerca da fundamentação e da dinâmica do sistema jurídico, direciona-se, como réplica aos excessos do positivismo formal, no sentido de empreender uma revolucionária leitura da Constituição, cognominada de "neoconstitucionalista", e um novo olhar sobre a realidade jurídica como um todo, referenciado na "vontade da Constituição".

O "neoconstitucionalismo" constitui, no fundo, um novo estádio do constitucionalismo, uma nova sistemática de pensamento constitucional alicerçada, sobretudo, no projeto de abertura material, ética e axiológica da Constituição e de maximização da eficácia de seus princípios e regras, bem como na categórica afirmação do Estado Democrático e Social de Direito como fórmula política comprometida com o respeito, proteção e promoção da dignidade da pessoa humana e dos direitos fundamentais.

Por razões de ordem didática, os vetores fundamentais que marcam o perfil constitucional contemporâneo, delineado pelo neoconstitucionalismo, serão, doravante, analisados em subtópicos distintos.

5.1. Reconhecimento da "força normativa da Constituição" com expansão da jurisdição constitucional

Até meados do século XX, a mentalidade jurídica preeminente na cultura ocidental reconhecia simples conteúdo programático a frações expressivas dos textos constitucionais. Apregoava-se que a Constituição não detinha, de *per si*, força normativa direta quanto a muitos de seus preceitos, tais como, *v.g.*, os prescritivos de prestações estatais positivas na seara dos direitos fundamentais sociais, figurando, nesse tocante, como mero repositório de proclamações, promessas ou objetivos políticos a serem perseguidos pelo Estado, externados sob retórica gradiloquente, generosa e otimista, mas vazia de normatividade imediata.

Sob essa perspectiva, a eficácia da maioria das disposições constitucionais dependia da "vontade do legislador" (*Wille des Gezetzgebers*), a ser exercida, discricionariamente, mediante processos de integração legiferante (*interpositio legislatoris*). Tratava-se, pois, do "Estado Legislativo de Direito", calcado no princípio da legalidade e na premissa dogmática da preeminência hipertrofiada da lei como fonte superlativa, exclusiva e imediata de legitimação jurídica ("fetichismo da lei"). Nele, a Constituição carece, em rigor, de mediação legislativa para surtir efeitos jurídicos concretos sobre a realidade social circunjacente.

Em contraponto, o neoconstitucionalismo, informado pelo "constitucionalismo da efetividade", preconiza a prevalência da Constituição e do princípio da constitucionalidade em face da lei e do princípio da legalidade, vale dizer, propugna o trânsito paradigmático do "Estado Legislativo de Direito" para o "Estado Constitucional de Direito". A Constituição impõe-se, de fato, como norma suprema, como lei fundamental, deslocando-se da periferia do sistema jurídico, passando, então, a ocupar posição de estratégica centralidade formal e material no concerto do ordenamento. Demais disso, no esquadro pós-positivista, os preceitos constitucionais dotam-se, em rigor, de força normativa imediata, vinculante e expansiva, independentemente de conformação legislativa, sendo passíveis, portanto, de incidirem diretamente sobre a realidade, ainda que eventualmente com certas restrições.

Em outros termos, o reconhecimento da força normativa da Constituição (*normative Kraft der Verfassung*) implica que, mesmo sem integração legislativa, certos conteúdos normativos podem ser diretamente extraídos dos preceitos constitucionais, inclusive quanto a normas prescritivas de prestações estatais positivas em matéria de direitos fundamentais. Essa mudança de perspectiva acarretou, no Brasil, uma grande expansão da jurisdição constitucional, mormente a partir da Constituição de 1988.

5.2. A abertura material da Constituição

Sob domínio do positivismo jurídico, prevalecera, até meados do século XX, a chamada "teoria formal da Constituição", doutrina que, sob inspiração de Laband, Jellinek e Kelsen, preconizava um modelo nomeadamente formalista, normativista, rígido e fechado de Constituição, que exauria todo seu sentido e alcance jurídicos no conteúdo nominal estático vazado aprioristicamente em sua expressão textual. Praticamente inexistia qualquer possibilidade de integração normativa, mediante processos hermenêuticos, com elementos materiais, fáticos e axiológicos, passíveis de serem colhidos na realidade circundante.

Tratava-se, em verdade, de um sistema constitucional hermético, restrito aos cânones do texto escriturado, alheio aos influxos dinâmicos da realidade e apartado dos valores sociais. Havia, pois, um autêntico dualismo antinômico entre Constituição e realidade, de forma que todo o substrato constitucional extraía-se, tão somente, da estrita, avalorativa e conservadora exegese de sua expressão formal positivada, sem qualquer interferência construtiva ou criativa por parte do intérprete da Constituição, convertido num mero autômata técnico, num simples exegeta de suas predicações literais. Demais disso, a aplicação de preceitos constitucionais dava-se mediante simples operações lógicas de subsunção formal, inexistindo espaço para procedimentos de valoração ou concretização.

Encampando uma postura contraformalista, o neoconstitucionalismo adota, ao revés, a "teoria material da Constituição", com inspirações nas ideias de Ferdinand Lassalle, Carl Schmitt, R. Smend, Hsü Dau-Lin, H. Heller, D. Schindler, W. Kägi e H. Haug, Theodor Viehweg, M. Kriele, Konrad Hesse, Friedrich Müller, Peter Häberle, entre outros.

Em termos gerais, o pós-positivismo concebe a Constituição como entidade complexa resultante da integração dinâmica, sob uma dialética bipolar, de fatores textuais (formais) e extratextuais (fáticos e axiológicos). Estes últimos seriam colhidos, por seu turno, na realidade material mediante o manejo de métodos e técnicas hermenêuticas especiais, mais flexíveis e construtivas, capazes de viabilizar a captação contextualizada da força normativa da realidade revelada pelo meio social, vale dizer, dos fatos concretos e valores éticos subjacentes aos preceitos apriorísticos e abstratos do texto constitucional.

Propõe, dessarte, um modelo constitucional dirigente e compromissário calcado na comunicação dinâmica entre a "Constituição-lei" ("Constituição do texto") e a "Constituição-realidade", permitindo, assim, uma "abertura material da Constituição", que não mais se restringe à fria dicção literal de seu texto puro, nutrindo-se de substratos normativos apreendidos da realidade circunjacente, cada vez mais complexa, pluralista e dialética.

Esse acoplamento entre o texto e o contexto constitucionais é operacionalizado, sobretudo, pela inserção, no diploma magno, de preceitos comunicantes, permeáveis, que, comportando certa plasticidade ou maleabilidade interpretativa, viabilizam a operação de "construção *a posteriori* do Direito" mediante expedientes de valoração e concretização normativa. Para tanto, referidas cláusulas constitucionais, de baixa densidade normativa, são comumente vazadas em disposições de textura aberta, com expressões vagas e conceitos jurídicos indeterminados, ou são plasmadas em proposições principiais, de elevadíssimo grau de abstração e generalidade, defluentes expressa ou implicitamente da Constituição.

No contexto da nova atmosfera espiritual proporcionada pelo constitucionalismo democrático do pós-Guerra, a aplicação das normas constitucionais não se processa, portanto, somente por intermédio de meras operações lógicas de subsunção, havendo, como aludido, margem expressiva de espaço para a valoração e para a concretização criativa.

5.3. A normatividade dos princípios constitucionais

Sob a racionalidade juspositivista, os "princípios gerais de Direito" detinham conteúdo puramente axiológico, ético, sendo, contudo, destituídos de eficácia jurídica ou aplicabilidade direta e imediata. Figuravam, em rigor, como mera fonte subsidiária do Direito, operando como simples cânones de integração sistêmica da ordem jurídica em caso de lacunosidade legal, tal como deflui, v.g., do estatuído nos arts. 4º do Decreto n. 4.657/1942 e 126 do Código de Processo Civil (CPC).

Sob a mecânica neoconstitucionalista, pautada pelo fenômeno da abertura material da Constituição, os princípios constitucionais encamparam função instrumental completamente distinta, qual seja: a de operarem como mecanismos de captação de valores sociais fundamentais e de projeção destes sobre o Direito (especialmente os relacionados à dignidade da pessoa humana e aos direitos fundamentais). Revestindo-se, assim, da superlativa qualidade de normas-valores, matrizes axiológicas depositárias do conteúdo ético da Constituição, passaram a gozar de *status* jurídico absolutamente distinto do padrão positivista, dotando-se da qualidade de espécie normativa, ou seja, de norma jurídica, ao lado das regras (normas-disposições), e investindo-se de força normativa potencializada. Deveras, por gozarem de hegemonia ético-axiológica, as normas-princípios, encarnadas, de modo expresso ou implícito, como *standards* nos textos constitucionais, migraram da periferia marginal para o centro ou núcleo irradiante do sistema jurídico. Passaram, então, a figurar como fundamentos supremos e estruturantes de toda a pirâmide normativa, vale dizer, como referências ou fontes primárias do Direito, detendo, ademais, eficácia vinculante e expansiva: irradiam-se sobre todo o tecido jurídico para lhe conferir racionalidade e coerência, condicionando, para tanto, a validade (parâmetro de controle), bem modulando o sentido e o alcance de todas as normas jurídicas infraconstitucionais (filtragem constitucional). Empreendeu-se, pois, verdadeira revolução na teoria positivista das fontes do Direito.

A Constituição passou, assim, a ser encarada como um sistema aberto de princípios e regras, permeável a valores jurídicos suprapositivos, no qual as ideias de justiça, de legitimidade e de realização dos direitos fundamentais desempenham um papel central. Os princípios constitucionais constituem, dessarte, normas jurídicas qualificadas pelo máximo grau de juridicidade e de eficácia direta e imediata, razão pela qual já se fala num Estado Principial ou Principialista, expressão tipificadora das profundas transformações pelas quais vem passando o Estado Democrático de Direito.

No atual paradigma pós-positivista e principiológico, o Direito não mais comporta concepções alheias aos vetores ético-axiológicos irradiados da dimensão normativa dos princípios, devendo toda operação de controle, interpretação e aplicação da legislação subconstitucional ser feita sob o crivo da principiologia proclamada pela Constituição.

5.4. A consagração dos direitos fundamentais como parâmetros de legitimação formal e material da ordem jurídica e do comportamento estatal

Na concepção neoconstitucionalista, o princípio da dignidade da pessoa humana e os direitos fundamentais integram o núcleo ético-axiológico da Constituição. Por conseguinte, a par do reconhecimento de sua força normativa e da ascensão do protagonismo institucional do Judiciário no desempenho da função de guardião da Constituição (*Hüter der Verfassung*), as disposições constitucionais consagradoras de direitos fundamentais, justamente por serem qualificadas pelo superlativo atributo da "fundamentalidade" ou "essencialidade", vem-se despindo do tradicional caráter de meras declarações ou exortações de cunho ético-político para se firmarem, à luz de sólida teoria jurídica, como normas jurídicas supremas, dotadas de elevada estatura hierárquica e de níveis paulatinamente mais otimizados de eficácia e aplicabilidade imediata (princípio da máxima efetividade dos direitos fundamentais).

Conforme modelo teórico prevalente, a normatividade constitucional dos direitos fundamentais projeta-se, por seu turno, sob duas vertentes distintas, a saber: (1) a dimensão objetiva (*objektiv Dimension*), em razão da qual se apresentam como valores objetivos básicos e fins diretivos elementares do ordenamento jurídico, que o Estado deve respeitar, promover e proteger; e (2) a dimensão subjetiva (*subjektiv Dimension*), pela qual, em certas medidas, se traduzem em direitos subjetivos passíveis de serem concretamente exigidos e judicializados.

Um dos desdobramentos mais relevantes da perspectiva objetiva radica na chamada "eficácia irradiante" (*Ausstrahlungswirkung*), pela qual os direitos fundamentais passam a figurar como parâmetros axiológicos e teleológicos de legitimação formal e material de toda a ordenação jurídica, modulando, assim, toda operação práxica de controle, interpretação, aplicação e concretização do Direito infraconstitucional, bem como balizando não só os comportamentos estatais em seus vínculos verticais com os cidadãos (eficácia vertical), mas também as relações horizontais, ou mesmo transversais, entre particulares (eficácia horizontal, externa ou de terceiro, conhecida ainda como *Drittwirkung*).

Noutra senda, um dos postulados propostos pelo neoconstitucionalismo é o de que conteúdos normativos dedutíveis diretamente de preceitos constitucionais definidores de direitos fundamentais são passíveis, pelo menos em certas medidas, de concretização judicial independentemente de integração normativa formal por parte do Poder Legislativo. Vale pontuar, outrossim, que a relevância ímpar dos direitos fundamentais no ideário pós-positivista tem-se plasmado numa pulsante expansão e fortalecimento do rol desses direitos, na adoção de catálogos abertos e não exaustivos nos textos constitucionais e na recepção, pelas Constituições, de normas internacionais consagradoras de direitos humanos.

5.5. O desenvolvimento da hermenêutica constitucional

O contexto hodierno, pontuada pelas características aludidas, revelou sintomáticos problemas operacionais decorrentes da insuficiência ou incapacidade da mecânica hermenêutica tradicional de figurar, isoladamente, como fonte de métodos, técnicas e princípios hermenêuticos capazes de nortear processos interpretativos compatíveis com as exigências práxicas do paradigma neoconstitucionalista, vale dizer, de fornecer, para os dias atuais, respostas hermeneuticamente adequadas à Constituição.

Com efeito, a "Hermenêutica Clássica" (*Klassische Hermeneutik*), informada pelas formulações teóricas de Savigny e Jhering e baseada nas técnicas de interpretação gramatical (literal), lógica, sistemática, filológica, histórica, teleológica e sociológica, produziu respostas e ferramentas hermenêuticas para problemas interpretativos específicos que, sob a égide do juspositivismo, gravitavam em torno de sistemas jurídicos fechados e dominados por normas jurídicas com estrutura formal de regra, passíveis, assim, de aplicação mediante operações exegético-subsuntivas. Restou, então, absolutamente imperiosa a maturação teórica de um novo modelo hermenêutico que viabilizasse a realização de processos interpretativos mais complexos e consonantes com a peculiar concepção neoconstitucionalista da Constituição como sistema aberto de princípios e regras, espécies normativas igualmente dotadas de força jurídica direta e vinculante. Coube, pois, à chamada "Hermenêutica Constitucional" (*Verfassungsrechtliche Hermeneutik*) ou "Nova Hermenêutica" (*Neue Hermeneutik*) o superlativo encargo de proporcionar todo um aparato metodológico original, compatível com as peculiaridades imanentes ao cenário neoconstitucionalista, que, juntamente com o arsenal de instrumentos hermenêuticos aprovisionados pela Hermenêutica Clássica, imprimisse racionalidade interpretativa à Constituição.

A Hermenêutica Constitucional assumiu, pois, a incumbência de viabilizar, do ponto de vista metódico, as operações de imputação contextualizada de sentido à dimensão ético-axiológica da Constituição (especialmente no tocante ao princípio da dignidade da pessoa humana e aos direitos fundamentais) e de concretização criativa das cláusulas constitucionais gerais e princípios constitucionais, que, marcadamente caracterizados pela textura aberta e pela baixa densidade normativa, reclamam aplicação pautada por expedientes de valoração e de integração normativa à luz da "faticidade" (*Faktizität*), ou seja, dos fatos e circunstâncias que rodeiam e caracterizam um caso específico.

A interpretação constitucional não mais se processa, portanto, sob o monopólio do "método jurídico" ou "hermenêutico-clássico", típico da Velha Hermenêutica. Em verdade, em face da abertura, complexidade e pluralidade que permeia a interpretação constitucional, vivencia-se, na atualidade, um autêntico "sincretismo metodológico", no qual, a par do método tradicional, operam outros, tais como os métodos científico-espiritual (Rudolf Smend), tópico-problemático (Theodor Viehweg), hermenêutico-concretizador (Konrad Hesse) e normativo-estruturante (Friedrich Müller), todos passíveis de serem manejados no sentido de ampliar os horizontes de compreensão do intérprete.

De outro giro, os pressupostos metodológicos da Nova Hermenêutica radicam nos princípios da força normativa e da unidade da Constituição, da interpretação conforme a Constituição, do efeito integrador, da máxima efetividade das normas constitucionais, da justeza ou conformidade funcional, da concordância prática ou harmonização, da proporcionalidade, da razoabilidade e da presunção de constitucionalidade das leis.

6. A CONCRETIZAÇÃO JUDICIAL DO DIREITO À SAÚDE NO BRASIL SOB O PARADIGMA NEOCONSTITUCIONALISTA

Alçado, na forma do art. 102, *caput*, da CF/1988, à categoria de "guardião da Constituição", o STF, órgão de cúpula do Judiciário brasileiro, tem sido, de fato, maciça e recorrentemente instado, por intermédio de várias vias instrumentais de acionamento direto ou recursal, a se pronunciar sobre questões de elevada envergadura jurídica envolvendo ameaças e violações ao direito à saúde. Por conseguinte, o excelso Tribunal vem proferindo expressivo manancial de decisões monocráticas e colegiadas a respeito, as quais transbordam, de ordinário, sobre todas as demais instâncias judiciárias.

Há, por exemplo, nesse tocante, registros valiosos de debates e deliberações do STF acerca do fornecimento gratuito de medicamentos e de outras prestações sanitárias pelo Estado, além de vários outros temas conexos, tal como se deu, *v.g.*, com a matéria atinente às pesquisas com células-tronco embrionárias ou mesmo com a declaração de inconstitucionalidade da medida provisória que fixou um salário mínimo insuficiente para atender todas as exigências constitucionais.

Relevante enfatizar, outrossim, que, atento à proliferação de ações judiciais em matéria sanitária tramitando em todas as instâncias do Judiciário, mormente no que tange ao fornecimento de medicamentos de alto custo pelo Poder Público, sem que haja, contudo, parâmetros jurisprudenciais uniformes acerca da temática, o Pleno do STF concluiu, por unanimidade, pela existência de repercussão geral na discussão travada no bojo do Recurso Extraordinário n. 566.471-6/RN e, consequentemente, determinou a suspensão do sequenciamento de vários processos que versam sobre o assunto. Demais disso, o Tribunal realizou, em 2009, a Audiência Pública n. 04, convocada pelo seu então Presidente, Min. Gilmar Mendes, ocasião em que foram colhidas informações prestadas por 50 (cinquenta) especialistas (advogados, defensores públicos, promotores e procuradores de justiça, magistrados, professores, médicos, técnicos de saúde, gestores e usuários do SUS), as quais foram canalizadas para o julgamento de processos de competência da Presidência que tratam justamente sobre o direito à saúde.

Por sua vez, ciente da grave problemática relativa às demandas judiciais envolvendo questões relacionadas à assistência sanitária, o Conselho Nacional de Justiça (CNJ), após a realização da aludida Audiência Pública, instituiu, por via da Resolução n. 107/2010, o Fórum Nacional do Judiciário para Monitoramento e Resolução das Demandas de Assistência à Saúde, dotando-o da atribuição específica de elaborar estudos e propor medidas e normas para o aperfeiçoamento de procedimentos e a prevenção de novos conflitos judiciais na área da saúde. O Conselho aprovou também a Recomendação n. 31/2010, orientando os tribunais e as escolas de magistratura a adotarem medidas efetivas destinadas a subsidiar os magistrados nessa seara, tais como aperfeiçoando convênios que disponibilizem apoio técnico de médicos e farmacêuticos aos juízes e executando programas de capacitação profissional, de forma a assegurar mais eficiência na solução de litígios judiciais pertinentes.

Em suma, sob o paradigma neoconstitucionalista, o Judiciário brasileiro vem reconhecendo, paulatina e casuisticamente, níveis expressivos de subjetivação ao direito constitucional à saúde, conferindo, para tanto, operosidade graduada ao disposto no art. 5º, § 1º, da CF/1988 (princípio da aplicação imediata das normas definidoras de direitos e garantias fundamentais) e aos princípios hermenêuticos da máxima efetividade das normas constitucionais e da força normativa da Constituição. Imbuiu-se, assim, da orientação institucional de que, ante a afirmação categórica de sua função tutelar dos direitos fundamentais, detém poderes instrumentais de, em certa medida, concretizá-lo e otimizá-lo, independentemente de intermediação legiferante. De fato, com olhar voltado para "além da Constituição", o ativismo de magistrados (*judicial ativism*), também chamado de dinamismo ou protagonismo judicial, vem dialeticamente dilargando as fronteiras materiais de sindicância e proteção judiciária do direito fundamental à saúde.

7. ALGUNS CONDICIONAMENTOS AO EXERCÍCIO DE CONCRETIZAÇÃO JUDICIAL DO DIREITO À SAÚDE

Qualificar um dado direito, tal como o direito à saúde, como fundamental, reconhecendo-lhe, ademais, certos graus de subjetivação e justiciabilidade, não significa, contudo, imputar-lhe caráter absoluto, atribuindo-lhe eficácia jurídica de contornos irrestringíveis e oponíveis a tudo e a todos. Com efeito, conquanto fundamental, referido direito possui limites e dispõe de conteúdo jurídico passível de contenção eficacial.

A doutrina e a jurisprudência constitucional brasileira dedicam-se, há muito, à interpretação das predicações constitucionais relativas ao direito à saúde, mormente no que diz respeito à sua dimensão prestacional, analisando também os limites e desafios que permeiam a problemática da sua realizabilidade. Nesse desiderato, identificam-se vários fatores teóricos, normativos e fáticos que comumente balizam ou interferem nos processos de concretização das aludidas normas, dificultando o pertinente exercício de jurisdição constitucional, à semelhança do que se dá com os direitos fundamentais sociais em geral.

Entre esses fatores, cabe aduzir que a própria moldura doutrinal da Teoria dos Direitos Fundamentais (*Theorie der Grundrechte*), fortemente influenciada pela intelectualidade germânica, assenta-se num arsenal de conceitos e categorias científico-instrumentais dotadas de expressiva carga aporética e polemicidade, cuja aplicação concreta demanda criteriosa adaptação ao contexto social ao qual se destinam, a exemplo do que denotam as locuções "núcleo essencial" (*Wesensgehalt*), "âmbito de proteção" (*Schutzbereich*), "dever de proteção" (*Schutzpflicht*), "reserva do possível" (*Vorbehalt des Möglichen*), "mínimo existencial" (*Existenzminimum*), "proporcionalidade" (*Verhältnismässigkeit*), "vedação do excesso" e "vedação da proteção insuficiente" (*Übermassverbort* e *Untermassverbot*), vedação do retrocesso (*Rückschrittsverbot*).

Por sua vez, conforme expressivo consenso entre os operadores jurídicos, as normas constitucionais possuem níveis distintos de eficácia e aplicabilidade, mesmo quanto aos direitos fundamentais sociais. Há, contudo, ponderáveis controvérsias acerca da medida da carga eficacial e dos graus escalares de programaticidade de cada preceito constitucional ("eficácia jurídica zero", "eficácia jurídica mínima" ou "eficácia jurídica máxima") e de seu enquadramento rígido nos tradicionais esquemas classificatórios propostos pela doutrina, com especial destaque, no Brasil, para a corrente categorização elaborada por José Afonso da Silva. Como consectário, é problemática a diferenciação dos graus de subjetivação (*Subjektivierung*), justiciabilidade (*Justitiabilität*) e otimização (*Optimierung*) das normas constitucionais tutelares de posições jusfundamentais prestacionais, denotando, ademais, virtual existência de certos limites jurídico-democráticos à plena oponibilidade em face do Estado e à evocação direta como causa de pedir de ações ou como fundamento de decisões judiciais, sobretudo quando transcendida a nebulosa fronteira do "mínimo existencial".

De outro giro, a abertura e indeterminação semântica do princípio da dignidade da pessoa humana, do princípio democrático e de muitas disposições constitucionais pertinentes aos direitos fundamentais prestacionais induzem, em rigor, no sistema jurídico brasileiro, de tradição romanística, a necessidade de certos níveis de densificação e refinamento normativo, sobretudo mediante integração legiferante; com o fito de serem racionalizados e disciplinados os instrumentos, recursos, procedimentos e estratégias operacionais a serem adotados pela Administração Pública no desempenho das políticas públicas voltadas para o cumprimento dos deveres estatais de respeito, proteção e promoção dos direitos fundamentais.

Ante a referida plasticidade semântica, as normas constitucionais definidoras de direitos fundamentais prestacionais evidenciam, não raro, amplo "espaço de conformação" (*Konformationsraum*), demandando, em caso de evocação em demandas judiciais, processos de concretização baseados na adoção de métodos hermenêuticos especiais da Nova Hermenêutica, a par dos da metódica tradicional da Hermenêutica Clássica. Sua aplicação pressupõe também robusto esforço criativo e argumentativo-persuasivo no sentido de se conferir consistente densificação a preceitos comumente abertos (reserva de consistência), de forma que se possa, assim, fomentar consenso e catalisar legitimação democrática em torno da deliberação judicante, na esteira das formulações teóricas da razão comunicativa (*Kommunikative Vernunft*) e da ética do discurso (*Diskursethik*), de Jürgen Habermas, e da teoria da argumentação jurídica (*Theorie der juristischen Argumentation*), de Robert Alexy.

De mais a mais, neste momento de transição cultural entre os paradigmas positivista e pós-positivista de pensamento jurídico, com superação de padrões descontextualizados e afirmação de outros, o desempenho da judicatura dá-se em meio à conflagração dialética entre o exercício da criatividade construtiva por magistrados (criação jurisprudencial do Direito) e a tradicional proscrição dogmática de o Judiciário atuar como legislador positivo (*positive Gesetzgeber*), esta referenciada nos princípios da separação de poderes e da reserva legal. São, contudo, sinuosos e sutis os limites entre a legitimidade democrática do controle jurisdicional e as intromissões indevidas do Judiciário nos círculos de imunidade judiciária reservados às questões políticas (*political issues*) e à discricionariedade administrativa quanto às escolhas das políticas públicas ou estratégias de proteção ao direito à saúde, inclusive as relativas à alocação de recursos financeiros, informadas por critérios metajurídicos de conveniência e oportunidade.

Noutro quadrante, destaque-se que, ante a estrutura principiológica de grande parte das disposições constitucionais, inclusive as relativas ao direito fundamental à saúde, simplesmente enunciativas de *standards*, sua aplicação não se sujeita, em rigor, à dinâmica do "tudo ou nada" (*all or nothing*, *Alles oder Nichts*), já que, na qualidade de "mandamentos de otimização" (*Optimierungsgebot*), aplicam-se de modo graduado, com cargas eficaciais pendulares sujeitas à ponderação axiológica.

A par disso, as colisões de normas principiológicas, caracterizadas pela relatividade e pelo estado de tensão dialética permanente e recíproca, só são, em rigor, passíveis de serem solvidas topicamente, sob a dinâmica da "concordância prática" (*praktische Konkordanz*) e da mecânica da ponderação ou balanceamento (*weighing*, *balancing*, *Abwägung*). Nesse cenário, o calibre do espectro protetivo de princípios colidentes há de ser modulado no plano da dimensão de peso (*dimension of weight*), à luz do postulado tridimensional da proporcionalidade (*Verhältinismässigkeit*), que, segundo a conformação germânica, envolve juízos de adequação (*Geeignetheit*), de necessidade (*Erforderlichkeit*) e de proporcionalidade em sentido estrito (*Verhältnismässigkeit in eigeren Sinne*).

Vale mencionar, outrossim, que a condenação judicial da Administração a executar prestações positivas na área da saúde reclama ainda judiciosa meditação acerca das irradiações jurídicas defluentes do princípio da razoabilidade (*reasonableness*), de formulação angloamericana. Referido "controle de razoabilidade" envolve, por sua vez, a satisfação cumulativa dos postulados da racionalidade (*rationality*) e do consenso (*consensus*), mediante os quais se pondera acerca do que um indivíduo pode razoável e legitimamente exigir da sociedade e do Estado (reserva do razoável), prevalecendo, nessa arena, o princípio da primazia da autorresponsabilidade.

Ao seu turno, a satisfação efetiva das facetas prestacionais de posições jurídicas fundamentalizadas, em qualquer das dimensões de direitos fundamentais, quer se trate de direitos positivos (*positive rights*) ou direitos negativos (*negative rights*), acarreta custos para os cofres estatais, muitas vezes orçados em cifras elevadas. Diante da "escassez dos recursos públicos" (*scarcity of public resources*) e da imprescindibilidade de se operar com "escolhas alocativas" (*allocative choices*), relevante se mostra a preocupação consequencial de magistrados quanto aos impactos econômico-financeiros de suas decisões sobre o orçamento (*budget*) e sobre os critérios distributivos das receitas públicas, impondo-lhes a realização criteriosa de um balanço de custos e benefícios (*bilan-coût-avantages*).

Deveras, tal como ocorre com os direitos de segunda geração em geral (direitos econômicos, sociais e culturais), a realizabilidade efetiva do direito à saúde pressupõe, em regra, prestações estatais positivas que demandam a mobilização dinâmica de significativo volume de recursos pecuniários, humanos, materiais, tecnológicos etc., dependendo, dessarte, em larga escala, de expressivas disponibilidades econômico-financeiras do Poder Público. Considerando que, na realidade brasileira, o Erário não dispõe de ilimitadas condições materiais para fazer face à generalidade das demandas sociais na seara sanitária, mormente por se tratar de país em processo de desenvolvimento, no qual as disparidades socioeconômicas são extremamente profundas, forçoso é reconhecer que a concreção responsável do direito à saúde não refoge a um exame sob o crivo da Análise Econômica do Direito (*Law and Economics*), já que a opção constitucional dirigente é de maximização sustentável do direito à saúde, e não de otimização a qualquer preço.

Nesse concerto de fatores, quando fundada em "justo motivo objetivamente aferível", a denominada "cláusula da reserva do possível" (*Klausel der Vorbehalt des Möglichen*) irradia efeitos ponderáveis sobre a jurisdição sanitária, envolvendo tanto aspectos atinentes à efetiva disponibilidade material de recursos e ao contingenciamento financeiro relacionado a dimensões prestacionais de direitos fundamentais (reserva do possível fática) quanto referentes às limitações formais de cunho legislativo, orçamentário e administrativo concernentes à regular disponibilização de recursos (reserva do possível jurídica).

Por fim, saliente-se que, objetivando planejar o regime de despesas do Poder Público, a Constituição veda o início de programas ou projetos não incluídos na lei orçamentária anual (art. 167, I), a realização de despesas que excedam os créditos orçamentários (art. 167, II), a abertura de crédito suplementar ou especial sem prévia autorização legislativa, bem como a transposição, o remanejamento ou a transferência de recursos de uma categoria de programação para outra ou de um órgão para outro, sem prévia autorização legislativa (art. 167, VI), o que coloca em pauta o binômio dialético "previsão orçamentária *versus* concretização do direito fundamental à saúde".

8. A RELEVÂNCIA DA DEFINIÇÃO DE PARÂMETROS DE CONCRETIZAÇÃO JUDICIAL

Em face desse dilemático caminho, permeado por inúmeras variáveis, a ser trilhado para se conferir, com critério e ponderação, eficácia ao direito à saúde dentro dos contornos jurídico-democráticos traçados pela Constituição, torna-se imperioso delinear parâmetros lógicos, práticos e objetivos que possam orientar o processo de concretização judicial, contribuindo para a racionalização e uniformização da práxis judiciária nesse domínio.

Nesse universo problemático, a jurisprudência constitui, ao lado da doutrina, fonte valiosa de parâmetros de concreção, na medida em que o Judiciário participa ativamente do complexo processo de construção e maturação jurisprudencial de critérios moduladores não só do sentido das normas constitucionais pertinentes, mas também do conteúdo contextualizado de várias das categorias científico-instrumentais próprias da Teoria dos Direitos Fundamentais, conformando-as ao *ethos* brasileiro.

Sedimentando, então, tanto o STF quanto as demais instâncias judiciárias uma farta e densa jurisprudência em torno do direito fundamental à saúde que vara a sociedade diariamente, torna-se, sem dúvida, salutar a realização de pesquisas científicas acerca dessa particular produção jurisprudencial, dedicando-se, assim, maiores atenções acadêmicas à relevância excepcional da realística e aplicada construção hermenêutica tupiniquim como fonte de conhecimentos necessários à ampliação dos horizontes de raciocínio jurídico ou de pré-compreensão do sentido da jurisprudência no domínio dos direitos fundamentais.

Nesse particular, absolutamente válido, mostra-se o lúcido pensamento de Konrad Hesse quando aduz que "um ótimo desenvolvimento da força normativa da Constituição depende não apenas do seu conteúdo, mas também de sua práxis".

NOTAS CONCLUSIVAS

Em linha com o constitucionalismo de matiz democrático-social e alicerçada nos princípios da dignidade da pessoa humana e democrático, a Constituição de 1988 encampou a fórmula político-institucional do Estado Democrático e Social de Direito, marcada, sobretudo, pelo intervencionismo no domínio socioeconômico e pela postura compromissária e promocional da efetivação dos direitos fundamentais positivados. Nesse contexto, entre os direitos fundamentais sociais que consagrara, a Constituição conferiu, sob minudente disciplina, especial destaque ao direito à saúde, bem como imputou ao Poder Público o "dever fundamental" de prover toda uma gama de condições jurídicas e materiais necessárias ao pleno exercício desse direito pela população.

Não obstante, o SUS, institucionalizado para conferir efetividade aos compromissos constitucionais firmados na seara sanitária, tem, por razões diversas, se mostrado incapaz de dar vazão satisfatória à excessiva demanda social subjacente, o que tem induzido o fenômeno da "judicialização do direito à saúde", no qual inúmeras ações individuais e coletivas vêm sendo propostas perante o Judiciário com o fito de compelir o Estado a prover prestações sanitárias sonegadas pela Administração. Em muitas dessas ações judiciais, as prestações sanitárias almejadas não possuem respaldo algum na legislação infraconstitucional, o que torna extremamente complexa a solução jurisdicional da questão, já que a pretensão deduzida funda-se estritamente nas cláusulas constitucionais abertas consagradoras do direito à saúde (arts. 6º e 196 da CF/1988).

Hodiernamente, vem-se sedimentando, no Brasil, orientação jurisprudencial que reconhece certas cargas eficaciais às normas constitucionais sanitárias, viabilizando, assim, a tutela judicial de algumas posições jurídico-subjetivas mesmo nos casos em que a prestação sanitária perseguida não possui previsão alguma na legislação subconstitucional. Essa postura do Judiciário encontra assento, sobretudo, na nova atmosfera espiritual proporcionada pelo neoconstitucionalismo, paradigma de pensamento jurídico caracterizado pelo reconhecimento da força normativa e da abertura material da Constituição, pela atribuição de normatividade aos princípios constitucionais, pela consagração dos direitos fundamentais como parâmetros de legitimação formal e material da ordem jurídica e do comportamento estatal e pelo desenvolvimento de novos modelos hermenêuticos.

Mesmo sob a ótica pós-positivista, é, contudo, extremamente desafiador e dilemático o caminho jurisdicional a ser trilhado para se conferir, com critério e ponderação, eficácia ao direito fundamental à saúde dentro dos contornos jurídico-democráticos traçados pela Constituição, já que inúmeras variáveis teóricas, normativas e fáticas interferem nos processos de concretização judicial, dificultando o pertinente exercício de jurisdição constitucional, o que torna necessário a consolidação de parâmetros lógicos, práticos e objetivos que possam racionalizar e uniformizar a práxis judiciária nesse domínio.

Diante do tecido jurisprudencial que, no que concerne ao direito à saúde, vem sendo desvelado pela expansiva jurisdição constitucional exercida pelo Judiciário brasileiro, resta manifesto que o estudo crítico da jurisprudência tem o condão de proporcionar uma leitura contextualizada dos referenciais teóricos, normativos e metajurídicos que estão sendo evocados como *topoi* argumentativo no trato das complexas questões constitucionais pertinentes; demais disso, fornece uma panorâmica privilegiada acerca da tortuosa marcha desse direito fundamental rumo à efetivação e da afirmação concreta, nessa vertente, do princípio da dignidade da pessoa humana e do princípio democrático na realidade brasileira.

REFERÊNCIAS BIBLIOGRÁFICAS

ANGHER, Anne Joyce (org.). *Vade mecum*: acadêmico de Direito. 12. ed. São Paulo: Rideel, 2011.

ALEXY, Robert. *Teoria da argumentação jurídica*. São Paulo: Landy, 2002.

_____. *Teoria dos direitos fundamentais*. Tradução de Virgílio Afonso da Silva. 2. ed. São Paulo: Malheiros, 2011.

ASSIS, A. de (coord.). *Aspectos polêmicos e atuais dos limites da jurisdição e do direito à saúde*. Porto Alegre: Notadez, 2007.

ÁVILA, Humberto. *Teoria dos princípios*: da definição à aplicação dos princípios jurídicos. 11. ed. São Paulo: Malheiros, 2010.

BARIONE, Samantha Ferreira; GANDINI, João Agnaldo Donizeti; SOUZA, André Evangelista. A judicialização do direito à saúde: a obtenção de atendimento médico, medicamentos e insumos terapêuticos por via judicial – critérios e experiências. *Juris Plenum Ouro*, Caxias do Sul: Plenum, n. 16, nov./dez. 2010. 1 DVD. ISSN 1983-0297.

BARROSO, Luís Roberto. Neoconstitucionalismo e constitucionalização do Direito: o triunfo tardio do Direito Constitucional no Brasil. In: *Revista da Associação dos Juízes Federais do Brasil*. Ano 23, n. 82, p. 109-157, 4º trimestre, 2005.

_____. Da falta de efetividade à judicialização excessiva: direito à saúde, fornecimento gratuito de medicamentos e parâmetros para a atuação judicial. In: SOUZA NETO, Cláudio Pereira de; SARMENTO, Daniel (coords.). *Direitos sociais*: fundamentos, judicialização e direitos sociais em espécie. Rio de Janeiro: Lumen Juris, 2010.

_____. *Curso de Direito Constitucional contemporâneo*: os conceitos fundamentais e a construção do novo modelo. 2. ed. São Paulo: Saraiva, 2010.

_____. Fundamentos teóricos e filosóficos do novo Direito Constitucional brasileiro (pós-modernidade, teoria crítica e pós-positivismo). *Juris Plenum Ouro*, Caxias do Sul: Plenum, n. 14, jul./ago. 2010. 1 DVD. ISSN 1983-0297.

BITTAR, Eduardo Carlos Bianca; ALMEIDA, Guilherme Assis de. *Curso de Filosofia do Direito*. 7. ed. São Paulo: Atlas, 2009.

BOMFIM, Thiago Rodrigues de Pontes. *Os princípios constitucionais e sua força normativa*: análise jurisprudencial. Bahia: Juspodivm, 2008.

BONAVIDES, Paulo. *Teoria constitucional da democracia participativa*. São Paulo: Malheiros, 2001.

_____. *Teoria do Estado*. 6. ed. São Paulo: Malheiros, 2007.

_____. *Do Estado liberal ao Estado social*. 9. ed. São Paulo: Malheiros, 2009.

_____. *Curso de Direito Constitucional*. 25. ed. São Paulo: Malheiros, 2010.

CANOTILHO, J. J. Gomes. *Direito Constitucional e Teoria da Constituição*. 2. ed. Coimbra: Almedina, 1998.

CAÚLA, César. *Dignidade da pessoa humana, elementos do Estado de Direito e exercício da jurisdição*. Bahia: Juspodivm, 2010.

COELHO, Inocêncio Mártires. *Interpretação constitucional*. 3. ed. São Paulo: Saraiva, 2007.

CUNHA JÚNIOR, Dirley da. *Curso de Direito Constitucional*. 4. ed. Bahia: Juspodivm, 2010.

DIMOULIS, Dimitri. Uma visão crítica do neoconstitucionalismo. In: LEITE, George Salomão; LEITE, Glauco Salomão (coords.) *Constituição e efetividade*. Salvador: Juspodivm, 2008.

DINIZ, Márcio Augusto de Vasconcelos. *Constituição e hermenêutica constitucional*. 2. ed. Belo Horizonte: Mandamentos, 2002.

DORF, Michael; TRIBE, Laurence. *Hermenêutica Constitucional*. Belo Horizonte: Del Rey, 2007, p. 88.

DWORKIN, Ronald. *Levando os direitos a sério*. 3. ed. São Paulo: Martins Fontes, 2010.

FERNANDES, André Dias. Da aplicação dos princípios da proporcionalidade e da razoabilidade no controle jurisdicional dos atos administrativos. *Revista ESMAFE*, Recife: TRF 5ª Região, v. 3, n. 19, p. 9-56, mar. 2009.

FIGUEIREDO, Mariana Filchtiner. *Direito fundamental à saúde*: parâmetros para sua eficácia e efetividade. Porto Alegre: Livraria do Advogado, 2007.

GARCIA, Emerson. *Jurisdição constitucional e legitimidade democrática*. In: CAMARGO, Marcelo Novelino (org.). Leituras complementares de constitucional: controle de constitucionalidade. Bahia: Juspodivm, 2007.

GUERRA FILHO, Willis Santiago. *Processo constitucional e direitos fundamentais*. 6. ed. São Paulo: SRS, 2009.

GUIMARÃES, Ulysses. *A Constituição coragem*. Brasília: Assembleia Nacional Constituinte (ANC). Discurso realizado na sessão histórica de 05 de outubro de 1988, publicado no DANC de 05 de outubro de 1988, p. 14.380-14.382. Disponível em: <www.direitogv.com.br/.../RD08_13_595_602_Discurso%20do%20deputado%20Ulisses%2 Guimarães.pdf>. Acesso em: 27 nov. 2010.

HABERMAS, Jürgen. *Consciência moral e agir comunicativo*. Tradução de Guido Antônio de Almeida. Rio de Janeiro: Tempo Brasileiro, 1989.

HESSE, Konrad. *A força normativa da Constituição*. Tradução de Gilmar Ferreira Mendes. Porto Alegre: safE, 1991.

HOMMERDING, Adalberto Narciso. Constituição, Poder Judiciário e Estado Democrático de Direito: a necessidade do debate "procedimentalismo versus substancialismo". *Juris Plenum Ouro*, Caxias do Sul: Plenum, n. 16, nov./dez. 2010. 1 DVD. ISSN 1983-0297.

HOLMES, Stephen; SUSTEIN, Cass R. *The cost of rights: Why liberty depends on taxes*. New York-London: W.W. Norton & Company, 2008.

LIMA, V. B. O. *Atuação do Poder Judiciário na concretização do direito fundamental à saúde*. In: ANAIS CONPEDI, 18, 2009, Florianópolis: FUNJAB, 2009 CD-ROM ISBN: 978-85-7840-029-3.

LIMBERGER, T.; SOARES, H. C. *As políticas públicas, a democracia e a burocracia*: caminhos e (des)caminhos do Poder Judiciário em busca dos critérios para efetividade do direito à saúde. In: ANAIS CONPEDI, 18, 2009, Florianópolis: FUNJAB, 2009 CD-ROM ISBN: 978-85-7840-029-3.

LOPES, R. S. R. *O paradoxo da decisão e a função dos tribunais brasileiros na concretização do direito à saúde*: observações a partir da perspectiva teórico-sistêmica de Niklas Luhmann. In: ANAIS CONPEDI, 19, 2010, Florianópolis: FUNJAB, 2010 CD-ROM ISBN: 978-85-7840-036-1. Disponível em: http://www.conpedi.org.br/anais_fortaleza.html. Acesso em: 30 nov. 2010

MAGALHÃES FILHO, Glauco Barreira. *Hermenêutica jurídica clássica*. 3. ed. Florianópolis: Conceito, 2009.

MARANHÃO, C. *Tutela jurisdicional do direito à saúde (arts. 83 e 84, CDC)*. São Paulo: RT, 2003.

MARMELSTEIN, George. *Curso de direitos fundamentais*. São Paulo: Atlas, 2008.

_____. Efetivação do direito fundamental à saúde pelo Poder Judiciário. *Juris Plenum Ouro*, Caxias do Sul: Plenum, n. 16, nov./dez. 2010. 1 DVD. ISSN 1983-0297.

MELLO, Celso Antônio Bandeira de. *Curso de Direito Administrativo*. 12. ed. São Paulo: Malheiros, 2000.

MENDES, Gilmar Ferreira; COELHO, Inocêncio Mártires; BRANCO, Paulo Gustavo Gonet. *Curso de Direito Constitucional*. 2. ed. São Paulo: Saraiva, 2008.

MORAES, Germana de Oliveira. *Controle jurisdicional da administração pública*. 2. ed. São Paulo: Dialética, 2004.

MÜLLER, Friedrich. *O novo paradigma do Direito*: introdução à teoria e metódica estruturantes do Direito. São Paulo: RT, 2007.

PASSOS, J. J. Calmon. A constitucionalização dos direitos sociais. *Juris Plenum Ouro*, Caxias do Sul: Plenum, n. 16, nov./dez. 2010. 1 DVD. ISSN 1983-0297.

REINALDO FILHO, Demócrito Ramos. A preocupação do juiz com os impactos econômicos das decisões: uma análise conciliatória com as teorias hermenêuticas pós-positivistas. *Juris Plenum Ouro*, Caxias do Sul: Plenum, n. 14, jul./ago. 2010. 1 DVD. ISSN 1983-0297.

ROMITA, A. Sayão. *Direitos fundamentais nas relações de trabalho*. 3. ed. São Paulo: LTr, 2009.

SARLET, Ingo Wolfgang. Algumas considerações sobre o direito fundamental à proteção e promoção da saúde aos 20 anos da Constituição Federal de 1988. *Revista de Direito do Consumidor*, Brasília: BRASILCON, Ano 17, n. 67, jul.-set./2008.

_____. *A eficácia dos direitos fundamentais*: uma teoria geral dos direitos fundamentais na perspectiva constitucional. Porto Alegre: Livraria do Advogado, 2009.

_____. As dimensões da dignidade da pessoa humana: construindo uma compreensão jurídico-constitucional necessária e possível. In: SARLET, I. W (org.). *Dimensões da dignidade*: ensaios de Filosofia do Direito e Direito Constitucional. 2. ed. Porto Alegre: Livraria do Advogado Editora, 2009.

_____. *Dignidade da pessoa humana e direitos fundamentais na Constituição Federal de 1988*. 8. ed. Porto Alegre: Livraria do Advogado Editora, 2010.

SARMENTO, Daniel. O neoconstitucionalismo no Brasil: riscos e possibilidades. In: NOVELINO, Marcelo (org.). *Leituras complementares de Direito Constitucional – Teoria Constitucional*. Salvador: Juspodivm, 2009.

_____. A proteção judicial dos direitos sociais: alguns parâmetros ético-jurídicos. In: SARMENTO, Daniel; SOUZA NETO, Cláudio Pereira de (coords.). *Direitos Sociais*: Fundamentos, Judicialização e Direitos Sociais em Espécie. Rio de Janeiro: Lumen Juris, 2008.

SCHWARTZ, G. (org.). *A saúde sob os cuidados do Direito*. Passo Fundo: UPF, 2003.

SILVA, José Afonso da. *Aplicabilidade das normas constitucionais*. 7. ed. São Paulo: Malheiros, 2008.

SPITZCOVSKY, Celso. O direito à vida e as obrigações do Estado em matéria de saúde. *Juris Plenum Ouro*, Caxias do Sul: Plenum, n. 16, nov./dez. 2010. 1 DVD. ISSN 1983-0297.

STRECK, Lênio Luiz. *Verdade e consenso*: constituição, hermenêutica e teorias discursivas: da possibilidade à necessidade de respostas corretas em direito. 2. ed. Rio de Janeiro: Lumen Juris, 2007.

SZTAJN, Rachel. Law and economics. In: ZYLBERSTAJN, Decio; SZTAJN, Rachel (orgs.). *Direito & Economia*: Análise Econômica do Direito e das Organizações. Rio de Janeiro: Elsevier, 2005.

VIEHWEG, Theodor. *Tópica e jurisprudência*: uma contribuição à investigação dos fundamentos jurídico-científicos. Tradução de Kelly Susane Alflen da Silva. Porto Alegre: Sérgio Antônio Fabris Ed., 2008.

WEICHERT, M.A. *Saúde e federação na Constituição brasileira*. Rio de Janeiro: Lumen Juris, 2004.

LIMITES À EFETIVAÇÃO JUDICIAL DO DIREITO À SAÚDE

Newton Fontenele Teixeira (*)

1. INTRODUÇÃO

O controle judicial de políticas públicas, notadamente as de saúde, constitui um desafio diário para o Judiciário, onde diversas ações são apresentadas em decorrência da deficiência do serviço público de saúde.

Ocorre que referido controle desperta vários questionamentos por repercutir diretamente nos três Poderes que compõem o Estado; com efeito, as políticas públicas são matérias atinentes eminentemente aos poderes Executivo e Legislativo, compostos pelos representantes eleitos democraticamente pela sociedade, de forma que ao Judiciário, Poder contra majoritário, de início, não cabe interferir nessas matérias.

Por outro lado, a Constituição Federal, bem como leis ordinárias, especialmente a Lei Federal n. 8.080/90, que regula o Sistema Único de Saúde (SUS), traçam diretrizes que vinculam todos os três poderes, estabelecendo, outrossim, o direito à vida e à saúde como direitos fundamentais, de forma que, em respeito a nossa Carta Política, referidos direitos devem ser implementados pelo Estado, nem que se faça necessária a intervenção do Judiciário nos demais Poderes.

Mas será que a garantia ao acesso à justiça, aliado com o direito à vida e à saúde previstos no art. 5º da Constituição Federal, é suficiente para o Judiciário compelir o Poder Público a fornecer todo e qualquer tratamento médico àquele que venha bater em suas portas, mesmo que o recurso necessário a tal tratamento seja retirado de outros setores públicos não menos importantes?

Citados questionamentos serão abordados no decorrer do presente trabalho cuja finalidade é apontar limites à efetivação judicial do direito à saúde.

2. PREVISÃO CONSTITUCIONAL DO DIREITO À SAÚDE

A Constituição Federal de 1988 deu ao Estado brasileiro o caráter de Estado Social, cabendo a ele, assim, o dever de prover a sociedade, evidentemente, com direitos sociais.

O direito à vida[1] e à saúde estão expressamente previstos constitucionalmente, sendo dado a este último a qualificação, também expressa, de direito social[2].

(*) Mestre em Direito com área de concentração em Ordem Jurídica Constitucional pela Universidade Federal do Ceará (UFC). Procurador do Estado do Ceará.

(1) Art. 5º – Todos são iguais perante a lei, sem distinção de qualquer natureza, garantindo-se aos brasileiros e aos estrangeiros residentes no País a inviolabilidade do direito à vida, à liberdade, à igualdade, à segurança e à propriedade, nos termos seguintes:

(2) Art. 6º – São direitos sociais a educação, a saúde, a alimentação, o trabalho, a moradia, o lazer, a segurança, a previdência social,

Ainda regulando o direito à saúde, o art. 196 da Constituição determina que a "saúde é direito de todos e dever do Estado, garantido mediante políticas sociais e econômicas que visem à redução do risco de doença e de outros agravos e ao acesso universal e igualitário às ações e serviços para sua promoção, proteção e recuperação."

De início há de se observar, detalhe esse que será importante para o desenvolvimento deste trabalho, que nossa Carta estabelece que não há um direito absoluto à saúde e, portanto, a todo e qualquer tratamento médico; com efeito, no art. 6º é dito que o direito à saúde é social, no entanto o art. 196 da Constituição estabelece que ele será garantido mediante políticas sociais, que visem um acesso igualitário às ações e serviços de saúde, denotando que não há um direito subjetivo, nos moldes clássicos.

Em verdade, na tradicional definição de direito subjetivo, concebida ainda na vigência do Estado Liberal, de feições eminentemente individuais, direito subjetivo pode ser oposto contra o Estado, cabendo a ele respeitá-lo sem restrições, prestação essa que se coaduna com a concepção dos direitos fundamentais de primeira dimensão, também de caráter individual, elaborados visando evitar a indevida invasão do Estado na esfera privada; ou seja, o conceito de direito subjetivo se enquadra melhor com os direitos de proteção, onde, primordialmente, não há um dever de agir do Estado.

Já os direitos sociais, em sua maioria[3], necessitam de ações do Estado, através de políticas públicas, para sua implementação, e como são várias as demandas sociais decorrentes desses direitos, bem como diante das limitações materiais, não há como o Estado efetivá-los de maneira absoluta, não podendo, assim, ser aceito que referidos direitos sociais sejam capazes de gerar deveres estatais correlatos, na forma de direitos subjetivos irrestritos.

Não ignoramos o fato de que todos os direitos, inclusive os de primeira de dimensão, geram custos para o Estado, nos termos do preconizado por Stephen Holmes e Cass R. Sustein, através da obra *The Cost of Rights: Why Liberty Depends on Taxes*. Com efeito, para que direitos ditos de primeira dimensão sejam garantidos, como os de liberdade e de propriedade, por exemplo, é necessário um aparato estatal voltado para segurança pública, o qual, obviamente, também tem custos.

Ocorre que na relação direta entre o particular e o Estado os custos com a implementação dos direitos sociais são mais sensíveis e imediatos, não dando oportunidade de planejamento orçamentário por parte do Estado com o cumprimento de decisões judiciais. De fato, caso o Estado, por exemplo, venha a violar o direito de propriedade de um cidadão com a apropriação irregular de um bem, a restauração desse direito resultará de uma abstenção do Estado, o que não acontece quando tratamos de um direito social, onde o Poder Público terá que, de imediato, destinar recursos com o cumprimento de uma decisão judicial aditiva[4].

Por outro lado, é certo também que a Constituição Federal deu aos direitos sociais o caráter de fundamentais, e como tal, é sim dever do Estado, mesmo que não de uma maneira irrestrita, como não poderia ser diferente, implementá-los, ainda que sem uma mediação infraconstitucional[5].

Ao lado da eficácia imediata dos direitos fundamentais, a Constituição Federal estabeleceu, outrossim, o acesso à justiça como uma garantia fundamental, de forma que a todo aquele que estiver no Brasil é permitido apresentar o Judiciário demanda envolvendo qualquer tratamento à saúde, residindo aqui a grande dificuldade com a qual se deparam os magistrados, consistente em definir qual o limite

---

a proteção à maternidade e à infância, a assistência aos desamparados, na forma desta Constituição. (Redação dada pela Emenda Constitucional n. 64, de 2010)

(3) Sabe-se que alguns direitos sociais, como o de permitir a criação de sindicatos e de associação, não demandam um agir estatal.

(4) V. Fernando Facury Scaff. Sentenças aditivas, direitos sociais e reserva do possível. *In*: SARLET, Ingo Wolfgang; TIMM, Luciano Benetti. *Direitos Fundamentais orçamento e "reserva do possível"*, 2. ed., Porto Alegre. Livraria do Advogado, 2010, p. 133 "Entende-se por "sentença aditiva" aquela que implica aumento de custos para o Erário, obrigando ao reconhecimento de um direito social não previsto originariamente no orçamento do poder público demandado".

(5) *Art. 5º, ...*

§ 1º – *As normas definidoras dos direitos e garantias fundamentais têm aplicação imediata.*

Percebe-se que o Poder Constituinte brasileiro optou pela eficácia imediata dos direitos fundamentais, inclusive sociais, diferentemente do que ocorre em países do primeiro mundo como Alemanha e Portugal, onde os direitos sociais não podem ser exigidos perante o Judiciário sem que haja uma mediação legislativa que preveja a eficácia desses direitos. A razão dessa opção do constituinte está justamente no deficiente quadro de desenvolvimento da sociedade brasileira, que impõe um papel mais incisivo do Estado para que ocorra uma rápida mudança do *status quo*, enquanto, naqueles países desenvolvidos, a sociedade já conta com um nível de desenvolvimento compatível com uma vida digna.

dessa pretensão e, por conseguinte, o do dever da Administração Pública em cumprir com tal expectativa.

3. DA SEPARAÇÃO DE PODERES E A NOVA HERMENÊUTICA CONSTITUCIONAL

Como foi visto, a Constituição Federal dispôs que a saúde é um direito social fundamental, cuja implementação se dá através de políticas públicas, as quais podem ser definidas de maneira simples como sendo o conjunto de ações, de planejamento, de controle e de execução, para o alcance de um fim estatal.

A Constituição Federal, diante do seu caráter analítico, cuidou de traçar diretrizes gerais acerca de algumas políticas públicas, cabendo aos Poderes Executivo e Legislativo detalhar ou definir, quando não previstas constitucionalmente, essas políticas, estabelecendo onde, quanto e como devem ser gastos os limitados recursos públicos.

Com efeito, é o voto popular que dá legitimidade para que os representantes eleitos pela sociedade definam as áreas sociais que detêm prioridade para receber os limitados recursos públicos, em detrimento de outros setores que também demandam investimentos, mas que em razão da escassez material não podem ser atendidos.

Se não bastasse a legitimidade popular do Executivo e do Legislativo, são esses os Poderes que possuem melhores condições técnicas de avaliar a curto e médio prazo os melhores meios de alcançar os objetivos traçados pela Constituição, que só em longo prazo podem vir a ser alcançados diante de nossa atual condição social.

Não obstante, a soberania popular e a separação de Poderes não podem servir de argumentos para que o Poder Público se abstenha de cumprir com seus deveres constitucionais, sendo a Constituição Federal, em sua unidade, a norma maior a ser respeitada, devendo prevalecer, inclusive, sobre as maiorias ocasionais que se encontram no Poder, o que dá legitimidade para o Judiciário agir em busca de seu cumprimento.

Com efeito, temos uma Constituição substancialmente principiológica, a qual, dentro da ordem pós-positivista, possibilita a aplicação imediata de princípios, impondo ao aplicador da norma uma nova hermenêutica constitucional. De fato, o destinatário da norma constitucional tem o desafio de não apenas interpretá-la, mas também de aplicá-la imediatamente, mesmo diante da fluidez de seus princípios, de maneira que a interpretação lógica da subsunção presente no positivismo do Estado Liberal não se mostra mais suficiente para a aplicação da Constituição.

Através de uma nova hermenêutica constitucional é permitido ao magistrado aplicar diretamente os princípios constitucionais, caso as regras concebidas pelo Legislativo e pelo Executivo se distancie daquilo que a Constituição Federal determinou.

Diante dessa interpretação constitucional, verifica-se que o princípio constitucional da Separação de Poderes perde o seu caráter quase absoluto, atinente ao Estado Liberal, na medida em que a fruição dos direitos constitucionais não ficam na dependência da discricionariedade do Executivo e do Legislativo, cabendo a intervenção do Judiciário, diante da inércia desses outros Poderes.

Ocorre que justamente em razão desse caráter aberto e fluído dos princípios, os conflitos decorrentes de sua interpretação e aplicação são constantes, o que impõe uma concreção cuidadosa da norma constitucional por parte do Judiciário, sob pena de os prejuízos decorrentes dessa aplicação serem superiores aos seus benefícios.

De fato, em se tratando do controle judicial de políticas públicas e da efetivação dos direitos sociais, é tênue a linha entre a concreção legítima dos direitos previstos constitucionalmente e a indevida usurpação das competências legislativas e executivas de traçar referidas políticas através de orçamentos. Dessa forma, é necessária a adoção de critérios precisos a fim de identificar quando as políticas públicas estabelecidas por meio de orçamentos pelo Executivo e Legislativo estão em descompasso com os anseios sociais e com a Constituição Federal.

4. CRITÉRIOS PARA AFERIÇÃO DA LEGITIMIDADE DO CONTROLE JUDICIAL DAS POLÍTICAS PÚBLICAS

Como já foi colocado, compete aos Poderes Legislativo e Executivo definir as políticas públicas voltadas a implementar os direitos constitucionalmente previstos, uma vez que seus representantes são democraticamente eleitos pela sociedade.

Ademais, não podemos olvidar que referidos Poderes possuem melhores condições de avaliar tecnicamente onde os escassos recursos públicos serão mais bem aproveitados, uma vez que em seu corpo há a presença de servidores com conhecimentos específicos que proporcionam a identificação correta das necessidades sociais.

E a análise de como deve ser dado o controle judicial de referidas públicas passa pela forma como elas são planejadas, ou seja, pela verificação da elaboração do orçamento público.

4.1. Da formação do orçamento público

Ao passo que a Constituição Federal prevê que a saúde é um direito social a ser implementado mediante políticas públicas, ela dispõe também que as despesas públicas serão precedidas de respectiva previsão orçamentária, estabelecendo, outrossim, que o orçamento será concretizado mediante lei de iniciativa do Poder Executivo[6].

Com efeito, as políticas de saúde são programas de execução permanente, devendo, assim, ter seus gastos previstos no plano plurianual, lei orçamentária mais abrangente, que norteará as demais.

A princípio, a previsão do orçamento mediante lei legitima os gastos públicos na medida em que são os representantes do povo que chancelarão o projeto de lei elaborado pelo Chefe do Executivo, também eleito pela sociedade, constituindo, assim, num instrumento de efetivação da democracia. E sendo o Poder Legislativo e Executivo os legítimos representantes do povo, pressupõe-se, também, que a população possui um canal aberto com esses Poderes, possibilitando, dessa forma, sua influência na constituição do orçamento público.

Ocorre que, na prática, a participação popular na elaboração do orçamento é mínima, bem como o processo legislativo de concepção desse orçamento e sua execução acabam por se distanciar dos anseios sociais, assim como das diretrizes gerais sobre políticas públicas e implementação de direitos fundamentais traçadas pela Constituição.

Tais falhas na elaboração do orçamento podem ser atribuídos a diversos motivos:

O sistema de governo presidencialista, nos moldes atuais, acaba por concentrar excessivamente poderes nas mãos do Executivo; com efeito, sua influência sobre o Legislativo, seja pela própria iniciativa da lei orçamentária, seja através de remanejamento de dotações orçamentárias, acaba por esvaziar a participação do Legislativo no controle orçamentário.

Ademais, o Brasil adota o orçamento apenas autorizativo, ou seja, ainda que a lei orçamentária, devidamente votada pelo Legislativo, preveja determinada dotação orçamentária para um investimento público qualquer, o Executivo não está vinculado a realizar referido gasto, dando margem para uma discricionariedade demasiada do Poder Executivo.[7]

O sistema partidário atual também não contribui para que o Legislativo reflita verdadeiramente os desejos da população; em verdade, os partidos políticos no Brasil, em sua maioria, não possuem uma linha de pensamento coerente, uma ideologia consistente, existindo diversos partidos que constituem apenas uma legenda, servindo de trampolim para se chegar ao poder, demandando, assim, uma urgente reforma política.

Aliado a esses partidos de aluguel está o financiamento privado de campanhas eleitorais, corroborando para que o poder econômico e o poder das elites imperem desde o processo eleitoral até as votações das questões mais importantes para o país. De fato, o dinheiro e a organização política de determinados grupos de elite do Brasil acarretam na exclusão da maioria da população no processo legislativo, eis que essa camada mais carente da população não

---

(6) Art. 165. Leis de iniciativa do Poder Executivo estabelecerão:

I – o plano plurianual;

II – as diretrizes orçamentárias;

III – os orçamentos anuais.

§ 1º – A lei que instituir o plano plurianual estabelecerá, de forma regionalizada, as diretrizes, objetivos e metas da administração pública federal para as despesas de capital e outras delas decorrentes e para as relativas aos programas de duração continuada.

Art. 167. São vedados:

I – o início de programas ou projetos não incluídos na lei orçamentária anual;

(7) Eduardo Mendonça critica a adoção do sistema de orçamento autorizativo: "O objetivo desse tópico era superar qualquer idéia romântica no sentido de que o orçamento autorizativo serviria para permitir que um administrador público iluminado pudesse realocar o dinheiro público para atender a necessidades sociais. Não é disso que se trata. Mais ou menos iluminado, o que o administrador público pode fazer, em razão do orçamento autorizativo, é decidir não fazer nada. Se quiser redistribuir o dinheiro público de uma atividade para outra, terá de seguir algum procedimento formal. Essas transferências ocorrem em muitos casos, mas até nesse ponto o orçamento autorizativo é contraproducente: ao permitir como opção normal que as dotações orçamentárias não sejam executadas, abre-se a possibilidade de que o Executivo postergue indefinidamente o emprego de recursos até que surja uma boa oportunidade política para modificar seu emprego, diretamente ou com a colaboração do Congresso Nacional". *Da faculdade de gastar ao dever de agir: o esvaziamento contramajoritário de políticas públicas.* In: SARLET, Ingo Wolfgang; TIMM, Luciano Benetti. *Direitos Fundamentais orçamento e "reserva do possível".* 2. ed. Porto Alegre. Livraria do Advogado, 2010, p. 377.

tem condições de se organizar politicamente, nem mesmo possui espaço de diálogo com o Executivo e o Legislativo.

A falta de consciência da sociedade quanto a seus deveres de cidadania, de fiscalização e de participação na condução dos destinos do Estado também contribuiu para esse quadro. Institutos de participação da sociedade, como iniciativa legislativa popular, audiências públicas, orçamentos participativos, ainda tem sua utilização bastante tímida.

A recente Lei Complementar n. 131/2009, que alterou a Lei de Responsabilidade Fiscal para o fim de determinar aos administradores públicos que façam constar os gastos do Estado em meios eletrônicos[8], como a *internet*, pode contribuir para que a população tenha acesso a informações dos dispêndios públicos, e a partir daí adotar uma postura mais ativa e fiscalizadora dos gestores, e dessa cobrança possa resultar uma maior eficiência nos investimentos estatais.

Esses são apenas alguns pontos que demonstram que a representação democrática através do voto popular, concretizada por meio das leis, notadamente as orçamentárias, nem sempre reflete o real interesse da população, seja pela ausência de independência dos mandatários do povo, seja pela impossibilidade de acesso e de influência popular no processo legislativo, de maneira que a vontade da maioria não necessariamente condiz com o que determina nossa Constituição Federal, dando margem, assim, para que o Judiciário seja mais ativo no controle de políticas públicas, sem que isso implique na violação da Separação de Poderes.

4.2. *Do controle judicial das políticas públicas*

Visto que a representação popular e o voto da maioria não constituem sempre a política pública que melhor atenda a população, sendo, assim, permitido que o Judiciário analise a compatibilidade das opções dos Poderes Legislativos e Executivo com a Constituição Federal, importa verificar como a política eleita por esses Poderes pode ser revista judicialmente, sem que haja violação ao Princípio da Separação de Poderes, bem como em que grau encontra-se a exigibilidade judicial dos direitos sociais.

Basicamente existem três correntes no que tange à efetividade judicial dos direitos sociais: a primeira diz que os direitos sociais não são exigíveis judicialmente, sendo permitido pleito apenas dos direitos fundamentais de primeira dimensão[9]; a segunda afirma que todos os direitos fundamentais são passíveis de serem efetivados judicialmente, inclusive os direitos sociais e a terceira, defendendo que os direitos sociais somente podem ser exigidos de forma compatível com o que razoavelmente pode ser esperado do Estado de acordo com o seu nível de desenvolvimento econômico e social, estando, assim, o Estado protegido pela chamada "cláusula da reserva do possível".

Como já foi colocado, diante do que determina o § 1º, do art. 5º, da Constituição Federal, não podemos aceitar que a ordem jurídica brasileira destitua de qualquer eficácia os direitos sociais, eis que estes também se enquadram no conceito de direitos fundamentais; por outro lado, como também já demonstramos, considerando que os direitos sociais demandam o imediato dispêndio de recursos públicos, cuja implementação judicial implicará em gastos de valores que não foram previstos em orçamento e, principalmente, dos quais o Estado não detém, referidos direitos não geram obrigações estatais correlacionadas nos moldes do conceito tradicional de direito subjetivo.

Sendo, assim, a corrente que se compatibiliza com a Constituição Federal e com a realidade da sociedade brasileira é aquela segundo a qual a efetividade judicial dos direitos sociais está protegida pela cláusula da reserva do possível.

A teoria da cláusula da reserva do possível foi concebida na Alemanha através do caso *numerus clausus*[10] de vagas nas universidades públicas

---

(8) Art. 1º – O art. 48 da Lei Complementar no 101, de 4 de maio de 2000, passa a vigorar com a seguinte redação:

"Art. 48. ....

Parágrafo único. A transparência será assegurada também mediante:

I – incentivo à participação popular e realização de audiências públicas, durante os processos de elaboração e discussão dos planos, lei de diretrizes orçamentárias e orçamentos;

II – liberação ao pleno conhecimento e acompanhamento da sociedade, em tempo real, de informações pormenorizadas sobre a execução orçamentária e financeira, em meios eletrônicos de acesso público;

III – adoção de sistema integrado de administração financeira e controle, que atenda a padrão mínimo de qualidade estabelecido pelo Poder Executivo da União e ao disposto no art. 48-A."

(9) Posição que se adequa com o disposto nas Constituições de Portugal e da Alemanha, as quais determinam que os direitos sociais não geram direitos subjetivos quando não exista intermediação legislativa.

(10) Cf. BverfGE 33,303.

alemãs, onde estudantes pleiteavam que lhes fosse concedida a oportunidade de cursar referidas universidades com fundamento no direito à educação, no entanto, a Corte Constitucional alemã entendeu que não poderia ser exigido da sociedade, por meio do Estado, algo que excedesse o razoável frente as suas condições econômicas, sendo, portanto, constitucional a limitação de vagas de acesso a universidades públicas. Dessa maneira, diferente do que ocorre com os direitos de liberdade, os direitos sociais necessitam de intermediação legislativa para serem exigidos judicialmente, na medida em que dependem de recursos públicos e condições materiais do Estado.

No entanto, conforme já colocado, a Constituição alemã dispõe que os direitos sociais não geram direitos subjetivos, além do que, o estado de desenvolvimento econômico e social europeu é bem superior ao vivenciado no Brasil, o que, de antemão, impõe que referida teoria não seja aplicada sem ressalvas à realidade brasileira.

Com efeito, em uma sociedade em que grande parte da população encontra-se abaixo de padrões mínimos de qualidade de vida, nos mais variados aspectos (saúde, educação, segurança, moradia etc.), ao passo que nossa Constituição consagra, outrossim, que os direitos sociais são dotados de eficácia (§ 1º, do art. 5º, da Constituição Federal), aludidos direitos não podem ter sua eficácia colocada a critério apenas dos Poderes Executivo e Legislativo, sob pena do atraso social que atravessamos ser perpetuado. Esse quadro ganha realce se levarmos em conta que o Executivo e o Legislativo tem sido inertes na implementação dos direitos constitucionalmente previstos, seja na execução de matérias já reguladas constitucional e infraconstitucionalmente, seja por meio de omissão legislativa, devidamente cientificadas ao Legislativo.

Em verdade, se a reserva do possível for aceita sem medidas, ela acabará servindo de carta branca para que o Executivo e o Legislativo continuem administrando mal os escassos recursos públicos, gerando comodidade e conformismo, a configurar um descompasso social em relação com o que a Constituição nos garante.

Assim, embora a escassez de recursos seja algo real e que não pode ser desconsiderado, é necessário que haja respeito aos ditames constitucionais, apresentando-se, dessa forma, o desafio de estabelecer aquilo que a atividade executiva, legislativa e judicial não pode fugir, sob pena de violar a Constituição Federal.

A doutrina definiu o mínimo existencial como sendo o padrão mínimo de qualidade de vida que deve nortear o aplicador da norma constitucional, *status* esse que se sobrepõe a defesa estatal da reserva do possível.

A ideia de mínimo existencial está intimamente ligada ao princípio da dignidade da pessoa humana e ao direito à vida, e tem sua concepção também na Alemanha. De fato, conforme explica Ingo Wolgang Sarlet, no Pós-Guerra, o primeiro jurista a reconhecer a existência de direito subjetivo a um padrão mínimo de vida para uma existência digna foi Otto Bachof, "que, já no início da década de 1950, considerou que o princípio da dignidade da pessoa humana (art. 1º, inc. I, da Lei Fundamental da Alemanha, na sequência referida como LF) não reclama apenas a garantia da liberdade, mas também um mínimo de segurança social, já que sem os recursos materiais para uma existência digna, a própria dignidade da pessoa humana restaria sacrificada"[11].

Dessa maneira, dentro do Estado Democrático brasileiro, também há de se reconhecer há existência de direito subjetivo há um padrão mínimo de condição de vida, que dê para seu titular autonomia suficiente para o exercício de sua liberdade.

Para Ricardo Lobo Torres, esse padrão mínimo de vida integraria o *status positivus libertartis*, que gera direito subjetivo para seu titular; no entanto, para o autor, não haveria um direito subjetivo para os demais direitos sociais – os quais, segundo ele, integrariam o *status positivus socialis* –, que ultrapassassem o mínimo existencial, devendo tais direitos ficar sob a reserva do possível:

"O *status positivus socialis* é de suma importância para o aperfeiçoamento do estado social de direito, sob a sua configuração de estado de prestações e em sua missão de protetor dos direitos sociais e de curador da vida social, responsável pela previsão ou cura da existência (*Daseinvorsorge* para os alemães): compreende o fornecimento de serviço públi-

---

(11) SARLET, Ingo Wolgang. Reserva do Possível, mínimo existencial e direito à saúde. *In:* SARLET, Ingo Wolfgang; TIMM, Luciano Benetti. *Direitos Fundamentais orçamento e "reserva do possível"*. 2. ed. Porto Alegre, 2010, p. 20.

co essencial (educação secundária e superior, saúde, moradia, etc.) e as prestações financeiras em favor dos fracos, especialmente sob a forma de subvenções sociais. (...). O *status positivus socialis,* ao contrário do *status positivus libertatis,* se forma de acordo com a situação econômica conjuntural, isto é, sob a "reserva do possível" ou na conformidade da autorização orçamentária."[12]

Ana Paula de Barcellos defende que o mínimo existencial "é composto de quatro elementos, três materiais e um instrumental, a saber: a educação fundamental, a saúde básica, a assistência aos desamparados e o acesso à Justiça"[13].

Dessa forma, os direitos sociais ligados ao mínimo existencial geram para seus titulares direitos subjetivos, podendo ser exigidos imediatamente perante o Judiciário, havendo legitimidade desse Poder para essa verificação em decorrência da fundamentação jurídica e moral da Constituição, com base no princípio da dignidade da pessoa humana e o direito à vida.

Os demais direitos sociais que ultrapassarem o mínimo existencial ficam a depender da evolução econômica do país, bem como da deliberação dos Poderes Executivo e Legislativo aos quais cabe a decisão de definir quando é possível ao Estado materialmente implementá-los.

4.3. *Aspectos processuais da implementação judicial do direito à saúde*

Diante da escassez de recursos estatais para implementação dos direitos sociais é indispensável que o magistrado analise com muita cautela os pedidos relacionados a tais direitos.

De início, temos que ter em mente que o Judiciário, via de regra, não detém de condições técnicas de avaliar de maneira ampla onde são os setores sociais aos quais merecem ser destinados recursos públicos. Com efeito, o modelo processual vigente não dá condições para o magistrado avaliar de maneira global os resultados de suas decisões.

Eventual decisão que venha a conferir determinado tratamento médico de elevado custo para um indivíduo pode até fazer justiça naquele caso concreto, micro justiça, no entanto, o gasto estatal com o cumprimento de tal decisão implicará certamente a retirada de recurso de alguma outra área não menos importante, não sendo levado em conta aspectos de macro justiça, mais relevante para a sociedade como um todo.

O desequilíbrio orçamentário decorrente do cumprimento de decisões judiciais que implementam direitos sociais é potencializado pela forma como as demandas envolvendo o direito à saúde são colocadas para o Judiciário na prática forense, ou seja, mediante ações individuais, onde é requerida, muitas vezes, a aplicação de elevada quantia para o tratamento de uma única pessoa, em detrimento da coletividade.

Não se está colocando que a questão orçamentária ou o fato de no processo ser requerido recursos coletivos para tratamento individual sejam empecilhos para a concretização do direito à saúde. No entanto, esses fatores implicam numa maior responsabilidade e rigor do magistrado na análise de referidos pedidos envolvendo tratamento à saúde.

Com efeito, o juiz deve sempre ter mente as externalidades decorrentes das decisões que impõe o dispêndio imediato de recursos públicos não previstos em orçamento, notadamente quando esse gasto é destinado a apenas uma pessoa. De fato, o princípio constitucional da isonomia é colocado em xeque quando há uma demanda em torno da concretização do direito à saúde, na medida em que o fato de o indivíduo ter tido a oportunidade de chegar até o Judiciário pode ser a razão determinante para que ele venha a receber um tratamento diferenciado em relação a outras pessoas que estão em situação idêntica, tudo isso levando em conta que não existe dinheiro público suficiente para o atendimento de toda a coletividade.

Ocorre que o acesso à justiça está aberto para todos, assim como o princípio da dignidade da pessoa humana é o parâmetro para atuação do magistrado na implementação do direito à saúde, não obstante a escassez de recursos consiste em um elemento necessário nessa efetivação judicial.

Acontece que o modelo de processual individual não coopera para que o juiz tenha real ciência da repercussão do conjunto das decisões judiciais que implementam o direito à saúde. Com efeito, por

---

(12) TORRES, Ricardo Lobo. *O orçamento na Constituição.* Rio de Janeiro: Renovar, 1995, p. 133-134.

(13) BARCELLOS, Ana Paula de. *A Eficácia Jurídica dos Princípios Constitucionais.* 2. ed. Rio de Janeiro: Renovar, 2008, p. 288.

mais que um tratamento médico seja muito caro para um indivíduo, milhões de reais talvez, tal montante não é impossível no caso concreto para toda a sociedade, através da Administração Pública; muito embora decisões como essa, em conjunto, e dadas de maneira continuada, causam impactos consideráveis no orçamento, provocando a retirada de recursos de outras áreas também importantes, bem como o engessamento da Administração no planejamento e da condução de políticas públicas destinadas ao serviço de saúde.

Daí porque foi dito na introdução deste trabalho que é um desafio para o Judiciário concretizar os direitos sociais uma vez que de um lado está a Constituição, que garante toda uma gama de direitos, e o cidadão desprovido de serviços públicos de qualidade que realizem a Constituição e do outro está a escassez de recursos que albergue todos os direitos fundamentais, bem como a ausência de informação suficiente para que se possa, via processo, realizar a Constituição no caso concreto, sem que isso provoque, num futuro próximo, prejuízo maior para população decorrente do engessamento orçamentário provocado pelo cumprimento de decisões judiciais.

As ações coletivas, no que tange à observância do princípio da isonomia e das consequências da implementação da decisão judicial, são instrumentos mais adequados para a concretização dos direitos sociais pelo Judiciário. Com efeito, as ações coletivas, iniciadas com o advento da lei de Ação Civil Pública (Lei n. 7.347/85) e reforçadas com o Código de Defesa do Consumidor (Lei n. 8.078/90), destinadas a tutelar, como seu próprio nome diz, direitos atinentes a uma coletividade de pessoas por meio de um único processo, trazendo uma maior economia processual e rapidez do Judiciário, bem como uniformidade em sua atuação, preservando a isonomia.

Ademais, por meio de ações coletivas, é possível ao Judiciário avaliar verdadeiramente se a política pública está de acordo com a Constituição. Com efeito, como dito, política pública consiste num conjunto de ações, de planejamento e de execução, para o alcance de um fim estatal, dessa maneira, em se tratando de uma política global, não é viável ao Judiciário verificar se o Estado está implementando tal tarefa de acordo com os fins traçados pela Constituição através de uma ação individual, onde só é possível analisar se o autor da ação está tendo um direito individual desrespeitado.

Só por meio de ações coletivas é que poderá o Judiciário indicar à Administração qual o fim indicado pela Constituição, cuja direção não está sendo seguida pela Administração. Sendo essa via processual em que poderá ser discutida de forma aprofundada a política adotada pelo Estado e suas razões que demonstrem ser ela a correta.

Além disso, como a solução encontrada via ação coletiva será aplicada a um conjunto de pessoas ou até mesmo para toda a sociedade, é possível um controle maior tanto do Estado, bem como dos próprios efeitos da decisão judicial, reduzindo as externalidades negativas dessas decisões conforme já foi apontado.

Mas como a opção pela ação individual não pode ser descartada diante da garantia constitucional do acesso à justiça, o magistrado deve ser bastante rigoroso na análise do pedido apresentado.

Tratando-se de pedido de tratamento médico, a verificação da prova é essencial; o autor da ação deve apresentar documentos que demonstrem com clareza a natureza da doença que lhe acomete, bem como o tratamento adequado para a sua solução. E para tanto, é necessária a apresentação de laudo médico esclarecendo tais pontos. Caso o médico que apresentou referido laudo não seja vinculado ao Sistema Único de Saúde (SUS), o magistrado deve ter atenção redobrada seja pelo perigo de fraudes envolvendo paciente, médico e laboratórios, visando que a Administração venha a ser compelida a adquirir medicamento de laboratório específico sem a realização de licitação, seja pelo fato de muitas vezes o médico privado desconhecer que o tratamento pleiteado já é oferecido gratuitamente pela rede pública. Daí porque também é adequado que o autor da ação, preferencialmente, já apresente a inicial com a comprovação de que a rede pública de saúde não oferece tal medicamento, o que auxiliará o magistrado na concessão imediata do tratamento sem a oitiva do ente público requerido, o que por diversas vezes é necessário em face da urgência no tratamento referente a muitas moléstias.

Além disso, é muito comum que nas ações envolvendo o atendimento de tratamento médico o pleito de medicamentos que não constam na lista daqueles fornecidos pelo SUS ou que não tenham sido aprovados pela Agência Nacional de Vigilância Sanitária (ANVISA), ou que ainda estejam em fase de experimentação. Nessas situações o rigor deve ser ainda maior.

No que diz respeito aos medicamentos que não constam da lista fornecida pelo SUS, devem ser novamente expostas algumas considerações anteriormente apresentadas. Conforme já foi dito, o vetor que orientará o magistrado na solução das questões envolvendo a efetivação do direito à saúde é o mínimo existencial, vinculado ao princípio da dignidade da pessoa humana e ao direito à vida, no entanto, a limitação material de recursos não pode ser desconsiderada pelo Judiciário quando da análise de referidos casos. Ocorre que muitos desses medicamentos requeridos perante o Judiciário são os de última geração, recém-descobertos pela indústria farmacêutica, quando, por outro lado, a rede pública oferece medicamentos alternativos que, apesar de não possuírem resultados tão eficientes como os de última geração, são adequados para o tratamento da doença.

Ora, caso fique demonstrado no decorrer do processo que o medicamento existente na rede pública, apesar de não ser tão eficiente como os de última geração e não constante na lista do SUS, seja adequado para o tratamento da moléstia, não deve o magistrado conceder o pedido, eis que o tratamento oferecido pelo Poder Público está de acordo com o mínimo existencial, na medida em que ele, muito embora não seja o melhor, é adequado para o tratamento do indivíduo. Nessa situação, restará respeitada, ao ser indeferido o pedido, a tese da reserva do possível, eis que numa sociedade tão carente de recursos como a nossa, não é razoável para um indivíduo esperar ter o melhor tratamento existente na técnica médica para sua doença, quando a Administração Pública oferece terapia alternativa adequada para o controle da doença, tudo isso levando em conta que, caso seja concedido o melhor tratamento, não constante na lista do SUS – e mais caro na maioria dos casos –, o recurso destinado a esse cuidado médico especial com certeza irá faltar em outro setor social da mesma importância. Não se quer precificar a vida, o que se coloca é que não existem recursos suficientes que sustentem um serviço público de saúde para milhões de brasileiros nos mesmos termos em que a iniciativa privada oferece com tratamentos de última geração.

Apesar da ética médica impor ao profissional da saúde que destine a seu paciente o melhor tratamento existente[14], não interessando o custo, tal ética não pode ser aceita pelo Judiciário, nem pelos demais Poderes diante da escassez de recursos. Ocorre que, em razão dessa ética médica, os laudos oferecidos por médicos e constantes do processo tenderão pelo tratamento de ponta, mesmo diante de outros não tão eficientes, porém adequados à solução da doença, o que dificultará a análise do caso pelo magistrado, na medida em que pode ocorrer de ele não ter acesso à informação clara da questão. Nem sempre o melhor tratamento para o doente é o melhor para uma sociedade carente de padrões mínimos de dignidade nos mais diversos setores.

O mesmo raciocínio quanto aos medicamentos não constantes da lista do SUS se aplica aos tratamentos em fase experimental ou ainda não registrados pela ANVISA, só que com cuidado redobrado, eis que referidos tratamentos só poderão ser aceitos caso fique constatado que o já oferecido pela rede pública não é adequado, bem como que fique provado que eles possuam eficácia, prova essa complexa uma vez que estão pendentes de aprovação ou em fase de experimentação. Ora, se está em fase de experimentação sua eficácia ainda está sob dúvidas, de modo que ao invés de auxiliar no tratamento da doença, tal medicamento pode resultar em prejuízo para o paciente e na potencialização da moléstia.

Além disso, compartilhando a tese adotada por Ingo Wolgang Sarlet[15], a situação econômica do autor da ação deve ser levada em conta pelo Judiciário ao apreciar demandas envolvendo o fornecimento de medicamentos. Com efeito, em uma sociedade tão carente de recursos como a nossa, bem como onde reina um grave quadro de desigualdade social, não é isonômico, nem justo e razoável, destinar os escassos recursos públicos com pessoas, que pelo seu patrimônio, ou de sua família, têm condições de bancar seu próprio tratamento, sem a necessidade de colaboração estatal. De maneira que deve ser adotado o princípio da subsidiariedade, onde o Estado somente atuará quando o cidadão não possuir condições próprias de sustento.

---

(14) É vedado ao médico:

Art. 20. Permitir que interesses pecuniários, políticos, religiosos ou de quaisquer outras ordens, do seu empregador ou superior hierárquico ou do financiador público ou privado da assistência à saúde interfiram na escolha dos melhores meios de prevenção, diagnóstico ou tratamento disponíveis e cientificamente reconhecidos no interesse da saúde do paciente ou da sociedade. (Resolução do Conselho Federal de Medicina n. 1931/2009)

(15) SARLET, Ingo Wolgang. *Reserva do Possível, mínimo existencial e direito à saúde*. In: *Direitos Fundamentais orçamento e "reserva do possível"*, Ingo Wolfgang Sarlet e Luciano Benetti Timm, Livraria do Advogado, 2ª.Edição, Porto Alegre, 2010, p. 35.

5. CONCLUSÃO

A Constituição prevê a saúde como sendo um direito social a ser efetivado de maneira universal através de políticas públicas, direito esse que não é concretizado a contento pelo Estado em razão da deficiência desse serviço público, bem como em face da escassez de recursos materiais.

Justamente em razão dessa escassez de recursos materiais, o direito à saúde não pode ser enquadrado no conceito tradicional de direito subjetivo concebido ainda no Estado Liberal, que justifique uma obrigação estatal de prestar qualquer tratamento médico para seus cidadãos.

Por outro lado, tratando-se de direito social, a saúde é também um direito fundamental, e como tal tem sua aplicabilidade imediata nos termos do § 1º, do art. 5º da Constituição Federal, de maneira que referido direito não pode ficar à mercê da discricionariedade dos Poderes Executivo e Legislativo para sua concretização, possibilitando uma postura ativa do Judiciário no controle das políticas públicas voltadas à efetivação desse direito.

A legitimidade do Judiciário em referido controle é reforçada diante da pouca participação social na feitura do orçamento público, restando temperada a tese segundo a qual cabe ao Legislativo e Executivo, órgãos de representação popular, a competência para decidir acerca do planejamento e execução das políticas públicas.

Por outro lado, a aplicação direta de princípios constitucionais pelo Judiciário acaba por gerar insegurança jurídica tendo em vista o caráter aberto dessas normas, de maneira que é tênue a linha entre a atuação legítima do Judiciário mediante a concretização da Constituição e a indevida violação do princípio da Separação de Poderes.

O mínimo existencial, consistente no padrão mínimo de qualidade de vida com dignidade e autonomia do indivíduo, ligado ao princípio da dignidade da pessoa humana, deve ser o critério norteador do magistrado na efetivação do direito à saúde.

Não obstante, a cláusula da reserva do possível não pode ser ignorada pelo Judiciário, de forma que a escassez de recursos deve ser levada em conta na concretização desse direito fundamental, de forma que o indivíduo não é titular do direito subjetivo a qualquer tratamento de saúde, só sendo lhe permitido exigir o tratamento que seja compatível com o controle de sua doença. Tratamentos de ponta, geralmente de elevado custo financeiro, podem ser negados pelo Judiciário, desde que a Administração demonstre que a rede pública de saúde fornece tratamento alternativo gratuito que solucione a moléstia do cidadão de maneira adequada.

Ademais, o magistrado, ao se deparar com demandas envolvendo o fornecimento de tratamento médico, deve ser altamente criterioso com as provas apresentadas pelo autor da ação, bem como levar em conta a situação econômica dele, tendo em vista que, em respeito ao princípio da isonomia e da razoabilidade, não é justo destinar recursos públicos a indivíduo que reúna condições próprias de custear seu tratamento, considerando, ainda, que, em razão da escassez de recursos, toda decisão judicial aditiva implicará em remanejamento de verbas públicas de outras áreas não menos importantes e verdadeiramente necessitadas.

REFERÊNCIAS BIBLIOGRÁFICAS

ALEXY, Robert. *Teoria dos direitos fundamentais.* Trad. Virgílio Afonso da Silva. São Paulo: Malheiros, 2008.

AMARAL, Gustavo. *Direito, escassez e escolha.* Critérios jurídicos para lidar com a escassez de recursos e as decisões trágicas. 2. ed. Rio de Janeiro: Lúmen Júris, 2010.

APPIO, Eduardo. *Controle Judicial das Políticas Públicas no Brasil.* Curitiba: Juruá. 2010.

BARCELLOS, Ana Paula de. *A Eficácia Jurídica dos Princípios Constitucionais.* 2. ed. Rio de Janeiro: Renovar, 2008, p. 288.

BARROSO, Luís Roberto. *Interpretação e Aplicação da Constituição.* 7. ed. São Paulo: Saraiva. 2009.

BONAVIDES, Paulo. *Curso de direito constitucional.* 23. ed. São Paulo: Malheiros, 2008.

CARVALHO FILHO, José dos Santos, *Manual de Direito Administrativo.* 17. ed. Rio de Janeiro: Lúmen Júris, 2007.

DWORKIN, Ronald. *Levando os direitos a sério.* 2. ed. São Paulo: Martins Fontes, 2007.

_____. *Uma questão de princípio.* 2. ed. São Paulo: Martins Fontes, 2005.

KRELL, Andréas J. *Direitos sociais e controle judicial no Brasil e na Alemanha.* Os (des)caminhos de um direito constitucional "comparado". Porto Alegre: Sergio Antonio Fabris Editor, 2002.

MANCUSO, Rodolfo de Camargo. *Interesses difusos:* conceito e legitimação para agir. 6. ed. São Paulo: Revista dos Tribunais, 2004.

NETO, Nagibe de Melo Jorge. *O controle jurisdicional de políticas públicas. Concretizando a democracia e os direitos sociais fundamentais.* Salvador: Juspodivm, 2009.

PIETRO, Maria Sylvia Zanella Di. *Direito Administrativo.* 12. ed. São Paulo: Atlas, 2000.

SARLET, Ingo Wolfgang. *A eficácia dos direitos fundamentais. Uma teoria geral dos direitos fundamentais na perspectiva constitucional*. 10. ed. Porto Alegre: Livraria do Advogado, 2009.

SARLET, Timm, Luciano Benetti (orgs.). In: Reserva do Possível, mínimo existencial e direito à saúde. In: *Direitos Fundamentais orçamento e "reserva do possível"*. 10. ed. Porto Alegre: Livraria do Advogado, 2009.

O ESTADO SOCIAL E SUA EVOLUÇÃO RUMO À DEMOCRACIA PARTICIPATIVA(*)

Paulo Bonavides (**)

Dentre todas as idades de crise por que já passou o pensamento político, nenhum talvez se compare em extensão e profundidade com a que ora atravessamos, debaixo de visível sentimento de angústia e incerteza.

Os que vivem à poca do liberalismo – os nossos ditosos antepassados – podiam romanticamente considerar o problema do Estado com a presunção otimista da haver criado um mundo melhor e mais sólido, baseado na utopia revolucionária dos direitos do homem.

(*) Prefácio à Monografia "Do Estado Liberal ao Estado Social", publicada em 1958, a que a tese do concurso de cátedra a que se submeteu o autor na Faculdade de Direito da Universidade Federal do Ceará (UFC). Publicada em: SOUZA NETO, Cláudio Pereira; SARMENTO, Daniel (orgs.). *Direitos Sociais*: Fundamentos, Judicialização e Direitos Sociais em Espécie. Rio de Janeiro: Lumen Juris, 2008.

(**) Doutor honoris causa da Universidade de Lisboa. Professor Emérito da Faculdade de Direito da Universidade Federal do Ceará (UFC) e da Universidade Metropolitana de Santos-SP. Professor Visitante nas Universidades de Colônia (1982), Tennessee (1984) e Coimbra (1989). Lente no Seminário Românico da Universidade de Heidelberg (1952-1953). Presidente Emérito do Instituto Brasileiro de Direito Constitucional (IBDC). Presidente de Honra do Instituto de Defesa das Instituições Democráticas (IDID). Fundador e Diretor da *Revista Latino-Americana de Estudos Constitucionais (2003)*, Nieman Fellow Associate da Universidade de Harvard (1944-1945).

O Estado liberal humanizou a ideia estatal, democratizando-se teoricamente, pela primeira vez, na Idade Moderna. Estado de uma classe – a burguesia – viu-se ele, porém, condenado à morte desde que começou o declínio do capitalismo.

Ao redor do mesmo, acendeu-se a luta a que assistimos.

Aqui, o advento da quarta classe, a ofensiva do Estado socialista contra o Estado burguês, feita com as armas da dialética marxista.

Ali, a diligência da teoria democrática por evitar que a transição conduza necessariamente àquele resultado, ou seja, ao Estado da última classe – o proletariado – como já acontece em vasta área de países socialistas do Oriente e, sim, ao Estado de todas as classes, como pretende ser o Estado democrático do Ocidente; ditado pelas mudanças inevitáveis do capitalismo e pelo imperativo da justiça social, que obriga ao abandono das antigas posições doutrinárias do liberalismo. O conflito essencial se trava, pois, a esta altura, entre o Estado socialista e o Estado social das democracias ocidentais.

O que temos em vista, aliás, estudar, não é esse embate ideológico, de suma importância para os destinos políticos do gênero humano, mas os aspectos fundamentais e não menos relevantes que acompanham a ruptura definitiva do Estado liberal e sua substituição pelo Estado Social.

Com este, deu-se o esgalhamento de rumos. Uns quiseram fazê-lo totalitário: os da direita, em harmonia com o capitalismo, malsucedidos; os da direita, mediante abolição do sistema capitalista, ainda em fraco combate. Outros, os do lado de cá, desejosos de conservá-lo democrático, amparado na ideia de conciliação de personalidade com a justiça social.

Examinaremos, assim, nas páginas que se seguem, o que ficou do antigo Estado liberal, tão incompreendido por quantos, afoitamente e desprovidos de serenidade, se cingem a uma rejeição superficial e liminar de todos os seus princípios.

O capítulo acerca de Kant se justifica pela primeira repercussão de seu pensamento social político, nomeadamente na esfera do direito.

A filosofia kantista, em matéria política, é o coroamento doutrinário do liberalismo e se enquadra, indiscutivelmente, na fase já adiantada desse movimento. Exprime a maturidade por ele alcançada em fins do século XVIII, quando impetuosos e triunfante, graças à ação revolucionária – seguro já pelas energias arregimentadas para conter a reação medieval da nobreza decadente, e não menos seguro em arrostar a reação absolutista das realezas ocidentais –, podia adormecer tranquilo quanto ao socialismo, que ainda lhe não batia às portas, e cujos vagidos remotos vinham de longe, quase imperceptíveis, quebrar-se, por muitos anos, em protestos inocentes nos esquemas pomposos da utopia.

Sob a mesma inspiração, estudamos aspectos da influência de Rousseau, Hegel e Marx, que formam os elos da grande cadeia social, responsáveis pelas mais célebres precipitações doutrinárias, que conduziram, na Idade Contemporânea, à superação final daquilo que, correspondendo aos começos da Revolução Industrial, foi a estrutura primária da ordem capitalista, no seio do qual se gerou o antigo liberalismo da burguesia.

Quando se chega ao Estado social, já ficou para trás toda uma concepção de vida, com as tradições de um passado morto e irrecuperável.

O Estado social é, sob certo aspecto, decorrência do dirigismo que a tecnologia e o adiantamento das ideias de colaboração humana e social impuseram ao século.

De um lado, os povos que veem nele o instrumento de sua maioridade política, social e econômica. De outro, a escolha hamletiana entre a planificação livre e a planificação completa.

Mas planificação livre, planificação da liberdade? Não haverá aí contradição?

Quando se responde precisamente a essa indagação, é que o liberalismo se enrijece na sua fúria antissocial, nas objeções às medidas híbridas, que impermeabilizam algumas zonas da sociedade à plena realização da livre iniciativa.

Karl Mannheim debateu esse problema vital para a democracia moderna. E esse problema, a nosso ver, se resolve no Estado Social.

Distinguimos em nosso estudo duas modalidades principais de Estado social: o Estado social do marxismo, onde o dirigismo é imposto e se forma de cima para baixo, com a supressão da infraestrutura capitalista, e a consequente apropriação social dos meios de produção – doravante pertencentes à coletividade, eliminando-se, desta forma, a contradição, apontada por Engelis no *Anti-Duehring* entre a produção social e a apropriação privada, típica da economia lucrativa do capitalismo – e o Estado social das democracias, que admite a mesma ideia de dirigismo, com a diferença apenas de que aqui se trata de um dirigismo consentido, de baixo para cima, que conserva invictas as bases do capitalismo.

Todas as variações na relação trabalho-capital são superestruturais nessa última forma, pois não alteram substancialmente o sistema capitalista.

Inspirado na filosofia de Kant ser-nos-ia lícito, ademais, formular outro conceito do Estado Social contemporâneo. Caberia, nesse caso, ao estudioso aprofundar a filosofia formalista de Stammler e, em harmonia, com a linha do pensamento neokantiano, construir uma *Benegriff* do Estado Social, que abrangesse variações empíricas, históricas, culturais políticas dos mais distintos matizes.

O dirigismo, conceito político formal, não comporia acaso, sob esse ponto de vista, a essência do Estado social? Por esse caminho, acabaríamos na mesma conclusão que Stammler com o direito natural: um Estado social de conteúdo variável.

A saída pelo formalismo concilia, pois, a discrepância estrutural que torna irredutível o Estado social das democracias ocidentais com o Estado social dos países populares de inspiração ou organização bolchevista.

Mas não é a interpretação formalista o que buscamos. Daí por que, ao inscrevermos, no pórtico deste trabalho, uma das máximas do renovador da Teoria Geral do Estado – Geok Jellinek – o fizemos na certeza de que ela exprime e consagra substancialmente a verdade mais simples e elementar da ciência política: o dissídio milenar entre o indivíduo e o social, que chega aos nossos dias com toda a intensidade trágica de uma luta indecisa.

Pouco importa que sociólogos da estirpe de um Alfred Weber, que conta, aliás, com muitos adeptos, queiram dissimilar a agudeza desse choque ou encobrir a face dessa realidade irremissivelmente do indivíduo para os grupos sociais intermediários – desde o sindicato à escola, cada vez mais fluentes – ou então para o Estado, com o qual referidos grupos se defrontam numa pugna desesperadora de afirmação e controle.

Não negamos a importância dessas formações sociais interpostas. Estado social – o mais familiarizado com a presença de tais núcleos – ora os vê a serviço do Estado, que é o caso frequente na amarga realidade contemporâneos, ora inclinados para a ideia individual da personalidade.

Essa ideia é aquela que o Estado social e o democrático do Ocidente forceja por salvar. E para salvá-la incompatibilizou-se necessária e definitivamente com o antigo individualismo do *laisses faire, laissez passer*.

O Estado Social do moderno constitucionalismo europeu e americano emprega assim, nos países de sua órbita, como último recurso, técnica de compromisso, que, embora consagre modificações secundárias e progressistas, deixa, contudo, conforme vimos, intacta, em grande parte, a infraestrutura econômica, isto é, o sistema capitalista.

Instrumento, por conseguinte, da sobrevivência burguesa, postulando justiça para todas as classes, com cujos interesses, intenta conciliar-se, o Estado social, a despeito da impiedosa crítica marxista e do colapso do Estado liberal, constitui a palavra de esperança com que acenam estadistas e teóricos do Ocidente, na ocasião em que os elementos da tempestade social, de há muito acumulados no horizonte político das massas proletarizadas, ameaçam desabar sobre a ordem social vigente, impondo-lhe o dilema de renovar-se ou destruir-se.

Nele vemos a única saída honrosa e humana que ainda resta para a crise política e social dos povos que habitam a grande bacia atlântica.

No estudo oportuníssimo de lenta evolução, como a que vai do Estado liberal ao Estado social, se desenha, ademais, com assombrosa nitidez – urge repeti-lo – o embate da democracia moderna pela superação da antítese clássica indivíduo-sociedade.

Todas essas razões nos convencem, pois, de havermos versado, neste ensaio político, um tema de nossos dias.

II[1]

1. Do século XVIII ao século XX, o mundo atravessou duas grandes revoluções – a da liberdade e a da igualdade – seguidas de mais duas, que se desenrolam debaixo de nossas vistas e que estalaram durante as últimas décadas. Uma é a revolução da fraternidade, tendo por objetivo o Homem concreto, a ambiência planetária, o sistema ecológico, a pátria universo. A outra é a revolução do Estado social em sua fase mais recente de concretização constitucional, tanto da liberdade como da igualdade.

Se as duas primeiras tiveram como palco o chamado Primeiro Mundo, a terceira e quarta têm por cenário mais vasto para definir a importância e a profundidade de seus efeitos libertários aquelas faixas continentais onde demoram os povos subdesenvolvidos.

Aí, o atraso, a fome, a doença, o desemprego, a indigência, o analfabetismo, o medo, a insegurança e o sofrimento acometem milhões de pessoas, vítimas da violência social e das opressões do neocolonialismo capitalista, bem como da corrupção dos poderes públicos. Impetram essas massas e esses povos uma solução dirigida tanto à sobrevivência como à qualidade da vida digna.

Cada revolução daquelas intentou ou intenta tornar efetiva uma forma de Estado. Primeiro, o Estado liberal; a seguir, o Estado socialista; depois o Estado social das Constituições programáticas, assim suas declarações de direitos; e de último, o Estado social dos direitos fundamentais. Este, sim, por inteiro capacidade da juridicidade e da concreção dos preceitos e regras que garantem estes direitos.

Tiveram grande parte em tais mudanças as ideologias. Aliás, enquanto não positivam seus valores, as ideologias guardam, na essência, uma dimensão encoberta de jusnaturalismo. Em verdade, o direito natural atuou sempre como poderosa energia revolucionária e máquina de transformações sociais. Graças à força messiânica de seus princípios, tem ele invariavelmente ocupado a consciência do Homem em todas as épocas de crise, para condenar ou sancionar a queda dos valores e a substituição dos próprios fundamentos da sociedade.

---

(1) Introdução à 5ª edição da obra *Do Estado Liberal ao Estado Social*, Belo Horizonte, 1993.

As grandes mutações operadas na segunda metade desse século têm ainda muito que ver com as ideias e crenças sopradas durante o século XVIII por uma filosofia cujo momento culminante, e termos de efetividade, foi a Revolução Francesa. De natureza universal e indestrutível nos seus efeitos, porquanto entendem estes com a natureza mesma do ser humano, aquela comoção revolucionária produz até hoje correntes de pensamento que transformam ou tendem a transformar a sociedade moderna.

Houve, assim, pela primeira vez na história dos povos, a universalização do princípio político. Não foram unicamente quebrantadas as instituições feudais e as hierarquias que sacralizavam a tradição e o passado, senão que se construiu, ou se intentou construir, sobre esferas ideais, para um aporfiar de libertação, menos a polis destes ou daquele povo, mas a de todo o gênero humano; polis cujos alicerces, posto que ainda abstratos, não foram outros senão a liberdade, a igualdade e a fraternidade.

Escreveram os ingleses a Magna Carta, o *Bill of Rights*, o *Instrumento of Government*; os americanos, as Cartas coloniais e o Pacto Federativo da Filadélfia, mas só os franceses, ao lavrarem a *Declaração Universal dos Direitos do Homem*, procederam como havia procedido o apóstolo Paulo com o Cristianismo. Dilataram as fronteiras da nova fé política. De tal sorte que o governo livre de ser a prerrogativa de uma raça ou etnia para ser o apanágio de cada ente humano; em Roma, universalizou-se uma religião; em Paris, uma ideologia. O homem-cidadão sucedia ao homem súdito.

Desse modo, tornou-se a Revolução do século XVIII gênero de importantíssimas renovações institucionais, na medida em que içou, a favor do Homem, a tríade da liberdade, igualdade e fraternidade, decretando, com seus rumos, o presente e o futuro da civilização.

Daquele lema derivaram, ao mesmo passo, as diretivas revolucionárias fadadas a se concretizarem no decurso da ação política subsequente. Dos três dogmas, já referidos, partiram os espécimes de cada Revolução com que se particularizavam as fases imediatas da caminhada emancipadora, ou se define cada momento singular e transformador da História, ou, ainda, se alcança um grau qualitativo na progressão daquela divisa que faz o homem ocupar o centro de toda a teologia do poder sobre a sociedade.

Mercê de tamanha amplitude hermenêutica da divisão dos três últimos séculos, já nos é possível discernir com clareza, pelo aspecto de historicidade e concreção, e não apenas de sua inexcedível infinitude teórica, que a Revolução Francesa foi um espécime do próprio gênero de Revolução em que ela se conteve: a Grande Revolução espiritual e racionalista do século XVIII.

Só debaixo desse aspecto de limitação histórica e determinação da fronteira espacial que a circunscreve se faz possível aceitá-la, restritiva e historicamente, enquanto categoria da Grande Revolução do século XVIII, ou seja, reduzida tão somente a Revolução da burguesia – um horizonte menor –, aliás, de acordo, com o entendimento mais vulgar e mesquinho e, de ordinário, mais propagado a seu respeito.

Quem a concebeu apenas assim, não lhe conferindo sentido ou dimensão adicional, produziu unicamente uma ambiguidade. As lições interpretativas extraídas do próprio marxismo enveredaram igualmente por este mesmo caminho. Tal aconteceu com a escola leninista de revolucionários que, conforme se supõe, vieram transformar o mundo.

Mas Lênin se equivocou redondamente por haver perdido, em relação ao século XVIII, alguns horizontes filosóficos da máxima amplitude e vastidão política. Ficou, em face dessa distorção visual, impotente para descerrar os conceitos-chaves postos pela reflexão dos terroristas do povo-nação, do povo soberano e do povo cidadania.

O povo assim qualificado, titular da nova legitimidade, não somente encarna a vontade dos governados, senão que a transmuta em vontade governante. Sujeito da nova titularidade do poder, entrava ele a operar a grande estratégia libertadora do ente humano ao longo dos tempos vindouros, mediante processo centralizador ainda agora em curso e com o qual se familiariza cada geração política.

O século XVIII colocou, por conseguinte, todas as premissas e divisas subsequentes da rotação, que a ideia revolucionária, para se cumprir, teve que cursar. Primeiro, promulgou as Constituições do chamado Estado de Direito e, ao mesmo passo, com a Revolução da burguesia, decretou os códigos da sociedade civil. Outro não foi, portanto, o Estado da separação de poderes e das Declarações de Direito, que entrou para a história sob a denominação de Estado liberal. As suas nascentes filosóficas são, por inteiro, sondadas aqui na intensa inquirição destas páginas.

A seguir, como se a ideia anárquica, potencialmente contida na rebeldia histórica de reação às prerrogativas de um absolutismo que proclama a equipolência do príncipe à divindade ou à instituição, desse mais um passo de latitude naquela direção antiestatal da divisão de poderes, surgiram as utopias socialistas e, depois, o marxismo: os socialistas, sentenciando a intrínseca iniquidade do Estado, e os marxistas, em nome da ciência, das leis históricas, da dialética e do determinismo social, o fim do aparelho de coerção da sociedade.

Tal fim não passava, todavia, de uma construção aparentemente científica de um falso messianismo, ou profecia que nunca se cumpriu e jamais se há de cumprir; em suma, previsão feita sem raiz na ciência, na razão e no bom senso, e que a certidão dos eventos históricos transcorridos com a malograda experiência soviética parece haver invadido por completo.

De semelhantes escolas do pensamento político brotou, portanto aquela organização de poder e de Estado levada a cabo pela Revolução Soviética da primeira metade deste século: o Estado socialista, da versão de Marx e Lênin. Gerando a ditadura do proletariado, esse modelo, na prática e na realidade, configurou historicamente uma paradoxal forma política, tão negativa, tão rude e tão opressiva para a liberdade humana, em razão dos desvios de poder, quanto haviam sido aquelas a que propuseram opugnar e abolir: a do absolutismo das velhas autocracias imperiais e da burguesia, que trazia no ventre a ditadura do capitalismo.

O Estado liberal e o Estado socialista, frutos de movimentos que revolveram e abalaram com armas e sangue os fundamentos da sociedade, buscavam, sem dúvida, ajustar o corpo social a novas categorias de exercício do poder, concebidas com o propósito de sustentar, desde as bases, um novo sistema econômico adotado por meios revolucionários.

Já o Estado social propriamente dito – não o do figurino totalitário, quer de extrema esquerda, quer de extrema direita – deriva do consenso, das mutações pacíficas do elemento constitucional da sociedade, da força desenvolvida pela reflexão criativa e, enfim, dos efeitos lentos, porém seguros, provenientes da gradual acomodação dos interesses políticos e sociais, volvidos, de último, ao seu leito normal.

Afigura-se-nos, assim, o Estado social do constitucionalismo democrático da segunda metade do século XX o mais adequado a concretizar a universalidade dos valores abstratos das Declarações dos Direitos Fundamentais.

Tem padecido esse Estado, porém, certa mudança adaptativa aos respectivos fins. Antes do esfacelamento do socialismo autocrático na União Soviética e na Europa Ocidental, tinha ele, por tarefa imediata no Ocidente, realizar, em primeiro lugar, a igualdade, com o mínimo possível de sacrifício das franquias liberais; em outras palavras, buscava lograr esse resultado por via do emprego de meios intervencionistas e regulativos da economia e da sociedade, mantendo, contudo, intangível a essência dos estatutos da liberdade humana.

Um Estado, pois, para debelar as crises e recessões da ordem capitalista, sem fechamento, porém, do sistema político, que permanecia pluralista e aberto. Um Estado, certamente, de economia de mercado, embora debaixo de alguma tutela ou dirigismo, que pouco ou nada lhe afetava as estruturas, posto que interditasse determinados espaços da ordem econômica, subtraídos ao livre jogo das forças produtivas.

Era, assim, o Estado social do Estado, e não o Estado social da sociedade, aquele que se há teorizado de último, de maneira tão correta, emborra passional. Era também o Estado social das Constituições programáticas, de que já fizemos menção.

Já o Estado social da sociedade, que é, sobretudo, o Estado social dos direitos fundamentais, uma categoria por nós igualmente referida, mostra-se permeado de liberalismo, ou de vastas esperanças liberais, renovando, de certo modo, a imagem do primeiro Estado de Direito do século XIX. Em rigor, promete e intenta ela estabelecer os pressupostos indispensáveis ao advento dos direitos da terceira geração, a saber, os da fraternidade.

É Estado social onde o Estado avulta menos e a sociedade mais; onde a liberdade e a igualdade não se contradizem com a veemência do passado; onde as diligências do poder e do cidadão convergem, por inteiro, para trasladar ao campo da concretização de direitos, princípios e valores que fazem o homem se acercar da possibilidade de ser efetivamente livre, igualitário e fraterno. A esse Estado pertence também a revolução constitucional do segundo Estado de Direito, onde os direitos fundamentais conservam sempre o seu primado. Sua observância faz a legitimidade de todo o ordenamento jurídico.

Estado liberal, Estado socialista, Estado social com primazia dos meios intervencionistas do Estado e, finalmente, Estado social com hegemonia da sociedade e máxima abstenção possível do Estado – eis o largo painel ou trajetória de institucionalização do poder em sucessivos quadros e modelos de vivência histórica comprovada ou em curso, segundo escala indubitavelmente qualitativa no que toca ao exercício real da liberdade.

A Revolução do século XVIII, com as divisas da liberdade, igualdade e fraternidade, foi desencadeada para implantar um constitucionalismo concretizado de direitos fundamentais.

Não só abrangeu distintas fases, senão que perfilho, na sua longa jornada histórica, outras Revoluções que lhe foram, à primeira vista, antagônicas. Antagonismo, hoje, comprovadamente de aparência, porquanto nunca bastantemente forte para destruir o fio secreto e invisível de continuidade e congruência com as metas emancipadoras de teor fundamental, conforme a Revolução Socialista de 1917 já demonstrara, por seus efeitos bem visíveis e notórios.

Outras comoções, cuja violência e sangue o mundo vira espargir em duas conflagrações universais, assinalaram o século XX, confluindo, pelos resultados alcançados, para estabelecer aquela compatibilização básica a que nos reportamos.

Não padece dúvida de que todos estes abalos profundos ostentaram a força impulsora das transformações de consciência que, afinal de contas tornaram possível o advento daquele derradeiro modelo de Estado e Sociedade. Um modelo que faz transparecer quanto o novo Estado estampa uma identidade essencial com legítimos interesses do gênero humano. Já não é, tão somente, uma filosofia de direitos, mas a própria normatividade desses direitos que abre canais de comunicação e perpassa as fronteiras da soberania até institucionalizar, num pacto transnacional, o respeito da humanidade aos direitos fundamentais, ponto de partida para a futura Constituição de todos os povos.

Nesse sentido, caminha o Estado social, e aí se deve discernir a direção vocacional de seu espírito civilizador e progressista, rumo a uma sociedade onde, em substituição do cidadão das pátrias, se ergue o cidadão do universo, o homem da polis global.

Mas, enquanto esse horizonte ainda se desenha em linhas curvas, tímidas, esfumaça, indecisas e fugazes, cabe advertir que a História viva não vacila nem recua. Dotada de uma dinâmica própria, peculiar a cada povo, vê ela representar em seu palco a luta pela conquista e sobrevivência daqueles modelos, salvo, obviamente, por obsoleto, o primeiro – o do Estado liberal clássico –, que teve tanta atualidade e importância durante o século XIX mas, de último, se acha, por sem dúvida, de todo ultrapassado.

De feito, seria de estranhar que assim não fosse, porquanto as distintas sociedades nacionais exibem distintos graus de desenvolvimento político. Umas mais atrasadas, outras mais adiantadas, no que toca ao exercício dos mecanismos consagrados à efetivação das liberdades essenciais. Sem falar, naturalmente, daquelas sociedades apartadas, por exemplo, da normalidade do regime democrático e que não conhecem senão regimes da mais primitiva autocracia, culturalmente legitimados por uma obscurante tradição de poder pessoal sem limites e sem contrastes, poder que raramente envolve ou se transforma, a não ser com extrema dificuldade e lentidão.

Dissolvido o socialismo do partido único e da ditadura, decretou-se, por igual, o fim da economia dirigida, assim como o termo das ideologias que lhes serviam de sustentação. Nunca se louvou tanto a economia de mercado do capitalismo quanto agora, apregoando-lhes virtudes que lhe seriam ínsitas. Os restauradores assumem ares de promotores vitoriosos de um acelerado retorno ao Estado liberal. Tudo, porém, à sombra de um neoliberalismo que, até certo ponto, desfalca e contradiz a essência do Estado social.

Com efeito, a solidez, a estabilidade e a prossecução dessa última variedade institucional chegaram a ser contestadas mediante o exorcismo do Estado e de seus instrumentos de ação.

Relegados estes a um desprezo teórico, nem por isso deixa o Estado de ser prontamente invocado e utilizado toda vez que um interesse empresarial mais influente, nascido das situações de emergência, dele se pode valer para embargar crises ou remover embaraços funcionais da própria economia capitalista.

Recessão, protecionismo e crise desmentem a linguagem dos milagres, visto que fazem renascer os mesmos distúrbios econômicos e mazelas políticas e sociais tão familiares à evolução do capitalismo.

Estamos, assim, em face de um capitalismo que, de necessidade, não pode prescindir o Estado, cujo conceito não envelhece, nomeadamente tratando-se de Estado do Terceiro Mundo. Aqui, sem a presença de tão poderosa alavanca, inevitável seria a recaída no colonialismo da primeira época industrial – de todos os colonialismos, o mais refratário à emancipação dos povos.

A tarefa de alforria da sociedade, sobre penosa e árdua, assume dimensão gigantesca, pela simultânea exigência de introduzir e consolidar os direitos fundamentais insculpidos em sucessivas gerações, ou dimensões, e cuja concretização se espera fórmula cunhada pela Grande Revolução do século XVIII.

Nós vivemos e viveremos sempre da Revolução Francesa, do verbo de seus tribunos, do pensamento de seus filosóficos, cujas teses, princípios, ideias e valores jamais pareceram e constantemente se renovam porquanto conjugam, inarredáveis duas legitimidades, duas vontades soberanas: a do Povo e a da Nação.

Aquela revolução prossegue, assim, até chegar aos nossos dias, com o Estado social cristalizado nos princípios da liberdade, igualdade e fraternidade. Uma vez universalizados e concretizados, hão eles de compor a suma política de todos os processos de libertação do Homem.

Os escritores políticos do século XVIII, quando tiveram a intuição do Estado social e proclamaram a legitimidade do poder democrático estavam já, sem saber, formulando e decretando, com dois séculos de antecedência, as bases da futura sociedade aberta do Terceiro Milênio.

2. Do Estado Liberal no Estado social, tese de concurso de cátedra à Faculdade de Direito da Universidade Federal do Ceará, apareceu durante a década de 50, e nunca foi tão atual nos seus fundamentos filosóficos, jurídicos e sociais quanto nesta época em que a decomposição do poder soviético, já ocorrida, parece haver mudado a face do mundo.

Sem haver logrado extinguir o socialismo – o que, aliás, se nos afigura impossível –, o capitalismo, conservando insolúveis os seus graves e cruciais problemas, continua muito controvertido e impugnado, sujeito a novas e futuras contestações sociais.

A cátedra disputada naquela ocasião era a de Teoria do Estado, instituída por ensejo da ditadura civil do Estado Novo de Getúlio Vargas e, mais tarde, transformada em Direito Constitucional I, por obra da reforma introduzida no currículo universitário.

O programa de Teoria Geral do Estado, da época, não se circunscrevia apenas à parte teórica do direito constitucional, senão que seu raio de abrangência fazia singular disciplina coincidir, em grande parte, com a ciência política. A fundamentação teórica do Estado e, por conseguinte, da ordem jurídica positiva compunha a espinha dorsal de toda a sua temática.

Não podia ser, portanto, mais atual a matéria que elegemos por objeto de inquirição naquele tempo. Era a década de retorno aos jusnaturalismo e de profundo desalento doutrinário com as fórmulas clássicas da ciência do direito positivo, nomeadamente do direito público, assentadas sobre a tradição de um formalismo professado por juristas do porte de Gerber, Laband e Jellinek, até chegar a normativistas puros, do quilate de Kelsen, chefe da Escola de Viena.

O legalismo positivista despolitizara, de certo modo, o Estado, ao rebaixar ou ignorar o conceito de legitimidade, dissolvido no conceito de legalidade. Manifestava essa posição estranheza e alheação absoluta a valores e fins. De tal sorte que, exacerbando o neutralismo axiológico e teleológico, fazia prevalecer, acima de tudo, o princípio da legalidade. Efetivamente banido ficava, por inteiro, do centro das reflexões sobre o Direito o problema crucial da legitimidade, numa concepção assim de todo falsa e, sobretudo, já ultrapassada. Porquanto o mundo de nossos dias só tem visto crescer a importância que ainda é atribuída àquele princípio.

Nossa tese reflete, em larga parte, aquela fase grandemente embebida do pessimismo da guerra fria e da iminência do holocausto nuclear. Conservava-se viva a memória da tragédia que fora a II Grande Guerra Mundial: os imensos problemas de justiça social haviam gerado ressentimentos e ódios contra a decrepitude de uma espécie de capitalismo cujos erros graves se acumulavam para vencer crise de tão vastas proporções qual aquela do Estado liberal, condenado, já, a transformar-se. Deu lugar ao Estado social.

Com efeito, a sobrevivência da democracia limitada e representativa reagia à proclamada lei da infalibilidade do advento do socialismo, que seria acelerado pela queda iminente e inexorável do sistema capitalista, conforme o presságio dominante nos círculos mais influentes do pensamento da época. Como se fora uma sentença de morte lavrada por compulsão ideológica.

Não podia, pois, a sociedade liberal achar outra fórmula de sobrevivência senão a que apontava para os termos participativos, consensuais e pacíficos da democratização progressiva da cidadania.

Em suma, tratava-se da mesma fórmula gravada em nossa precoce e recuada análise sobre o Estado social, tão distanciado, então da sistematização doutrinária e dos publicistas que ainda não haviam percebido o alcance da cláusula constitucional introduzida na Lei Fundamental de Bom.

O texto da Lei Maior alemã positivista, juridicamente, o princípio de um novo regime repassado da união conciliatória da liberdade com a isonomia democrática, debaixo de uma ideia nova, que vinha restaurar a noção de Estado, tão lacerada pelos excessos autoritários das décadas de 20 e 30. Tais excessos, perpetrados por ideologias que confiscaram as liberdades do cidadão, convulsionaram o meio social e político e propiciaram o advento das ditaduras.

Positivado como princípio e regra de um Estado de Direito reconstruído sobre os valores da dignidade da pessoa humana, o Estado social despontou para conciliar de forma duradoura e estável a sociedade com o Estado, conforme intentamos demonstrar. O Estado social de hoje é portanto, a chave das democracias do futuro.

Fora do Primeiro Mundo, possui ele tamanha importância que tudo se cifra nessa alternativa: Estado social ou ditadura. Sem Estado social não há democracia, sem democracia não há legitimidade.

As ligeiras reflexões aqui expendidas justificam cabalmente a reedição desta obra, cujo grau de atualidade jamais foi tão elevado. Além da presente "Introdução" elucidativa do caráter de modernidade da monografia e da importância que seu tema desafiador continua tendo para o debate político deste século, acrescentou-se ao livro, por ensejo da quinta edição, um Capítulo onde o que se disse sumariamente sobre a Revolução Francesa lá se diz com o mais rigor e propriedade, se não, confira-se com análise feita à hermenêutica das Revoluções.

III

1. O Estado social nasceu de uma inspiração de justiça, igualdade e liberdade; é a criação mais sugestiva do século constitucional, o princípio governativo mais rico em gestão no universo político do Ocidente.

Ao empregar meios intervencionistas para estabelecer o equilíbrio na repartição dos bens sociais, instituiu ele, ao mesmo passo, um regime de garantias concretas e objetivas, que tendem a fazer vitoriosa uma concepção democrática de poder, vinculada principalmente com a função e fruição dos direitos fundamentais, concebidos doravante em dimensão por inteiro distinta daquela peculiar ao feroz individualismo das teses liberais e subjetivistas do passado. Teses sem laços com a ordem objetiva dos valores que o Estado concretiza sob a égide de um objetivo maior: o da paz e da justiça na sociedade.

Com efeito, essa espécie de Estado social, humanizador do poder jurídico nos fundamentais sociais da liberdade, democrático na essência de seus valores, padece, de último, ameaça letal à conservação das respectivas bases e conquistas. Esmaecê-lo e depois destruí-lo é parte programática das fórmulas neoliberais propagadas em nome da globalização e da economia de mercado, bem como da queda de fronteiras ao capital migratório, cuja expansão e circulação sem freio, numa velocidade imprevisível, contribui irremissivelmente para decretar e perpetuar a dependência dos sistemas nacionais, indefesos e desprotegidos, sistemas que demoram na esfera do Terceiro Mundo.

Tem esse capital internacional ação predatória sobre a base econômica dos países em desenvolvimento, porquanto gira de maneira especulativa, provoca crises, abala a fazenda pública, desorganiza as finanças internas, derruba bolsas, dissolve economias, esmaga mercados.

As correntes desnacionalizadoras navegam todas no barco do neoliberalismo: seus axiomas impugnam o Estado, a soberania, a nacionalidade, e os exércitos, cuja existência proclamam inútil. E o fazem como se tudo isso fora anacronismo. Não obstante, se revelam elas impotentes para arrebatar o futuro às nacionalidades constituídas e calar o ânimo das aspirações nacionais, que continuam sendo o sangue da unidade de cada organismo nacional.

Demais, esquece o neoliberalismo que a regionalidade dos conflitos militares nos campos e montanhas balcânicas da ex-Iugoslávia, a par dos sobressaltos étnicos na Europa das regiões, lhes traz o desmentido das suas expectativas e prognósticos, bem assim a advertência vocação de poder legítimo que conduz o destino dos povos. Sobre esses valores tropeça o neoliberalismo, até cair, exânime, no vazio e inconsistência de suas fórmulas e ideias.

Cabe-nos assinalar por igual, que o neoliberalismo investigado desde as suas raízes e aferido em sua natureza, não é, enquanto forma política, regra de poder ou sistema doutrinário, mas tão somente aspecto secundário e tributário da própria categoria histórica de organização do Estado, que chegou a um degrau mais elevado de suas transformações na segunda metade do século XX, passando a denominar-se Estado social.

O compromisso desse Estado com a liberdade se fez irretratável; a liberdade, entendida aqui em seu significado positivo, este que os liberais nunca compreenderam e nunca haverão de compreender por lhes ferir interesses econômicos imediatos e inarredáveis. Ora o significado positivo da liberdade, distinto do de Jellinek, que era o de um *status negativus*, não pode deixar de ser o de sua concepção como direito fundamental provido de dupla dimensão teórica: a da subjetividade e a da objetividade. Desta última se achava desfalcado o conceito do sábio alemão.

Fora desse ângulo da bidimensionalidade e da associação com o Estado social, tenazmente recusada pelas posições neoliberais contemporâneas, a reflexão do neoliberalismo, sobre ser retrocesso, atenta contra o desenvolvimento da liberdade mesma, cuja institucionalização material na sociedade ele tolhe ou inibe.

Com efeito, tal institucionalização não é outra coisa senão a concretização dos direitos fundamentais em sua concepção humanística, universalizadora, de teor constitucional mais largo, atada ao estabelecimento e promoção da justiça. Cifrada, por conseguinte, na correção das desigualdades sociais, compagina, ao mesmo passo, os direitos fundamentais da terceira e da quarta gerações, a saber, o desenvolvimento e a democracia, respectivamente, Direitos volvidos para a criação de um novo homem e de uma nova sociedade. Por consequência, encaminhados a um bem mais alto: a caução de dignidade social e material do ser humano.

Em verdade, o velho Estado liberal das épocas clássicas, depois de cumprir sua missão revolucionária e exaurir sua essência racionalizadora, incorporou às instituições estatais – e nelas aumentou – princípio da separação de poderes, talvez no terreno das garantias constitucionais da liberdade sua herança mais feliz, mais próspera e mais estimável.

Ao mesmo passo assumiu também formalmente o patronato da liberdade humana, cujos conteúdos materiais, todavia, só preencheu em favor do capitalismo burguês, a serviço de seu *Estado-gendarme*. Nisso residiu, obviamente, a fragilidade, e, como não dizer, o calcanhar de Aquiles do antigo modelo liberal.

Das bases já solapadas, em virtude de sua contextura meramente formal no campo das liberdades fundamentais – onde a justiça e a segurança da cidadania repousam sempre no binômio liberdade e igualdade – a restauração desse modelo, ora intentada, se nos afigura episódica, circunstancial, improvável, inconveniente e sobretudo fatal aos interesses dos países do Terceiro Mundo.

Faz essa miragem a ilusão de quantos, com empenho sistemático, forcejam ainda por desmantelar as estruturas do Estado social e, assim, sopesar inclinação irreversível da sociedade para formas superiores de convivência e aperfeiçoamento qualitativo das instituições.

O Estado social, em seu mais sabido grau de legitimidade, será sempre, a nosso ver, aquele que melhor consagrar os valores de um sistema democrático. Valores que se prendem na sua expressão participativa a mecanismos tais como a iniciativa, o plebiscito, o referendo e o veto popular.

A democracia, ontem, pelo seu valor de liberdade, foi, na metafísica política dos séculos XVII e XIX, teorizada abstratamente qual princípio da cidadania representativa, de que são órgãos os parlamentos.

Hoje, pelo seu valor de igualdade, viu-se desmembrada da teoria do Estado liberal e, depois das vicissitudes de três séculos, alçada, finalmente, à categoria de direito positivo – a face mais importante desse valor que governa as sociedades livres.

Ontem, a liberdade impetrava o acréscimo da igualdade; hoje, a igualdade impetra o acréscimo da liberdade, acréscimo material, tudo isso com o objetivo de fazer ambas concretas, tanto a liberdade como a igualdade. Tais acréscimos, conjugadamente, preenchem as lacunas dos dois conceitos e colocam a liberdade e a igualdade no patamar da concretude constitucional propriamente dita, que é a concretude normativa a caminho da aplicabilidade imediata, acima, portanto, da retórica programática dos textos constitucionais que correspondem ao período de um Estado social até há pouco meramente doutrinário, impalpável e abstrato.

Dantes vinculada ao liberalismo, ao qual se acha associado seu advento na Idade Moderna, a noção de democracia, por sua vez, secularizou o pensamento político derrogando a filosofia de poder cultivada pelas monarquias de direito divino.

Em seguida, afeiçoada ainda ao liberalismo clássico e jungida às excessivas limitações do sistema representativo, a democracia se irradiou, enquanto princípio constitucional programático, pelos novos ocidentais; alimentou o pensamento racional de reconstituição das bases do Estado soberano; guiou as nacionalidades com a bússola dos governos livres e, ao final, para surpresa de todos, apertou e debilitou seu espaço legítimo, em consequência das contradições mortais oriundas da impossibilidade de manter a antinomia Estado-sociedade e salvaguardar neste século sua aliança com as formas representativas. Destas, desde o advento do quarto estado (os trabalhadores e seu novo status político e social), as contradições contemporâneas derivadas da idade tecnológica buscam separá-las de maneira irremediável.

A antinomia Estado-sociedade, proveniente da falsidade da ideologia burguesa, já não pode, assim, em suas vestes formais, dissimular o holocausto social da liberdade. Um holocausto teve por vítima a maior classe obreira, o chamado quarto estado ou proletariado, segundo a linguagem da revolução de massas, linguagem hoje um tanto arcaizada, de inspiração no marxismo-leninismo.

Desde o aparecimento do Estado social partiram-se também os laços de submissão que, na doutrina, soldavam a democracia ao liberalismo. A democracia os quais deixaram de ser abstratos vagos, subjetivos, genéricos, programáticos e utópicos, para se tornarem objetivos, concretos, positivos, pragmáticos e reais.

Contemplemos, por conseguinte, o Estado social em sua fase contemporânea de afirmação. Para tanto faz-se mister considerar e analisar-se o conceito chave – a democracia – sem qual ele se esvazia.

Que é, na moldura desse Estado, a democracia?

Afigura-se-nos ser ela, aí, menos uma forma de governo do que um direito. Direito, sim, conforme tenho com frequência asseverado em reflexões recentes sobre o tema.

Da mesma maneira que se proclamou o desenvolvimento de um direito da terceira geração, também a democracia, por sua vez, há de elevar-se à categoria de direito novo, mas da quarta geração, e, como tal, recomendada, postulada, exercitada.

Nessa condição é a democracia do Estado social, por conseguinte, o mais fundamental dos direitos da nova ordem normativa que se assenta sobre a concretude do binômio igualdade-liberdade; ordem cujos contornos se definem já com desejada nitidez e objetividade, marcando qualitativamente um passo avante na configuração dos direitos humanos.

Tanto quanto o desenvolvimento, é a democracia, por igual, direito do povo; com direito de reger-se pela sua própria vontade; e, mais do que forma de governo, se converte sobretudo em pretensão da cidadania à titularidade direta e imediata do poder, subjetivado, juridicamente na consciência social e efetivado, de forma concreta, pelo cidadão, em nome e em proveito da Sociedade, e não do propriamente dito – quer o Estado liberal que separa poderes, quer o Estado social, que monopoliza competência, atribuições e prerrogativas.

O direito constitucional da liberdade, que hoje importa instituir, já não é tanto aquele do princípio de Montesquieu e da oposição e resistência do cidadão ao Estado, senão um novo direito constitucional que faz real a dupla dimensão de objetividade e subjetividade dos direitos fundamentais.

A dimensão objetiva, sobre reconciliar a sociedade com o Estado, propicia o quadro indispensável ao florescimento de uma liberdade que tem por manivela do sistema jurídico as garantias sociais e processuais de sua concretização, e somente se pode desenvolver sob a égide do Estado social. Do Estado liberal brotou, portanto, um constitucionalismo cuja fisionomia já não se confunde com aquela típica da idade liberal; um constitucionalismo que atravessou fases sucessivas, desde sua origem nos ordenamentos positivos de alguns países ocidentais, inclusive o nosso, e jurídica, aptos a fazer mais eficaz semelhante modelo ao Estado social.

Esses instrumentos dizem respeito, sobretudo, aos limites do Estado e aos direitos fundamentais. Aqui, a resposta aos problemas traz o reconhecimento da prevalência da mais recente teoria constitucional, derivada de uma reforma de conceitos e acompanhada de variação técnica, substituição de valores, alargamento de funções, e criação doutros direitos em gerações sucessivas ou variada dimensões.

Com efeito, o Estado social contemporâneo compreende direitos da primeira, da segunda, da terceira e da quarta gerações numa linha ascendente de desdobramento conjugado e contínuo, que principia com os direitos individuais, chega aos direitos sociais, prossegue com os direitos da fraternidade e alcança, finalmente, o último direito da condição política do homem: o direito à democracia.

Um direito aliás em formação, mas cuja admissibilidade deve ser, de imediato, declarada porquanto já se vislumbra com a mesma impressão de certeza objetiva que os direitos da terceira geração, aqueles referentes ao desenvolvimento, à paz, à fraternidade e ao meio ambiente,

A esta altura não posso deixar de volver às palavras por mim proferidas, em Foz do Iguaçu, ao ensejo do discurso de despedida e encerramento da XV Conferência Nacional da Ordem dos Advogados do Brasil, em 1994, quando ousei denunciar e teorizar aquele direito. E o fiz, entre outras considerações, com os seguintes comentários:

"Tendo por conteúdo a liberdade e a igualdade, segundo uma concepção integral de justiça política, o direito à democracia, apanágio de toda a Humanidade, é, portanto, direito da quarta geração, do mesmo modo que o desenvolvimento, por sua remissão concreta e material aos povos do Terceiro Mundo, é direito da terceira geração. Com efeito, tomando por base a sua titularidade, os direitos humanos da primeira geração pertencem ao indivíduo, os da segunda ao grupo, os da terceira à comunidade e os da quarta ao gênero humano.

"Em rigor, na era da tecnologia e da globalização da ordem econômica e da convivência humana, não há direito de natureza política mais importante do que a democracia, que deve ser considerada um direito fundamental da quarta geração ou dimensão, conforme já assinalamos.(2)

"E justamente por ser enunciada como direito fundamental, isto significa que ela principia a ter ingresso na ordem jurídica positiva, a concretizar-se em âmbito internacional, a possuir um substrato de eficácia e concretude derivado de sua penetração na consciência dos povos e cidadãos, donde há de passar ao texto das constituições à letra dos tratados.

"Em suma, a norma democracia, tendo por titular o gênero humano, e, por conseguinte, direito institucional positivo em nossos dias. E o é porque se transforma a cada passo numa conduta obrigatória imposta aos Estados pelas Nações Unidas para varrer do poder, de forma legítima, os sistemas autocráticos e absolutistas que, perpetrando genocídios e provocando ameaças letais à paz universal, se fazem incompatíveis com a dignidade do ser humano."

2. Sendo, além disso, o Estado social irmão gêmeo da democracia ou, em certo sentido, a democracia mesma, sua legitimidade procede da natureza do gênero humano, bem como de ser, de todo em todo, equivalente a um pensamento de justiça;

Foi esse Estado o degrau decisivo que fez da democracia direito positivo do povo e do cidadão. Concretizou ele uma doutrina constitucional onde a democracia é colocada primeiro na dimensão de *jus naturalis* e, em seguida, legitimada na esfera da positividade por imperativo da justiça e da razão humana.

Em verdade, princípios como o da proporcionalidade e da aplicação direta ou imediata de normas que definem direitos e garantias fundamentais nas Constituições; técnicas, como a do controle de fiscalização abstrata de constitucionalidade; métodos de interpretação como os da Nova Hermenêutica; relações de poderes, como as que se estabelecem num grau de mútua limitação entre o Executivo e o Legislativo, reformando competências clássicas ou instituindo formas de controle da ação legiferante, qual, por exemplo, o *Uebermassverbot* do direito constitucional alemão; iniciativas, como a criação dos tribunais constitucionais; conceitos emergentes, como o da eficácia dos direitos fundamentais em relação a terceiros, ou seja, com seu império dilatado controversamente ao campo das relações *inter privatos* – a célebre *Drittwirkug* dos constitucionalistas alemães; polêmicas, como a que se feriu a Alemanha durante a década de 60 (*Forsthoff versus* juristas da Tópica) acerca da juridicidade dos direitos da sociedade industrial; transformações e criações de direitos humanos, como as que fazem os direitos fundamentais assumirem o caráter principal e, nessa qualidade, fruírem uma hegemonia vinculante, de ordem constitucional, sobre todos os institutos de Direito Privado, os quais acabam reduzidos a mera província do direito público de primeiro grau que é o Direito Constitucional; enfim, todas essas variações geradoras de um novo direito constitucional se apresentariam desgarradas de órbita se lhes faltasse apoio direto e indireto num eixo de referência conceitual, que não pode deixar de ser o Estado social e suas estruturas de normatividade vinculadas à Nova Hermenêutica.

Acerca desse Estado social, quando interpretam a Constituição, são passionais fervorosos da justiça, trazem o princípio da proporcionalidade na consciência, o princípio igualitário no coração e o princípio libertário na alma; querem a Constituição viva, a Constituição aberta, a Constituição real. Às avessas, pois, dos juristas do Estado Liberal, cuja preocupação suprema é como a norma, a juridicidade, a forma, a pureza do mandamento legal com indiferença aos valores e, portanto, à legitimidade do ordenamento, do qual, não obstante, são também órgãos interpretativos.

Distinções básicas de prima e visão separam, por conseguinte, os que professam, elegem e teorizam o Estado social daqueles que, insulados, se abraçam ao normativismo puro do Estado liberal. A hermenêutica de um pouco ou nada serve à do outro, pois o direito do Estado liberal dos normativistas, via de regra, se lê e interpreta, segundo os cânones de Savigny; já o direito no Estado social requer o alargamento e a renovação de todo o instrumental interpretativo, fa-

---

(2) Em nosso entendimento, a geração ou dimensão dos direitos humanos logra caracterização classificatória mais perfeita se nos afastarmos da clássica dualidade direitos de defesa (*Abwerrchte*) e direitos de participação (*Teilhaberechte*), e nos ativermos, de preferência, a outro critério, a saber, o da extensão referencial de sua titularidade, passando primeiro pelo indivíduo, a seguir pelo grupo, depois pela sociedade ou comunidade propriamente dita até chegar, de último, ao gênero humano. Faz-se mister, todavia, assinalar que os direitos fundamentais da primeira geração conservam seu caráter de direitos de defesa, ao passo que os da segunda, terceira e quarta, por sua vez, não perdem a índole de direitos de participação.

zendo, nessa esfera, a revolução dos métodos para a boa compreensão da ordem normativa.

Enfim, os juristas liberais são conservadores, os juristas sociais, ao revés, criativos e renovadores; os primeiros ficam com a metodologia clássica, os segundos criam a Nova Hermenêutica; aqueles se comportam nos conceitos como juristas do Estado e só secundariamente da sociedade, estes, ao contrário, tendem a buscar o direito nas suas raízes sociais e desertam o formalismo rigoroso dos positivistas da norma.

As bases do Estado social têm sido, de último, acremente atacadas pelos corifeus do neoliberalismo pós-Guerra Fria.

Partem estes para uma suposta arremetida final intentando, primeiro, acabar com a história, a ideologia, os símbolos e as armas nacionais, como se isto fora possível e, a seguir, acometer o Estado, a nação, a soberania. E o fazem aferrados a posições falsamente valorativas que só redundam em proveito de novas supremacias. Não podem estas deixar de ser, como sempre, as do grande capital, que circula agora nas artérias do sistema financeiro internacional, dotado da pretensão de globalidade e perpetuação.

Fingem, porém, ignorar que o capitalismo espoliativo atravessa sua pior crise. Aguarda-se a esse respeito um funesto desfecho, que são caudais publicitárias do próprio sistema batalham por encobrir.

A versão neoliberal do Direito e do Poder é, portanto, do mês índole reacionário e dissolvente dos absolutismos de direita e esquerda nascidos ao transcurso deste século.

Seus postulados de re-engenharia política e social, formulados como um traslado de seu protótipo empresarial, colocam em perigo o Estado social, ao mesmo passo que assinalam o triunfo da injustiça. Aí, os fortes esmagam os fracos, os grandes anulam os pequenos e as minorias, senhoreando os privilégios e concentrando o capital, perpetuam a ditadura social dos poderosos. De tal modo que ao povo – desmaiado a ditadura social dos poderosos. De tal modo que ao povo desespero. E nessa alternativa, o desespero é, como sabemos, o conselheiro do crime e da revolução. No crime o País já vive com as guerrilhas urbanas dos delinquentes que traficam com drogas. Na revolução, quem dirá, já não é este o momento a antevéspera de um terremoto político e social?

3. Vai, todavia, deveras largo este Prefácio à sexta edição do livro *Do Estado Liberal ao Estado Social*. Faz-se mister, porém, que assim seja, a fim de que possamos, mais espaçadamente, argumentar contra os que cuidam haver revogado o Estado social, supostamente submerso pela gigantesca onda de um maremoto: o neoliberalismo das diretas obscurantes, retaliadoras e retrógradas, cujo erro histórico reside em presumir estarem na crista dos eventos de que emergirá a sociedade do porvir.

Isto é absolutamente falso. Basta ver que a adoção do neoliberalismo na sociedade brasileira pelo Governo, em benefício unicamente de parcelas privilegiadas do meio financeiro e empresarial, tem gerado nas ordem social efeitos catastróficos: duma parte, empobrece o povo, sobretudo as classes assalariadas, conduzindo, ao mesmo passo, a juventude para a senzala do crime e da prostituição. E por essa estrada vai igualmente inaugurando novos cativeiros, desagregando valores, cavando abismos, sepultando aspirações, estiolando esperanças, desfigurando, enfim, o semblante nacional das instituições.

Neoliberalismo igual as novas liberdades fora sem dúvida o único sentido legítimo e admissível para essa expressão, porém, que na realidade cotidiana ministra o substrato de uma ideologia ao pragmatismo, triunfante sobre as ruínas do Estado social da versão marxista-leninista. Trata-se, portanto, de um pragmatismo inaceitável, das maiorias liberais, oneroso à liberdade e à nação. De sorte que a bandeira da liberdade, empunhada por ele, traz na cor e nas dobras de seu tecido e velha abstrata liberdade do liberalismo decadente que se busca restabelecer em prol dos privilégios e das desigualdades. O Estado social, este sim, tem compromisso com a liberdade – a liberdade concreta – sendo hoje a bandeira da civilização que não recua.

Não chega assim ao Estado social o fogo fátuo desse neoliberalismo, acadêmico nas regiões da doutrina, glacial no domínio da sociedade, insensível no campo da proteção ao trabalho e aos trabalhadores e cruel na esfera das relações econômicas; neoliberalismo que desnacionalizou a economia brasileira, que debilitou o Estado, que revogou as leis previdenciárias, que pôs em risco a soberania e trucidou a base social da Constituição, que abriu caminho à "mexicanização" da Amazônia; enfim, neoliberalismo de traição nacional.

Escorado na globalidade, ele é também o mesmo liberalismo de outrora, em cujo ventre o gênero humano viu gerar-se o desemprego, a fome, a penúria, a miséria, a enfermidade, o analfabetismo; flagelo de aguda intensidade que neste fim de século, fazendo o mundo contemporâneo mais injusto e violento que o universo social da Revolução Industrial dos séculos XVIII e XIX.

Visto pelo prisma desse retrocesso, o Estado liberal é lição da História, úlcera da sociedade, página da escuridão que cobre as reinas do passado. Sua substituição da sociedade, página de escuridão que cobre as reinas do passado. Sua substituição pelo Estado social se tornou peremptória, definitiva. Por conseguinte, o neoliberalismo não será escreverá o futuro, que pertence à democracia, à liberdade, ao Estado social. Os sacerdotes do neoliberalismo há de ficar, assim, genuflexos diante do altar onde jaz o corpo embalsamado de uma ideologia de privilégios.

Nunca, pois, a teste do autor, em concurso de cátedra, escrita há cerca de quarenta anos, se lhes afigurou tão válida quanto neste percurso da história que ora nos faz atravessar o túnel do liberalismo. Travessia em que temos a visão toldada pelo último espasmo na agonia dos sistemas espoliativos do capitalismo de opressão. Jamais houve, de último, tanto desrespeito social à dignidade e aos direitos fundamentais do homem como na aplicação da doutrina neoliberal.

Urge, pois, abrir um espaço de residência contra a invasão desnacionalizadora do capital estrangeiro; urge salvar a honra das instituições maculadas pela inconfidência do neoliberalismo; urge, enfim, acordar o povo, congregar a juventude, mobilizar os trabalhadores em defesa da Constituição. Se cair este derradeiro baluarte da independência nacional, que é a de Lei Maior, as luzes da liberdade se apagarão em nosso País e uma noite de servidão descerá suas espessas sobre os destinos da Nação.

Enfim, o Estado social não é artigo ideológico nem postulado metafísico nem dogma religioso, mas verdade da Ciência Política e axioma da democracia. Foi a tese que principiamos a sustentar numa lição de cátedra, desde 1958, e que temos desenvolvido e atualizado nas sucessivas eleições desta obra. Nela, o leitor há de tirar inspiração para amparar o Brasil e a sua Constituição, o Brasil e as suas liberdades, o Brasil e a fé dos homens, que por esse ângulo político, hoje são livres e amanhã não querem ser escravos!

A CONSTRUÇÃO DO DIREITO SOCIAL À EDUCAÇÃO DAS MINORIAS ÉTNICO-RACIAIS NOS PAÍSES DA UNASUL. CASOS: BRASIL E BOLÍVIA

William Paiva Marques Júnior (*)

INTRODUÇÃO

Os recentes estudos sobre a integração na América Latina têm focalizado na UNASUL como um importante passo na consolidação dos interesses econômicos, sociais e político-institucionais da região. O tratado assinado pelos 12 países latino-americanos em 2008 visa ampliar as propostas de integração já implementadas, em particular, pelo *Mercado Comum do Sul* – MERCOSUL e pela *Comunidade Andina das Nações* – CAN, contradizendo as teses que apresentam as características de alguns países latino-americanos como algo particular a cada sociedade em que se manifestam, sem uma comunicação mais significativa com as demais.

Em geral, as teses sobre integração latino-americana têm enfrentado o incômodo reconhecimento das particularidades sociais, econômicas e políticas de cada Estado no processo de construção democrática interna, as quais têm apresentado uma resistência externa aos modelos de integração tentados ao longo da história.

Essas teses disassociam, muitas vezes, as crises político-institucionais internas à realidade comum de alguns Estados do Sul do continente, bem como a outros fatores de influência externa, que talvez, pudessem trazer uma unidade teórica na explicação dessa realidade.[1]

De fato, fatores como patrimonialismo, latifúndio, ausência de distribuição de riquezas, inexperiência com governos democráticos apropriados para a região, importação de valores sociojurídicos, dificuldades legais e políticas de se coibir os abusos do poder, dificuldade de uma integração econômica mais eficiente, ou de uma economia que traga benefícios a todos, e a presença de um militarismo persis-

---

(*) O presente artigo foi desenvolvido em coautoria com a Professora Doutora Raquel Coelho de Freitas, que é advogada. Doutora em Direito Público pela Universidade do Estado do Rio de Janeiro – UERJ, defendeu a primeira tese de doutorado em direito no Brasil sobre as políticas de ação afirmativa no ensino superior. Mestre em Direitos Humanos Internacionais pela Harvard Law School; Especialista em Violência Urbana pela Universidade Federal de Pernambuco, e Professora Adjunta de Direito Constitucional da UFCE e UNIRIO. Foi Consultora jurídica da Presidência do Tribunal de Justiça do Estado do Ceará.

William Paiva Marques Júnior possui graduação em Direito. Especialista em Direito Processual Penal pela ESMEC/UFC. Mestre em Direito Constitucional pela Universidade Federal do Ceará (UFC). Doutorando em Direito Constitucional pela Universidade Federal do Ceará. Professor Assistente do Departamento de Direito Privado da Universidade Federal do Ceará, das disciplinas de Direito Civil (Obrigações) e Direito Agrário. Foi Advogado Júnior da ECT (Empresa Brasileira de Correios e Telégrafos) de 2008 a 2011. Vice-coordenador do Curso de Direito da UFC. Bolsista de Doutorado da CAPES. E-mail: williamarques.jr@gmail.com

(1) ROSENN, Keith. *O Jeito na cultura jurídica brasileira*. Rio de Janeiro: Renovar, 1998.

tente, comprovam não apenas os problemas internos de cada sociedade sul-americana em romper com as elites políticas e econômicas que impedem a ampliação dos benefícios democráticos, como também uma experiência mais comum entre os Estados, de forte influência externa na autodeterminação deles.

Este artigo pretende analisar a proposta de integração latino-americana trazida pelo *Tratado Constitutivo da União de Nações Sul-Americanas,* como uma tentativa de dar uma nova versão às teses sobre a América Latina. Busca-se analisar os avanços político-institucionais comuns, que têm promovido transformações sociais profundas, vivenciadas por alguns países latino americanos como Bolívia, Brasil. Esses países vêm recriando o papel do Estado nas suas relações com a sociedade através de um modelo constitucional de ampliação dos direitos sociais e dos sujeitos a quem eles pertencem, e, consequentemente, de ampliação da cidadania.

O objetivo mais específico do trabalho é analisar os modelos de educação inclusivas para minorias como um direito social trazido pelo neoconstitucionalismo adotado por esses países. Embora suas diferenças internas possam atribuir características específicas a essas sociedades, seus modelos constitucionais recentemente adotados, demonstram uma unidade de políticas inclusivas para minorias como uma força constitucional nova, real e irreversível, em busca de um novo modelo de sociabilidade plural. O clima teórico e prático em que se implementam essas políticas vêm provocando um repensar nas categorias mais fundamentais de formação do sujeito, que vão desde as propostas universais de construção dos seus direitos sociais, nos quais a educação se insere, até o modelo de cidadania e, consequentemente, de democracia, em que ele pretende atuar na sua realidade concreta.

1. POLÍTICAS DE INCLUSÃO

Longe de ter uma conotação puramente teórico-científica, as interpretações sobre o processo de inclusão social e sobre o impacto que vêm causando nas instituições políticas, jurídicas e educacionais dos países latino-americanos, parecem absorver dialeticamente o mesmo aspecto ideológico que circunda esse fenômeno universal. O arranjo ideológico existe a partir do momento em que se revela e questiona a imagem de um mundo homogêneo e integrado, desenvolvido a par do concreto processo de fragmentação, desintegração e desarticulação política de indivíduos e grupos que o acompanha.

A própria premissa, da qual muitos educadores partiam, de que o sistema de políticas universalistas educacionais era mais justo do que qualquer subsistema de políticas mais localizadas, e, por conta disso, estas deviam sempre sucumbir àquelas, silenciava a realidade de que os modelos universais de políticas públicas educacionais no Estado Liberal eram, muitas vezes, usados para ilustrar falsamente a abrangência de seu impacto de transformação, integração e uniformização do bem-estar dos sujeitos. Por isso, o desencadeamento dessa ideologia ocorria sem preocupação alguma com o rastro de pobreza, abandono social, desigualdade e exclusão, legado histórico verificado em cada país da região.[2]

Hoje, este enfoque tem sido substituído por um contexto de reformulação dessas políticas autoritárias, sugerindo uma reflexão mais ética e política sobre novos modelos de inclusão, de modo a interpretarem a educação como um direito, um recurso e um bem público também subjetivado às minorias. Isso não significa apenas a garantia do acesso aos grupos minoritários à educação, mas, principalmente, a certeza jurídica e política de que, com a inclusão desses grupos no espaço público educacional, as escolas e educadores de todos os níveis estarão criando novos acordos de produção, construção e promoção de novos conhecimentos.[3]

2. SUBORDINAÇÃO E EXCLUSÃO SOCIAL NA AMÉRICA LATINA

A exclusão social das minorias tem sido uma realidade nos países latino-americanos. No Brasil, em particular, a situação ainda é mais evidente devido a algumas características sociais e político-institucionais no país que favoreceram o desenvolvimento de políticas uniformes, abstratas e universalistas sem apresentar maior resistência por parte dos excluídos. Dentre estas características, estava o patrimonialismo como forma de dominação de tipo tradicional, organizando as relações sociais em critérios de lealdade e lucro pessoal, ao invés de crité-

---

(2) MILL, John Stuart. *A liberdade*: Utilitarismo. Tradução Eunice Ostrensky. São Paulo: Martins Fontes, 2000; SOUZA, Rosa Fátima de. *Tempo de civilização*. A implantação da escola primária graduada no Estado de São Paulo (1890-1910). São Paulo: UNESP, 1998.

(3) TROJAN, Rose Meri, *Políticas educacionais na América Latina: tendências em curso*. Revista Iberoamericana de Educación/Revista Ibero-americana de Educação ISSN: 1681-5653, n. 51/1 – 15 de diciembre de 2009, Organización de Estados Iberoamericanos para la Educación, la Ciencia y la Cultura (OEI).

rios racionais.⁽⁴⁾ Por isso, proporcionava uma baixa expectativa de que os governantes agiriam em defesa do interesse de todos através de suas políticas públicas. Diante de um sistema de poder imprevisível e personalístico, os grupos minoritários, em vez de buscar o reconhecimento de suas diferentes necessidades e, consequentemente, de seus direitos, eram acostumados a buscar favores como forma de inclusão pessoal.⁽⁵⁾

Isso sem mencionar a estrutura de poder que também se desenvolvia por meio de uma ordem social e política burguesa movida, em geral, por duas classes: de um lado, os proprietários rurais, a classe abastada dos senhores de engenho e fazenda, que sempre coincidiram no poder à medida que as relações patronais da microestrutura não podiam ser definitivamente substituídas pelas relações racionais da macroestrutura responsáveis pelas políticas universais liberais.⁽⁶⁾ E, de outro, a massa da população espúria dos trabalhadores do campo, escravos e semi-livres, para quem tais políticas apenas chegavam através de doses homeopáticas, representando, muito mais o resultado heróico de um esforço individual, do que mesmo o aproveitamento real dessas políticas por um número significativo de pessoas da mesma classe.

Fundamental na compreensão desse quadro eram as relações de escravidão que durante muito tempo favoreceram a distribuição de bens, recursos e direitos segundo uma ordem hierárquica, onde os superiores tinham direitos como privilégios legais e políticos que os inferiores não tinham, cabendo, a estes, apenas a conformidade ou a sucumbência àquilo que as relações de raça e poder definiam como igualável ou não na sociedade.⁽⁷⁾

Mesmo com os direitos liberais proclamados nas constituições republicanas em defesa da igualdade de todos, e com o país procurando desenvolver uma economia cada vez mais expansionista e modernizada, na prática, a educação, o dinheiro e as formas de cultura dominantes continuavam a determinar o acesso a esses direitos. Assim é que as minorias étnico-raciais alcançaram liberdade formal sem, contudo, realizarem até o final do século passado, um exercício mais significativo de cidadania, quer fosse ela de ordem econômica, política ou cultural.⁽⁸⁾

Outra característica bem marcante nesta última metade do século passado adveio dos governos autoritários, quando os países latino-americanos submeteram-se à instalação de regimes militares, ressaltando mais ainda a forma excludente de poder. A tomada do poder pelos militares gerou não só uma crise de instabilidade político-institucional na região, por meio do chamado "efeito dominó", como também acirrou a crise de legitimidade das políticas universalistas. Reagindo à doutrina marxista que fomentava movimentos de transformação social, países como Paraguai (1954), Brasil (1964), Peru (1968), Bolívia (1971), Uruguai (1973), Chile (1973), e Argentina (1976), cederam a um modelo político autoritário e antijurídico, ao qual Alfred Stephan denominou de "profissionalismo militar".⁽⁹⁾

Apoiados por uma política geral de segurança nacional, os militares apropriaram-se dos valores democráticos ocidentais de "igualdade e liberdade", forjando a legitimidade de uma política nacional integradora que prometia desenvolvimento social com base na ordem e supressão de demandas diferenciadas. Isso repercutiu diretamente no problema da exclusão social que algumas minorias vinham sofrendo, as quais não tinham muita importância no cenário político-institucional de tais países, a não ser pelo fato de se reprimir qualquer demanda ressurgente que se assemelhasse à luta pelos direitos civis vivenciada à mesma época pelos negros da sociedade americana.

Esta, na verdade, foi uma característica que trouxe uma identidade comum a alguns países latino-americanos, impondo a cada uma dessas sociedades, o recolhimento de qualquer resistência à pseudo-uniformidade de pensar, acreditar e agir que lhes era imposta nas políticas sociais, mais precisamente, nas educacionais.⁽¹⁰⁾

Essas características comprovaram a existência de grandes dificuldades internas em se romper com as elites políticas e econômicas que impediam

---

(4) FAORO, Raymundo. *Os Donos do Poder.* Porto Alegre: Globo, 1979.

(5) ROSENN, Keith. Op. Cit.

(6) UNGER, Roberto Mangabeira. *O direito na sociedade moderna:* contribuição à crítica social. Trad. Roberto Raposo. Rio de Janeiro: Civilização Brasileira, 1979. Coleção Perspectivas do Homem, v. 130.

(7) GRINBERG, Keila. *Liberata: a lei da ambiguidade,* as ações de liberdade da Corte de Apelação do Rio de Janeiro no século XIX, Rio de Janeiro: Relume DUMARÁ, 1994.

(8) *Ibidem.*

(9) STEPHAN, Alfred. *The Military on Politics: Changing Patterns in Brazil.* Princeton: Univ Pr, 1974.

(10) CARVALHO, José Murilo de. *A Cidadania no Brasil,* o longo caminho. Rio de Janeiro: Civilização Brasileira, 2001.

a distribuição de bens, recursos públicos e direitos de modo mais igualitário.[11]

Uma terceira característica foi a subserviência religiosa que requeria a subordinação dos adeptos aos ritos e dogmas formais das autoridades eclesiais e do Estado, os quais exigiam a humildade e a conformação do homem à realidade temporal na qual vivia, como símbolo obrigatório de profissão de fé. Isso certamente alimentava a ideia de que a grande parte da população mais pobre era incompetente para resolver seus problemas sociais, por isso, não deveria resistir à ineficiência dessas políticas, mas sim, recorrer àqueles que pareciam ter a solução dos problemas à mão.[12]

Durante muitas décadas, essa solução baseou-se em políticas universais de cunho liberal, as quais prometiam a expansão plena da personalidade individual de cada um, ainda que, na prática, o desenvolvimento de uma personalidade mais dotada e mais rica pudesse se afirmar em prejuízo e detrimento de uma personalidade menos dotada e mais pobre.[13] Isto é, apesar do compromisso proclamado por essas políticas de garantir igual benefício a todos os cidadãos, na prática, esse benefício somente podia ser experimentado pelos grupos minoritários e politicamente subalternos, no âmbito da moralidade abstrata. Apenas neste âmbito é que os cidadãos podiam ser igualados em racionalidade, paixões e desejos. Portanto, qualquer desigualdade advinda dos limites encontrados na busca individual por autonomia, seria justificada pela própria incompetência das minorias em não absorver os benefícios trazidos pelas políticas universalistas; ou ainda, em não acompanhar o fluxo natural do mercado. Nunca como um problema real de limites das suas possibilidades de escolha relacionadas tanto à sua particular forma de ser, de pensar, de acreditar, de exigir, como também à forma de poder exercido pelos governantes.

Não se pode afirmar precisamente quando e como essa situação começou a ser revertida, se partiu da intelectualidade da academia em divulgar e aprofundar novos conceitos como o de interculturalidade, multiculturalidade, democracia e inclusão social, na busca de uma nova racionalidade do poder público, ou se adveio da brecha política sempre deixada pela possibilidade de transformação encontrada no limite existencial das minorias latino-americanas submersas.[14] Na década de 1970, este limite revelou-se tanto na condição difusa de pobreza extrema do país, a qual mantinha grande parte da população em situação inferior de cidadania, privada de exercer sua potencialidade humana, como também na relação que já se especulava entre classe/raça e etnias. Em ambos os casos, há o registro da academia compondo a dialética entre a militância política dos grupos minoritários mais organizados, e o trabalho teórico que fundamenta, na racionalidade do modelo de Estado Social, as suas demandas traduzidas em defesa das identidades, bem-estar material, inclusão social e democracia.

Sabe-se, no entanto, que a emergência dos grupos minoritários muito dependeu de instituições autônomas perante o poder autoritário, como foi o caso da Igreja Católica Libertária que serviu de base e canal político para as demandas da Pastoral do Negro, Pastoral do Índio, Pastoral da Mulher, Pastoral do Menor etc., e de instituições jurídicas como a Ordem dos Advogados que também canalizavam as demandas dos grupos oprimidos para a formação de um Estado Democrático de Direito, no caso do Brasil. E que o maior desempenho desses grupos coincidiu com o processo de abertura democrática, até a consolidação dessas demandas em direitos fundamentais na Constituição de 1988, e, mais recentemente, na Constituição Boliviana de 2009, as quais coincidiram ainda com o processo de globalização; duas ordens que por não falarem a mesma linguagem ideológica acabaram por cobrar uma certa reformulação do direito interno, das demandas sociais, e de modelos de igualdade e inclusão para os grupos minoritários.[15]

3. A EFICÁCIA DO DIREITO SOCIAL À EDUCAÇÃO NOS PAÍSES DA UNASUL – CASOS: BRASIL E BOLÍVIA

A forma de organização dos estados latino-americanos sempre esteve intrinsecamente concatenada ao acesso à educação. Em sua evolução histórica, existia uma grande parcela de analfabetos (os

---

(11) SMITH, Peter H. and SKIDMORE, Thomas E. *Modern Latin America*. Third edition, New York: Oxford University Press, 1992.

(12) ALVAREZ, Sonia E. and ESCOBAR, Arturo (orgs.). *The Making of Social Movements in Latin America, Identity, strategy, and democracy*. San Francisco; Oxford: Westview Press, 1992.

(13) GUTMANN, Anne. *Democratic education*. Princeton: Princeton University Press, 1987.

(14) O'DONNELL, Guillermo. *Poliarquias e a (in)efetividade da lei na América Latina*. NOVOS ESTUDOS 51, São Paulo, Cebrap, p. 371. 1998.

(15) GÓMEZ, José Maria. *Política e democracia em tempos de globalização*. Petrópolis: Vozes, 2000 (Coleção A Outra Margem).

descendentes dos ameríndios, os escravos trazidos da África e os colonizadores europeus pobres). O Estado pouco se imiscuía na educação, deixando-a a cargo da família.

Darcy Ribeiro[16] assim se manifesta acerca da educação brasileira quando da agricultura cafeeira no século XIX, que reproduziu muitos dos valores do momento histórico anterior (Nordeste açucareiro no século XVIII):

> Nessa fase, o proprietário reside na fazenda, compondo o mesmo quadro contrastante do Nordeste açucareiro, representado pela oposição entre a vivenda senhorial e a senzala. Faz-se servir, também de numerosa criadagem doméstica a que acrescenta, por vezes, preceptores europeus para a educação dos filhos na própria fazenda e padres residentes para os serviços religiosos.

As elites coloniais podiam propiciar aos seus membros uma educação doméstica notadamente reprodutora dos valores europeus, na medida em que muitos desses preceptores eram originários dos países com culturas tidas como mais avançadas que a colonial. Os mais abastados custeavam os estudos de seus filhos no próprio continente europeu. A maioria voltava demonstrando o mais completo desprezo pela cultura pátria, só se interessando em reproduzir os hábitos estrangeiros nos seus países de origem.

Com isso, houve uma desvalorização do nacionalismo na formação histórica dos países da América Latina. Os valores cultuados pelas elites eram os europeus. Existia basicamente a reprodução de algumas características da cultura externa, com a rejeição da cultura pátria, o que acabou por retardar o verdadeiro sentimento de nação. A política e a educação reproduziam a subserviência dos valores sociais, repercurtindo na submissão econômica e social, apesar de toda uma gleba de riquezas culturais.

Neste contexto, as minorias econômicas continuavam excluídas do acesso social à educação. No século XIX, o Estado monárquico brasileiro, já consolidado, criou algumas escolas destinadas à inclusão dos membros da elite na organização da burocracia estatal, mas não houve qualquer programa de educação das massas ou de grupos subalternos, sem maior expressão política, fazendo com que o nosso país, segundo Darcy Ribeiro[17], ainda fosse rotulado como uma nação de analfabetos:

> O Estado monárquico se consolida, renova e amplia nas décadas seguintes. Anteriormente, uns quantos clérigos e administradores coloniais, uns poucos militares profissionais e bacharéis com formação universitária, graduados no Reino, podiam dar conta das necessidades. Agora, torna-se indispensável criar escolas médias e superiores que formem as novas gerações de letrados para a magistratura e o Parlamento, de bacharéis nativos, de engenheiros militares para a defesa, e de médicos para cuidar da saúde dos ricos. A cultura vulgar e, com ela, a maioria das técnicas produtivas, entregues a seus produtores imediatos, só muito lentamente começariam a modernizar-se. Como a criação das escolas para as elites não correspondeu a qualquer programa de educação de massas, o povo brasileiro permaneceu analfabeto.

Uma certa mudança nos padrões educacionais brasileiros se deu com a inauguração dos cursos de ensino superior, com os valores meramente locais e familiares cedendo espaço à uma formação mais regional e voltando-se à formação da burocracia estatal.

Sérgio Buarque de Holanda[18] revela a influência da família na educação, bem como a sua paulatina supressão pela educação mais voltada aos anseios do Estado:

> A personalidade social do estudante, moldada em tradições acentuadamente particularistas, tradições que, como se sabe, costumam ser decisivas e imperativas durante os primeiros quatro ou cinco anos de vida da criança, era forçada a ajustar-se, nesses casos, a novas situações e a novas relações sociais que importavam na necessidade de uma revisão, por vezes radical, dos interesses, atividades, valores, sentimentos, atitudes e crenças adquiridas no seio da família.

No Brasil, com a passagem da Monarquia para a República, a oligarquia cafeeira, como detentora dos maiores poderes políticos em tais períodos, tornou-se responsável por algumas das deformações mais

---

(16) RIBEIRO, Darcy. *O povo brasileiro*: a formação e o sentido do Brasil. 1. ed. São Paulo: Companhia das Letras, 2006, p. 357.

(17) *Ibidem*, p. 230 e 231.

(18) HOLANDA, Sérgio Buarque de. *Raízes do Brasil*. 26. ed. São Paulo: Companhia das Letras, 1995, p. 144.

profundas da nossa sociedade. A principal delas decorreu de sua permanente disputa com o Estado pela apropriação da renda nacional, agravada pela sua arraigada discriminação contra as minorias étnicas e econômicas que lhe resistiam.

Nestas disputas e discriminação senhorial, devem ser procuradas as razões pelas quais o Brasil se atrasou tão gritantemente em relação aos demais países latino-americanos e a qualquer outro povo do mesmo nível de desenvolvimento, tanto na abolição da escravatura como na obrigação estatal de assegurar educação primária à população, bem como nos direitos sociais dos trabalhadores rurais de sindicalização e de greve.

A Independência e a República, que em quase toda a América deram lugar a um profundo esforço nacional por elevar o nível cultural da população, capacitando-a para o exercício da cidadania, não ensejaram um esforço equivalente no Brasil. Esse descaso com a educação popular, bem como o pouco interesse pelos problemas de bem-estar e de saúde da população, explicam-se pelo senhorialismo fazendeiro e pela sucessão tranquila, presidida pela mesma classe dirigente, da Colônia à Independência e do Império à República. Isso não ensejou uma renovação de liderança, mas simplesmente de alternância no mesmo grupo patricial oligárquico, que se perpetuou também na velha ordenação social[19].

Nessas condições, toda participação democrática na vida política se reduz aos grupos de pressão oligárquicos em disputa pelo controle das matérias que afetavam seus interesses. Nessa república de fazendeiros, os problemas do bem público, da justiça, do acesso à terra, da educação, dos direitos dos trabalhadores eram debatidos tal como a democracia, a liberdade e a igualdade, isto é, como meros temas de retórica parlamentar. A máquina só funcionava substancialmente para mais consolidar o poder e a riqueza das classes mais abastadas. Como consequencia, houve um atraso vexatório em relação a países mais avançados e com problemas, do mesmo modo sociais, como os Estados Unidos da América, por exemplo, o que repercutiu numa atitude de franco descontentamento das elites, transferindo toda a responsabilidade desse atraso para o povo de cor mestiça ou negra.[20]

Se comparados aos Estados Unidos, todos os demais países da UNASUL, assim como o Brasil e a Bolívia, apresentam um déficit na consolidação dos direitos sociais. Alguns destes países passaram por revoluções e golpes de estado, mas nem isso trouxe efetivas mudanças estruturais que de fato acarretassem uma alteração dos paradigmas impregnados pelas classes dominantes.

Para o Brasil e a Bolívia, assim como para os demais países latino-americanos, o esvaziamento de expectativas socialistas, causado pelo desmonte dos países comunistas no final do século passado, redirecionou as demandas políticas para a construção de um Estado Social de Direito, onde o compromisso com a igualdade moral universal deveria estar vinculado necessariamente a um compromisso com a igualdade política e econômica de cada indivíduo na sua existência concreta. Isso significava que o reconhecimento moral da igualdade de todos os indivíduos pelos países latino-americanos, recém-democratizados, só se transformaria em um critério teórico de igualdade prática à medida que reconhecesse política e juridicamente, a multiplicidade cultural representada por vários grupos minoritários, e à medida que disponibilizasse recursos para que esses indivíduos alcançassem seus objetivos legítimos de vida.

Esse reconhecimento cobraria necessariamente a substituição de políticas universalistas por critérios mais voltados à diferenciação e desigualdade desses grupos. Em sociedades cuja distribuição de bens e direitos já tem um perfil homogêneo, qualquer redistribuição universal torna-se uma política possível e eficaz. No entanto, em sociedades muito desiguais, como são os casos do Brasil e da Bolívia, esta de forma mais agravada, as demandas trazidas pelos grupos minoritários apenas confirmavam a teoria de que políticas universais redistributivistas de cunho liberal somente tendiam a perpetuar as desigualdades já distribuídas. Quando muito, esse modelo de redistribuição assume um perfil assistencialista, levando a crer que a efetividade dos direitos sociais depende mais da vontade estatal em expandir a sua eficácia, do que da própria normatividade constitucional.

Porém, com a proposta trazida pela Constituição de 1988 no Brasil e a Constituição de 2009 na Bolívia, a igualdade material surge como uma ideia reguladora para a elaboração de um sistema de objetivos, direções e estratégias políticas de inclusão que, ora se confundem com propostas de inclusão

---

(19) RIBEIRO, Darcy. *Op. cit.*, p. 364 e 365.
(20) *Ibidem*, p. 364 e 365.

cultural, ora com propostas liberais mais progressistas, como é o caso das ações afirmativas, que ora se enquadram como políticas gerais no combate às desigualdades, um valor último de toda política pública. O que significa que a eficácia dessas políticas vincula até mesmo a discricionariedade do governante no seu propósito democrático constitucional.

Assim é que no texto da Constituição brasileira de 1988 e da Boliviana de 2009, a proteção diferenciada para grupos minoritários justificou-se tanto em respeito à identidade de grupos historicamente discriminados ou mais vulneráveis à discriminação, quanto sobre grupos cuja situação de intolerável desigualdade social, ou sub-representatividade política, reclamavam meios e prerrogativas político-institucionais capazes de lhes dar condições de vida mais igualitárias no contexto social. A demanda por inclusão cultural e socioeconômica desses grupos foi fundamental para que o Estado pudesse definir o tipo de resposta a oferecer.

Embora a demanda das minorias étnico-raciais vinculasse o direito à diferença ao direito de ser tratado como igual na aquisição de direitos, bens materiais e recursos públicos, na prática, houve uma resistência da própria sociedade em conceder exequibilidade jurídica e política a essa demanda. Primeiro porque se era certo que esse grupo estava legitimado para ter suas diferenças culturais protegidas, por outro lado, tornava-se questionável um tratamento diferenciado para compensar as desigualdades sociais sofridas por motivo de raça, cor ou etnia, ao mesmo tempo em que a sociedade negava que houvesse qualquer diferença racial.

Na verdade, a Constituição Brasileira de 1988 não enfrentou essa questão de modo direto, reservando esses direitos a apenas alguns grupos minoritários, como mulheres e deficientes físicos. Para estes, concedeu-lhes o reconhecimento objetivo ao direito a terem oportunidades concretas que lhes permitam uma realização do bem-estar material mais imediata. Por isso, o constituinte brasileiro criou condições legais e políticas para a proteção desses grupos. É importante lembrar que enquanto a diferença de gênero não implica necessariamente na noção de classe, a diferença de raça pode fazê-lo. Neste sentido é que a demanda pelo acesso ao mercado de trabalho e à educação qualificada para mulheres não ameaça propriamente a distribuição da economia do país. O país pode continuar desigual, inclusive com mais mulheres participando da sua produção econômica, porque a composição de gênero pode significar um pertencimento ou não às classes desprivilegiadas. E se o fazem não garantem necessariamente que estão causando uma transformação material. Esta política pode manter a mesma estratificação social, apenas melhorando timidamente o bem-estar material de cada camada estratificada.

No entanto, se os indicadores sociais dos grupos étnico-raciais, que compõem a maioria dos pobres, também definem o corte de classe no país, é possível que as políticas redistributivas de bens e direitos causem algum distúrbio nesses índices. Por esse motivo, tais políticas, como as educacionais, cobram uma força coesa de uma legitimidade política e jurídica para serem acreditadas, exigidas e implementadas.

Certamente, políticas específicas para grupos de pessoas excluídas não seriam o suficiente para transformar essa realidade. Até mesmo porque a sua especificidade não recai sobre modelos econômicos mais abrangentes, os quais requerem reformas sociais mais profundas, mas sobre propostas pontuais de inclusão. Mesmo assim, ao identificar pessoas e grupos de pessoas desiguais em direitos e oportunidades, e ao buscar equipará-los através da norma, o novo pacto social brasileiro e boliviano cria uma concepção de justo que aumenta a representatividade igualitária dos beneficiados em relação ao todo social. Principalmente, em sociedades desiguais como são os casos da brasileira e da boliviana, essa representatividade igualitária sobre situações de exclusão de grupos identificados racialmente ou socialmente, possibilitam maior igualdade de condições de acesso aos bens e direitos constitucionalmente protegidos.

De qualquer modo, não é por este caminho de combate à desigualdade étnico-racial que o constituinte se manifestou em ambos os casos, mas sim através do reconhecimento da diferença histórico-cultural das minorias, em detrimento da forma liberal dominante de universalização étnico-racial e eurocêntrica. O reconhecimento da diferença ressalta a identidade cultural das populações negra e indígena, cujas demandas cobram uma reformulação substancial do ideal do tratamento igualitário preconizado pelos liberais. Embora esse novo tipo de tratamento normativo não implique em programas de inclusão, ou compensações por danos históricos, ou ainda de redistribuição de bens e direitos, ele abre caminho para a diversidade de tratamento em busca de uma outra possibilidade de ser tratado como igual. Essa é uma modalidade de justiça onde o grupo não se pergunta o que quer fazer com a sua concepção de bem, ou como pretende direcionar essa concepção para formas mais práticas de políticas igualitárias. A pergunta que se coloca é no sentido de afirmar o sentimento de pertencer, de ter uma origem, através de indagações básicas sobre quem sou e de onde venho. Após o reconhecimento da diferença, ou melhor, da identidade originária, o grupo passa, então, a definir um modelo de justiça adequado a cada situação ou a cada contexto comunitário.

No caso da Bolívia, verifica-se o caráter prolixo em que se deu o reconhecimento dos direitos sociais das minorias, em especial dos grupos étnicos, principalmente na sua inclusão e na busca de correção das distorções histórico-culturais por meio do fomento ao acesso à educação. Através desse direito, direcionado aos novos grupos cidadãos, acreditou o constituinte bolivariano estar resgatando a identidade do povo e definindo o seu pertencimento na história do país que se reinicia.

4. O DESENVOLVIMENTO DOS DIREITOS SOCIAIS NOS PAÍSES DA UNASUL

Não se pode afirmar que o desenvolvimento dos direitos sociais na América Latina tenha seguido a mesma ordem cronológica mais convencional das gerações de direitos enfatizadas pelos teóricos constitucionalistas. Para estes, a ordem de afirmação dos direitos se reproduz através dos direitos políticos individuais, políticos e civis seguidos dos direitos sociais, econômicos e culturais. O que acontece, de fato, nos países da UNASUL, é afirmação desses direitos de modo desarmônico, refletindo muito mais um pêndulo do que uma evolução linear, uma vez que ora se observa momentos de progresso, ora de extremo retrocesso.

Na Constituição Brasileira de 1988, a afirmação do direito à educação para as minorias étnico-raciais, encontra-se estabelecida nos artigos a seguir analisados:

A *teoria do mínimo existencial* admite a presença de limitações materiais, mas o juiz não deve negar a percepção de direitos fundamentais. Como exemplo, podemos mencionar o art. 208, inciso IV, da CF/88[21], na hipótese de o Município negar vaga em escola pública à criança por ausência de recursos orçamentários. No *leading case* enfrentado pelo Pretório Excelso[22] houve a constatação de que a

---

(21) "Art. 208. O dever do Estado com a educação será efetivado mediante a garantia de: I – ensino fundamental, obrigatório e gratuito, assegurada, inclusive, sua oferta gratuita para todos os que a ele não tiveram acesso na idade própria; II – progressiva universalização do ensino médio gratuito; III – atendimento educacional especializado aos portadores de deficiência, preferencialmente na rede regular de ensino; IV – educação infantil, em creche e pré-escola, às crianças até 5 (cinco) anos de idade; V – acesso aos níveis mais elevados do ensino, da pesquisa e da criação artística, segundo a capacidade de cada um; VI – oferta de ensino noturno regular, adequado às condições do educando; VII – atendimento ao educando, no ensino fundamental, através de programas suplementares de material didático-escolar, transporte, alimentação e assistência à saúde. § 1º – O acesso ao ensino obrigatório e gratuito é direito público subjetivo. § 2º – O não-oferecimento do ensino obrigatório pelo Poder Público, ou sua oferta irregular, importa responsabilidade da autoridade competente. § 3º – Compete ao Poder Público recensear os educandos no ensino fundamental, fazer-lhes a chamada e zelar, junto aos pais ou responsáveis, pela freqüência à escola".

(22) Neste sentido, conferir: *"RECURSO EXTRAORDINÁRIO – CRIANÇA DE ATÉ SEIS ANOS DE IDADE – ATENDIMENTO EM CRECHE E EM PRÉ-ESCOLA – EDUCAÇÃO INFANTIL – DIREITO ASSEGURADO PELO PRÓPRIO TEXTO CONSTITUCIONAL (CF, ART. 208, IV) – COMPREENSÃO GLOBAL DO DIREITO CONSTITUCIONAL À EDUCAÇÃO – DEVER JURÍDICO CUJA EXECUÇÃO SE IMPÕE AO PODER PÚBLICO, NOTADAMENTE AO MUNICÍPIO (CF, ART. 211, § 2º) – RECURSO IMPROVIDO. – A educação infantil representa prerrogativa constitucional indisponível, que, deferida às crianças, a estas assegura, para efeito de seu desenvolvimento integral, e como primeira etapa do processo de educação básica, o atendimento em creche e o acesso à pré-escola (CF, art. 208, IV). – Essa prerrogativa jurídica, em consequência, impõe, ao Estado, por efeito da alta significação social de que se reveste a educação infantil, a obrigação constitucional de criar condições objetivas que possibilitem, de maneira concreta, em favor das "crianças de zero a seis anos de idade" (CF, art. 208, IV), o efetivo acesso e atendimento em creches e unidades de pré-escola, sob pena de configurar-se inaceitável omissão governamental, apta a frustrar, injustamente, por inércia, o integral adimplemento, pelo Poder Público, de prestação estatal que lhe impôs o próprio texto da Constituição Federal. – A educação infantil, por qualificar-se como direito fundamental de toda criança, não se expõe, em seu processo de concretização, a avaliações meramente discricionárias da Administração Pública, nem se subordina a razões de puro pragmatismo governamental. – Os Municípios – que atuarão, prioritariamente, no ensino fundamental e na educação infantil (CF, art. 211, § 2º) – não poderão demitir-se do mandato constitucional, juridicamente vinculante, que lhes foi outorgado pelo art. 208, IV, da Lei Fundamental da República, e que representa fator de limitação da discricionariedade político-administrativa dos entes municipais, cujas opções, tratando-se do atendimento das crianças em creche (CF, art. 208, IV), não podem ser exercidas de modo a comprometer, com apoio em juízo de simples conveniência ou de mera oportunidade, a eficácia desse direito básico de índole social. – Embora resida, primariamente, nos Poderes Legislativo e Executivo, a prerrogativa de formular e executar políticas públicas, revela-se possível, no entanto, ao Poder Judiciário, determinar, ainda que em bases excepcionais, especialmente nas hipóteses de políticas públicas definidas pela própria Constituição, sejam estas implementadas pelos órgãos estatais inadimplentes, cuja omissão – por importar em descumprimento dos encargos político-jurídicos que sobre eles incidem em caráter mandatório – mostra-se apta a comprometer a eficácia e a integridade de*

educação tem eficácia social. Embora resida, primariamente, nos Poderes Legislativo e Executivo a prerrogativa de formular e executar políticas públicas, revela-se possível, no entanto, ao Poder Judiciário, determinar, ainda que em bases excepcionais, especialmente nas hipóteses de políticas públicas definidas pela própria Constituição, sejam estas implementadas pelos órgãos estatais inadimplentes, cuja omissão – por importar em descumprimento dos encargos político-jurídicos que sobre eles incidem em caráter mandatório – se mostra apta a comprometer a eficácia e a integridade de direitos sociais e culturais impregnados de estatura constitucional.

Note-se a redação do art. 212 da Constituição Federal de 1.988- alterado pelas Emendas Constitucionais Nos.: 53/2006 e 59/2009[23] (vinculação de percentuais mínimos da receita resultante de impostos da União, Estados e Municípios em prol da manutenção e desenvolvimento do ensino), revela *prima facie*, a ineficácia da reserva do possível no acesso ao direito social à educação.

Revela-se como indubitável a inaplicabilidade da reserva do possível na garantia do direito social à educação. Até mesmo a habitual ponderação atinente à ausência de recursos (limite fático da reserva do possível), assim como a ausência de competência dos tribunais para decidir sobre destinação de recursos públicos, parecem-nos inaplicáveis à hipótese (ensino público fundamental gratuito). Além de colocar- e não sem razão- os particulares diante de uma situação em que não lhes resta alternativa, importa reconhecer que o próprio Constituinte tratou de garantir a destinação de recursos para viabilizar a realização do dever do Estado com a educação, de modo especial com o ensino fundamental[24].

No art. 215 e parágrafos o Estado aparece como garantidor do pleno exercício dos direitos culturais e acesso às fontes da cultura nacional, e apoiará e incentivará a valorização e a difusão das manifestações culturais, por meio das seguintes condutas: a) protegerá as manifestações das culturas populares, indígenas e afro-brasileiras, e das de outros grupos participantes do processo civilizatório nacional e b) a lei disporá sobre a fixação de datas comemorativas de alta significação para os diferentes segmentos nacionais.

O art. 216, inciso V e § 5º, revela que constituem patrimônio cultural brasileiro os bens de natureza materiais e imateriais, tomados individualmente ou em conjunto, portadores de referência à identidade, à ação, à memória dos diferentes grupos formadores da sociedade brasileira, nos quais se incluem os conjuntos urbanos e sítios de valor histórico, paisagístico, artístico, arqueológico, paleontológico, ecológico e científico, ficando tombados todos os documentos e os sítios detentores de reminiscências históricas dos antigos quilombos.

A repercussão e o desdobramento do direito à diferença no plano infraconstitucional brasileiro, trouxe Lei Federal n. 10.639 de 2003, que altera a proposta de diretrizes e bases da educação nacional, exigindo a inclusão no currículo oficial da Rede Oficial de Ensino, a obrigatoriedade da temática "História e Cultura Afro-Brasileira". Este foi um passo de fundamental importância para a população negra do país, pelo reconhecimento e afirmação de sua cultura e identidade.

Indubitável a eficácia do direito social à educação em seus mais diversos matizes, como norma cogente e apta à vinculação dos poderes estatais constituídos. Por meio dele tem-se a base não apenas do trabalho, mas também da cidadania e da própria dignidade da pessoa humana (fundamento axiológico de todos os direitos fundamentais). Sua consagração em nível constitucional tem por escopo a solução de distorções históricas ocorridas na UNASUL, em especial nos países ora analisados.

---

direitos sociais e culturais impregnados de estatura constitucional. A questão pertinente à "reserva do possível". Doutrina". (RE 410715 AgR/SP, Relator: Min. Celso de Mello, julgamento: 22/11/2005).

(23) "*Art. 212. A União aplicará, anualmente, nunca menos de dezoito, e os Estados, o Distrito Federal e os Municípios vinte e cinco por cento, no mínimo, da receita resultante de impostos, compreendida a proveniente de transferências, na manutenção e desenvolvimento do ensino. § 1º – A parcela da arrecadação de impostos transferida pela União aos Estados, ao Distrito Federal e aos Municípios, ou pelos Estados aos respectivos Municípios, não é considerada, para efeito do cálculo previsto neste artigo, receita do governo que a transferir. § 2º – Para efeito do cumprimento do disposto no "caput" deste artigo, serão considerados os sistemas de ensino federal, estadual e municipal e os recursos aplicados na forma do art. 213. § 3º A distribuição dos recursos públicos assegurará prioridade ao atendimento das necessidades do ensino obrigatório, no que se refere a universalização, garantia de padrão de qualidade e equidade, nos termos do plano nacional de educação. § 4º – Os programas suplementares de alimentação e assistência à saúde previstos no art. 208, VII, serão financiados com recursos provenientes de contribuições sociais e outros recursos orçamentários. § 5º A educação básica pública terá como fonte adicional de financiamento a contribuição social do salário-educação, recolhida pelas empresas na forma da lei. § 6º As cotas estaduais e municipais da arrecadação da contribuição social do salário-educação serão distribuídas proporcionalmente ao número de alunos matriculados na educação básica nas respectivas redes públicas de ensino*".

(24) SARLET, Ingo Wolfgang. *A eficácia dos direitos fundamentais*. 7. ed. Porto Alegre: Livraria do Advogado, 2007, pág. 358.

Não se coaduna com o neoconstitucionalismo vigente nos países da UNASUL o menoscabo do acesso à educação como norma social de caráter meramente programático. Existe uma eficácia latente que deve ser valorizada pelos órgãos e agentes estatais.

À luz do entendimento tradicional, hoje em fase de superação, os direitos sociais prestacionais previstos na Constituição, inclusive o acesso à educação, por estarem submetidos ao princípio da reserva do possível, não eram caracterizados como verdadeiros direitos subjetivos, mas, sim, como normas programáticas destituídas de aplicabilidade e exigibilidade. Dessa forma, esses direitos deviam ser tutelados pelo poder público, quando este, em sua análise discricionária, julgasse favoráveis as condições econômicas e administrativas.

Como forma de corrigir distorções históricas que apresentam séculos de uma sociedade excludente, a Constituição da Bolívia promulgada em 2009 assumiu logo em seu preâmbulo, o compromisso de garantia de acesso do direito social à educação para a prossecução de valores como igualdade, soberania, solidariedade, harmonia e equidade:

> Un Estado basado en el respeto e igualdad entre todos, con principios de soberanía, dignidad, complementariedad, solidaridad, armonía y equidad en la distribución y redistribución del producto social, donde predomine la búsqueda del vivir bien; con respeto a la pluralidad económica, social, jurídica, política y cultural de los habitantes de esta tierra; en convivencia colectiva con acceso al agua, trabajo, educación, salud y vivienda para todos. [25]

O direito social à educação na Constituição Boliviana de 2009, na maioria das vezes, aparece como mecanismo atrelado ao desenvolvimento individual e, por conseqüência, coletivo. Trata-se do caráter inclusivo que toma por fundamento um atendimento diferenciado às minorias étnico-raciais, como corolário do multiculturalismo pátrio.

Esse novo modelo inclusivo baseia-se no princípio da equidade que justifica as políticas públicas educacionais voltadas às populações historicamente alijadas de acesso aos mais básicos direitos, possibilitando o desenvolvimento das aptidões pessoais de todos os cidadãos.

Pode-se fazer uma interpretação sistemática do Preâmbulo da Constituição da Bolívia em conexão com seu art. 9º, n. 05[26] que garante o acesso de todas as pessoas à educação como um dos fins e funções essenciais do Estado.

Neste mesmo jaez, os seguintes dispositivos da Carta ora em análise prelecionam de forma direta ou indireta a promoção do direito social à educação para as minorias étnico-raciais, senão vejamos: (1) art. 17[27]: toda pessoa faz jus ao recebimento da educação em todos os níveis de maneira universal, produtiva, gratuita, integral e intercultural, sem discriminação (o que o faz de maneira inclusiva das minorias); (2) art. 30, n. 12[28] defere às nações e povos indígenas originários campesinos o direito a uma educação intracultural, intercultural e plurilíngue em todo o sistema educativo; (3) art. 51, inciso III[29] reconhece a sindicalização como meio de defesa, representação, assistência, educação e cultura dos trabalhadores do campo e da cidade; (4) art. 64, inciso I[30] entende que os cônjuges ou conviventes têm o dever de cuidado, em igualdade de condições e através do esforço comum, a manutenção e a responsabilidade familiar, educação e formação da prole; (5) art. 70, n. 02[31] assegura que toda pessoa com

---

(25) República del Bolivia. Constitución de 2009. Disponível em: http://pdba.georgetown.edu/Constitutions/Bolivia/bolivia09.html. Acesso em: 29/03/2010.

(26) "Son fines y funciones esenciales del Estado, además de los que establece la Constitución (...) 5. Garantizar el acceso de las personas a la educación, a la salud y al trabajo".

(27) "Artículo 17. Toda persona tiene derecho a recibir educación en todos los niveles de manera universal, productiva, gratuita, integral e intercultural, sin discriminación".

(28) " Artículo 30. I. Es nación y pueblo indígena originario campesino toda la colectividad humana que comparta identidad cultural, idioma, tradición histórica, instituciones, territorialidad y cosmovisión, cuya existencia es anterior a la invasión colonial española. II. En el marco de la unidad del Estado y de acuerdo con esta Constitución las naciones y pueblos indígena originario campesinos gozan de los siguientes derechos: (...) 12. A una educación intracultural, intercultural y plurilingüe en todo el sistema educativo".

(29) "Artículo 51. III. Se reconoce y garantiza la sindicalización como medio de defensa, representación, asistencia, educación y cultura de las trabajadoras y los trabajadores del campo y de la ciudad".

(30) "Artículo 64. I. Los cónyuges o convivientes tienen el deber de atender, en igualdad de condiciones y mediante el esfuerzo común, el mantenimiento y responsabilidad del hogar, la educación y formación integral de las hijas e hijos mientras sean menores o tengan alguna discapacidad".

(31) "Artículo 70. Toda persona con discapacidad goza de los siguientes derechos: (...) 2. A una educación y salud integral gratuita".

deficiência goza dos direitos a uma educação e saúde geral e gratuita; (6) inserido no Capítulo Sexto (Educação, Interculturalidade e Direitos Culturais), Seção I (Educação), encontramos o art.77[32], por meio do qual a educação constitui um papel supremo e é a principal responsabilidade financeira do Estado que tem a obrigação obrigatória para manter, proteger e gerenciar. O Estado e a sociedade têm a custódia total sobre o sistema educacional, incluindo o ensino regular, alternativo e de educação especial e ensino profissional superior. O sistema educativo desenvolve os seus processos com base em critérios de harmonia e de coordenação. O inciso III prevê a composição do sistema educacional; (7) por meio do art. 78[33] tem-se a educação como pública unitária, universal, democrática, participativa, comunitária, descolonizadora, de qualidade, intracultural, intercultural e multilíngue em todo o sistema educativo, aberta, humanística, científica, técnica e tecnológica, produção, territorial, teóricos e um sistema educativo prático, libertador e revolucionário, crítico e solidário. O Estado garante o ensino técnico e humanístico, para homens e mulheres, relacionados com a vida, trabalho e desenvolvimento produtivo; (8) o art. 79[34] determina que a educação promoverá a cidadania, o diálogo intercultural e os valores morais e éticos. Os valores de igualdade de gênero, a não diferença nos papéis, não-violência e da plena observância dos direitos humanos; (9) por meio do art. 80[35], tem-se que a educação deve visar:

a) à formação integral dos indivíduos e do fortalecimento da consciência social crítica na vida e para a vida; b) à formação individual e coletiva, ao desenvolvimento de capacidades e habilidades físicas e intelectuais para ligar a teoria com a prática produtiva para a conservação e proteção do meio ambiente, da biodiversidade e da terra para viver bem. Sua regulamentação e execução será estabelecido por lei; c) contribuir para o reforço da unidade e identidade de todos, como parte do Estado Plurinacional, bem como a identidade e o desenvolvimento cultural dos membros de cada nação ou povo originário camponês, entendimento e o enriquecimento intercultural no Estado; (10) prevê o art. 81[36] a educação como obrigatória até o ensino médio, bem como a sua promoção gratuita em todos os níveis até o superior. Após a conclusão dos estudos no ensino secundário será atribuído o diploma, de forma gratuita e imediata; (11) por meio do art. 82[37] o Estado deve garantir o acesso à educação e a permanência de todos os cidadãos e os cidadãos em condições de plena igualdade, e também apoiará com prioridade para os alunos com menos possibilidades econômicas para que eles acessem diferentes níveis de ensino, através de recursos financeiros, programas de alimentação, vestuário, transporte, material escolar, e em

---

(32) "Artículo 77. I. La educación constituye una función suprema y primera responsabilidad financiera del Estado, que tiene la obligación indeclinable de sostenerla, garantizarla y gestionarla. I. El Estado y la sociedad tienen tuición plena sobre el sistema educativo, que comprende la educación regular, la alternativa y especial, y la educación superior de formación profesional. El sistema educativo desarrolla sus procesos sobre la base de criterios de armonía y coordinación. III. El sistema educativo está compuesto por las instituciones educativas fiscales, instituciones educativas privadas y de convenio".

(33) "Artículo 78. I. La educación es unitaria, pública, universal, democrática, participativa, comunitaria, descolonizadora y de calidad. II. La educación es intracultural, intercultural y plurilingüe en todo el sistema educativo. III. El sistema educativo se fundamenta en una educación abierta, humanista, científica, técnica y tecnológica, productiva, territorial, teórica y práctica, liberadora y revolucionaria, crítica y solidaria.IV. El Estado garantiza la educación vocacional y la enseñanza técnica humanística, para hombres y mujeres, relacionada con la vida, el trabajo y el desarrollo productivo".

(34) "Artículo 79. La educación fomentará el civismo, el diálogo intercultural y los valores ético morales. Los valores incorporarán la equidad de género, la no diferencia de roles, la no violencia y la vigencia plena de los derechos humanos".

(35) "Artículo 80. I. La educación tendrá como objetivo la formación integral de las personas y el fortalecimiento de la conciencia social crítica en la vida y para la vida. La educación estará orientada a la formación individual y colectiva; al desarrollo de competencias, aptitudes y habilidades físicas e intelectuales que vincule la teoría con la práctica productiva; a la conservación y protección del medio ambiente, la biodiversidad y el territorio para el vivir bien. Su regulación y cumplimiento serán establecidos por la ley. II. La educación contribuirá al fortalecimiento de la unidad e identidad de todas y todos como parte del Estado Plurinacional, así como a la identidad y desarrollo cultural de los miembros de cada nación o pueblo indígena originario campesino, y al entendimiento y enriquecimiento intercultural dentro del Estado".

(36) "Artículo 81. I. La educación es obligatoria hasta el bachillerato. II. La educación fiscal es gratuita en todos sus niveles hasta el superior. III. A la culminación de los estudios del nivel secundario se otorgará el diploma de bachiller, con carácter gratuito e inmediato".

(37) "Artículo 82. I. El Estado garantizará el acceso a la educación y la permanencia de todas las ciudadanas y los ciudadanos en condiciones de plena igualdad. II. El Estado apoyará con prioridad a los estudiantes con menos posibilidades económicas para que accedan a los diferentes niveles del sistema educativo, mediante recursos económicos, programas de alimentación, vestimenta, transporte, material escolar; y en áreas dispersas, con residencias estudiantiles, de acuerdo con la ley. III. Se estimulará con becas a estudiantes de excelente aprovechamiento en todos los niveles del sistema educativo. Toda niña, niño y adolescente con talento natural destacado tiene derecho a ser atendido educativamente con métodos de formación y aprendizaje que le permitan el mayor desarrollo de sus aptitudes y destrezas".

áreas dispersas, dormitórios, de acordo com a lei. Ser incentivada com bolsas de estudo para alunos com excelente aproveitamento em todos os níveis do sistema educativo. Todas as crianças e adolescentes com talento natural proeminente têm o direito de serem tratados educadamente com métodos especiais de aprendizagem que permitam o desenvolvimento de seus talentos e habilidades; (12) o art. 83[38] reconhece e garante a participação social, comunitária e da família no sistema educativo, através de organismos representativos de todos os níveis de governo e das nações e dos povos indígenas camponeses nativos. Sua composição e competências serão estabelecidas por lei; (13) pelo art. 84[39] Estado e sociedade têm o dever de erradicar o analfabetismo por meio de programas compatíveis com a realidade cultural e linguística da população; (14) o art. 85[40] determina ao poder público o dever de promover e garantir a educação continuada de crianças e adolescentes com deficiência ou talentos especiais na aprendizagem, sob a mesma estrutura, princípios e valores do sistema de ensino, e estabelecer uma organização especial e desenvolvimento curricular; (15) o art. 86[41] determina que nas escolas se reconhecerá e garantirá a liberdade de consciência e de crença e o ensinamento religioso das nações e dos povos de agricultores de origem indígena, bem como o estímulo e o respeito mútuo e a convivência entre pessoas com diferentes opções religiosas, sem a imposição dogmática. Nesses centros não há discriminação na escolha religiosa dos alunos; (16) através do art. 87 [42] se reconhece e respeita o funcionamento de unidades educativas de convênio com fins de serviço social, com acesso gratuito e sem fins lucrativos, que será operada sob a tutela do poder público, respeitando o direito de gestão da educação religiosa nas unidades, sem prejuízo de disposições nacionais, e serão regidos pelas mesmas regras, políticas, planos e programas do sistema de ensino; (17) o art. 91, inciso I[43] vaticina que o ensino superior desenvolve processos de formação profissional de geração de conhecimento e difusão da sociedade orientada para o desenvolvimento global, a que se deve ter em conta o conhecimento universal e o conhecimento coletivo das nações e dos povos de camponeses de origem indígena; (18) o art. 93, incisos IV e V[44] determinam: a) as universidades públicas, como parte de seus estatutos, estabelecerão a descentralização de programas acadêmicos e multiculturalismo, de acordo com as necessidades do Estado e das nações e dos povos camponeses de origem indígena; b) cabe ao Poder Público, em coordenação com as universidades públicas em áreas rurais a criação e o funcionamento das universidades e faculdades da comunidade multicultural, garantindo a participação social. A abertura e o funcionamento dessas universidades devem corresponder às necessidades de construção da região de produção, em função do seu potencial; (19) o art. 95, II[45] estabelece a

---

(38) "Artículo 83. Se reconoce y garantiza la participación social, la participación comunitaria y de los padres de familia en el sistema educativo, mediante organismos representativos en todos los niveles del Estado y en las naciones y pueblos indígena originario campesinos. Su composición y atribuciones estarán establecidas en la ley".

(39) "Artículo 84. El Estado y la sociedad tienen el deber de erradicar el analfabetismo a través de programas acordes con la realidad cultural y lingüística de la población".

(40) "Artículo 85. El Estado promoverá y garantizará la educación permanente de niñas, niños y adolescentes con discapacidad, o con talentos extraordinarios en el aprendizaje, bajo la misma estructura, principios y valores del sistema educativo, y establecerá una organización y desarrollo curricular especial".

(41) "Artículo 86. En los centros educativos se reconocerá y garantizará la libertad de conciencia y de fe y de la enseñanza de religión, así como la espiritualidad de las naciones y pueblos indígena originario campesinos, y se fomentará el respeto y la convivencia mutua entre las personas con diversas opciones religiosas, sin imposición dogmática. En estos centros no se discriminará en la aceptación y permanencia de las alumnas y los alumnos por su opción religiosa".

(42) "Artículo 87. Se reconoce y respeta el funcionamiento de unidades educativas de convenio con fines de servicio social, con acceso libre y sin fines de lucro, que deberán funcionar bajo la tuición de las autoridades públicas, respetando el derecho de administración de entidades religiosas sobre dichas unidades educativas, sin perjuicio de lo establecido en disposiciones nacionales, y se regirán por las mismas normas, políticas, planes y programas del sistema educativo".

(43) "Artículo 91. I. La educación superior desarrolla procesos de formación profesional, de generación y divulgación de conocimientos orientados al desarrollo integral de la sociedad, para lo cual tomará en cuenta los conocimientos universales y los saberes colectivos de las naciones y pueblos indígena originário campesinos".

(44) "Artículo 93. (...) IV. Las universidades públicas, en el marco de sus estatutos, establecerán programas de desconcentración académica y de interculturalidad, de acuerdo a las necesidades del Estado y de las naciones y pueblos indígena originario campesinos. V. El Estado, en coordinación con las universidades públicas, promoverá en áreas rurales la creación y el funcionamiento de universidades e institutos comunitarios pluriculturales, asegurando la participación social. La apertura y funcionamiento de dichas universidades responderá a las necesidades del fortalecimiento productivo de la región, en función de sus potencialidades".

(45) Artículo 95. (...)II. Las universidades deberán implementar programas para la recuperación, preservación, desarrollo, aprendizaje y divulgación de las diferentes lenguas de las naciones y pueblos indígena originario campesinos..."

competência das universidades na implementação de programas para a recuperação, preservação, desenvolvimento, aprendizagem e divulgação das diferentes línguas das nações e dos povos camponeses de origem indígena; (20) o art. 298, II, 17[46] prevê que são competências exclusivas do nível central do Estado políticas de educação e saúde.

A Constituição da Bolívia de 2009, mesmo se comparada à Constituição Brasileira de 1988 (rotulada de vanguardista na consagração dos direitos sociais), foi minuciosa ao elencar um amplo rol de dispositivos atrelados ao acesso de minorias étnico-raciais ao direito social à educação. A disciplina constitucional boliviana é tão minuciosa, que, por vezes, parece apresentar-se como repetitiva. Na verdade, trata-se de uma técnica legislativa baseada no esclarecimento com o escopo de enfatizar o mister deste importante baluarte na construção da cidadania e do trabalho, o que significa uma nova técnica na inclusão social, econômica e política de tais grupos.

A princípio, esses novos direitos inclusivos ajudariam a iluminar a consciência e ações de adultos, crianças e adolescentes na reconstrução de uma história comum, na qual todos possam compreender a constante luta das minorias étnico-raciais por instituições mais democráticas, bem como a necessidade de efetivá-las. Ajudariam também a romper com pedagogias autoritárias que reproduzem as desigualdades e naturalizam as relações de discriminação, violência, competição desonesta e desumana, e de domínio. Com isso, possibilitam que os sujeitos em desenvolvimento se fortaleçam em sua subjetividade étnico-racial, acreditando que não existe uma concepção de bem que seja superior a outra, principalmente quando for afirmada para exercer o domínio de uma pessoa racional sobre outra na luta por bens, recursos e direitos.

No entanto, a racionalidade das normas constitucionais por si sós não parecem ser suficientes como parâmetros de mudanças. Além das experiências legais brasileira e boliviana demonstrarem que há, muitas vezes, um conflito entre a moralidade pública da lei mais democrática e a moralidade individual de quem a efetiva, há uma relação de poder entre os interesses do Estado e o das instituições educacionais mais tradicionais que prorrogam a sua implementação. Por isso mesmo é que a luta agora recai sobre a efetividade das normas, onde a resistência maior está nas sociedades em aceitar conviver com as diferenças, de modo a ter que conhecê-las e respeitá-las. Especialmente, se as diferenças traduzirem os valores étnico-raciais que, até então, eram condicionados à assimilação de valores e crenças que não aquelas que refletem a sua realidade cultural e social.

Apesar desses avanços, a educação mais tradicional e elitista insiste em cingir-se de uma falsa consciência coletiva de dever cumprido na formalidade do texto constitucional e da lei, enquanto, na prática, ainda defende as pedagogias igualitárias liberais como modelos mais justos de socialização do conhecimento e do crescimento humano. Escolas mais tradicionais ainda argumentam que a indiferença e a discriminação somente se manifestam no âmbito das relações privadas, quer dizer, nos valores da família do "outro", ou na escola do "outro", e que a melhor forma de combatê-los, é ignorá-los. Mas o que as crianças e adolescentes fazem, na verdade, como seres em desenvolvimento, é reproduzir a herança de valores deixada por seus antepassados e seus familiares presentes. E o fazem com mais segurança, se encontram no convívio de suas relações sociais, onde a escola é o lugar mais propício, o espaço adequado para esse tipo de manifestação. Quebrar esse ciclo requer uma combinação de esforços que cobra o envolvimento dialético tanto da família, quanto da escola na construção de uma proposta mínima de bem comum que seja boa para todos, e consequentemente, da sociedade.

Desse modo, estarão, no mínimo, impedindo que crianças e adolescentes afro-brasileiros continuem sofrendo o fantasma da exclusão, ainda que seja moral. Com as modificações jurídicas e políticas sobre esses direitos, acredita-se que diferentes identidades sociais passem a ser reconhecidas e preservadas, motivando processos mais reflexivos na construção de uma sociedade mais igual. Processos como estes rompem com o fundamentalismo universal da igualdade liberal para adotar o reconhecimento da variedade dessas identidades que precisam se desenvolver com um mínimo de autoestima à sua cultura e história. Não só isso, eles ajudariam a consolidar o exercício da cidadania e dos direitos civis através de uma participação mais ativa das minorias raciais no mercado de trabalho, na educação superior e nos processos políticos decisórios.

Neste sentido, a cidadania exige mais que um conteúdo normativo: ela exige um compromisso do Estado e da sociedade com a justiça distributiva, de

---

(46) "Artículo 298. (...) II. Son Competencias exclusivas del nivel central del Estado: (...) 17. Políticas del sistema de educación y salud".

modo a conceder prioridade metodológica e axiológica às realizações grupais. Para isso, o reconhecimento da diferença cultural é apenas o primeiro passo. O segundo está em conclamar o Estado a realizar a concepção de bem trazida não só pelo grupo, mas também pela sistemática do ordenamento jurídico nacional, especialmente no vínculo jurídico que estabelece com as normas humanitárias internacionais.

5. A EFICÁCIA DO DIREITO SOCIAL À EDUCAÇÃO

As *normas programáticas* sobre direitos sociais que hoje encontramos na grande maioria dos textos constitucionais latino-americanos, em particular, na Constituição do Brasil e na da Bolívia, definem metas e finalidades, as quais o legislador ordinário deve elevar a um nível adequado de concretização. Essas "normas-programa" prescrevem a realização, por parte do Estado, de determinados fins e tarefas. Elas não representam meras recomendações ou preceitos morais com eficácia ético-política meramente derivativa, mas constituem um Direito diretamente aplicável[47].

Tradicionalmente, a eficácia das políticas públicas de direitos sociais realizam-se ou não a depender da conveniência ou oportunidade executiva e parlamentar. Em outras palavras, condiciona-se ao alvedrio presente na discricionariedade administrativa e legislativa.

Reside primariamente na atuação dos Poderes Executivo e Legislativo dos países da UNASUL, a eficácia prática dos direitos sociais por meio das políticas públicas. Daí a nomenclatura direitos positivos (ou prestacionais), por envolverem a prestação estatal. Tais direitos revelam a inserção do indivíduo na sociedade na busca de uma cidadania cada vez mais inclusiva e menos excludente.

Tanto o Brasil como a Bolívia, mediante leis parlamentares, atos administrativos e a criação real de instalações de serviços públicos, devem definir, executar e implementar, conforme as circunstâncias socioeconômicas, as chamadas "políticas públicas sociais" (de educação, saúde, assistência, previdência, trabalho, habitação, moradia) que facultem o gozo efetivo dos direitos constitucionalmente protegidos.

Em princípio, o Poder Judiciário não deve intervir em esfera reservada a outro poder para substituí-lo em juízos de conveniência e oportunidade, querendo controlar as opções legislativas de organização e prestação, a não ser, excepcionalmente, quando haja uma violação evidente e arbitrária, pelo legislador, da incumbência constitucional. No entanto, cada vez mais torna-se necessária a revisão do vetusto dogma da Separação dos Poderes em relação ao controle dos gastos públicos e da prestação dos serviços básicos no Estado Social, visto que os Poderes Legislativo e Executivo no Brasil se mostraram incapazes de garantir um cumprimento racional dos respectivos preceitos constitucionais.

A negação de qualquer tipo de obrigação a ser cumprida na base dos Direitos Fundamentais Sociais tem como consequência a renúncia de reconhecê-los como verdadeiros *direitos*. Esta obrigação é universal, devendo o Estado desenvolver e executar políticas de bem-estar no vasto campo das necessidades primárias dos homens que se encontram numa situação de hipossuficiência, marginalidade, carência. Políticas de emprego, políticas alimentares, habitacionais, educacionais, de saúde. Cresce o número de doutrinadores e magistrados que consideram os princípios constitucionais e as normas sobre direitos sociais como fonte de direitos e obrigações e admitem a intervenção do Judiciário em caso de omissões inconstitucionais[48].

Tradicionalmente se entende pela ausência de interferência do Poder Judiciário no controle dos atos administrativos. O novo Estado Democrático e Social de Direito (tanto o brasileiro como o boliviano) requer uma judicatura engajada e comprometida com os valores e princípios consagrados em nível constitucional, em especial nos direitos fundamentais sociais. Hodiernamente não mais se admite a ausência de controle jurisdicional sobre a atuação do Poder Executivo. Como corolário de tal constatação, tem-se a necessidade crescente de uma análise das políticas públicas de direitos sociais pelo Poder Judiciário, o que o torna proativo e comprometido com tais metas estatais.

A supressão dos direitos fundamentais sociais do texto constitucional dos países da UNASUL, sem dúvida, enfraqueceria a posição dos integrantes da sociedade civil organizada na reivindicação desses direitos em todas as suas esferas governamentais. A relevância das normas programáticas também está

---

(47) KRELL, Andreas J. *Direitos sociais e controle judicial no Brasil e na Alemanha. Os (des)caminhos de um direito constitucional "comparado"*. 1. ed. Porto Alegre: Sergio Antonio Fabris Editor, 2002, p. 19 e 20.

(48) KRELL, Andreas J. *Op. cit.*, p. 22 e 23.

no sentido teleológico, de modo que apontam para fins futuros e servem de pauta de valores para movimentos que as queiram ver aplicadas e cumpridas. Uma concepção material de constituição dá valor aos efeitos políticos e culturais da Carta mediante inclusão de princípios programáticos que necessitam de uma concretização posterior. O discurso constitucional sempre é codificador da realização de interesses programáticos e da legitimação de pretensões de domínio político. No entanto, é importante que aqueles que aceitam e até apreciam um certo conteúdo utópico de um texto constitucional não se esqueçam de que o seu *poder de integração* depende decisivamente da sua realização e concretização na vida diária, o que pressupõe um mínimo de exequibilidade jurídica[49].

Tradicionalmente, se entende que a simples previsão em texto constitucional não realiza o direito fundamental social, ou seja, o reconhecimento empírico não implica necessariamente em aplicabilidade prática, em especial nos países com um passado despótico e tradicionalmente excludentes no acesso à educação como Brasil e Bolívia.

6. CONSIDERAÇÕES FINAIS

O neoconstitucionalismo que se observa na América Latina revela parâmetros inaugurais no acesso das minorias étnico-raciais ao direito social à educação. É possível que essa nova proposta venha, efetivamente, a romper com a tradição excludente das minorias que compõem grandes parcelas das populações dos países analisados. Com a UNASUL, a probabilidade de se construir um rol de direitos fundamentais sociais comuns pode resultar também em uma realidade mais homogênea e concreta a todos os seus membros, reproduzindo os modelos constitucionais locais, em particular, no que concerne aos direitos fundamentais sociais ali proclamados e trazidos para o plano regional. Em particular, porque nas constituições locais está a vontade dos cidadãos assim reconhecidos, os quais representam a pluralidade e diversidade política dessas sociedades.

Uma vez trazidos esses direitos para o plano regional, os tratados ali assinados e ratificados passam a revelar um compromisso prioritário e inadiável na solução de problemas historicamente vivenciados pelos países, tais como a exclusão social, concentração fundiária e de renda, ausência de democracia etc. Por sua vez, o direito específico à educação promete uma emancipação mais concreta do sujeito que permitirá contribuir decisivamente na concretização de tais tratados e da vontade constitucional.

Observa-se que a Constituição Brasileira, por ser mais antiga, tem trazido uma força normativa ao direito à educação que já pode ser percebida na última década do país, em especial, na atuação dos poderes da República, mormente, o Judiciário, que tem demonstrado um ativismo de seus membros comprometidos com a eficácia dos direitos sociais. A luta para que esse direito saia do seu texto constitucional e seja efetivado pelos poderes institucionais tem sido constante no país.

Quanto à Constituição Boliviana, embora apresente um extenso rol de direitos à educação, ainda não reflete uma aplicabilidade prática na efetivação desse direito, tanto pelo tempo de eficácia que essas normas dispõem, quanto pelas limitações materiais apresentadas naquela sociedade.

De qualquer modo, ambos os modelos, quando vistos na sua realidade local, parecem refletir as expectativas mais legítimas de seus cidadãos, o que facilita a busca pela implementação desse direito. E quando vistos dentro da integração que se realiza com a UNASUL tem-se a tradução de um pacto de redenção cultural, social, econômica e política.

A aplicabilidade prática desses direitos bem como a sua continuidade local e regional dependerão e muito da vontade também continuada dos seus governantes, dos poderes constituídos, e acima de tudo, dos seus cidadãos.

REFERÊNCIAS BIBLIOGRÁFICAS

ALVAREZ, Sonia E. and ESCOBAR, Arturo (orgs.). *The Making of Social Movements in Latin America, Identity, strategy, and democracy*. San Francisco; Oxford: Westview Press, 1992.

CARVALHO, José Murilo de. *A Cidadania no Brasil, o longo caminho*. Rio de Janeiro: Civilização Brasileira, 2001.

FAORO, Raymundo. *Os Donos do Poder,* Porto Alegre: Globo, 1979.

GÓMEZ, José Maria. *Política e democracia em tempos de globalização*. Petrópolis: Vozes, 2000, (Coleção A Outra Margem).

GRINBERG, Keila, *Liberata: a lei da ambiguidade* – as ações de liberdade da Corte de Apelação do Rio de Janeiro no século XIX. Rio de Janeiro: RELUME DUMARÁ, 1994.

GUTMANN, Anne. *Democratic education*. Princeton: Princeton University Press, 1987.

HOLANDA, Sérgio Buarque de. *Raízes do Brasil*. 26. ed. São Paulo: Companhia das Letras, 1995.

---

(49) KRELL, Andreas J. *Op. cit.*, p. 28 e 29.

KRELL, Andreas J. *Direitos sociais e controle judicial no Brasil e na Alemanha*. Os (des)caminhos de um direito constitucional "comparado". 1. ed. Porto Alegre: Sergio Antonio Fabris Editor, 2002.

MILL, John Stuart. *A liberdade:* Utilitarismo. Tradução Eunice Ostrensky. São Paulo: Martins Fontes, 2000.

O'DONNELL, Guillermo. *Poliarquias e a (in)efetividade da lei na América Latina*, Novos Estudos 51, São Paulo: CEBRAP, p. 37/62, 1998.

República del Bolivia. Constitución de 2009. Disponível em: http://pdba.georgetown.edu/Constitutions/Bolivia/bolivia09.html. Acesso em: 29 março 2010.

RIBEIRO, Darcy. *O povo brasileiro:* a formação e o sentido do Brasil. 1. ed. São Paulo: Companhia das Letras, 2006.

ROSENN, Keith. *O jeito na cultura jurídica brasileira*. Rio de Janeiro: Renovar, 1998.

SARLET, Ingo Wolfgang. *A eficácia dos direitos fundamentais*. 7. ed. Porto Alegre: Livraria do Advogado, 2007.

SMITH, Peter H. and SKIDMORE, Thomas E. *Modern Latin America*. Third edition, New York; Oxford: Oxford University Press, 1992.

SOUZA, Rosa Fátima de. *Tempo de civilização*. A implantação da escola primária graduada no Estado de São Paulo (1890-1910). São Paulo: Ed. Unesp, 1998.

STEPHAN, Alfred. *The Military on Politics: Changing Patterns in Brazil*. Princeton: Univ Pr, 1974.

TROJAN, Rose Meri. *Políticas educacionais na América Latina: tendências em curso. Revista Iberoamericana de Educación/Revista Ibero-americana de Educação ISSN: 1681-5653*, n. 51/1 – 15 de diciembre de 2009, Organización de Estados Iberoamericanos para la Educación, la Ciencia y la Cultura (OEI).

UNGER, Roberto Mangabeira. *O direito na sociedade moderna:* contribuição à crítica social. Trad. Roberto Raposo. Rio de Janeiro: Civilização Brasileira, 1979. Coleção Perspectivas do Homem, v. 130.

O DIREITO FUNDAMENTAL À PREVIDÊNCIA. SUA EVOLUÇÃO E CARACTERIZAÇÃO COMO DIREITO SOCIAL

Rodrigo Uchôa de Paula (*)

APRESENTAÇÃO

O presente trabalho constitui uma introdução a um artigo a ser desenvolvido, com o propósito de contribuição ao direito previdenciário, sob uma perspectiva constitucional. É também uma transcrição adaptada do que foi apresentado em sala de aula por este acadêmico, por ocasião de uma de suas provas orais junto ao Professor Fernando Ferraz.

A ideia básica é a de que, no rol dos direitos sociais previstos no art. 6º da Constituição Federal de 1988, um dos que passam por uma mutação mais severa é o direito fundamental à previdência. Há uma série de fatores que explica isso, não somente por uma maior preocupação estatal com as finanças públicas, como também pela incontestável alteração demográfica da população brasileira: as mulheres estão tendo menos filhos, o que altera, a longo prazo o número de contribuintes ao regime geral de previdência social (RGPS); a expectativa de vida da população se eleva, o que onera os custos do regime.

De início, tratarei das origens da previdência social, na unificação da Alemanha, sob inspiração de Otto Von Bismarck, ao modelo britânico, e a sua previsão nas Constituições brasileiras, principalmente na CF/88. Especificamente quanto à atual Constituição, necessárias as alterações no Direito Constitucional Previdenciário brasileiro, na redação original da Constituição, bem como pelas emendas que foram propostas (EC n. 3/93, EC n. 20/98, EC n. 41/2003, EC n. 47/2003). Além disso, será feita uma comparação entre o Regime Geral de Previdência Social (RGPS), previsto no art. 201 da CF/88, além do Regime Próprio de Previdência Social (RPPS), de natureza estatutária e tendo por destinatários os servidores públicos inativos, além do Regime Complementar de Previdência. Quanto a este último, de natureza privada, será analisado tanto os regimes ditos fechados de previdência quanto os denominados regimes "abertos" de previdência.

Após serão analisadas algumas decisões do STF e STJ sobre questões envolvendo a temática previdenciária, mas sob o enfoque constitucional. Quanto ao Supremo, será analisado seu ponto de vista quanto às alterações nos regimes previdenciários no Brasil por meio das principais emendas à Constituição alteradoras do Regime Geral e Próprio de Previdência, especialmente no julgamento das ações diretas de inconstitucionalidade 3.105 e 3.128.

(*) Graduado em Direito pela Universidade Federal do Ceará (UFC). Tem experiência na área de Direito, com ênfase em Direito Constitucional. Mestre em Direito Constitucional pela UFC (defesa realizada em setembro de 2005), especialista (pós-graduação lato sensu) em Direito Constitucional (UNIFOR-1999/2000) e em Direito Processual Civil (ESMEC/UFC – 2001). Leciona em cursos de graduação e pós-graduação de Direito, especialmente nas disciplinas de Direito Constitucional, Processo Constitucional e Processo Civil. Atualmente é doutorando em Direito Constitucional pela Universidade Federal do Ceará.

1. ORIGENS DOS DIREITOS SOCIAIS. O ESTADO SOCIAL DE DIREITO

O direito, especialmente o constitucional, não é fruto somente da lógica.[1] Muitas vezes, é produto de embates históricos, especialmente *da e na* Política.

O desenvolvimento dos direitos sociais deu-se no chamado Estado Social de Direito, posterior ao denominado Estado Liberal Direito. Tal processo de desenvolvimento dos "Estados" de Direito é cumulativo. Isto porque as conquistas de direitos, em suas diferentes "gerações" (*rectius*: dimensões), além dos avanços institucionais alcançados, do Liberalismo até hoje, permanecem. Aceitando o princípio da proibição de retrocesso[2], devem ser considerados tais avanços, e procurar localizá-los em nossa atual Constituição.

O Estado Liberal de Direito, surgido após as revoluções liberais burguesas (Gloriosa, norte-americana e francesa), teve o seu ápice no século XIX, fracassando no início do século XX, originando nas Constituições os chamados direitos sociais nas constituições da época, após doutrinas constitucionais "alternativas".

E tais "opções constitucionais alternativas" (leia-se socialismo) forçaram uma releitura do Estado e seus objetivos, a serem positivados nas constituições, pelos dirigentes do poder à época.

Tal ponto de vista é expressamente defendido por Bonavides (1993, p. 179-180):

> Uma constante, a nosso ver, explica o aparecimento do Estado social: a intervenção ideológica do socialismo.
>
> Empregamos a palavra socialismo no seu sentido mais genérico e histórico, desde as utopias de fins do século XVIII à consolidação das teses marxistas, em nossos dias. Desde o socialismo utópico ao chamado socialismo científico. Desde a conspiração de Baboeuf aos assaltos da Comuna de Paris. Desde a fundação da Primeira Internacional à tomada do poder pelos bolchevistas russos, há cinquenta anos.

Luís Roberto Barroso (2000, p. 108) coloca tal perspectiva histórica num enfoque constitucional:

> O avanço do socialismo científico – não apenas no campo da propagação de ideias, mas de sua efetiva adoção como forma de organização político-econômica por um terço da humanidade – rompeu a dogmática unitária do constitucionalismo liberal. O primeiro pós-guerra assiste ao surgimento do constitucionalismo social, na forma de compromisso entre a burguesia e o proletariado em ascensão. Já não há mais o "monopólio ideológico" dos princípios a serem gravados na Constituição. Preservados, embora, os postulados essenciais do liberal-capitalismo, eles incorporam a tutela de alguns interesses das classes trabalhadoras e dos desfavorecidos em geral. Obrigada a ceder no plano da superestrutura jurídica, a resistência burguesa se transferiu para a tentativa de minimizar, na prática, o avanço social, inclusive pela negação do caráter jurídico das normas que o propiciavam.
>
> Superada esta fase, com o reconhecimento da índole normativa das regras que conferem direitos sociais, nem por isto sua operatividade prática deixou de ser um problema à espera de soluções. Esses direitos, como intuitivo, tutelam, em última análise, interesses e bens voltados à realização da justiça social.

No início do séc. XX, tendo como marco as constituições mexicana (1917) e alemã de Weimar (1919), começa o denominado Estado Social de Direito. A perceber que neste Estado o "social" é seu próprio epíteto, vale dizer, corresponde ao próprio

---

(1) Pontes de Miranda, *aparentemente*, defende o contrário: "os sistemas jurídicos são *sistemas lógicos*, compostos de proposições que se referem a situações da vida, criadas pelos interesses mais diversos" (in *Tratado de Direito Privado*, Tomo I. São Paulo: Bookseller, 1954, p. IX). Aparentemente, ressalte-se, porque a leitura deste excerto, em sua última parte, mostra que "interesses os mais diversos" justificam a criação de institutos. Ora, nem sempre haverá uma lógica racional a justificarem tais interesses, infelizmente. Muitas vezes, interesses egoísticos é que fazem surgir certos direitos, sem serem, contudo, da maioria, mas sim de setores organizados, no que a doutrina de Ciência Política os cognomina de "grupos de pressão".

(2) A denominada "proibição de retrocesso" refere-se, para a maioria dos doutrinadores, como uma proteção dos direitos fundamentais, mormente os sociais. Por isso, também denominado de princípio da vedação do retrocesso social. Em síntese, tal princípio é a grande justificativa de se entenderem tais "Estados" de Direito, significando, de acordo com Cármen Lúcia Antunes Rocha, que "as conquistas relativas aos direitos fundamentais não podem ser destruídas, anuladas ou combalidas, por se cuidarem de avanços da humanidade, e não de dádivas estatais que pudessem ser retiradas segundo opiniões de momento ou eventuais maiorias parlamentares" (*apud* Sarlet, Ingo Wolfgang. *A Eficácia do Direito Fundamental à segurança jurídica. Revista Latino-Americana de Estudos Constitucionais*, n. 4, p. 365).

princípio político fundamental (meta primordial) a ser sempre alcançada por esta espécie de Estado de direito. No Brasil, o Estado Social se inicia com a Constituição de 1934, que passou a prever um rol de direitos sociais em seu texto.

O principal legado do Estado social foi o advento dos direitos sociais. Antes de explicá-los, faz-se mister esclarecer uma confusão comum, qual seja, entre a terminologia Estado social e socialista. Na acepção de Paulo Bonavides (1993, p. 45):

> Esse contraste que assim estabelecemos nos permite escapar ao erro usual de muitos que confundem o **Estado social** com o **Estado socialista**, ou com uma socialização necessariamente esquerdista, da qual venha a ser o prenúncio, o momento preparatório, a transição iminente. Nada disso.
>
> O Estado social representa efetivamente uma transformação superestrutural por que passou o antigo Estado liberal. Seus matizes são riquíssimos e diversos. Mas algo, no Ocidente, o distingue, desde as bases, do Estado proletário, que o socialismo marxista intenta implantar: é que ele conserva sua adesão à ordem capitalista, princípio cardial a que não renuncia.

O Estado social não foi apenas um período histórico (para alguns, como o historiador Eric Hobsbawm a chamou de "Era da Catástrofe", de 1914 até 1945; para outros, como a maioria dos doutrinadores de Constitucional, seus símbolos iniciais foram as Constituições mexicana, de 1917 e de Weimar, de 1919), mas uma própria "refundação" do Estado, em suas bases econômicas e sociais. De início, o que antes era visto como caso de polícia (a reivindicação das "questões sociais", no século XIX e início do século XX), após passou a ser objetivos do próprio – e de qualquer – Estado, fosse este socialista ou capitalista.

1.1. Características dos direitos sociais

Por "Social" entenda-se principalmente a previsão dos Direitos fundamentais de Segunda dimensão, os direitos sociais. Tais direitos, diferentes da geração anterior, exigiam um "fazer", vale dizer, uma prestação positiva do Estado. São principalmente os direitos à moradia, a saúde, **a seguridade social (previdência e assistência sociais)**, ao lazer e, a garantia da isonomia material (substancial) e, especialmente, a regulação das relações jurídicas entre o capital e o trabalho.

Mais uma vez, Luís Roberto Barroso (2000, p. 101):

> Os direitos econômicos, sociais e culturais, identificados, abreviadamente, como direitos sociais, são de formação mais recente, remontando à Constituição mexicana, de 1917, e à de Weimar, de 1919. Sua consagração marca a superação de uma perspectiva estritamente liberal, em que se passa a considerar o homem para além de sua condição individual. Com eles surgem para o Estado certos deveres de prestações positivas, visando à melhoria das condições de vida e à promoção da igualdade material. A intervenção estatal destina-se a neutralizar as distorções econômicas geradas na sociedade, assegurando direitos afetos à segurança social, ao trabalho, ao salário digno, à liberdade sindical, à participação no lucro das empresas, à educação, ao acesso à cultura, dentre outros. Enquanto os direitos individuais funcionam como um escudo protetor em face do Estado, os direitos sociais operam como barreiras defensivas do indivíduo perante a dominação econômica de outros indivíduos.

Desta forma, a implementação de tais direitos exigem, antes de seu cumprimento, pressupostos físico-materiais a serem criados pelo próprio Estado. Só desta forma os direitos sociais podem se concretizar. Em outras palavras: os direitos sociais não podem ser entendidos como os direitos de 1ª dimensão (oponíveis *ao ou contra* o Estado), devem se dar *por intermédio ou mediante* o Estado.

Na Constituição de 1988, se encontram previstos nos arts.: 6º (rol dos direitos sociais); 7º (regulação da relação jurídica capital *versus* trabalho); 8º ao 11 (direitos relativos à liberdade sindical); 193 e seguintes (Título VIII – Da Ordem Social), especialmente em seu artigo 194, onde se colocou a Seguridade social como gênero, onde deverão ser espécies a Saúde, Previdência e Assistência Social.

Ora, é trivial compreender que o "fazer" (a implementação dos direitos sociais, direitos de cunho nitidamente prestacionais) é bem mais difícil que o "não fazer" (direitos civis e políticos, de 1ª Dimensão, de cunho abstencionista). Mais: o respeito aos direitos de 1ª Geração, a exigirem abstenções por parte do Estado, para serem cumpridos, reclamam, tão somente, respeito ao princípio da legalidade. Diferente se passa com os direitos sociais. O "fazer" do Estado exigiu que este se equipasse e, como é sabido, tais direitos preveem obras (construção de hospitais, escolas, saneamento básico, criação de fundos de previdência), atos políticos decisórios de função tipicamente administrativa. E, como visto, a função típica de administrar pertence ao Poder Executivo.

Os direitos sociais foram então previstos nas constituições. Não somente foram declarados, mas também, exatamente por sua natureza de exigirem do Estado determinadas prestações materiais (e, portanto, se enquadrarem numa nova "geração" de direitos fundamentais), exigiram que estivessem previstas nas constituições uma nova espécie de normas constitucionais, que prescrevessem metas mínimas a serem alcançadas pelo Estado, "promessas" prescritivas a serem obrigatoriamente cumpridas.

E que fique claro: o Estado social de Direito não foi exclusivo de países capitalistas, os socialistas também o adotaram. O "Social", na verdade, era o objetivo de ambos os regimes econômicos, ambos defendendo ser as mais eficazes formas – constitucional e econômica – de se alcançarem os direitos sociais. E esta é a conclusão de Paulo Bonavides(1993, p. 181):

> Ora, evidencia tudo isso que o Estado social se compadece com regimes políticos antagônicos, como sejam a democracia, o fascismo e o nacional-socialismo. E até mesmo, sob certo aspecto, fora da ordem capitalista, com o bolchevismo!

Contudo, uma das grandes dificuldades de implementação dos direitos sociais, especialmente o direito previdenciário, ocorre pela identificação de qual é o órgão responsável por sua realização: o Poder Executivo. Tal dificuldade, em razão de sua natureza jurídica, é argutamente observada por Robert Alexy:

> "(...) ao lado da indefinição semântica e estrutural dos direitos fundamentais sociais, a tese do déficit de justiciabilidade tem que agregar uma outra forma de indefinição: a impossibilidade de se chegar, com os meios específicos do direito, a uma determinação exata do conteúdo e da estrutura dos direitos fundamentais sociais formulados abstratamente. Ela tem que sustentar que o direito não fornece critérios suficientes para tanto. Por que, se o direito não fornece esses critérios suficientes, então, a decisão sobre o conteúdo dos direitos fundamentais sociais é uma tarefa da política. Mas isso significaria que, segundo os princípios da separação de poderes e da democracia, a decisão sobre o conteúdo dos direitos fundamentais sociais estaria inserida não na competência dos tribunais, mas na do 'legislador diretamente legitimado pelo povo'. A partir dessa ideia, no âmbito dos direitos fundamentais sociais os tribunais poderiam decidir somente após o legislador já haver decidido.

> O argumento baseado na competência ganha um peso especial em virtude dos efeitos financeiros dos direitos fundamentais sociais. Por causa dos grandes custos financeiros associados à sua realização, a existência de direitos fundamentais sociais abrangentes e exigíveis judicialmente conduziria a uma determinação jurídico-constitucional de grande parte da política orçamentária. Visto que o Tribunal Constitucional Federal teria que controlar o respeito a essa determinação, a política orçamentária ficaria em grande medida nas mãos do tribunal constitucional, o que é incompatível com a Constituição" (*Teoria dos Direitos Fundamentais*, tradução de Virgílio Afonso da Silva, da 5. ed. alemã, São Paulo, 2008, p. 507/508).

1.2. Os direitos previdenciários como espécies de direitos sociais. A evolução do direito previdenciário no Brasil e no mundo

Para se entender o direito previdenciário como uma das espécies de direitos sociais faz-se mister a junção dos termos "previdência" e "social".

A "previdência", espécie do gênero constitucionalmente atribuído denominado de "seguridade social", "*pode ser conceituada como a rede protetiva formada pelo Estado e por particulares, com contribuições de todos, incluindo parte dos beneficiários dos direitos, no sentido de estabelecer ações positivas no sustento de pessoas carentes, trabalhadores em geral e seus dependentes, providenciando a manutenção de um padrão mínimo de vida*" (In: IBRAHIM, Fábio Zambite. *Curso de Direito Previdenciário*. 7. ed. Rio de Janeiro: Ed. Impetus, 2006, RJ, p. 4).

O objetivo do direito à previdência é o de proteger os seus segurados de eventuais infortúnios, diante de eventuais contingências (eventos futuros), com o propósito de dirimir necessidades, seja por qualquer carência ou de escassez do que se precisa para viver com dignidade. Nesse sentido, extraio os ensinamentos de Eduardo Rocha Dias e José Leandro Monteiro de Macêdo:

"A previdência social tem em mira contingências bastante específicas: aquelas que atingem o trabalhador. E quanto a esta afirmação não há divergências; de fato a previdência social objetiva amparar o trabalhador. 'Entre nós, os seguros sociais destinam-se exclusivamente à proteção dos trabalhadores e dos seus familiares, resultando a destes últimos da dos primeiros, pois que nenhum familiar pode a vir a adquirir direitos a prestações sem que entre o trabalhador de que depende e a instituição se tenha estabelecido numa relação de seguro social.

O termo contingências para fins de proteção da previdência social deve ser entendido nos seus devidos moldes. A previdência, genericamente, visa à proteção contra riscos, ou seja, eventos futuros e incertos. A previdência social tem por objetivo resguardar o trabalhador das consequências dos eventos que possam atingir a sua atividade laboral. O que é relevante para qualificar tais eventos como merecedores do amparo da previdência social é a sua repercussão econômica na vida do trabalhador. As características de 'futuro e incerto' perdem relevância para a previdência social na definição das contingências a serem por ela cobertas. Tudo aquilo que repercurtir negativamente na economia do trabalhador deve ser objeto de proteção por parte da previdência social. Mesmo que o evento seja atual, querido e previsto, ainda assim, se abalar a economia do trabalhador, deverá ser alvo de cobertura pela previdência social" (*Curso de Direito Previdenciário*, 2. ed. São Paulo: Ed. Método, 2010, p. 28/29).

O direito previdenciário, de um ponto de vista constitucional, caracteriza-se como um direito social. Como visto, isto significa dizer que é necessário sua implementação por meio de políticas públicas diretamente feitas pelo Estado, enquanto poder executivo, seja no RGPS ou no RPPS, seja por políticas indutoras, por meio da Previdência Privada complementar, que pode ser aberta ou fechada.

Sinteticamente, podem-se mencionar as seguintes fases de evolução do Direito Previdenciário no Brasil e no mundo ocidental. Na Europa, a ideia de previdência se iniciou ainda no século XIX, sob a iniciativa de Otto Von Bismarck, na Alemanha. Tal noção se consolida sob a égide da Constituição mexicana, de 1917, e de Weimar, na Alemanha, em 1919. Após tal período, observa-se uma fase de expansão do reconhecimento do direito à previdência. Nesse sentido, a doutrina de Carlos Alberto Pereira de Castro e de João Batista Lazzari:

"A fase de expansão [dos direitos sociais previdenciários] é notada a partir do período pós-Segunda Guerra, com a disseminação das ideias do economista John Maynard Keynes, o qual pregava, em síntese, o crescimento econômico num contexto de intervenção estatal no sentido de melhor distribuir – ou até mesmo redistribuir – a renda nacional.

Até então, é importante frisar, os planos previdenciários (de seguro social), em regra, obedeciam a um sistema chamado bismarckiano, ou de capitalização. Em outras palavras, somente contribuíam os empregadores e os próprios trabalhadores empregados, numa poupança, abrangendo a proteção apenas destes assalariados contribuintes, numa mudança compulsória. Ou seja, embora o seguro social fosse imposto pelo Estado, ainda faltava a noção de solidariedade social, pois não havia a participação da totalidade dos indivíduos, seja como contribuintes, seja como potenciais beneficiários.

As propostas de Keynes foram aprofundadas por Lord William Henry Beveridge, que havia sido seu colaborador e que, em 1941, foi designado pelo governo britânico para reexaminar os sistemas previdenciários da Inglaterra. A partir de 1944, então, foram estes alterados pela adoção, naquele país, do chamado Plano Beveridge, o qual, revendo todas as experiências até então praticadas pelos Estados que tinham adotado regimes de previdência, criou um sistema universal – abrangendo todos os indivíduos, com a participação compulsória de toda a população, com a noção de que a seguridade social é 'o desenvolvimento harmônico dos economicamente débeis'".

E conclui o autor:

"Existem, pois, dois modelos fundamentais de proteção social, que coexistem no Estado Contemporâneo após a Segunda Guerra Mundial, ambos, todavia, baseados no ideal de solidariedade e na intervenção do Estado no domínio econômico, diferenciando-se quanto à parcela da população destinatária e aos limites da participação do Estado no sistema de proteção: 'um sistema previdenciário cuja característica mais relevante seja a de funcionar como um seguro social pode ser designado como Bismarkiano. Um sistema que enfatize funções redistributivas, objetivando também a redução da pobreza pode ser qualificado por Beveridgeano' (op. cit., p. 45)

(...) Há que assinalar, todavia, que o modelo previdenciário vislumbrado na política do bem-estar social, o WelfareState, vem sendo substituído, em diversos países, por um outro, no qual o principal fundamento é a poupança individual, sem a centralização dos recursos das contribuições em órgãos estatais. Países da América Latina, como Chile – precursor desta nova modalidade de previdência – Peru, Argentina, Colômbia, Uruguai, Venezuela, Equador e Bolívia vêm adotando a privatização da gestão previdenciária, uns mantendo a presença estatal em níveis mínimos, outros deixando totalmente ao encargo da iniciativa privada a questão da poupança previdenciária. O México, um dos primeiros países da América a ter regras previdenciárias, acabou por sofrer profundas alterações no seu regime previdenciário, por lei de dezembro de 1995, cuja vigência se deu em janeiro de 1997.

As chamadas 'reformas' dos sistemas previdenciários públicos obedecem, em síntese, a dois moldes, segundo a classificação de Carmelo Mesa-Lago: (1) reformas estruturais, que visam modificar radicalmente o sistema público, seja introduzindo um componente privado como complemento ao público, seja criando um sistema privado que concorra com o público; e (2) reformas não-estruturais, ou paramétricas, que visam melhorar um sistema público de benefícios a fim de fortalecê-lo financeiramente a longo prazo, por exemplo, incrementando a idade de aposentadoria ou o valor das contribuições, ou ainda tornando mais exata a fórmula de calcular o benefício" (*op. cit.*, p. 47).

Complementar a esse entendimento, menciono a doutrina de Cláudia Fernanda de Oliveira Pereira, em sua obra *Reforma da Previdência*:

> Foi com o advento do Estado intervencionista que nasceu a Previdência Social, 'embrião do moderno conceito de seguridade social'. Recapitule-se que o intervencionismo, ou o Welfare State, visava justamente à proteção e ao Bem-Estar Social. Atribui-se, assim, à lei alemã de 1883 a origem da Previdência Social, quando se instituiu o seguro-doença obrigatório em favor dos operários, custeado por contribuições dos empregados, empregadores e do Estado. Em seguida, teria havido a expansão do seguro social obrigatório por todo o mundo, além da criação de organizações internacionais e de tratados internacionais sobre a previdência social. Mas foi apenas em 1935, nos EUA, que pela primeira vez surgiu a expressão 'seguridade social', utilizada em Lei do mesmo nome. Em 1948, a Declaração Universal dos Direitos Humanos inscreve a seguridade social como direito humano universal" (op. cit. Brasília: Ed. Brasília Jurídica, 1999, p. 41)

3. AS REFORMAS DA PREVIDÊNCIA NA CF/88. REGIMES DE PREVIDÊNCIA NA CF/88

Há os seguintes tipos ou espécies de regimes públicos ou estatais de previdência social no Brasil, e previstos na CF/88: 1) o regime próprio de previdência social, de natureza estatutária, cujos destinatários são os servidores públicos, no art. 40 da CF/88; 2) regime geral de previdência social, cujos destinatários são todos os demais contribuintes que realizem atividades econômicas, de acordo com o art. 201. Extraio, no que interessa, os dois dispositivos da Constituição:

(REGIME GERAL DE PREVIDÊNCIA SOCIAL – RGPS)

Art. 201. A previdência social será organizada sob a forma de regime geral, de caráter contributivo e de filiação obrigatória, observados critérios que preservem o equilíbrio financeiro e atuarial, e atenderá, nos termos da lei, a:

I – cobertura dos eventos de doença, invalidez, morte e idade avançada;

II – proteção à maternidade, especialmente à gestante;

III – proteção ao trabalhador em situação de desemprego involuntário;

IV – salário-família e auxílio-reclusão para os dependentes dos segurados de baixa renda;

V – pensão por morte do segurado, homem ou mulher, ao cônjuge ou companheiro e dependentes, observado o disposto no § 2º.

(REGIME PRÓPRIO DE PREVIDÊNCIA SOCIAL – RPPS)

Art. 40. Aos servidores titulares de cargos efetivos da União, dos Estados, do Distrito Federal e dos Municípios, acrescentadas suas autarquias e fundações, é assegurado regime de previdência de caráter contributivo e solidário, mediante contribuição do respectivo ente público, dos servidores ativos e inativos e dos pensionistas, observados critérios que preservem o equilíbrio financeiro e atuarial e o disposto neste artigo.

Como se observa da comparação dentre os dois dispositivos, seus destinatários são diferentes. O art. 201 contempla todos aqueles segurados/contribuintes que não sejam servidores públicos, sendo o seu órgão de gestão a maior autarquia, em termos orçamentários, do Brasil, o INSS. Já o art. 40 protege os servidores públicos em geral. Pode-se afirmar que os dois regimes são públicos, posto que geridos pelo Estado. Seus destinatários é que são diferentes.

Além disso, há a previsão da denominada previdência complementar, de natureza privada. Assim, após a Constituição Federal de 1988, e com suas respectivas reformas, assim ficaram os regimes de previdência privada, de acordo com o Ministro do STJ e professor Massami Uyeda:

"A previdência complementar, ou previdência privada, é parte integrante da Previdência Social, a qual é composta de mais outros dois pilares, que são: o Regime Geral de Previdência Social e os Regimes Próprios de Previdência dos Servidores Públicos. Esses dois regimes são de caráter obrigatório e administrados por órgãos públicos, que recolhem contribuição e pagam, dentro do mesmo exercício financeiro, benefícios aos aposentados e pensionistas. É o denominado regime de caixa.

A previdência complementar, por sua natureza, tem caráter facultativo e visa proporcionar ao trabalhador proteção previdenciária adicional, de acordo com sua respectiva necessidade e vontade. Às entidades que administram o regime complementar cabe recolher as contribuições, aplicar o patrimônio acumulado e pagar os benefícios aos assistidos. Essa forma de financiamento em que o pagamento dos benefícios depende também do rendimento do patrimônio, denomina-se regime de capitalização.

A previdência complementar é composta de duas vertentes: a previdência privada aberta e a previdência privada fechada" (in: *Estudos Jurídicos em homenagem ao Ministro Cesar Asfor Rocha*. Ed. Migalhas, 2012, Noções sobre Previdência Privada, p. 67)

Sobre tal tipo de previdência, assim dispõe o art. 202 da CF/88, com a inovação trazida pela EC 20/1998:

Art. 202. O regime de previdência privada, de caráter complementar e organizado de forma autônoma em relação ao regime geral de previdência social, será facultativo, baseado na constituição de reservas que garantam o benefício contratado, e regulado por lei complementar.

Comentando o dispositivo constitucional acima transcrito, extraio a doutrina de Massami:

A preocupação do legislador em estabelecer regras claras e critérios que preservem o equilíbrio econômico-financeiro e atuarial das entidades de previdência privada é resposta à determinação prevista no art. 202 da Carta Magna, o qual exige a constituição de reservas que garantam o benefício contratado. Em outras palavras, a criação de benefícios ou o acréscimo de benefícios deve ser baseado na constituição de reservas" (*op. cit.*, p. 73).

Quanto à necessidade de cálculos para a percepção dos benefícios, mais uma vez cito o Ministro Massami Uyeda:

"No momento de se estabelecer os benefícios, entra em ação o importante papel dos atuários, os quais elaboram as chamadas tábuas atuariais capazes de estabelecer, com base no benefício que se quer dar, a contribuição necessária ou vice-versa. Na elaboração das chamadas tábuas atuariais, é levado em conta o tempo médio de vida da população daquele país ou de segmento ao qual se destina o plano de aposentadoria.

Quando um trabalhador se associa a um fundo de pensão, está de olho na complementação de aposentadoria, que é um valor que tem por objetivo amenizar as perdas entre o que o empregado ganhava na ativa e o que passará a receber da previdência social. Normalmente, os fundos de pensão, de acordo com o estabelecido nos seus regulamentos, calculam uma mensalidade de aposentadoria levando em conta o tempo de serviço na patrocinadora, e o valor da contribuição mensal do indivíduo.

A complementação de aposentadoria é bem diferente da aposentadoria estatutária, a dos servidores públicos, na qual a isonomia com o pessoal da ativa sempre foi o ponto de destaque. Nos fundos de pensão, não existe essa isonomia compulsória, pois o benefício dependerá do que ficar estabelecido no plano ou regulamento de benefícios.(*op. cit.*, p. 70).

Estas são as principais espécies ou tipos de previdência previstas na CF/88, cujos destinatários, como demonstrado, são diversos.

CONCLUSÕES

Como ensina Robert Alexy, uma das maiores dificuldades de realização dos direitos sociais, e nesse caso o direito previdenciário é um dos seus exemplos mais paradigmáticos, reside justamente nos seus custos financeiros:

> "A extensão do exercício dos direitos fundamentais sociais aumenta em crises econômicas. Mas é exatamente nesses momentos que pode haver pouco a ser distribuído. Parece plausível a objeção de que a existência de direitos fundamentais sociais definitivos – ainda que mínimos – tornaria impossível a necessária flexibilidade em tempos de crise e poderia transformar uma crise econômica em uma crise constitucional. Contra essa objeção é necessário observar, em primeiro lugar, que nem tudo aquilo que em um determinado momento é considerado como direitos sociais é exigível pelos direitos fundamentais sociais mínimos; em segundo lugar, que, de acordo com o modelo aqui proposto, os necessários sopesamentos podem conduzir, em circunstâncias distintas, a direitos definitivos distintos; e, em terceiro lugar, que é exatamente nos tempos de crise que a proteção constitucional, ainda que mínima, de posições sociais parece ser imprescindível" (*op. cit.*, p. 513).

Contudo, em razão do maior envelhecimento da população brasileira e de sua maior longevidade, justifica-se uma preocupação cada vez maior com a previdência. Seus custos, sem dúvida, irão aumentar. Mas isto só demonstra sua importância paulatina e crescente junto a toda a população brasileira.

REFERÊNCIAS BIBLIOGRÁFICAS

BARROSO, Luís Roberto. *O Direito Constitucional e a Efetividade de suas Normas* – limites e possibilidades da Constituição brasileira, 4. ed. Rio de Janeiro: Ed. Renovar, 2000.

BOBBIO, Norberto; MATTEUCCI, Nicola; PASQUINO, Gianfranco. *Dicionário de Política*, 5. ed. Brasília: Ed. UnB, v. 2, 2000.

BOBBIO, Norberto. *Teoria Geral da Política*: a Filosofia Política e as lições dos clássicos. Organizado por Michelangelo Bovero. Rio de Janeiro: Ed. Campus, 2000.

BOECHAT, Lêda. *A Corte Suprema e o Direito Constitucional Americano*. 2. ed. Rio de Janeiro: Civilização Brasileira, 1992.

BONAVIDES, Paulo. *Ciência Política*. São Paulo: Malheiros, 2002.

_____. *Curso de Direito Constitucional*. 7 ed. rev. atual. ampl. São Paulo: Malheiros, 1997.

_____. *Do Estado Liberal ao Estado Social*. 5. ed. Minas Gerais: Ed. Del Rey, 1993.

_____. *Curso de Direito Constitucional*. 12. ed. São Paulo: Malheiros, 2002.

_____. *Teoria Constitucional da Democracia Participativa*: por um Direito Constitucional de luta e resistência por uma nova Hermenêutica, por uma repolitização da legitimidade. 1. ed. São Paulo: Malheiros, 2001.

CASTRO, Carlos Alberto Pereira de; LAZZARI, João Batista. *Manual de Direito Previdenciário*. Florianópolis: Ed. Conceito, 2010.

VERDÚ, Pablo Lucas. *O Sentimento Constitucional*: aproximação ao Estudo do sentir constitucional como modo de integração política. Rio de Janeiro: Forense, 2004.

OS DIREITOS SOCIAIS E AS ATRIBUIÇÕES DO ESTADO SOCIAL NA ATUALIDADE

Tainah Simões Sales (*)

1. INTRODUÇÃO

Sobretudo após a Primeira e a Segunda Guerras Mundiais, em razão das atrocidades ocorridas e da efervescência de discussões em torno da efetivação dos direitos humanos, novas demandas surgiram, de modo que se tornou imperiosa a necessidade de intervenção estatal em prol das necessidades reais dos cidadãos, ainda que prevalecessem, no âmbito econômico, os ideais capitalistas. Fala-se, assim, no surgimento do chamado Estado Social, consolidado na segunda metade do século XX.

Embora seja possível verificar certas imprecisões quanto à adoção do termo, no contexto adotado no presente trabalho, o Estado Social pode ser entendido como Estado intervencionista[1]. Isso porque há dois conceitos principais: o primeiro, em sentido estrito, sinônimo do Estado de Bem-Estar (*Welfare State*), vinculado ao sistema de assistência e seguridade social. O segundo, em sentido amplo, seria sinônimo de Estado intervencionista, não restrito, assim, somente às esferas da assistência e da seguridade social.

O Estado Social é resultado das mudanças estruturais pelas quais o antigo Estado Liberal passou e encontra-se no meio termo entre este e o Estado Socialista: conservando a adesão à ordem capitalista, preocupa-se, também, em realizar a justiça social, buscando a superação da dicotomia entre igualdade política e desigualdade social, e garantindo os direitos básicos da classe trabalhadora[2].

Importa mencionar que o Estado Social pressupõe a ação em esferas que antes pertenciam ao campo da autonomia privada, em razão da pressão da sociedade e da necessidade de intervenção estatal, com o fito de extinguir ou, pelo menos, amenizar, os efeitos negativos do capitalismo. Tais ações podem ser verificadas nas mais diversas normas criadas para garantir os direitos dos trabalhadores, no âmbito da previdência, da assistência social, da educação, da saúde, da habitação, do controle das atividades econômicas e bancárias, bem como na criação e execução de políticas públicas, para tornar reais os direitos previstos no ordenamento jurídico.

(*) Mestranda pelo Programa de Pós-Graduação em Direito da Universidade Federal do Ceará (UFC). Bolsista de pesquisa da Fundação Cearense de Apoio ao Desenvolvimento Científico e Tecnológico (FUNCAP). Email: tainahsales@gmail.com.

(1) BERCOVICI, Gilberto. *Desigualdades regionais, Estado e Constituição*. São Paulo: Max Limonad, 2003, p. 54-55.

(2) BONAVIDES, Paulo. *Do Estado liberal ao Estado social*. 7 ed. São Paulo: Malheiros, 2001, p. 185-186. No mesmo sentido, GARCÍA-PELAYO, Manuel. *As transformações do Estado contemporâneo*. Tradução de Agassiz Almeida Filho. Rio de Janeiro: Forense, 2009, p. 6-7. O autor denomina "neocapitalismo" esta nova era em que o Estado, sem deixar de adotar o capitalismo, passa a se preocupar e a atender às necessidades da sociedade.

O presente artigo visa à análise do contexto em que os direitos sociais surgiram e à releitura crítica do conceito de direitos sociais tradicionalmente adotado pela doutrina, que traça a diferença entre direitos de liberdade e direitos sociais com base na posição negativa ou positiva do Estado. Faz-se, em seguida, crítica à teoria da geração dos direitos fundamentais, proposta por Karel Vasak no final da década de 1970. Por fim, realizou-se estudos sobre as atribuições do Estado Social e sobre a solidariedade como objetivo fundamental da República Federativa do Brasil.

2. OS DIREITOS SOCIAIS

Antes da análise dos fatos históricos referentes ao surgimento dos direitos sociais, cumpre discutir os aspectos relacionados à sua conceituação. Afinal, o que são estes direitos? Há diferenças entre os direitos de liberdade e os direitos sociais tradicionalmente apontadas pela doutrina, porém o principal ponto que os autores parecem destacar como distinção entre os dois institutos é alvo de críticas consistentes na atualidade, como se verá a seguir.

2.1. Conceito

Desde o seu surgimento, os direitos sociais foram definidos como direitos prestacionais ou direitos que demandam ações positivas por parte do Estado, enquanto os direitos de liberdade são direitos negativos ou, em outras palavras, direitos oponíveis em face do Estado. No caso dos direitos sociais, o Estado deve agir positivamente, mediante produção de políticas públicas concretas. Já em relação aos direitos de liberdade, deve abster-se. Os direitos sociais traduzem, assim, para a doutrina tradicional, a noção de "pretensão, cuidado e proteção", com atividade estatal intensa para garantir os interesses da sociedade[3]. A ação do Estado, em relação a estes, é "fazer". Em relação aos direitos de liberdade, é "abster-se".

Karel Vasak, estudioso tcheco, associou o lema da Revolução Francesa aos direitos fundamentais em 1979. Trata-se da teoria das gerações dos direitos fundamentais. De acordo com essa teoria, a partir do surgimento do Estado Liberal, originaram-se os chamados direitos fundamentais de primeira geração. São os direitos civis e políticos. São direitos com status negativo, posto que existem para limitar a atuação do Estado, baseados na não intervenção. Constituem garantias para os indivíduos em face da atuação do Poder Público. A liberdade, então, é o principal elemento dos direitos fundamentais de primeira geração.[4]

Os direitos de segunda geração, por sua vez, baseiam-se na igualdade. Surgiram a partir do advento do Estado Social, no século XX, e englobam os direitos sociais, culturais e econômicos, bem como os direitos coletivos. Possuem status positivo, tendo em vista que são direitos que demandam ações do Estado. Há, ainda, a terceira geração de direitos, proposta por Karel Vasak, que associa à fraternidade os direitos ao desenvolvimento, à paz e ao meio ambiente ecologicamente equilibrado, e outras gerações (ou dimensões) propostas por outros juristas, como Paulo Bonavides, mas que não serão objeto de estudo em razão da ausência de pertinência com a temática central deste artigo[5].

Não obstante a importância histórica desses estudos e as contribuições destes autores para o Direito Constitucional e para a compreensão dos direitos fundamentais, atualmente, critica-se a ideia de que somente os direitos sociais são prestacionais e que demandam ações positivas por parte do Estado. Isso porque hoje se entende que todos os direitos são positivos, uma vez que todos os direitos demandam ações concretas por parte do Estado. Todos os direitos, portanto, têm custos[6].

A tradicional visão de que os direitos de liberdade não requerem ações por parte do Estado está equivocada. A garantia destes direitos também demanda atividade estatal, também demanda custos. Assim, a liberdade individual não é assegurada com a simples não interferência estatal, pois esta também exige certa resposta do Estado, exige a construção de

---

(3) QUEIROZ, Cristina. *Direitos Fundamentais sociais*. Coimbra: Editora Coimbra, 2006, p. 32.

(4) Para maior conhecimento sobre a temática, recomenda-se a leitura de BONAVIDES, Paulo. *Curso de direito constitucional*. 26. ed. São Paulo: Malheiros, 2011; SARLET, Ingo. *A eficácia dos direitos fundamentais*: uma teoria geral dos direitos fundamentais na perspectiva constitucional. 10. ed. Porto Alegre: Livraria do Advogado, 2009.

(5) Há, ainda, a terceira geração de direitos, proposta por Karel Vasak, e outras gerações (ou dimensões) propostas por outros juristas, como Paulo Bonavides, mas que não serão objeto de estudo em razão da ausência de pertinência com a temática central deste trabalho. Para maior conhecimento sobre a temática, recomenda-se a leitura de BONAVIDES, Paulo. *Curso de direito constitucional*. 26. ed. São Paulo: Malheiros, 2011.

(6) HOLMES, Stephen; SUNSTEIN, Cass. *The cost of rights*: why liberty depends on taxes. New York: W.W Norton & Company, 1999, p. 35-48.

um ambiente adequado para que esse direito possa ser exercido em sua plenitude.

Stephen Holmes e Cass Sunstein[7] afirmam que até mesmo o direito de não ser torturado pela polícia, nas prisões, exige ações positivas por parte do Estado e, consequentemente, gastos públicos. É que se torna necessário, entre outras ações, fiscalizar os estabelecimentos prisionais e capacitar a polícia. O direito de liberdade de locomoção, por exemplo, demanda ações para garantir a segurança pública, sistema de transporte público etc. Ademais, os que têm a liberdade violada necessitam de um sistema judiciário viável para exigir as sanções cabíveis ao infrator ou o retorno à situação anterior. Os que violam, além de um sistema judiciário viável para lhes garantir o direito de defesa, necessitam de uma estrutura prisional mínima, se for o caso.

O exercício do direito de propriedade também demanda custos por parte do Estado, mediante políticas de segurança pública, por exemplo, ou de uma estrutura judicial que viabilize a garantia do direito ou a reparação em caso de violação. São, portanto, ações que demandam recursos públicos e são caracterizadas pelo "fazer", assim como também são as ações para promoção de direitos sociais.

José Casalta Nabais[8] também corrobora este entendimento, sustentando que "não tem a menor base real a separação tradicional entre, de um lado, os direitos negativos, que seriam alheios a custos comunitários e, de outro lado, os direitos positivos, que desencadeariam, sobretudo, custos comunitários". Talvez a diferença entre os direitos sociais e os de liberdade, nesse sentido, resida no fato de que os direitos sociais demandam "custos financeiros públicos diretos", enquanto os direitos de liberdade demandam "custos financeiros públicos indiretos". Em relação aos primeiros, são custos que se realizam imediatamente na *promoção* de políticas. Porém, em relação aos segundos, são despesas materializadas, sobretudo, na *proteção* de direitos. Mas o fato é que todos os direitos demandam ações, tornando a diferenciação tradicional carente de sentido.

Outra crítica que se faz em relação à teoria das gerações dos direitos fundamentais é que esta pode induzir à redução da normatividade dos direitos de segunda e de terceira geração, como se só fosse possível concretizá-los após a garantia dos direitos de primeira geração. É que a teoria pode ser interpretada da seguinte forma: o reconhecimento dos direitos de uma geração só pode ser realizado uma vez que os direitos da geração anterior sejam concretizados, atribuindo-se aos direitos sociais, por exemplo, uma categoria de direitos sem prioridade[9]. Entretanto, sabe-se que não há hierarquia entre os direitos fundamentais.

Em razão de tal crítica, adota-se, atualmente, a nomenclatura "dimensões" dos direitos fundamentais, em vez de "gerações", para afastar a ideia de sucessão. Entretanto, a classificação dos direitos em dimensões, apesar de tentar viabilizar uma interpretação mais coerente da teoria, não resolve o cerne da questão: o fato de os não haver hierarquia entre os direitos fundamentais. Dizer que o direito de liberdade pertence à primeira dimensão e o direito à assistência social, por exemplo, pertence à segunda dimensão pode levar o leitor desatento a erro, a partir da interpretação de que o direito de liberdade é hierarquicamente superior ou mais importante que os demais, porque pertence à primeira dimensão.

Portanto, embora se reconheça o valor histórico da teoria e o notório saber jurídico de autores que a sustentam (como Paulo Bonavides, Ingo Sarlet, entre outros), entende-se que a teoria carece de aplicabilidade prática e que mais prejudica que beneficia a compreensão em torno dos direitos fundamentais, uma vez que pode levar à interpretação de que os direitos de primeira geração ou dimensão possuem hierarquia superior aos demais ou de que os direitos das gerações ou dimensões seguintes carecem de normatividade enquanto os direitos das categorias anteriores não são concretizados. Outrossim, entende-se que se deve extinguir a ideia de que os direitos de liberdade são negativos e os direitos sociais são positivos, tendo em vista o fato de que todos demandam ações positivas por parte do Estado e possuem custos para os cofres públicos.

Nesse diapasão, definem-se direitos sociais como aqueles vinculados à noção de solidariedade, justiça social e igualdade material, em atendimento

---

(7) HOLMES, Stephen; SUNSTEIN, Cass. *The cost of rights*: why liberty depends on taxes. New York: 1999, p. 44. W.W Norton & Company,

(8) NABAIS, José Casalta. *Por uma liberdade com responsabilidade*: estudos sobre direitos e deveres fundamentais. Coimbra: Editora Coimbra, 2007, p. 176-177.

(9) MARMELSTEIN, George. *Efetivação dos direitos econômicos, sociais e culturais*. Dissertação (Mestrado em Direito). Universidade Federal do Ceará, Faculdade de Direito, 2005, p. 66. Nesse mesmo sentido, MARMELSTEIN, George. "Críticas à Teoria das Gerações (ou mesmo dimensões) dos direitos fundamentais". *Revista Opinião Jurídica*, n. 3, ano 2, p. 171-182, 2004.1.

às necessidades dos mais carentes de amparo estatal. Os direitos sociais têm a finalidade de alcançar igualdade de oportunidades, redução das desigualdades e melhores condições de vida para todos[10]. Ademais, *"le droit social evoque, em premier lieu, les devoirs de la collectivité vis-à-vis de l'individu (dès lors que ces devoirs dépassent la protection de la liberté, de la personne et des biens de l'interessé)"*[11]. Os direitos sociais partem da noção de que o indivíduo não vive sozinho e que ele não se basta. Transcendem, portanto, a noção individualista do direito, a partir da compreensão de um viés social. São, por exemplo, os direitos de assistência social, que demandam a noção de solidariedade ativa, os direitos relacionados à educação, à saúde, entre outros.

2.2. Notas sobre o surgimento dos direitos sociais em caráter mundial e nacional

Afirma-se que o marco da consolidação dos direitos sociais é a elevação de tais direitos a *status* constitucional, mediante a positivação nas Constituições do México, em 1917, e de Weimar, em 1919. Outrossim, após a Primeira e a Segunda Guerras Mundiais, reconheceu-se a necessidade de se garantir e reforçar essa gama de direitos, que antes não eram devidamente considerados. Daí a menção aos direitos sociais na maioria das constituições vigentes na atualidade[12].

Devem-se compreender os eventos e os elementos históricos que levaram à positivação dos direitos sociais nos textos constitucionais do México e de Weimar e a posterior menção nos demais. É que os direitos sociais não apareceram de forma abrupta em tais constituições. Diversos fatos contribuíram para o advento desta nova realidade. Não se pode deixar de destacar a influência da doutrina socialista e o fato de que muitos direitos sociais já haviam sido objeto de legislação infraconstitucional em diversos países, como a França e a Inglaterra, em momentos anteriores a 1917.

Assim, mesmo antes do advento das Constituições do México e de Weimar, alguns direitos sociais já haviam sido positivados em leis esparsas nos países europeus. Entretanto, tais direitos sociais eram reduzidos, basicamente, aos direitos trabalhistas. Nesse diapasão, destaca-se a criação das chamadas Leis Fabris Inglesas, no início do século XIX, que determinavam limitação etária para o trabalho infantil, bem como limitação de jornada de trabalho para jovens. São exemplos dos "primeiros direitos sociais legalmente conquistados na era do capitalismo industrial"[13].

Na mesma época, a Câmara dos Comuns da Inglaterra revogou a lei que proibia a criação e a manutenção de sindicatos de trabalhadores, garantindo, assim, os direitos sociais referentes à livre associação e à greve. Na França, estes direitos somente foram garantidos em 1864. Até então, havia a proibição da organização sindical. Após, a Prússia e a Áustria também elaboraram leis neste sentido, em 1869, e a Itália, em 1894[14].

Aos poucos, os ingleses conquistaram cada vez mais direitos trabalhistas, a partir de previsão em legislação infraconstitucional, acarretando repercussão em todo o continente europeu, com destaque para a França, onde foram criadas leis prevendo a redução da jornada de trabalho para 12 (doze) horas diárias, arbitragem de conflitos, redução do trabalho infantil, entre outros.

Em 1864, os trabalhadores ingleses e franceses, influenciados pelos ideais socialistas, formaram a Associação Internacional de Trabalhadores, atualmente conhecida como a Primeira Internacional, impulsionando os movimentos operários na Europa. A sede da associação localizava-se em Londres, local onde Karl Marx estava exilado. Em 1889, foi organizada a Segunda Internacional, que não contou com a participação de Marx, que morreu em 1883, mas com a presença de Friedrich Engels.

Desse modo, o movimento operário cresceu, assim como se verificou o fortalecimento das lutas em prol da ampliação dos direitos trabalhistas e a pro-

---

(10) Nesse sentido, também conceitua MARMELSTEIN, George. *Efetivação dos direitos econômicos, sociais e culturais*. Dissertação (Mestrado em Direito). Universidade Federal do Ceará, Faculdade de Direito, 2005, p. 27.

(11) Em tradução livre: o direitos social evoca, em primeiro lugar, deveres coletivos face aos deveres dos indivíduos (deveres que ultrapassam a proteção da liberdade, da pessoa e dos bens de interesse). CABRILLAC, Rémy; FRISON-ROCHE, Marie-Anne; REVET, Thierry. *Libertés et droits fondamentaux*. 15 ed. Paris: Dalloz, 2009, p. 753.

(12) NOVAIS, José Reis. *Direitos Sociais*. Coimbra: Editora Coimbra, 2010, p. 67-70.

(13) SINGER, Paulo. Direitos sociais: cidadania para todos. In: PINSKY, Jaime; PINSKY, Carla Bassanezi (orgs.). *História da cidadania*. 5. ed. São Paulo: Contexto, 2010, p. 222.

(14) SINGER, Paulo. Direitos sociais: cidadania para todos. In: PINSKY, Jaime; PINSKY, Carla Bassanezi (orgs.). *História da cidadania*. 5. ed. São Paulo: Contexto, 2010, p. 224-225.

pagação das ideias socialistas em caráter mundial. Sobre o assunto, afirma-se: "as lutas do movimento operário por direitos sociais e políticos deu frutos e estes fortaleceram a classe trabalhadora e tornaram o Estado, em um número cada vez maior de países [...], o responsável pelo respeito a esses direitos"[15].

Na Alemanha, no final do século XIX e no início do século XX, foram criadas diversas regras referentes à seguridade social, propostas pelo chanceler do Império, Otto von Bismarck, em 1878. Os direitos referiam-se ao amparo em razão de acidente de trabalho, desemprego, enfermidade etc. Alguns países, como a Hungria e a Áustria, importaram o modelo alemão de seguridade. Em 1911, na Grã-Bretanha, criou-se um sistema obrigatório de seguro para os trabalhadores[16].

Entretanto, somente com a Primeira Guerra Mundial houve um verdadeiro impulso em relação à garantia de direitos sociais. Três fatores contribuíram para tanto: primeiro, o fato de, durante a guerra, diversos direitos civis, políticos e coletivos terem sido suprimidos, tornando imperiosa a necessidade de o Estado compensar o povo a partir de promessas de ampliação do rol dos direitos sociais, quando da restauração da paz. Segundo, o resultado da Revolução Russa em 1917, com a vitória dos bolcheviques e a adoção do regime socialista.

Por fim, o fato de a Alemanha ter sido derrotada na guerra e obrigada a se submeter a diversas exigências impostas pelas nações vencedoras, instigando a opinião pública alemã e levando os governantes a elaborar a Constituição de Weimar, em 1919, sendo considerada, à época, uma das mais avançadas do mundo em relação à positivação de direitos sociais. Assim, "o complexo de culpa das classes governantes que conduziram o povo à carnificina tornou especialmente generosa a legislação social então aprovada"[17].

Há de se ressaltar, ademais, além das consequências da Primeira Guerra Mundial, a influência da Revolução Mexicana, ocorrida entre 1910 e 1917, a partir da mobilização de camponeses e grupos operários, e a elaboração da Constituição de 1917, sendo apontada como a primeira a elencar um rol de direitos sociais.

Nos Estados Unidos, as mobilizações dos trabalhadores ocorreram, sobretudo, após a crise de 1929, que culminou no aumento do desemprego e da pobreza no país. Roosevelt, presidente eleito em 1932, criou diversas medidas intervencionistas com o intuito de superar a "Grande Depressão", que se tornaram conhecidas como New Deal. Na época, muitos direitos sociais foram garantidos legalmente, bem como políticas públicas visando à sua implementação foram elaboradas[18].

Após a Segunda Guerra Mundial, diante das atrocidades ocorridas, o cenário era favorável à consolidação dos direitos sociais em caráter mundial. Os Estados europeus passaram a se preocupar com o atendimento dos anseios da população e a elaborar políticas públicas em áreas como saúde, educação, seguridade social etc., visando à reconstrução dos países destruídos pelas batalhas, tendo estas medidas intervencionistas repercutido no cenário internacional.

Desse modo, as constituições que foram elaboradas após esse período elencam vários direitos sociais, assumindo as ideias de justiça social, solidariedade e igualdade, além dos direitos de liberdade, não havendo a sobreposição dos novos direitos sobre os clássicos[19]. A partir de então, os direitos sociais não mais estavam associados aos movimentos operários e às lutas por melhores condições de trabalho, mas a melhores condições de vida em geral[20].

No Brasil, os direitos sociais surgiram a partir da década de 1930, durante o governo de Getúlio Vargas. José Murilo de Carvalho[21] destaca que "o período de 1930 a 1945 foi o grande momento da legislação social", sobretudo em matéria trabalhista. Destacam-se, nesse sentido, a criação do Ministério do Trabalho, Indústria e Comércio, em 1930; do Departamento Nacional do Trabalho, em 1931; de legislações infraconstitucionais regulamentando os

---

(15) SINGER, Paulo. Direitos sociais: cidadania para todos. In: PINSKY, Jaime; PINSKY, Carla Bassanezi (orgs.). História da cidadania. 5. ed. São Paulo: Contexto, 2010, p. 233.

(16) Ibidem, p. 237.

(17) Ibidem, p. 240.

(18) Destaca-se o Sherman Act, em 1890, sendo considerado a primeira lei antitruste. BUCCI, Maria Paula Dallari. O conceito de política pública em direito. In: BUCCI, Maria Paula Dallari (org.). Políticas Públicas: reflexões sobre o conceito jurídico. São Paulo: Saraiva, 2006, p. 5.

(19) NOVAIS, José Reis. Direitos Sociais. Coimbra: Editora Coimbra, 2010, p. 20. Ver também em GARCÍA-PELAYO, Manuel. As transformações do Estado contemporâneo. Tradução de Agassiz Almeida Filho. Rio de Janeiro: Forense, 2009.

(20) NOVAIS, José Reis. Direitos Sociais. Coimbra: Editora Coimbra, 2010, p. 68-71.

(21) CARVALHO, José Murilo de. Cidadania no Brasil: o longo caminho. 14. ed. Rio de Janeiro: Civilização Brasileira, p. 110.

direitos trabalhistas das mulheres, em 1932; o direito de férias, entre 1933 e 1934; a elaboração da Constituição de 1934, que criou a Justiça do Trabalho, determinou a jornada diária de 8 (oito) horas e a criação do salário mínimo etc; bem como da Consolidação das Leis Trabalhistas (CLT), em 1943, vigente até hoje[22].

No âmbito previdenciário, houve a criação do Instituto de Aposentadoria e Pensão dos Marítimos (IAPM), culminando na transformação das Caixas de Aposentadoria e Pensão (CAPs), então existentes. Esse sistema, ao mesmo tempo em que refletiu certo avanço na legislação previdenciária, também se demonstrou excludente, tendo em vista a ausência de previsão dos benefícios a diversas categorias de trabalhadores, como os autônomos, os domésticos e os rurais.

Há de se ressaltar que na Constituição de 1934 houve a menção não só a direitos trabalhistas, mas à competência da União e dos Estados para prover saúde, higiene e assistência social, além da proclamação da educação como direito de todos, da determinação da elaboração de um plano nacional de educação, mediante a vinculação das receitas dos entes federativos para o seu desenvolvimento.

Entretanto, Gilberto Bercovici[23] assevera que, apesar de o texto constitucional ter previsto expressamente tais direitos sociais, a doutrina não atribuía valor jurídico a tais conquistas. É que os direitos sociais eram vistos como meras recomendações, não havendo sanção para descumprimento nem mecanismos para efetivá-los.

Para José Murilo de Carvalho[24], apesar de se verificar um aumento significativo em relação ao rol de direitos sociais garantidos pela legislação, nessa época, o que houve foi a criação de leis sem baixa ou nula participação popular e, ainda, uma cidadania restrita por limitações políticas. Assim, "este pecado de origem e a maneira como foram distribuídos os benefícios sociais tornaram duvidosa sua definição como conquista democrática e comprometeram em parte sua contribuição para o desenvolvimento de uma cidadania ativa".

Como exemplo, cita-se o modo como era possível criar sindicatos. O autoritarismo da legislação e o excessivo controle por parte do governo impediam o livre exercício do direito de associação. Os sindicatos eram vistos não como órgãos de representação dos interesses de uma determinada classe, mas como um "mediador" ou como um órgão de "cooperação" entre os trabalhadores, os empregadores e o Estado.

Surgiram os pelegos, sindicalistas que buscavam benefícios políticos e não representavam, realmente, os interesses de sua classe; os impostos eram altos e obrigatórios para os trabalhadores; apenas os sindicados aprovados pelo ministério poderiam defender os direitos da sua categoria; havia a exclusão da sindicalização dos trabalhadores rurais, que só adquiriram esse direito em 1963. Nesse diapasão, os sindicatos deixaram apresentar-se como associação de luta para se tornar uma espécie de órgão do governo responsável pela fiscalização das ações dos associados e pela manutenção do equilíbrio das relações trabalhistas.

Desse modo, embora a época tenha sido importante no que tange à conquista dos direitos sociais no Brasil, percebe-se o caráter excludente de algumas regras, bem como o fato de que estas surgiram não a partir de um diálogo entre a população, não a partir de um debate democrático, mas de uma certa "concessão" do governo. Os direitos sociais passaram a ser vistos como "um favor em troca do qual se deviam gratidão e lealdade"[25].

Durante o período da redemocratização, pouco foi realizado em matéria de direitos sociais. Gilberto Bercovici[26] ensina que houve um verdadeiro retrocesso, em relação às garantias formais (não houve, por exemplo, menção ao direito à saúde). No governo Dutra (1946-1950), por exemplo, eram intensas as práticas de abusos e intervenções nas organizações sindicais, não havendo transformações e conquistas significativas no âmbito dos direitos sociais.

Entre 1949 e 1964, o cenário político brasileiro sofreu influência da CEPAL (Comisión Económi-

---

(22) Sobre a ampliação dos direitos sociais na Era Vargas, ler LUCA, Tânia Regina de. Trabalhadores: Direitos sociais no Brasil. In: PINSKY, Jaime; PINSKY, Carla Bassanezi (Orgs.). *História da cidadania*. 5. ed. São Paulo: Contexto, 2010, p. 478-482.

(23) BERCOVICI, Gilberto. Estado intervencionista e constituição social no Brasil: o silêncio ensurdecedor de um diálogo entre ausentes. In: SOUZA NETO, Cláudio Pereira de; SARMENTO, Daniel; BINENBOJM, Gustavo (Coord.). *Vinte anos da Constituição Federal de 1988*. Rio de Janeiro: Lumen Juris, 2009, p. 5.

(24) CARVALHO, José Murilo de. *Cidadania no Brasil*: o longo caminho. 14. ed. Rio de Janeiro: Civilização Brasileira, 2011, p. 110.

(25) CARVALHO, José Murilo de. *Cidadania no Brasil*: o longo caminho. 14. ed. Rio de Janeiro: Civilização Brasileira, 2011, p. 126.

(26) BERCOVICI, Gilberto. Estado intervencionista e constituição social no Brasil: o silêncio ensurdecedor de um diálogo entre ausentes. In: SOUZA NETO, Cláudio Pereira de; SARMENTO, Daniel; BINENBOJM, Gustavo (coords.). *Vinte anos da Constituição Federal de 1988*. Rio de Janeiro: Lumen Juris, 2009, p. 6.

ca para América Latina), corroborando a ideia de intervencionismo e industrialização, já difundida durante a Era Vargas. A proposta seria acelerar o desenvolvimento da economia e, ao mesmo tempo, proporcionar medidas de efetivação da justiça social. Entretanto, não se avançou nesta matéria, em termos práticos, e "a Constituição de 1946 não conseguiu se tornar a referência do projeto nacional-desenvolvimentista"[27]. Isso porque as normas programáticas ainda eram vistas como normas sem valor concreto. Eram recomendações aos governantes.

Na década de 1960, destacam-se a criação do Instituto Nacional de Previdência Social (INPS), em substituição aos IAPs, e do Fundo de Assistência Rural (Funral), bem como a inclusão das domésticas e dos trabalhadores autônomos no sistema de previdência, acarretando na efetivação do projeto de universalização previdenciária, durante o governo Médici (no ápice da repressão militar, portanto). Ademais, é possível citar a criação do Fundo de Garantia por Tempo de Serviço (FGTS), em 1966. Tais conquistas denotam, mais uma vez, a ausência de participação popular na consolidação desses direitos, uma vez que se tornaram efetivos a partir de governos ditatoriais, quando os direitos civis e políticos eram praticamente nulos[28].

Em 1988, após o fim da ditadura militar, o cenário mudou. Com a promulgação da Constituição Federal, houve a positivação de inúmeros direitos sociais, de maneira nunca vista anteriormente, no país. Cita-se, a título exemplificativo, o segundo capítulo da Carta Magna, que se intitula Dos Direitos Sociais, havendo a menção expressa a diversos direitos trabalhistas, ressaltando alguns direitos que já haviam sido conquistados, bem como criando novos direitos (arts. 6º ao 11). Ademais, a Constituição confere competência comum aos entes federativos para cuidar de temas referentes a políticas públicas de saúde, educação, assistência social (art. 23), além da competência concorrente da União, dos Estados e do Distrito Federal para legislar sobre estes e outros temas referentes aos direitos sociais (art. 24). Há, ainda, um capítulo referente à ordem econômica, com a ressalva de que esta deve ser pautada nos ditames da justiça social bem como na garantia da existência digna a todos (art. 170 e seguintes), e um capítulo referente à ordem social, para tratar da seguridade social (saúde, previdência social e assistência social), da educação, da cultura etc.

Além da garantia formal de inúmeros direitos que ainda não haviam sido positivados, a Constituição Federal de 1988 apresenta um novo caráter: é uma constituição dirigente[29], ao contrário das anteriores. As normas de direitos sociais não são apenas recomendações, mas verdadeiras tarefas a serem implementadas pelo Estado. Assim, em caso de omissão, aponta José Joaquim Gomes Canotilho[30] que "não se trata apenas de um simples negativo 'não fazer' [...]; trata-se de este não fazer aquilo a que de forma concreta e explícita estava constitucionalmente obrigado". Uma vez previstos na Constituição, os direitos vinculam tanto os Administradores quanto os legisladores e os juízes, pois são regras dotadas de normatividade. Assim, há um plano de transformação social, o qual o Estado tem a obrigação de seguir.

3. AS ATRIBUIÇÕES DO ESTADO SOCIAL

O termo Estado, utilizado para designar uma forma complexa de organização social, tornou-se conhecido a partir da obra *O Príncipe*, de 1513, de Maquiavel[31]. Anteriormente, utilizavam-se, de forma mais recorrente, os termos *civitas* e *res publica* para designar a máxima organização social em um território, a partir de um poder comandante. Maquiavel, portanto, foi o difusor da nomenclatura que, aos poucos, substituiu as antigas e imprecisas expressões referidas. A *res publica*, por exemplo, passou a significar uma forma de governo, além da monarquia, e não mais a organização dos indivíduos de forma genérica.

Embora a terminologia somente tenha sido difundida no século XVI, a origem do Estado remonta

---

(27) BERCOVICI, Gilberto. Estado intervencionista e constituição social no Brasil: o silêncio ensurdecedor de um diálogo entre ausentes. In: SOUZA NETO, Cláudio Pereira de; SARMENTO, Daniel; BINENBOJM, Gustavo (coords.). *Vinte anos da Constituição Federal de 1988*. Rio de Janeiro: Lumen Juris, 2009, p. 8,

(28) CARVALHO, José Murilo de. *Cidadania no Brasil*: o longo caminho. 14. ed. Rio de Janeiro: Civilização Brasileira, 2011, p. 170-173.

(29) CANOTILHO, José Joaquim Gomes. *Constituição dirigente e vinculação do legislador*: contributo para a compreensão das normas constitucionais programáticas. Coimbra: Editora Coimbra, 1994.

(30) CANOTILHO, José Joaquim Gomes. *Constituição dirigente e vinculação do legislador*: contributo para a compreensão das normas constitucionais programáticas. Coimbra: Editora Coimbra, 1994, p. 480.

(31) BOBBIO, Norberto. *Estado, governo e sociedade*: por uma teoria geral da política. Tradução de Marco Aurélio Nogueira. 18. ed. Rio de Janeiro: Paz e Terra, 2012, p. 65-67.

a uma época muito anterior: ao fim da idade primitiva, cuja organização era baseada nos laços de parentesco, e ao nascimento da idade civil, fundada numa organização mais ampla e complexa que a anterior. As primeiras comunidades foram formadas por conjuntos de famílias que se uniram por razões de sobrevivência (sustento e defesa). Daí surgiu o Estado[32].

Com o passar dos anos, o significado do termo não sofreu maiores transformações. Continua designando "o conjunto de pessoas e instituições que formam a sociedade juridicamente organizada sobre um determinado território"[33], ou, ainda, a forma complexa de organização social em um território, a partir de um poder de comando. Há de se ressaltar que "poder" é entendido a partir da teoria relacional: aquela que leva em consideração "a relação entre dois sujeitos, dos quais o primeiro obtém do segundo um comportamento que, em caso contrário, não ocorreria". Difere-se, portanto, das teorias substancialista, a partir da noção de que poder é o que se possui e se utiliza como qualquer outro bem, e subjetivista, que parte da ideia de que poder é a capacidade de se obter determinados efeitos[34].

O que mudou, basicamente, não foi o significado do Estado, mas a sua finalidade e suas atribuições. Os elementos constitutivos continuam os mesmos: povo, território e soberania[35]. Porém, conforme já analisado nos tópicos anteriores, o papel do Estado sofreu profundas alterações. Atualmente, entende-se que a função do Estado, na nova era administrativa, é atender às necessidades sociais, garantindo condições dignas de vida a todas as pessoas, permitindo que todos gozem de seus direitos básicos e de suas liberdades, bem como tenham igualdade de oportunidades. Dessa forma, defende-se que o Estado deve neutralizar ou amenizar os efeitos disfuncionais do capitalismo, evitando um desenvolvimento econômico descontrolado[36].

No Estado Liberal, priorizava-se a liberdade e a segurança jurídica. O Estado Social, por sua vez, não nega esses valores, apenas acrescenta-lhes efetividade e a possibilidade mais democrática de acesso a eles. Não se pretende desconstituir os avanços históricos e desmerecer a importância da liberdade, da separação dos poderes e dos direitos conquistados com o advento do Estado Liberal, mas acrescentar novos valores, como a solidariedade, e garantir a igualdade material e os direitos sociais básicos, imprescindíveis para o desenvolvimento social e humano.

Corroborando tal entendimento, Gilberto Bercovici[37] assinala que "o objetivo primordial do Estado Social, assim, torna-se a busca da igualdade, com a garantia da liberdade. [...] A igualdade procurada é a igualdade material, não mais perante a lei, mas através da lei". O autor segue afirmando que o Estado Social está em constante transformação, não é um modelo acabado. Isso porque as necessidades sociais se transformam com o passar do tempo, e o Estado passou a assumir o compromisso com a melhoria das condições de vida das pessoas.

O Estado deve incumbir-se de buscar não só o desenvolvimento econômico, como era entendido outrora, mas, também, buscar o desenvolvimento social, mediante a adoção de políticas públicas para garantir os direitos básicos e a igualdade de oportunidade dos indivíduos. Em outras palavras, "o desenvolvimento econômico e social, com a elimina-

---

(32) Há divergências quanto a este posicionamento. Alguns estudiosos afirmam que o Estado surgiu com o fim da Idade Média e o surgimento da Idade Moderna. Embora se saiba que o Estado Moderno apresenta características bem distintas dos modelos anteriores, não se pode negar que, anteriormente, já havia organização social em um território, baseada num poder de comando. Os elementos do Estado já estavam presentes. O Estado Moderno representa não o nascimento do Estado, mas tão somente o nascimento de um novo modelo de Estado. Sobre a temática, recomenda-se a leitura de BOBBIO, Norberto. *Estado, governo e sociedade*: por uma teoria geral da política. Tradução de Marco Aurélio Nogueira. 18. ed. Rio de Janeiro: Paz e Terra, 2012. Ferdinand Lassalle também entende que a noção de Estado é historicamente antiga e que não há Estado sem Constituição – toda sociedade politicamente organizada tem uma estrutura mínima. LASSALLE, Ferdinand. *Que é uma Constituição?* Tradução de Walter Stönner. São Paulo: Edições e publicações Brasil, 2006. Disponível em: <http://www.ebooksbrasil.org/eLibris/constituicaol.html>. Acesso em: 04 set. 2013.

(33) Há de se ressaltar a diferença entre Estado e Governo: este último seria a "organização específica de poder ao serviço do Estado, ou seja, àqueles que gerenciam os negócios do Estado por um determinado período de tempo". DIAS, Reinaldo; MATOS, Fernanda. *Políticas Públicas*: Princípios, propósitos e processos. São Paulo: Atlas, 2011, p. 5.

(34) BOBBIO, Norberto. *Estado, governo e sociedade*: por uma teoria geral da política. Tradução de Marco Aurélio Nogueira. 18. ed. Rio de Janeiro: Paz e Terra, 2012, p. 77-78.

(35) Sobre os elementos constitutivos do Estado, recomenda-se a leitura de BOBBIO, Norberto. *Estado, governo e sociedade*: por uma teoria geral da política. Tradução de Marco Aurélio Nogueira. 18. ed. Rio de Janeiro: Paz e Terra, 2012.

(36) GARCÍA-PELAYO, Manuel. *As transformações do Estado contemporâneo*. Tradução de Agassiz Almeida Filho. Rio de Janeiro: Forense, 2009, p. 11.

(37) BERCOVICI, Gilberto. BERCOVICI, Gilberto. *Desigualdades regionais, Estado e Constituição*. São Paulo: Max Limonad, 2003, p. 52.

ção das desigualdades, pode ser considerado como a síntese dos objetivos históricos nacionais"[38].

Nesse diapasão, Celso Furtado[39] ensina que o desenvolvimento pode ser analisado sob duas concepções distintas. A primeira refere-se à evolução do sistema de produção e ao aumento da produtividade, com a adoção de critérios como a renda ou o produto *per capita* para aferição do nível de desenvolvimento. A segunda refere-se ao grau de satisfação das necessidades humanas, considerando, assim, as necessidades básicas, como educação, alimentação, habitação etc, gerando um aumento na expectativa de vida das pessoas e nas suas liberdades. Esta segunda concepção é a defendida neste trabalho, considerando que o nível de desenvolvimento e de pobreza não devem ser determinados com base tão somente em critérios monetários, pois "o aumento da eficácia do sistema de produção [...] não é condição suficiente para que sejam mais bem satisfeitas as necessidades elementares da população".

Considerando o papel do Estado Social discutido acima, extrai-se que a função da boa Administração, ou da boa governança, seria melhorar a realidade de vida das pessoas e colocá-las no centro da atuação governamental. E, com isso, não significa dizer que o indivíduo é apenas o destinatário ou receptor inerte dos serviços públicos. Colocar o indivíduo no centro da atuação significa qualificá-lo como "protagonista da vida política", com participação ativa, inclusive nos momentos decisórios[40]. Assim, deve a Administração visar ao bem-estar dos cidadãos, ao interesse público[41], promovendo todas as condições favoráveis, mediante a produção de políticas públicas, para que todos, sem exceção, possam exercer as suas liberdades e participar da vida política, bem como tenham igualdade de oportunidades[42].

Há de se ressaltar que a noção de liberdade defendida neste trabalho não é a individualista, no sentido de que a liberdade de um começa onde termina a liberdade do outro. A compreensão de liberdade deve levar em consideração uma visão mais solidária: devemos apreciar e defender não só a nossa liberdade, mas, também, a liberdade dos demais[43]. A solidariedade é um tema caro ao estudo das atribuições do Estado nesta nova realidade. Trata-se, inclusive, de um dos objetivos da República Federativa do Brasil. Por isso, resolveu-se estudar o assunto em tópico distinto.

3.1. *A solidariedade como objetivo fundamental*

Conforme o disposto no art. 3º da Constituição Federal de 1988, um dos objetivos da República Federativa do Brasil é a construção de uma sociedade livre, justa e solidária. Cumpre, neste momento, tecer alguns comentários sobre a solidariedade.

O termo advém do latim *solidum*, que significa inteiro, compacto[44]. Tornou-se tema de debate para os juristas entre os séculos XIX e XX, a partir da introdução da temática nos estudos de sociologia jurídica de Émile Durkheim, Léon Duguit, Georges Gurvitch, entre outros, bem como mediante a influência das mudanças ocorridas com o advento do Estado Social. Anteriormente, a solidariedade era discutida tão somente num plano moral e religioso. A solidariedade confundia-se com o dever moral de

---

(38) BERCOVICI, Gilberto. *Desigualdades regionais, Estado e Constituição*. São Paulo: Max Limonad, 2003, p. 43.

(39) FURTADO, Celso. *Introdução ao desenvolvimento*: enfoque histórico-estrutural. 3. ed. Rio de Janeiro: Paz e Terra, 2000, p. 21-22.

(40) MUÑOZ, Jaime Rodriguez-Arana. *Direito fundamental à boa administração pública*. Tradução de Daniel Wunder Hachem. Belo Horizonte: Fórum, 2012, p. 46.

(41) Adota-se o conceito de interesse público de Celso Antônio Bandeira de Mello, *in verbis*: "Poderá haver um interesse público que seja discordante do interesse de cada um dos membros da sociedade? Evidentemente, não. Seria inconcebível um interesse do todo que fosse, ao mesmo tempo, contrário ao interesse de cada uma das partes que o compõem. Deveras, corresponderia ao mais cabal contrassenso que o bom para todos fosse o mal de cada um, isto é, que o interesse de todos fosse um anti-interesse de cada um. Embora seja claro que pode haver um interesse público contraposto a um dado interesse individual, sem embargo, a toda evidência, não pode existir um interesse público que se choque com os interesses de cada um dos membros da sociedade. Esta simples e intuitiva percepção basta para exibir a existência de uma relação íntima, indissolúvel, entre o chamado interesse público e os interesses ditos individuais. *É que, na verdade, o interesse público, o interesse do todo, do conjunto social, nada mais é que a dimensão pública dos interesses individuais, ou seja, dos interesses de cada indivíduo enquanto partícipe da Sociedade (entificada juridicamente no Estado), nisto se abrigando também o depósito intertemporal destes mesmos interesses, vale dizer, já agora, encarados eles em sua continuidade histórica, tendo em vista a sucessividade das gerações de seus nacionais*" (grifo nosso). MELLO, Celso Antônio Bandeira de. *Curso de direito administrativo*. 14. ed. São Paulo: Malheiros, 2003.

(42) MUÑOZ, Jaime Rodriguez-Arana. *Direito fundamental à boa administração pública*. Tradução de Daniel Wunder Hachem. Belo Horizonte: Fórum, 2012, p. 26.

(43) MUÑOZ, Jaime Rodriguez-Arana. *Direito fundamental à boa administração pública*. Tradução de Daniel Wunder Hachem. Belo Horizonte: Fórum, 2012, p. 50.

(44) NABAIS, José Casalta. *Por uma liberdade com responsabilidade*: estudos sobre direitos e deveres fundamentais. Coimbra: Editora Coimbra, 2007, p. 133.

caridade, difundido pelo cristianismo[45]. Somente ao final do século XIX a solidariedade passou a ser vista sob o plano jurídico e político, mediante a reaproximação do método científico e da moral[46], ganhando ênfase a partir da consolidação dos direitos sociais, no século passado.

Do ponto de vista jurídico, a solidariedade pode ser analisada como um valor reconhecido pela sociedade e pelo constituinte[47], fornecendo as bases da convivência social, e, ainda, como um princípio, sendo este entendido como fundamento e vetor de interpretação das demais normas do ordenamento jurídico[48]. É dotado de exigibilidade e é fonte de obrigações positivas e negativas[49]. Não é, portanto, "simples enfeites de preâmbulos", mas um princípio normativo que deve concretizado. A depender do caso, a solidariedade pode ter como destinatário o Estado ou o particular.

Cumpre ressaltar que a concepção de solidariedade apresenta um viés objetivo e um viés subjetivo. Quanto ao primeiro, refere-se à noção de partilha e de corresponsabilidade, no sentido de que a todos importa a sorte dos demais. No sentido subjetivo, exprime a ideia de ética social, o sentimento de pertença à uma determinada comunidade[50]. Portanto, a noção de solidariedade está atrelada à noção de cidadania, uma vez de que esta não está mais restrita ao direito de votar e ser votado. Assume o cidadão uma postura de corresponsabilidade com o outro, mediante a introdução dessa concepção subjetiva, da ideia de pertença a uma comunidade[51]. Todos devem contribuir para o desenvolvimento e para a expansão das liberdades uns dos outros.

Critica-se essa concepção de cidadania solidária, tendo em vista o fato de que a solidariedade não pode ser imposta, ou perderia o próprio sentido do termo. Solidariedade deve ser um ato voluntário, não obrigatório. As noções de solidariedade e de coação por parte do Estado não são compatíveis. A essa crítica, responde-se o seguinte: não se devem confundir os conceitos de caridade e de solidariedade. Realmente, não há coação por parte do Estado em relação à caridade. Este atua por meio da *promoção* e do *incentivo*, porém não há qualquer tipo de sanção para o indivíduo que não é, efetivamente, caridoso. Não se pode obrigar alguém a fazer doações para uma instituição de caridade, a distribuir a renda advinda do trabalho, a ajudar o próximo etc. São atos voluntários, que se encontram na esfera da autonomia privada.

Entretanto, caridade não é sinônimo de solidariedade. Conforme já analisado, a solidariedade demanda o estabelecimento e o reconhecimento de responsabilidade mútua entre as pessoas[52] e justifica a criação de diversas regras jurídicas, que podem, sim, ser determinadas pelo Estado. Na esfera previdenciária, por exemplo, a instituição da contribuição previdenciária sobre as pensões e as aposentadorias reflete esse princípio; em relação aos direitos de propriedade, diversas limitações ao exercício desse direito são justificadas pela ideia de função social da propriedade e de solidariedade, como a regra do art. 184 da Constituição Federal, que permite a desapropriação por interesse social, para fins de reforma agrária; no direito ambiental, a limitação de áreas de desmatamento em propriedades privadas também se baseia nesse princípio etc.

Assim, o Estado não pode determinar que os indivíduos sejam caridosos uns com os outros ("A" em relação a "B"), mas pode determinar a observân-

---

(45) BOURGEOIS, Leon. *Solidarité*. Paris: Armand Colin et Cie, 1896, p. 60. Disponível em: <http://classiques.uqac.ca/classiques/bourgeois_leon/solidarite/bourgeois_solidarite.pdf>. Acesso em: 06 set. 2013.

(46) BOURGEOIS, Leon. *Solidarité*. Paris: Armand Colin et Cie, 1896, p. 11. Disponível em: <http://classiques.uqac.ca/classiques/bourgeois_leon/solidarite/bourgeois_solidarite.pdf>. Acesso em: 06 set. 2013.

(47) DINIZ, Márcio Augusto de Vasconcelos. Estado social e o princípio da solidariedade. *Revista NOMOS*, v. 26, p. 171-184, jul-dez, 2007.

(48) BONAVIDES, Paulo. *Curso de direito constitucional*. 26. ed. São Paulo: Malheiros, 2011. Sabe-se dos debates a respeito da definição de princípios e de sua distinção em relação às regras, porém esta matéria não será objeto de estudo neste artigo, por não ter relação direta com as temáticas discutidas neste trabalho. Para um aprofundamento a respeito da questão dos princípios e das regras, recomenda-se a leitura de ÁVILA, Humberto. *Teoria dos princípios*: da definição à aplicação dos princípios jurídicos. 13.ed. São Paulo: Malheiros, 2011 e SILVA, Virgílio. Afonso. Princípios e regras: mitos e equívocos acerca de uma distinção. *Revista Latino-Americana de Estudos Constitucionais*. v. 1, p. 607-630, 2003.

(49) MATIAS, João Luis Nogueira. A ordem econômica e o princípio da solidariedade na Constituição Federal de 1988. *Revista NOMOS*, v. 29.2, p. 69-89, jul.-dez, 2009.

(50) NABAIS, José Casalta. *Por uma liberdade com responsabilidade*: estudos sobre direitos e deveres fundamentais. Coimbra: Editora Coimbra, 2007, p. 134.

(51) NABAIS, José Casalta. *Por uma liberdade com responsabilidade*: estudos sobre direitos e deveres fundamentais. Coimbra: Editora Coimbra, 2007, p. 190-191.

(52) BOURGEOIS, Leon. *Solidarité*. Paris: Armand Colin et Cie, 1896, p. 6. Disponível em: <http://classiques.uqac.ca/classiques/bourgeois_leon/solidarite/bourgeois_solidarite.pdf>. Acesso em: 06 set. 2013.

cia de certas regras visando ao interesse coletivo, de um modo geral ("A" em relação a todos).

O objetivo da República Federativa do Brasil é construir uma sociedade solidária e, para isso, deve conscientizar os indivíduos acerca da importância do respeito ao próximo e da noção de bem comum, de interesse coletivo e de igualdade material, em vez de corroborar a noção de individualista de liberdade. Ninguém vive sozinho, numa ilha. Já dizia Aristóteles[53] que o homem que não consegue viver em sociedade só pode ser um besta ou um deus. Todos dependem uns dos outros, daí a corresponsabilidade social que deve existir.

Com isso não se pretende afirmar que a solidariedade é apenas um dever dos cidadãos e que o Estado deve, tão somente, incentivar a construção dessa consciência coletiva. Uma vez que o Estado assume o modelo social, como é o caso do Brasil, incumbe-se da realização de diversas tarefas em prol da melhoria das condições de vida das pessoas.[54] Defende-se, portanto, equilíbrio entre a solidariedade estatal e a solidariedade social ou civil: nem os indivíduos podem deixar a responsabilidade em relação ao próximo somente para o Estado e fechar os olhos para a realidade em que vivem e nem o Estado pode eximir-se de cumprir o que foi determinado constitucionalmente.

---

(53) ARISTÓTELES. *Política*. São Paulo: Martin Claret, 2001, p. 54-57. No mesmo sentido, Léon Bourgeois afirma o seguinte: "*les hommes sont en societé. C'est là un fait d'ordre naturel, antérieur à leus consentement, supérieur à leur volonté. L'homme ne peut se soustraire matériellement ou moralement à l'association humaine. L'homme isolé n'existe pas*". Em tradução livre: os homens vivem em sociedade. Isto é um fato de ordem natural, anterior ao consentimento, superior à sua vontade. O homem não pode escapar material ou moralmente da associação humana. O homem isolado não existe. BOURGEOIS, Leon. *Solidarité*. Paris: Armand Colin et Cie, 1896, p. 53. Disponível em: <http://classiques.uqac.ca/classiques/bourgeois_leon/solidarite/bourgeois_solidarite.pdf>. Acesso em: 06 set. 2013. Ainda, pensamento semelhante pode ser encontrado em REGO, Walquíria Leão; PINZANI, Alessandro. *Vozes do Bolsa Família*: autonomia, dinheiro e cidadania. São Paulo: Unesp, 2013, p. 81.

(54) "O Estado teria o *dever* de criar os pressupostos materiais indispensáveis ao exercício dos direitos econômicos, culturais e sociais. Longe de conter simples exortações ou conselhos, mas também reconhecendo ao legislador democrático e ao poder executivo a necessária liberdade na escolha de meios com vista à realização dos programas sociais, a Constituição requer e prescreve o empenho dos poderes públicos para atingir estes objetivos". DINIZ, Márcio Augusto de Vasconcelos. Estado social e o princípio da solidariedade. *Revista NOMOS*, v. 26, p. 171-184, jul.-dez., 2007, p. 177.

REFERÊNCIAS BIBLIOGRÁFICAS

ARISTÓTELES. *Política*. São Paulo: Martin Claret, 2001.

ÁVILA, Humberto. *Teoria dos princípios*: da definição à aplicação dos princípios jurídicos. 13. ed. São Paulo: Malheiros, 2011.

BERCOVICI, Gilberto. Estado intervencionista e constituição social no Brasil: o silêncio ensurdecedor de um diálogo entre ausentes. In: SOUZA NETO, Cláudio Pereira de; SARMENTO, Daniel; BINENBOJM, Gustavo (coord.). *Vinte anos da Constituição Federal de 1988*. Rio de Janeiro: Lumen Juris, 2009.

BOBBIO, Norberto. *Estado, governo e sociedade*: por uma teoria geral da política. Tradução de Marco Aurélio Nogueira. 18. ed. Rio de Janeiro: Paz e Terra, 2012.

BONAVIDES, Paulo. *Curso de direito constitucional*. 26. ed. São Paulo: Malheiros, 2011.

_____. *Do Estado liberal ao Estado social*. 7 ed. São Paulo: Malheiros, 2001.

BOURGEOIS, Leon. *Solidarité*. Paris: Armand Colin et Cie, 1896, p. 60. Disponível em: <http://classiques.uqac.ca/classiques/bourgeois_leon/solidarite/bourgeois_solidarite.pdf>. Acesso em: 06 set. 2013.

BUCCI, Maria Paula Dallari. O conceito de política pública em direito. In: BUCCI, Maria Paula Dallari (org.). *Políticas Públicas*: reflexões sobre o conceito jurídico. São Paulo: Saraiva, 2006.

CABRILLAC, Rémy; FRISON-ROCHE, Marie-Anne; REVET, Thierry. *Libertés et droits fondamentaux*. 15 ed. Paris: Dalloz, 2009.

CANOTILHO, José Joaquim Gomes. *Constituição dirigente e vinculação do legislador*: contributo para a compreensão das normas constitucionais programáticas. Coimbra: Editora Coimbra, 1994.

CARVALHO, José Murilo de. *Cidadania no Brasil*: o longo caminho. 14. ed. Rio de Janeiro: Civilização Brasileira.

DIAS, Reinaldo; MATOS, Fernanda. *Políticas Públicas*: Princípios, propósitos e processos. São Paulo: Atlas, 2011.

DINIZ, Márcio Augusto de Vasconcelos. Estado social e o princípio da solidariedade. *Revista NOMOS*, v. 26, p. 171-184, jul.-dez., 2007.

FURTADO, Celso. *Introdução ao desenvolvimento*: enfoque histórico-estrutural. 3. ed. Rio de Janeiro: Paz e Terra, 2000.

GARCÍA-PELAYO, Manuel. *As transformações do Estado contemporâneo*. Tradução de Agassiz Almeida Filho. Rio de Janeiro: Forense, 2009.

HOLMES, Stephen; SUNSTEIN, Cass. *The cost of rights*: why liberty depends on taxes. New York: 1999. W.W Norton & Company.

LASSALLE, Ferdinand. *Que é uma Constituição?* Tradução de Walter Stönner. São Paulo: Edições e publicações Brasil, 2006. Disponível em: <http://www.ebooksbrasil.org/eLibris/constituicaol.html>. Acesso em: 04 set. 2013.

MARMELSTEIN, George. *Efetivação dos direitos econômicos, sociais e culturais*. Dissertação (Mestrado em Direito). Universidade Federal do Ceará, Faculdade de Direito, 2005, p. 66.

_____. Críticas à Teoria das Gerações (ou mesmo dimensões) dos direitos fundamentais. *Revista Opinião Jurídica*, n. 3, ano 2, p. 171-182, 2004.1.

MATIAS, João Luis Nogueira. A ordem econômica e o princípio da solidariedade na Constituição Federal de 1988. *Revista NOMOS*, v. 29.2, p. 69-89, jul.-dez., 2009.

MUÑOZ, Jaime Rodriguez-Arana. *Direito fundamental à boa administração pública*. Tradução de Daniel Wunder Hachem. Belo Horizonte: Fórum, 2012.

NABAIS, José Casalta. *Por uma liberdade com responsabilidade*: estudos sobre direitos e deveres fundamentais. Coimbra: Editora Coimbra, 2007.

NOVAIS, José Reis. *Direitos Sociais*. Coimbra: Editora Coimbra, 2010.

PINSKY, Jaime; PINSKY, Carla Bassanezi (orgs.). *História da cidadania*. 5. ed. São Paulo: Contexto, 2010.

QUEIROZ, Cristina. *Direitos Fundamentais sociais*. Coimbra: Editora Coimbra, 2006.

REGO, Walquíria Leão; PINZANI, Alessandro. *Vozes do Bolsa Família*: autonomia, dinheiro e cidadania. São Paulo: Unesp, 2013.

SARLET, Ingo. *A eficácia dos direitos fundamentais*: uma teoria geral dos direitos fundamentais na perspectiva constitucional. 10. ed. Porto Alegre: Livraria do Advogado, 2009.

SILVA, Virgílio. Afonso. Princípios e regras: mitos e equívocos acerca de uma distinção. *Revista Latino-Americana de Estudos Constitucionais*. v. 1, p. 607-630, 2003.

SINGER, Paulo. Direitos sociais: cidadania para todos. In: PINSKY, Jaime; PINSKY, Carla Bassanezi (orgs.). *História da cidadania*. 5. ed. São Paulo: Contexto, 2010.

DESAFIOS NA EFETIVIDADE DO DIREITO FUNDAMENTAL SOCIAL DA PROTEÇÃO À MATERNIDADE ANTE O RECONHECIMENTO DA VALORIZAÇÃO DO TRABALHO

William Paiva Marques Júnior[*]

INTRODUÇÃO

Tradicionalmente o conhecimento jurídico é analisado sob o prisma reducionista do legalismo positivista e, portanto, alheio às peculiaridades reverberadas pelos reclamos de grupos socialmente excluídos. A superação desse paradigma exegético-dogmático implica no reconhecimento de uma Ciência Jurídica viva e mutante, essencialmente dinâmica ao servir ao relevante papel de objeto conformado pelos fatos sociais e transformador das relações sócio-institucionais.

De forma inovadora no constitucionalismo brasileiro os direitos sociais foram incluídos no rol de direitos fundamentais na Constituição Federal de 1988. De nada adianta a consagração de tais direitos se não houver a sua efetividade em nível de justiciabilidade. O papel estatal como agente promotor da justiça social através da erradicação da pobreza e da marginalização, bem como da redução das desigualdades sociais e regionais na forma prevista pelo art. 3º, inciso III, da CF/88 é plasmado mediante a concretização dos direitos fundamentais sociais, mormente no tocante à proteção à maternidade e ao trabalho.

Os direitos fundamentais sociais têm por escopo a garantia de condições mínimas de vida digna ao cidadão e à coletividade. Neste jaez eis que o art. 1º, inciso do IV, da CF/88 estabelece que a República Federativa do Brasil apresenta como um de seus fundamentos os valores sociais do trabalho, que não serão atingidos caso venha a ser menoscabada a proteção à maternidade.

Em uma visão mais retrógrada as disposições constitucionais atinentes aos direitos fundamentais sociais são enquadradas como normas meramente programáticas, ou seja, constituem-se em diretrizes informativas e norteadoras de ação governamental, daí a impossibilidade de sua justiciabilidade. A motivação para essa corrente jurídico-hermenêutica é a de que as normas consagradoras de tais direitos não definem de modo concreto a prestação devida. Assim, seriam disposições dependentes de ulterior regulamentação na atribuição de sua eficácia.

A partir da realidade contemporânea campeiam as reflexões extraídas da necessidade de um conhecimento aberto à proteção dos direitos fundamentais

---

[*] Especialista em Direito Processual Penal pela ESMEC/UFC (2003). Mestre em Direito Constitucional pela Universidade Federal do Ceará (2009). Doutorando em Direito Constitucional pela Universidade Federal do Ceará. Professor Assistente do Departamento de Direito Privado da Universidade Federal do Ceará, das disciplinas de Direito Civil II (Obrigações) e Direito Agrário. Foi Advogado Júnior da ECT (Empresa Brasileira de Correios e Telégrafos) de 2008 a 2011.Bolsista CAPES. Vice-Coordenador da Graduação da Faculdade de Direito da UFC. E-mail: williamarques.jr@gmail.com

sociais, em especial no que concerne à construção dos direitos dos trabalhos e na proteção à maternidade, plasmando um ponto de mutação de uma lógica racional-cartesiana para uma realidade essencialmente complexa e aberta à dignidade da pessoa humana, à valorização social do trabalho e à plena efetividade dos direitos sociais.

1. A EVOLUÇÃO HISTÓRICA E AS DIMENSÕES DOS DIREITOS FUNDAMENTAIS

Segundo Antonio Enrique Perez Luño[1] em seu significado objetivo axiológico os direitos fundamentais representam o resultado do acordo básico das diferentes forças sociais, feita a partir de relações de tensão e os esforços posteriores para colaborar na consecução de objetivos comuns. Portanto, corresponde aos direitos fundamentais um papel importante para legitimar as formas constitucionais do Estado de Direito, assim como o consenso que constituem pressupostos sobre as quais construir uma sociedade democrática, em outras palavras, a sua função é sistematizar o conteúdo axiológico objetivo do sistema democrático que a maioria das pessoas dão o seu consentimento e condicionam o seu dever de obediência à lei. Também envolvem a garantia essencial de um processo político livre e aberto, como um repórter de uma sociedade pluralista.

Segundo Paulo Bonavides[2] a vinculação essencial dos direitos fundamentais à liberdade e à dignidade da pessoa humana, enquanto valores históricos e filosóficos, conduzem ao significado de universalidade inerente a esses direitos como ideal da pessoa humana. A universalidade se manifestou pela vez primeira, por ensejo da Declaração dos Direitos do Homem e do Cidadão de 1789.

A partir da classificação proposta por Paulo Bonavides identificam-se as cinco dimensões de direitos fundamentais que denotam a evolução do constitucionalismo ao neoconstitucionalismo inclusivo.

Neste jaez tem-se que os direitos fundamentais de primeira dimensão (direitos civis e políticos), construídos em oposição ao Estado Absolutista, compreendem as liberdades clássicas, negativas ou formais, como corolário do princípio da liberdade. Por seu turno os direitos fundamentais de segunda dimensão (direitos econômicos, sociais e culturais) identificam-se com o postulado da igualdade na materialização da dignidade da pessoa humana. Os direitos de terceira dimensão (frutos do reconhecimento de demandas mais recentes) plasmam o ideário da solidariedade (fraternidade) e identificam-se com as tutelas coletivas e difusas atribuídas de forma genérica a todas as formações sociais. O direito fundamental de quarta dimensão centrado na democracia participativa reverbera no plano das relações internacionais com o seu reconhecimento em nações outrora dominadas por regimes totalitários, resultado de movimentos sociais libertários e emancipatórios. O direito fundamental de quinta dimensão concatena-se à paz enquanto anseio universal e agregador da sociedade, na harmonização de demandas multiculturais e pluriétnicas como corolário da dignidade da pessoa humana.

1.1. Direitos fundamentais de primeira dimensão (direitos de liberdade/individuais)

A gênese do constitucionalismo atrela-se ao reconhecimento dos direitos fundamentais de primeira dimensão. Estes têm por gênese as primeiras revoluções burguesas (fundadas em ideologia liberal) e o surgimento do Estado de Direito. Correspondem aos direitos de liberdade. Representam garantias dos cidadãos (até então súditos) em face do poder estatal. Corporificam limitações ao outrora onipotente Estado Absolutista. A Declaração de Direitos do Bom Povo da Virgínia (1776) e a Declaração de Direitos do Homem e do Cidadão (1789) plasmam o ideário atinente a esta categoria dos direitos fundamentais. Tais movimentos buscaram a proteção de direitos atrelados aos valores imanentes à ascensão da burguesia como classe social e economicamente dominante. Representam a ruptura com a ideologia do Estado Absolutista e a fundação do Estado Liberal.

---

(1) PEREZ LUÑO, Antonio Enrique. *Los derechos fundamentales*. Novena Edición. Madrid: Tecnos, 2007, p. 20/21. Tradução livre: "En su significación axiológica objetiva los derechos fundamentales representan el resultado del acuerdo básico de las diferentes fuerzas sociales, logrado a partir de relaciones de tensión y de los consiguientes esfuerzos de cooperación encaminados al logro de metas comunes. Por ello, corresponde a los derechos fundamentales un importante cometido legitimador de las formas constitucionales del Estado de Derecho, ya que constituyen los presupuestos del consenso sobre el que se debe edificar cualquier sociedad democrática; en otros términos, su función es la de sistematizar el contenido axiológico objetivo del ordenamiento democratico al que la mayoría de los ciudadanos prestan su consentimiento y condicionam su deber de obediencia al Derecho. Comportan también la garantia esencial de un proceso político libre y abierto, como elemento informador de cualquier sociedad pluralista".

(2) BONAVIDES, Paulo. *Curso de Direito Constitucional*. 18. ed. São Paulo: Malheiros, 2006, p. 562.

Para José Carlos Vieira de Andrade[3] os direitos fundamentais, são verdadeiros direitos ou liberdades, reconhecidos em geral aos homens ou a certas categorias de entre eles, por razões de humanidade. São, nessa medida, direitos de igualdade, universais, e não direitos de desigualdade, estamentais. Porém, os direitos dos ingleses, conquistados durante o século XVIII, pela Revolução Puritana e pela *Glorious Revolution*, surgem progressivamente como enunciações gerais, embora de direito costumeiro, na *Petition of Rights*, que Carlos I teve que assinar em 1628, na *Abolition of Star Chamber* (1641), no *Habeas Corpus Act* (1679), assinado por Carlos II, e, sobretudo, no *Bill of Rights* (1689), subscrito por Guilherme d'Orange e onde se consagram o direito de petição, a proibição dos tribunais de exceção e de penas cruéis e até uma tentativa de liberdade de expressão (parlamentar). Esses *direitos dos ingleses* são transplantados para os territórios coloniais e vão aí frutificar na Revolução americana como *direitos dos homens*.

1.2. Direitos fundamentais de segunda dimensão (direitos sociais)

O descaso para com os problemas sociais, que veio a caracterizar o Estado Liberal, associado às reivindicações da classe proletária alijada de proteção jurídico-estatal e agravada pelas desigualdades socioeconômicas impôs ao Poder Público um protagonismo na implementação da justiça social. O ideário abstencionista tipificador do modelo liberal do Estado foi superado ante os clamores emanados das classes trabalhadoras e excluídas de acesso à proteção estatal.

Os direitos fundamentais sociais materializam a evolução do constitucionalismo em uma dimensão transcendente ao plano eminentemente individual. Seu momento histórico são as lutas sociais advindas das reivindicações das classes proletárias ante os valores representados pelo capital e trabalho que permearam a Revolução Industrial (marcada por um conjunto de alterações tecnológicas com impacto no processo produtivo em nível econômico, político e social). Iniciada na Inglaterra em meados do século XVIII, expandiu-se pelo mundo a partir do século XIX. Ao longo do processo a era da agricultura foi suplantada, a máquina a vapor superou o trabalho manual, o que implicou no surgimento de uma nova relação entre capital e trabalho, e repercutiu na produção capitalista em larga escala e na precarização das relações laborais – que redundou na coisificação do ser humano, carecedor de proteção jurídica.

De acordo com Norberto Bobbio[4] os direitos sociais sob a forma de instituição da instrução pública e de medida a favor do trabalho para os "pobres válidos que não puderam consegui-lo", fazem a sua primeira aparição no título I da Constituição Francesa de 1791 e são reafirmados solenemente nos arts. 21 e 22 da Declaração dos Direitos de junho de 1793. O direito ao trabalho se tornou um dos temas do debate acalorado, apesar de estéril na Assembleia Constituinte francesa de 1848, deixando, todavia, um fraco vestígio no artigo VIII do Preâmbulo.

Esclarece Cristina Queiroz[5] que no século XIX, o caráter excepcional dos direitos sociais como direitos a prestações não significou que o poder político não tivesse em consideração ou fosse cego perante a "dimensão prestacional" da relação Estado-cidadão. Diferentemente, o século XIX deve antes de ser analisado como uma época de triunfo da ideologia liberal, mas uma época, apesar disso, não alheia às aspirações de cuidado e promoções sociais, basicamente, como "obrigações morais" a cargo da sociedade, sem vinculatividade jurídica geral. Essas obrigações ou deveres morais reduziam-se à fórmula consagrada no art. 2º da Declaração dos Direitos do Homem e do Cidadão de 1789[6]. Esses direitos são a liberdade, a propriedade, a segurança e a resistência à opressão. Nesse sentido, o liberalismo recusava o sancionamento jurídico de uma obrigação positiva de fraternidade ou solidariedade, numa palavra, a realização dos direitos fundamentais sociais como deveres público-estaduais.

Conforme aduz Norberto Bobbio[7] quanto ao cristianismo social, no documento da Pontifícia Comissão "*Justitia et Pax*", reconhece-se honestamente que "nem sempre" ao longo dos séculos a afirmação dos direitos fundamentais do homem foi "constante"

---

(3) ANDRADE, José Carlos Vieira de. *Os Direitos Fundamentais na Constituição Portuguesa de 1976*. 3. ed. Coimbra: Almedina, 2006, p. 21.

(4) BOBBIO, Norberto. *A era dos direitos*. Tradução: Carlos Nelson Coutinho. 1. ed. 13ª reimpressão. Rio de Janeiro: Elsevier, 2004, p. 206.

(5) QUEIROZ, Cristina. *Direitos Fundamentais Sociais*. Funções, âmbito, conteúdo, questões interpretativas e problemas de justiciabilidade. 1. ed.: Coimbra: Coimbra Editora, 2006, p. 08.

(6) "Art. 2º A finalidade de toda associação política é a conservação dos direitos naturais e imprescritíveis do homem. Esses direitos são a liberdade, a propriedade, a segurança e a resistência à opressão".

(7) BOBBIO, Norberto. *A era dos direitos*. Tradução: Carlos Nelson Coutinho. 1. ed. 13ª reimpressão. Rio de Janeiro: Elsevier, 2004, p. 207.

e que, especialmente nos últimos dois séculos, houve "dificuldades", "reservas" e, às vezes, "reações" por parte dos católicos à difusão das declarações dos direitos do homem, proclamadas pelo liberalismo e pelo laicismo. São feitas referências especialmente aos "comportamentos de precaução, negativos e por vezes hostis, de condenação" de Pio VI, Pio VII e de Gregório XVI. Mas, ao mesmo tempo, percebe-se que uma mudança de rumo iniciou-se com Leão XIII, em especial com a encíclica *"Rerum novarum"*, de 1891, na qual, entre os direitos de liberdade da tradição liberal, afirma-se com força o direito de associação, com atenção especial para as associações dos operários- um direito que é a base daquele pluralismo dos grupos sobre o qual repousa e do qual se nutre a democracia dos modernos em contraposição à democracia dos antigos (que chega até Rousseau), e, entre os direitos sociais da tradição socialista, dá-se destaque especial ao direito ao trabalho, que para ser protegido em seus vários aspectos- o direito a um salário justo, o direito ao devido descanso, à proteção das mulheres e das crianças- invoca a contribuição do Estado.

Em sua dimensão jurídico-institucional mais ampla, o reconhecimento dos direitos fundamentais sociais, em nível constitucional, no entanto, só se deu no século XX, com a Constituição do México (1917) e a Constituição da República de *Weimar* (Alemanha/1919). Neste jaez, tem-se o *caput* do art. 123 da Constituição Federal da República do México de 1917 ao dispor que toda pessoa tem direito ao trabalho digno, determina ainda que se promoverão à criação de empregos e da organização social do trabalho, conforme a lei.

De acordo com Luigi Ferrajoli[8] em suma, sob o perfil institucional, o *Welfare State* (Estado Social) é apresentado como um conjunto consolidado de práticas econômicas e políticas, marcado pela anomia ou ajuridicidade, e em qualquer caso amplamente exorbitante em relação aos esquemas do velho Estado de Direito, que, contudo, ainda permanecem formalmente ao modo da fisionomia ou da fachada constitucional.

No Brasil, preleciona José Murilo de Carvalho[9] que primeiro vieram os direitos sociais, implantados em período de supressão dos direitos políticos e de redução dos direitos civis por um ditador que se tornou popular. Depois vieram os direitos políticos, de maneira também bizarra. A maior expansão do direito do voto deu-se em outro período ditatorial, em que os órgãos de representação política foram transformados em peça decorativa do regime. Finalmente, ainda hoje, muitos direitos civis (a base da sequência de Thomas Marshall) continuam inacessíveis à maioria da população.

Desta forma, apresenta-se a evolução linear dos direitos fundamentais verificada na Inglaterra exposta por Thomas Marshall (direitos civis encontraram o seu apogeu no século XVIII, os direitos políticos afirmaram-se no século XIX e os direitos sociais foram implementados no século XX, apesar de sua gênese remontar ao século XVIII). Ao revés do sistema europeu, verifica-se no Brasil um descompasso entre os direitos sociais e os direitos políticos, na medida em que nos períodos de democracia em crise, observou-se em larga escala o desenvolvimento dos direitos fundamentais sociais. É o que ocorreu, por exemplo, com o Estado Novo (ditadura implantada por Getúlio Vargas, que perdurou de 1937 a 1945), no qual foi publicada a C.L.T. (Consolidação das Leis do Trabalho- Decreto- lei n. 5.452/1943), com nítida inspiração na *"Carta del Lavoro"* (documento de 1927, fundado na ideologia fascista de Benito Mussolini, como forma de controlar as relações de capital e trabalho na sociedade, em especial o patronato, os trabalhadores e o Estado). Tal constatação revela a expansão dos direitos sociais em períodos de cerceamento dos direitos políticos, fato este subversivo da evolução histórica dos direitos fundamentais.

Tal inversão na evolução dos direitos fundamentais, induz José Murilo de Carvalho[10] a asseverar que no Brasil: *"a pirâmide dos direitos foi colocada de cabeça para baixo"*.

1.3. Direitos fundamentais de terceira dimensão (direitos de solidariedade/fraternidade)

São os direitos transindividuais (coletivos ou difusos), dentre os quais avulta em importância o

---

(8) FERRAJOLI, Luigi. *Estado social y Estado de Derecho* In: ABRAMOVICH, Víctor; AÑON, María José; COURTIS, Christian (orgs.). *Derechos sociales. Instrucciones de uso*. Mexico: Fontamara, 2006, p. 13. Tradução livre: "En suma, bajo el perfil institucional, el Welfare State se presenta como un conjunto consolidado de prácticas económicas y políticas, marcado por la anomia o ajuridicidad, y, en cualquier caso, ampliamente exorbitante en relación con los esquemas del viejo Estado de derecho que, con todo, permanecen formalmente a modo de fisionomia o fachada constitucional".

(9) CARVALHO, José Murilo de. *Cidadania no Brasil: o longo caminho*. 12. ed. Rio de Janeiro: Civilização Brasileira, 2009, p. 219 e 220.

(10) *Ibidem*, p. 220.

direito ao meio ambiente ecologicamente equilibrado para as presentes e futuras gerações, consoante vaticinado pelo *caput* do art. 225 da Constituição Federal de 1988[11]. Da mesma forma dispõem o art. 66, I da Constituição Portuguesa de 1976[12] e o art. 45 da Constituição Espanhola de 1978[13]. Ressalte-se que o art. 200, inciso VIII da CF/88 determina que ao sistema único de saúde compete, além de outras atribuições, nos termos da lei: colaborar na proteção do meio ambiente, nele compreendido o do trabalho.

Os direitos de solidariedade (ou fraternidade) denotam a evolução jurídica do constitucionalismo ao neoconstitucionalismo. Neste jaez, tem-se que o caráter individual e o social dos direitos cedem espaço ao difuso.

Uma das características do Constitucionalismo latino-americano é a preocupação com o meio ambiente equilibrado. Neste jaez, a Constituição da Venezuela de 1999, revela igual preocupação com a preservação do direito ao ambiente seguro, sadio e ecologicamente equilibrado e com o dever do Estado de protegê-lo, em seu art. 127[14]. O Constitucionalismo Andino Transformador representado pela Constituição do Equador (2008) e a Constituição da Bolívia (2009) também reflete as preocupações com o meio ambiente. Neste sentido o art. 33 da Constituição da Bolívia de 2009[15] consagra o direito das pessoas a um meio ambiente saudável, protegido e equilibrado e introduz um novo ingrediente, a referência ao direito de outros seres vivos se desenvolverem de maneira normal e permanente[16]. Os direitos da Mãe Terra (*Pacha mama*) traduzem a coerência entre os direitos humanos universais e os novos direitos advindos dos clamores da Natureza. Encontra-se materializado no art. 71 da Constituição do Equador[17].

Sobre o direito fundamental ao meio ambiente Luís Filipe Colaço Antunes[18] averba que, quando o desenvolvimento da ordem jurídica coloca sobre as plantas a necessidade de reconhecer novos valores fundamentais, o caminho a seguir bem pode ser o da criação de estruturas administrativas que assumam, ainda que prescindindo de precisas orientações jurídico-constitucionais, uma função de proteção daqueles valores. Esta foi, com efeito, a trajetória seguida pela Alemanha, cuja Lei Fundamental, não contempla uma direta e específica proteção do ambiente (*Umwelt*) como direito fundamental, privile-

---

(11) "Art. 225. Todos têm direito ao meio ambiente ecologicamente equilibrado, bem de uso comum do povo e essencial à sadia qualidade de vida, impondo-se ao Poder Público e à coletividade o dever de defendê-lo e preservá-lo para as presentes e futuras gerações".

(12) "1. Todos têm direito a um ambiente de vida humano, sadio e ecologicamente equilibrado e o dever de o defender".

(13) "*Artículo 45*. 1. Todos tienen el derecho a disfrutar de un medio ambiente adecuado para el desarrollo de la persona, así como el deber de conservarlo. 2. Los poderes públicos velarán por la utilización racional de todos los recursos naturales, con el fin de proteger y mejorar la calidad de la vida y defender y restaurar el medio ambiente, apoyándose en la indispensable solidaridad colectiva. 3. Para quienes violen lo dispuesto en el apartado anterior, en los términos que la Ley fije se establecerán sanciones penales o, en su caso, administrativas, así como la obligación de reparar el daño causado.

(14) "*Artículo 127.º* Es un derecho y un deber de cada generación proteger y mantener el ambiente en beneficio de sí misma y del mundo futuro. Toda persona tiene derecho individual y colectivamente a disfrutar de una vida y de un ambiente seguro, sano y ecologicamente equilibrado. El Estado protegerá el ambiente, la diversidad biológica, los recursos genéticos, los procesos ecológicos, los parques nacionales y monumentos naturales y demás áreas de especial importancia ecológica. El genoma de los seres vivos no podrá ser patentado, y la ley que se refiera a los principios bioéticos regulará la materia. Es una obligación fundamental del Estado, con la activa participación de la sociedad, garantizar que la población se desenvuelva en un ambiente libre de contaminación, en donde el aire, el agua, los suelos, las costas, el clima, la capa de ozono, las especies vivas, sean especialmente protegidos, de conformidad con la ley".

(15) "*Artículo 33*. Las personas tienen derecho a un medio ambiente saludable, protegido y equilibrado. El ejercicio de este derecho debe permitir a los individuos y colectividades de las presentes y futuras generaciones, además de otros seres vivos, desarrollarse de manera normal y permanente".

(16) Sobre o caráter fundamental de que se reveste o direito ao meio ambiente equilibrado conferir: MORAES, Germana de Oliveira; MARQUES JÚNIOR, William Paiva. *O desafio da UNASUL de aproveitamento sustentável dos recursos energéticos e o novo paradigma ambiental*. In: CADEMARTORI, Daniela Leutchuck de; MORAES, Germana de Oliveira. CÉSAR, Raquel Coelho Lenz. CADEMARTORI, Sérgio Urquhart (orgs.). *A construção jurídica da UNASUL*. Florianópolis: Ed. da UFSC: Fundação Boiteux, 2011, p. 227 a 262.

(17) "Art. 71.- La naturaleza o Pacha Mama, donde se reproduce y realiza la vida, tiene derecho a que se respete integralmente su existencia y el mantenimiento y regeneración de sus ciclos vitales, estructura, funciones y procesos evolutivos. Toda persona, comunidad, pueblo o nacionalidad podrá exigir a la autoridad pública el cumplimiento de los derechos de la naturaleza. Para aplicar e interpretar estos derechos se observaran los principios establecidos en la Constitución, en lo que proceda. El Estado incentivará a las personas naturales y jurídicas, y a los colectivos, para que protejan la naturaleza, y promoverá el respeto a todos los elementos que forman un ecosistema".

(18) ANTUNES, Luís Filipe Colaço. *Direito público do ambiente: diagnose e prognose da tutela processual da paisagem*. Coimbra: Almedina, 2008, p. 84 a 87.

giando antes uma série de garantias que indiretamente podem reduzir-se ao alvéolo de um relacionamento geral do ambiente como valor constitucionalmente protegido. A ação combinada de novas e pregnantes exigências de tutela do ambiente e a estrutura do sistema constitucional alemão, fez com que o Tribunal Constitucional se transformasse no natural "guardião do ambiente", sobretudo quando contraposto a outros direitos fundamentais. Em síntese, o ambiente e seu direito, em sentido forte, como *minimum ethicum*, como limite (jus) natural da atividade dos poderes públicos e dos agentes privados.

1.4. Direitos fundamentais de quarta dimensão (direito à democracia participativa)

Para Paulo Bonavides, os direitos de quarta dimensão dizem respeito aos relacionados à globalização política, como o direito à democracia, à informação e ao pluralismo. A democracia positivada como direito da quarta dimensão há de ser, de necessidade, uma democracia direta[19].

Segundo Daniela Mesquita de Leutchuk de Cademartori[20], embora a democracia tenha surgido antes do liberalismo, na Idade Moderna ele a precede, fornecendo-lhe suas características fundamentais. A democracia experimentada na antiguidade partia da ideia da participação direta dos cidadãos na política; a concepção moderna caracteriza-se pela adesão ao governo representativo. Neste modelo democrático, o conceito de indivíduo é fundamental. Ele é capaz de produzir escolhas racionais e de conduzir a determinados fins. Na articulação do conceito de democracia moderna, os elementos democrático e liberal têm significados distintos: representam forças em tensão: o primeiro, reclamando a formação de laços de identificação, com vistas à delimitação do conceito de povo e de representação, enquanto o elemento liberal busca o respeito ao pluralismo e à autonomia do indivíduo.

A democracia envolve uma relação política entre cidadãos no interior da estrutura da sociedade, na qual nasceram e onde normalmente passam toda sua vida; isso implica ainda uma parte igual no poder político coercitivo que os cidadãos exercem uns sobre os outros ao votar, e de outras formas também. Como razoáveis e também racionais, e sabendo-se que endossam uma grande diversidade de doutrinas religiosas e filosóficas sensatas, os cidadãos devem estar dispostos a explicar a base de suas ações uns para os outros em termos nos quais cada qual razoavelmente espere que outros possam aceitar, por serem coerentes com a liberdade e igualdade dos cidadãos. Procurar satisfazer essa condição é uma das tarefas que esse ideal de política democrática exige de nós. Entender como se comporta como cidadão democrático inclui compreender um ideal de razão pública[21].

O plebiscito e o referendo são formas de democracia participativa, consagradas no art. 14 da Carta Política de 1988. Como os demais direitos fundamentais, existem limites aos direitos fundamentais de quarta dimensão (concatenados à democracia participativa), em especial, no tocante à participação dos cidadãos nos rumos da Administração Pública[22].

Os direitos de quarta dimensão (atinentes à democracia participativa) compendiam o futuro da cidadania e o porvir da liberdade dos povos. Tão-somente com eles será legítima e possível a globalização política[23].

A participação dos cidadãos em matérias de políticas públicas de direitos fundamentais sociais é um dos vetores primaciais em que se assenta a ideo-

---

(19) BONAVIDES, Paulo. *Curso de Direito Constitucional*. 18. ed.: São Paulo: Malheiros, 2006, p. 571: "A democracia positivada enquanto direito da quarta geração há de ser, de necessidade, uma democracia direta. Materialmente possível graças aos avanços da tecnologia de comunicação e legitimamente sustentável graças à informação correta e às aberturas pluralistas do sistema. Desse modo, há de ser também uma democracia isenta já das contaminações da mídia manipuladora, já do hermetismo de exclusão, de índole autocrática e unitarista, familiar dos monopólios do poder. Tudo isso, obviamente, se a informação e o pluralismo vingarem por igual como direitos paralelos e coadjutores da democracia; esta, porém, enquanto direito do gênero humano, projetado e concretizado no último grau de sua evolução conceitual".

(20) CADEMARTORI, Daniela Mesquita Leutchuk de. *O diálogo democrático: Alain Touraine, Norberto Bobbio e Robert Dahl*. Curitiba: Juruá, 2.006, p. 290 e 291.

(21) RAWLS, John. *O Liberalismo Político*. Tradução: Dinah de Abreu Azevedo. 1. ed. São Paulo: Ática, 2.000, p. 266 e 267.

(22) Com efeito, já decidiu o Supremo Tribunal Federal (ADI No.: 244/RJ, Relator: Min. Sepúlveda Pertence, julgamento: 11/09/2002) que além das modalidades explícitas, mas espasmódicas, de democracia direta – o plebiscito, o referendo e a iniciativa popular (art. 14) – a Constituição da República de 1.988, aventa oportunidades tópicas de participação popular na Administração Pública (v.g., art. 5º, XXXVIII e LXXIII; art. 29, XII e XIII; art. 37, § 3º; art. 74, § 2º; art. 187; art. 194, § único, VII; art. 204, II; art. 206, VI; art. 224). A Constituição não abriu ensanchas, contudo, à interferência popular na gestão da segurança pública: ao contrário, primou o texto fundamental por sublinhar que os seus organismos – as polícias e corpos de bombeiros militares, assim como as polícias civis, subordinam-se aos Governadores.

(23) BONAVIDES, Paulo. *Curso de Direito Constitucional*. 18. ed: São Paulo: Malheiros, 2006, p. 572.

logia do neoconstitucionalismo inclusivo. A oitiva dos setores da sociedade corporifica a legitimidade da atuação estatal. A função promocional do Direito atrela-se aos clamores sociais.

1.5. Direitos fundamentais de quinta dimensão (direito à paz)

O reconhecimento da fundamentalidade do direito à paz é corolário do neoconstitucionalismo, na medida em que busca um novo papel para o Poder Judiciário, qual seja: o de poder pacificador por excelência.

O reconhecimento do direito à paz como fundamental de quinta dimensão deve-se aos constantes conflitos bélicos que marcaram a passagem do século XX ao XXI, em especial após o 11 de Setembro de 2001. Verifica-se que as intolerâncias étnico-raciais e religiosas implicaram em relações institucionais e internacionais belicosas que clamam pela jusfundamentalidade do direito à paz.

Para Immanuel Kant[24] se há um dever, se há ao mesmo tempo uma esperança fundada de tornar efetivo o estado de um direito público, ainda que somente em uma aproximação que progride ao infinito, então a paz perpétua, que sucede os falsamente assim denominados *tratados de paz* (propriamente armistícios), não é uma idéia vazia, mas uma tarefa que, solucionada pouco a pouco, aproxima-se continuamente de seu fim (porque os tempos em que iguais progressos acontecem tornar-se-ão, cada vez mais curtos).

O resgate do direito à paz como integrante da quinta dimensão dos direitos fundamentais representa a valorização dos valores consagrados nos primórdios das primeiras declarações universais de direitos humanos, que, por seu turno retiram seu fundamento do direito natural.

Sobre a força normativa da paz, preleciona Antonio Enrique Pérez Luño[25] que os valores constitucionais representam, em suma, o contexto de interpretação com base axiológica ou de base para todo o sistema jurídico, a premissa de orientação para orientar e evolutiva da hermenêutica teleológico da Constituição, e o critério para medir a legitimidade das diversas manifestações do sistema jurídico. Estas funções são totalmente previsíveis do valor da paz que deve atuar como: a) fundamento do conjunto de regras e instituições baseadas na paz em nível interno e na construção de relações pacíficas de cooperação, no plano internacional; b) a orientação da interpretação normativa para soluções que promovam a paz social, bem como de toda a política externa em um sentido inequívoco do pacifismo e, c) revisão e nulidade de qualquer disposição da lei ou atividade de governo que prejudique trazer a paz social ou pôr em perigo a paz internacional. E a consequente proibição de tal comportamento por indivíduos que interferem com a harmonia social (tais como o exercício abusivo ou anti-social dos direitos) ou envolver uma subestimação da paz internacional (propaganda de doutrina de guerra).

2. CONTRIBUTO DOS DIREITOS FUNDAMENTAIS SOCIAIS PARA O RECONHECIMENTO DA VALORIZAÇÃO SOCIAL DO TRABALHO

Tomando-se como base os direitos fundamentais sociais, a dignidade da pessoa humana, a valorização social do trabalho e a justiça social elabora-se a construção jurídica no reconhecimento das demandas decorrentes de clamores emanados pelos trabalhadores, sobretudo no atinente à proteção à maternidade, corolário de uma democracia pluralista, solidária, inclusiva e cidadã.

Jorge Luiz Souto Maior Borges[26] revela que o nascedouro dos direitos sociais se deu por meio das lutas travadas entre trabalhadores e empregadores

---

(24) KANT, Immanuel. *À paz perpétua*. Tradução: Marco Zingano. Porto Alegre: L&PM, 2010, p. 84 e 85.

(25) PÉREZ LUÑO, Antonio Enrique. *Derechos humanos, Estado de Derecho y Constitución*. Novena Edición. Madrid: Tecnos, 2005, p. 562. Tradução livre: "Los valores constitucionales suponen, en suma, el contexto axiológico fundamentador o básico para a interpretacion de todo el ordenamiento jurídico; el postulado-guía para orientar la hermenéutica teleológica y evolutiva de la Constitución; y el critério para medir la legitimidad de las diversas manifestaciones del sistema de legalidad. Estas funciones son plenamente predicables de la paz que (...)debe atuar como: a) fundamento del conjunto de normas e instituciones a partir de la paz en el plano interno, y en fortalecimiento de las relaciones pacíficas de cooperación, en el externo;

b) la orientación de la interpretación normativa hacia soluciones que fomenten la paz social, así como la de toda nuestra política internacional en el sentido de un inequívoco pacifismo; y c) crítica o invalidación de cualquier disposición normativa o actividad de los poderes públicos que menoscab la paz social o pongaen peligro la paz internacional. Así como la consiguiente prohibición de aquellos comportamientos de los particulares atentatorios contra la paz social (tales como el ejercicio abusivo o antisocial de los derechos...) o que entrañen una infravaloración de la paz internacional (propaganda de doctrinas belicistas...)".

(26) BORGES, Jorge Luiz Souto Maior. *O que é direito social?* In: CORREIA, Marcus Orione Gonçalves. *Curso de Direito do Trabalho*. v. 1. 1. ed. São Paulo: LTr, 2007, p. 18.

quando da Revolução Industrial, o que levou ao surgimento de várias leis atinentes à proteção do trabalhador no tocante à responsabilidade decorrente do acidente de trabalho. Em outra passagem aduz Jorge Luiz Souto Maior Borges[27] que o Direito do Trabalho, de uma só vez, valoriza o trabalho, valoriza o ser humano, busca proteger outros valores humanos fora do trabalho e regula o modelo de produção, na perspectiva da construção da justiça social.

Os direitos fundamentais sociais justificam uma relação de trabalho não precária. Existem prestações positivas que asseguram a sua exigibilidade em condições decentes e não degradantes à condição imanente à dignidade do ser humano, como mecanismo de inclusão socioeconômica do empregador.

Como postulados expressamente formulados, os direitos fundamentais socioeconômicos não são absolutamente novos: alguns deles, como o direito ao trabalho, foram reconhecidos nas Constituições Francesas de 1793 e 1848. Mas é só o Século XX que traz a primeira conversão destes direitos em *standard* do constitucionalismo. Foram proclamados pela primeira vez, na Constituição Mexicana de 1917, que com um alto salto de economia, trilhou todo o caminho para realizá-los: todas as riquezas naturais foram nacionalizadas e o Estado assumiu completamente, pelo menos no papel, a responsabilidade social para garantir uma existência digna de cada um de seus cidadãos. A Constituição de *Weimar* contribuiu essencialmente a popularizar e estender os direitos sociais; seu catálogo de direitos fundamentais é uma curiosa mescla entre um coletivismo moderno e um liberalismo clássico. Em um momento em que seu reconhecimento universal havia alcançado seu ponto máximo, os direitos fundamentais clássicos haviam encontrado nos direitos sociais competidores com muito mais ressonância emocional na população e cuja realização conduz necessariamente a minar e restringir as clássicas liberdades de propriedade e de contrato. A transformação permanece ilustrada com toda clareza se se tem em conta o papel que julga a imposição fiscal estatal na nova distribuição da renda e nas intervenções estatais para realizar os direitos sociais. Nos Estados avançados tecnicamente, uma grande parte da nova filosofia dos direitos sociais e econômicos tem se concretizado na legislação positiva. Em outra banda, estes direitos figuram em muitas Constituições de países subdesenvolvidos, e permanecem durante largo tempo, como meros planos nominais para o futuro, haja vista que as condições socioeconômicas da sociedade estatal permitiam sua aplicação. Senão ainda ali onde os direitos sociais têm que esperar até que se tenham dado os requisitos necessários, cumprem um objetivo: para os detentores do poder são o estímulo que lhes impulsionará a sua realização e para os destinatários do poder significará a esperança de que um dia possam ser levados a cabo [28].

Para Jorge Reis Novais[29] a fundamentalidade dos direitos constitucionais perde, de resto, a referência originária material exclusiva ao núcleo constituído pelos direitos inalienáveis do homem, pré e supra-estatais, para assentar, sobretudo, na legitimação formal e material que lhe é conferida pela escolha democrática, positiva, livre e diferencialmente acolhida por cada Constituição. O alargamento dos direitos fundamentais constitucionais aos direitos sociais era, então, uma das dimensões da resposta ao Estado Social de Direito à questão social herdada da Revolução Industrial e às reivindicações de um movimento operário para quem, sobretudo nas difíceis condições econômicas e sociais da época, não havia verdadeira proteção da liberdade e autonomia do cidadão (e não já apenas do cidadão burguês) sem garantia de trabalho, segurança e assistência social.

Esclarece Sergio Cademartori[30] que os direitos fundamentais consistem em expectativas negativas ou positivas às quais correspondem obrigações (de prestações) ou proibições (de lesões). Estas são as *garantias primárias*. Já as *garantias secundárias* são as obrigações de reparar ou sancionar pela via jurisdicional as violações das garantias primárias. Ao se reduzirem os direitos fundamentais às garantias, nega-se a possibilidade da existência de direitos humanos supranacionais. Ora, os argumentos usados para desqualificar o caráter supranacional dos direitos humanos são do tipo realista (se não são aplicados, não existem). Por via de consequência, os direitos escritos nas cartas internacionais não seriam direitos porque estariam desprovidos de garantias.

---

(27) BORGES, Jorge Luiz Souto Maior. *O que é direito social?* In: CORREIA, Marcus Orione Gonçalves. *Curso de Direito do Trabalho.* v. 1. 1. ed. São Paulo: LTr, 2007, p. 30.

(28) LOEWENSTEIN, Karl. *Teoria de la Constitución.* Traducción: Alfredo Gallego Anabitarte. Barcelona: Ediciones Ariel, 1970, p. 401-402. Tradução livre.

(29) NOVAIS, Jorge Reis. *Direitos sociais. Teoria jurídica dos direitos sociais enquanto direitos fundamentais.* Coimbra: Coimbra Editora, 2010, p. 69.

(30) CADEMARTORI, Sergio. *Estado de Direito e Legitimidade. Uma abordagem garantista.* 2. ed. Campinas: Millennium Editora, 2006, p. 42 e 43.

Assim, ficam desqualificadas a internacionalização dos direitos fundamentais e a constitucionalização dos direitos sociais. A ausência de garantias para os direitos sociais, por exemplo, deve ser entendida como uma lacuna indevida a ser preenchida pelos poderes públicos.

Neste jaez, hodiernamente, os direitos fundamentais sociais, apresentam sua concreção materializada através de um papel protagonista desenvolvido por parte do Poder Judiciário, em atenção aos valores emergentes do neoconstitucionalismo inclusivo. Desta forma, revelam um nítido contorno garantista relacionado aos clamores emanados dos cidadãos.

Ao dissertar acerca do garantismo e direitos sociais, esclarece Luigi Ferrajoli[31] que o paradigma garantista pode expandir-se (e no plano normativo vem efetivamente expandindo-se) em três direções: para a proteção dos direitos sociais e não apenas dos direitos de liberdade, contra os poderes privados e não só para as autoridades públicas e no âmbito internacional e não apenas estatal.

Com base nos direitos do homem, do cidadão e do trabalhador declara Jorge Miranda[32] que para as correntes (sejam quais forem as suas inspirações) que se reclamam do Estado social de Direito, é possível desprender os direitos declarados nas Constituições liberais da conexão aos interesses da burguesia para os fazer plenamente direitos de todos os homens. Tal como é possível acrescentar, sem excluir, a esses direitos correspondentes a situações socio-econômicas específicas, designadamente direitos dos trabalhadores, e direitos que, embora sendo de todos os homens, para os trabalhadores assumem mais interesse (como o direito ao trabalho ou o direito à segurança social) – porque a experiência do constitucionalismo consiste, na aquisição progressiva dos direitos daqueles que careçam de proteção.

O processo de socialização dos direitos sociais deveu-se aos mecanismos antiliberais que deflagraram os movimentos do socialismo russo e da social--democracia alemã, ideologias defensoras de um Estado capaz de garantir o equilíbrio social e econômico da sociedade.

Neste contexto social e ideológico se fortalecem os direitos sociais, culturais e econômicos, cuja exigibilidade foi inicialmente questionada em virtude de exigirem do Estado determinadas prestações que nem sempre podem ser satisfeitas, sendo remetidos à esfera dos chamados "direitos programáticos". Torna-se inegável que a Constituição Federal de 1988 ao estatuir uma enorme gleba de direitos fundamentais sociais avançou na juridicidade dos mesmos. Já em seu Preâmbulo a Carta Magna de 1988 firmou o compromisso na efetividade dos direitos sociais[33].

Segundo averba J. J. Gomes Canotilho[34] é líquido que as normas consagradoras de direitos sociais de direitos sociais, econômicos e culturais da Constituição Portuguesa de 1976 individualizam e impõem políticas públicas socialmente ativas.

Em nome do postulado atinente à força normativa da Constituição, torna-se impensável na ordem jurídica compromissada com o neoconstitucionalismo inclusivo, em que os direitos fundamentais sociais sejam destituídos de aplicabilidade prática encontrando-se no plano das normas meramente programáticas. Torna-se premente a sua inclusão com o *status* de cláusulas pétreas.

Assiste razão o ensinamento de Konrad Hesse[35] ao dispor que a força normativa da Constituição não reside, tão-somente, na adaptação inteligente a uma dada realidade. A Constituição jurídica logra converter-se, ela mesma, em força ativa, que se assenta na força singular do presente. Embora a Constituição não possa, por si só, realizar nada, ela pode impor tarefas. A Constituição transforma-se em força ativa se essas tarefas forem efetivamente realizadas, se existir a disposição de orientar a própria conduta segundo a ordem nela estabelecida se, a despeito de todos os questionamentos e reservas provenientes dos juízos de conveniência, se puder identificar a vontade de concretizar essa ordem.

---

(31) FERRAJOLI, Luigi. *Garantismo. Debate sobre el derecho y La democracia*. Traducción: Andrea Greppi. Segunda edición. Madrid: Editorial Trotta, 2009, p. 113. Tradução livre: "...el paradigma garantista puede expandirse (y en el plano normativo ha ido efectivamente expandiéndose) en tres direcciones: hacia la tutela de los derechos sociales y no sólo de los derechos de libertad, frente a los poderes privados y no sólo a los poderes públicos y en el ámbito internacional y no sólo estatal."

(32) MIRANDA, Jorge. *Manual de Direito Constitucional. Tomo IV. Direitos Fundamentais*. 4. ed. Coimbra: Almedina, 2008, p. 107.

(33) "Nós, representantes do povo brasileiro, reunidos em Assembleia Nacional Constituinte para instituir um Estado Democrático, destinado a assegurar o exercício dos direitos sociais...".

(34) CANOTILHO, José Joaquim Gomes. *Direito Constitucional e Teoria da Constituição*. 7. ed. Coimbra: Almedina, 2003, p. 409.

(35) HESSE, Konrad. *A força normativa da Constituição*. Tradução de Gilmar Ferreira Mendes. Porto Alegre: Sergio Antonio Fabris Editor, 1991, p. 19.

Pode-se afirmar que a Constituição converter-se-á em força ativa se fizerem-se presentes, na consciência geral – particularmente, na consciência dos principais responsáveis pela ordem constitucional-, não só a vontade de poder, mas também a vontade de Constituição.

Inegável o papel pedagógico exercido pelo Poder Judiciário em relação às instituições do Estado de Direito para com seus cidadãos. Tal protagonismo desenvolve-se através da atividade jurisdicional emancipatória, corolário do ativismo judicial (uma das implicações do neoconstitucionalismo inclusivo), em especial no que concerne à implementação de políticas públicas de direitos fundamentais sociais, notadamente na questão relativa à proteção da maternidade.

Na atividade relativa ao direito podem-se distinguir dois momentos: (1) *ativo* ou *criativo:* encontra a sua manifestação mais típica na legislação; (2) *teórico* ou *cognoscitivo:* encontrado na jurisprudência (atividade de conhecimento do direito visando à sua aplicação)[36].

A pretensão à legitimidade da ordem jurídica implica decisões, as quais não podem limitar-se a concordar com o tratamento de casos semelhantes no passado e com o sistema jurídico vigente, pois devem ser fundamentadas racionalmente, a fim de que possam ser aceitas como decisões racionais pelos membros do direito. Os julgamentos dos magistrados, que decidem um caso atual, levando em conta também o horizonte de um futuro presente, pretendem validade à luz de regras e princípios legítimos. Nesta medida, as fundamentações têm que emancipar-se das contingências do contexto de surgimento. E a passagem da perspectiva histórica para a sistemática, acontece, explicitamente, quando a justificação interna de um juízo, apoiadas em premissas dadas preliminarmente, cede o lugar à justificação externa das próprias premissas. As decisões judiciais, do mesmo modo que as leis são criaturas da história e da moral[37].

O intérprete das normas – quem diz a verdade jurídica- não é o Legislativo, nem o Executivo, mas o Judiciário. Ora, as disposições constitucionais são normas. Assim, o titular do poder jurídico de dizer sobre elas é, pois, o Judiciário[38].

A interpretação das normas de direitos fundamentais sociais, exercida de forma primaz pelo Poder Judiciário não pode ser tímida ou insensível aos clamores dos cidadãos, alheia à conjuntura dos fatores históricos, sociológicos, políticos e econômicos que reverberam em sua estrutura de modo a exigir uma postura proativa do magistrado que deve procurar, ao máximo, o diálogo com a sociedade, através de uma hermenêutica constitucional aberta, no sentido de conferir maior legitimidade às suas decisões, no resgate da relação simbiótica entre os fatos jurídicos e sociais, convergentes ao Direito justo.

Desse modo, entende-se com Peter Häberle[39], que o processo de interpretação constitucional deve ser ampliado para além do processo constitucional concreto. O raio de interpretação normativa amplia-se graças aos intérpretes da Constituição da sociedade aberta. Eles são os participantes fundamentais no processo de *trial and error*, de descoberta e de obtenção do direito. A sociedade torna-se aberta e livre, porque todos estão potencial e atualmente aptos a oferecer alternativas para a interpretação constitucional. A interpretação constitucional jurídica traduz (apenas) a pluralidade da esfera pública e da realidade, as necessidades e as possibilidade da comunidade, que constam do texto, que antecedem os textos constitucionais ou subjazem a eles.

Ora, como afirma Robert Alexy[40], os direitos sociais, entendidos como direitos a prestações estatais em sentido estrito, têm uma importância tão grande dentro do texto constitucional, que não podem ter sua aplicação limitada à vontade da maioria parlamentar competente para votar uma Lei.

Consoante aduz Arion Sayão Romita[41] aos poucos, emergiu a consciência de que o Direito do Trabalho não deveria perseguir apenas o objetivo cifrado na melhoria das condições materiais de vida

---

(36) BOBBIO, Norberto. *O Positivismo Jurídico: Lições de Filosofia do Direito*. Tradução e Notas: Márcio Pugliesi. 1. ed. São Paulo: Ícone, 2006, p. 211.

(37) HABERMAS, Jürgen. *Direito e Democracia. Entre facticidade e validade*. v I. Tradução: Flávio Beno Siebeneichler. 2. ed. Rio de Janeiro: Tempo Brasileiro, 2003, p. 246 e 247.

(38) BANDEIRA DE MELLO, Celso Antônio. *A eficácia das normas constitucionais de direitos sociais*. São Paulo: Malheiros, 2009, p. 51.

(39) HÄBERLE, Peter. *Hermenêutica constitucional: a sociedade aberta dos intérpretes da Constituição: contribuição para a interpretação pluralista e "procedimental" da Constituição*. Trad. Gilmar Ferreira Mendes. 1. ed. Reimpressão. Porto Alegre: Sérgio Antonio Fabris Editor, 2002, p. 42 e 43.

(40) ALEXY, Robert. *Teoria dos Direitos Fundamentais*. Tradução: Virgílio Afonso da Silva. São Paulo: Malheiros, 2008, p. 511 e seg.

(41) ROMITA, Arion Sayão. *Direitos Fundamentais nas Relações de Trabalho*. 2. ed. São Paulo: LTr, 2007, p. 28.

dos trabalhadores. Sem deixar de lado esse objeto, passaram os estudiosos deste ramo do Direito a tratar de temas pertinentes aos direitos de personalidade, no intuito não mais de atingir o alvo da justiça social do ponto de vista estritamente pecuniário, porém de agregar-lhe valores fundados na realização do ideal de justiça (pura, sem adjetivação), com supedâneo no reclamo ético de valorização do trabalho humano, lastreado no respeito à dignidade da pessoa do trabalhador.

Verifica-se uma dúplice função dos direitos fundamentais sociais: (1) limitação ao poder de comando administrativo; (2) oposição às alterações constitucionais e infraconstitucionais opostas aos seus mandamentos. Desemboca-se na impossibilidade de renúncia de tais direitos por seus destinatários.

Arion Sayão Romita[42] arremata que os direitos fundamentais dos trabalhadores (portanto, direitos indisponíveis em caráter absoluto, insuscetíveis de renúncia), são os seguintes: (1) direitos da personalidade (honra, intimidade, imagem); (2) liberdade ideológica; (3) liberdade de expressão e de informação; (4) igualdade de oportunidades e de tratamento; (5) não discriminação; (6) idade mínima de admissão ao emprego; (7) salário mínimo; (8) saúde e segurança do trabalho; (9) proteção contra a despedida injustificada; (10) direito ao repouso (intervalos, limitação da jornada, repouso semanal e férias); (11) direito de sindicalização; (12) direito de representação dos trabalhadores e sindical na empresa; (13) direito à negociação coletiva; (14) direito de greve; (15) direito ao ambiente de trabalho saudável.

A ideia de pessoa não está necessariamente, quanto à sua origem, associada aos propósitos da sua tutela. Tal ideia impôs-se, no Direito, como instrumento técnico para assegurar a organização econômica e social, tornando operacional a figura de troca e, por essa via, do contrato e da propriedade. A atribuição ao ser humano de uma dignidade própria e a configuração dos direitos da personalidade enquanto instrumento da tutela da personalidade resultaram de uma paulatina caminhada civilizacional, que se tem caracterizado por um fenômeno de expansão[43].

A proteção à maternidade é decorrência do reconhecimento do direito fundamental ao trabalho e representa um corolário da dignidade da pessoa humana, da valorização social do trabalho, dos direitos fundamentais e dos direitos da personalidade da gestante e do nascituro.

Observa-se que os direitos da personalidade mantêm uma relação simbiótica com os direitos fundamentais uma vez que muitos apresentam uma dúplice qualificação: são da personalidade e simultaneamente fundamentais (é o que ocorre com a honra e imagem, por exemplo). No entanto, não há que se falar em fungibilidade conceitual uma vez que os direitos da personalidade aplicam-se as relações travadas entre particulares, ao passo que os direitos fundamentais preceituam diretrizes a serem adotadas em sede de direito público.

Sobre a relação travada entre direitos da personalidade e direitos fundamentais averba Jorge Miranda[44]: os direitos da personalidade são posições jurídicas fundamentais do homem que ele tem pelo simples fato de nascer e viver; são aspectos imediatos da exigência de integração do homem; são condições essenciais do seu ser e devir; revelam o conteúdo necessário da personalidade; são emanações da personalidade humana em si; são direitos de exigir de outrem o respeito da própria personalidade; têm por objeto, não algo exterior ao sujeito, mas modos de ser físicos e morais da pessoa ou bens da personalidade física, moral e jurídica ou manifestações parcelares da personalidade humana ou a defesa da própria dignidade. Os direitos fundamentais pressupõem relações de poder, os direitos de personalidade relações de igualdade. Os direitos fundamentais têm uma incidência publicística imediata, ainda quando ocorram efeitos nas relações entre os particulares (como prevê o art. 18 da Constituição portuguesa de 1976); os direitos da personalidade uma incidência privatística, ainda quando sobreposta ou subposta à dos direitos fundamentais. Os direitos fundamentais pertencem ao domínio do Direito Constitucional, os direitos da personalidade ao do Direito Civil e do Direito do Trabalho.

Reconhecer que os direitos fundamentais sociais dos trabalhadores não são cláusulas pétreas trata-se de interpretação literal e reducionista incompatível com os fundamentos axiológicos e normativos consagrados pela ordem jurídico-constitucional instaurada pela Constituição Federal de 1988

---

(42) ROMITA, Arion Sayão. *Direitos Fundamentais nas Relações de Trabalho*. 2. ed. São Paulo: LTr, 2007, p. 421 e 422.

(43) DRAY, Guilherme Machado. *Direitos de personalidade*. Anotações ao Código Civil e ao Código do Trabalho. Coimbra: Almedina, 2006, p. 05.

(44) MIRANDA, Jorge. *Manual de Direito Constitucional*. Tomo IV. Direitos Fundamentais. 4. ed. Coimbra: Coimbra Editora, 2008, p. 66 a 69.

e contrária ao caráter de ampliação da dignidade do ser humano compatível com os direitos da personalidade e da máxima efetividade das normas constitucionais.

Relembra Francisco Gérson Marques de Lima[45] que o direito de trabalhar qualifica-se como fundamental e não pode ser negado pelo empregador ao empregado, sob pena de eventual recusa tipificar rescisão indireta na forma do art. 483, alíneas "d" e "e" da CLT, inclusive nas questões atinentes aos professores.

Assiste razão a Celso de Albuquerque Mello[46] ao dispor que o direito social básico é o direito ao trabalho:

> "A meu ver, para a maioria da humanidade o direito social fundamental é o direito ao trabalho, vez que é através dele que se vai obter a seguridade social e, com isto, quase sempre, o direito à saúde. É através da ação, isto é, do trabalho, que o ser humano se realiza. É o que lhe garante uma remuneração justa. Considero o direito ao trabalho o mais importante, ou o direito básico dos direitos sociais".

A construção de um projeto comum, convergente e plural, no qual as assimetrias decorrentes de discriminações sofridas pelos trabalhadores sejam transpostas para uma sociedade democrática, perpassa necessariamente pela reafirmação da dignidade da pessoa humana como base axiológica dos direitos fundamentais e pelo resgate dos direitos da personalidade dos trabalhadores, como forma de assegurar-se a valorização social do trabalho humano.

3. ASPECTOS JURÍDICOS DA PROTEÇÃO À MATERNIDADE E OS REFLEXOS HERMENÊUTICOS

Para Michel Foucault[47] a família é o cristal no dispositivo de sexualidade: parece difundir uma sexualidade que de fato reflete e difrata. Por sua penetrabilidade e sua repercussão voltada para o exterior, ela é um dos elementos táticos mais preciosos para esse dispositivo. Não havia riscos de que a sexualidade aparecesse, por natureza, estranha à lei: ela só se constituída pela lei.

Na medida em que a Constituição Federal de 1988 conformou um Estado Democrático de Direito destinado a assegurar o exercício dos direitos sociais já a partir de seu Preâmbulo, afigura-se que a sua implementação efetiva dependerá necessariamente da promoção à proteção à maternidade como modalidade reflexa de regulamentação da sexualidade feminina e do planejamento familiar (art. 226, § 7º, da CF/88[48]).

Não há que se permitir um discurso tirânico, opressor e impeditivo do reconhecimento dos direitos fundamentais sociais de proteção à maternidade e de seus consectários jurídicos sob pena de violar-se todo o arcabouço fornecido pela dignidade da pessoa humana e valorização social do trabalho.

No plano das relações internacionais, ressalta Antônio Augusto Cançado Trindade[49] que apesar de todos os avanços registrados nas cinco últimas décadas na proteção dos direitos humanos, têm persistido violações graves e a estas têm se somado graves discriminações (contra membros de minorias e outros grupos vulneráveis, de base étnica, nacional, religiosa e linguística), além das violações de direitos fundamentais e do direito internacional humanitário.

Consoante afirmado pelo art. 4º, n. 02 da Convenção sobre Eliminação de todas as formas de Dis-

---

(45) LIMA, Francisco Gérson Marques de. *O professor no direito brasileiro: orientações fundamentais de Direito do Trabalho.* Rio de Janeiro: Forense, 2008, p. 98 e 99: "Um direito fundamental digno de ser mencionado, surgido da relação privada contratual, é o *direito de trabalhar*, consistente em vedar ao empregador que se recuse a conceder trabalho e condições de trabalho ao empregado. Com a celebração do contrato, surge o direito à relação trabalhista, o direito de exigir o serviço, tanto pelo empregado, quanto pelo empregador. Uma vez celebrado o contrato e iniciada a relação laboral, o empregador não pode impedir o obreiro de desenvolver as atividades convencionadas nem pode deixar de lhe dar os meios e instrumentos necessários a tanto. A eventual recusa enseja despedida indireta (art. 483, *d* e *e*, CLT) e reparação de danos causados à honra e à imagem do trabalhador. Esta ilação se aplica, também, aos professores".

(46) MELLO, Celso de Albuquerque. *A proteção dos direitos humanos sociais nas Nações Unidas* In: SARLET, Ingo Wolfgang (org.). *Direitos fundamentais sociais:* estudos de direito constitucional, internacional e comparado. Rio de Janeiro: Renovar, 2003, p. 228.

(47) FOUCAULT, Michel. *História da sexualidade I: a vontade de saber.* Tradução: Maria Thereza da Costa Albuquerque e J. A. Guilhon Albuquerque. 1. ed. 23ª reimpressão. São Paulo: Edições Graal, 2011, p. 122 e 124.

(48) "§ 7º – Fundado nos princípios da dignidade da pessoa humana e da paternidade responsável, o planejamento familiar é livre decisão do casal, competindo ao Estado propiciar recursos educacionais e científicos para o exercício desse direito, vedada qualquer forma coercitiva por parte de instituições oficiais ou privadas".

(49) TRINDADE, Antônio Augusto Cançado. *A proteção internacional dos direitos humanos e o Brasil (1948-1997):* as primeiras cinco décadas. 2. ed. Brasília: Editora Universidade de Brasília, 2000, p. 157 e 158.

criminação contra a Mulher, adotada pela Resolução 34/180 da Assembleia Geral das Nações Unidas em 18 de Dezembro de 1979, ratificada pelo Brasil em 01.02.1984 preceitua a adoção pelos Estados-partes de medidas especiais, inclusive as contidas na presente Convenção, destinadas a proteger a maternidade, não se considerará discriminatória. O art. 11, n. 02 do mesmo documento internacional determina que a fim de impedir a discriminação contra a mulher por razões de casamento ou maternidade e assegurar a efetividade de seu direito a trabalhar, os Estados-partes tomarão as medidas adequadas para: a) proibir, sob sanções, a demissão por motivo de gravidez ou de licença-maternidade e a discriminação nas demissões motivadas pelo estado civil; b) implantar a licença-maternidade, com salário pago ou benefícios sociais comparáveis, sem perda do emprego anterior, antiguidade ou benefícios sociais; c) estimular o fornecimento de serviços sociais de apoio necessários para permitir que os pais combinem as obrigações para com a família com as responsabilidades do trabalho e a participação na vida pública, especialmente mediante o fomento da criação e desenvolvimento de uma rede de serviços destinada ao cuidado das crianças; d) dar proteção especial às mulheres durante a gravidez nos tipos de trabalho comprovadamente prejudiciais a elas.

Conforme vaticina Michel Foucault[50]: a sexualidade está exatamente na encruzilhada do corpo e da população. Portanto, ela depende da disciplina, mas depende também da regulamentação.

A mulher em idade fértil até hoje é estigmatizada no exercício do direito social ao trabalho em que pese a previsão do art. 7º, inciso XXX, da Carta Política de 1988 ao estatuir a proibição de diferença de salários, de exercício de funções e de critério de admissão por motivo de sexo, idade, cor ou estado civil. A proteção jurídico-constitucional à maternidade é a forma de compatibilizar o ciclo vital humano à ordem econômico-social. Neste mesmo jaez a Lei n. 9.029/1995 determina em seu art. 1º que fica proibida a adoção de qualquer prática discriminatória e limitativa para efeito de acesso a relação de emprego, ou sua manutenção, por motivo de sexo, origem, raça, cor, estado civil, situação familiar ou idade, ressalvadas, neste caso, as hipóteses de proteção ao menor previstas no inciso XXXIII do art. 7º da Constituição Federal. Por seu turno o art. 2º, da Lei n. 9.029/1995[51] tipifica como crimes as condutas discriminatórias praticadas em detrimento da mulher.

Afora as implicações criminais ressalte-se que quaisquer práticas discriminatórias de acesso ao mercado de trabalho pela mulher por força de estado gravídico tipificam assédio moral e consequentemente fundamentarão as repercussões cíveis atinentes à indenização por danos materiais e morais (violação aos direitos da personalidade e à dignidade da pessoa humana).

Neste sentido é o escólio de Marie France Hirigoyen[52] consoante o qual: como efeito perverso da proteção das pessoas na empresa- uma mulher grávida não pode ser demitida – o processo de assédio muitas vezes passa a ter lugar quando uma empregada, até então totalmente dedicada ao seu trabalho, anuncia sua gravidez. Para o empregador isso quer dizer: licença-maternidade, saída mais cedo à tarde para ir pegar a criança na creche, faltas quando o bebê ficar doente... Em suma, ele tem medo de que essa empregada-modelo não fique mais inteiramente à sua disposição.

Para Maurício Godinho Delgado[53] não obstante os textos constitucionais anteriores vedassem discriminação em função do sexo, o fato é que a cultura jurídica prevalecente jamais considerou que semelhante dispositivo tivesse o condão de suprimir condutas tutelares discriminatórias contra a mulher no contexto do mercado de trabalho ou no próprio interior da relação de emprego. A Constituição de

---

(50) FOUCAULT, Michel. *Em defesa da sociedade*: curso no Collège de France (1975/1976). Tradução: Maria Ermantina Galvão. 1. ed. 4ª tiragem. São Paulo: Martins Fontes, 2005, p. 300.

(51) "Art. 2º Constituem crime as seguintes práticas discriminatórias: I – a exigência de teste, exame, perícia, laudo, atestado, declaração ou qualquer outro procedimento relativo à esterilização ou a estado de gravidez; II – a adoção de quaisquer medidas, de iniciativa do empregador, que configurem; a) indução ou instigamento à esterilização genética; b) promoção do controle de natalidade, assim não considerado o oferecimento de serviços e de aconselhamento ou planejamento familiar, realizados através de instituições públicas ou privadas, submetidas às normas do Sistema Único de Saúde (SUS). Pena: detenção de um a dois anos e multa. Parágrafo único. São sujeitos ativos dos crimes a que se refere este artigo: I – a pessoa física empregadora; II – o representante legal do empregador, como definido na legislação trabalhista; III – o dirigente, direto ou por delegação, de órgãos públicos e entidades das administrações públicas direta, indireta e fundacional de qualquer dos Poderes da União, dos Estados, do Distrito Federal e dos Municípios".

(52) HIRIGOYEN, Marie-France. *Assédio Moral: a violência perversa no cotidiano*. Tradução: Maria Helena Kühner. 10. ed. Rio de Janeiro: Bertrand Brasil, 2008, p. 68 e 69.

(53) DELGADO, Maurício Godinho. *Curso de Direito do Trabalho*. 8. ed. São Paulo: LTr, 2009, p. 725.

1988, entretanto, firmemente, eliminou do Direito brasileiro qualquer prática discriminatória contra a mulher no contexto empregatício – ou que lhe pudesse restringir o mercado de trabalho –, ainda que justificada a prática jurídica pelo fundamento da proteção e da tutela. Nesse quadro, revogou inclusive alguns dispositivos da CLT que, sob o aparentemente manto tutelar, produziam efeito claramente discriminatório com relação à mulher obreira.

A Constituição Federal de 1988 estabelece em seu art. 6º a proteção à maternidade[54]. Por seu turno, o art. 7º, inciso XVIII, fixa a licença à gestante, sem prejuízo do emprego e do salário, com a duração de cento e vinte dias. Neste jaez tem-se que a licença maternidade trata-se de direito fundamental social das trabalhadoras urbanas e rurais. Relaciona-se intrinsecamente com a proteção à infância e, neste jaez constitui-se em ônus para toda a sociedade, impondo-se o seu respeito pelos particulares e como parâmetro norteador de políticas públicas estatais. Ao concatenar a proteção à maternidade e à infância o art. 7º, inciso XXV da CF/88 prevê como direito fundamental social a assistência gratuita aos filhos e dependentes desde o nascimento até 5 (cinco) anos de idade em creches e pré-escolas.

Ao referir-se à previdência social, o art. 201, inciso II da CF/88 (com redação determinada pela Emenda Constitucional n. 20/98) estatui que a previdência social será organizada sob a forma de regime geral, de caráter contributivo e de filiação obrigatória, observados critérios que preservem o equilíbrio financeiro e atuarial, e atenderá, nos termos da lei, à proteção à maternidade, especialmente à gestante. O art. 203 inciso I da CF/88 determina que a assistência social será prestada a quem dela necessitar, independentemente de contribuição à seguridade social, e tem por objetivos a proteção à família, à maternidade, à infância, à adolescência e à velhice.

Na proteção à maternidade o art. 10, inciso II, alínea "b" do ADCT impõe a estabilidade gestante ao determinar que fica vedada a dispensa arbitrária ou sem justa causa da empregada gestante, desde a confirmação da gravidez até cinco meses após o parto. Entendimento recente do Tribunal Superior do Trabalho estendeu a aludida proteção também às trabalhadoras contratadas por prazo determinado, corolário do caráter tuitivo do Direito Laboral, uma vez que, até então tal proteção era destinada apenas às empregadas que celebrassem contrato de trabalho por prazo indeterminado.

Dessa forma, não há dúvida de que a despedida da empregada gestante, sem justa causa, ainda que ela tenha recusado a oferta do empregador de reintegração no emprego, revela-se ineficaz, à luz do ordenamento jurídico, pois a confirmação a que alude o Texto Constitucional se refere apenas à concepção, e não à hipótese de reintegração. A proteção à maternidade, como garantia fundamental de natureza social, deve ser interpretada amplamente, de modo a se emprestar a necessária eficácia jurídica e sociológica à norma constitucional que a prevê, sob pena de se "fazer letra morta" de direito fundamental social, ou apenas tratá-la como norma declaratória, cuja efetividade e garantia não se revelam instrumentalizadas. Ao se tratar de proteção constitucional, a norma atrai a presunção favorável à gestante, no sentido de que, procedendo o empregador a sua dispensa arbitrária ou sem justa causa, independentemente de não apresentar interesse na reintegração no emprego, revela-se ineficaz à luz do ordenamento jurídico, em especial do aludido art. 10 do ADCT. Assim, a empregada gestante, que recusa a proposta de retornar ao serviço, não pode ser prejudicada a ponto de não receber a indenização correspondente ao período da estabilidade[55].

A garantia constitucional insculpida no art. 10 do ADCT visa à preservação do emprego, protegendo o interesse direto do nascituro, que não sofrerá com a falta de emprego da mãe. Os casos de indenização somente se justificam quando não mais possível o cumprimento da obrigação de fazer retornar a empregada ao trabalho[56].

Na ordem jurídico-constitucional a finalidade da proteção à maternidade mais se dirige ao nascituro do que propriamente à mãe. Daí, objetivamente, não há que se perquirir culpa. É que, despedida a empregada, o arrependimento do empregador só será eficaz se anular a dispensa, isto é, admitir como se ela nunca tivesse existido, respondendo pelas reparações pecuniárias do período de afastamento. Do contrário, o arrependimento não terá qualquer eficácia. A finalidade

---

(54) "Art. 6º São direitos sociais a educação, a saúde, a alimentação, o trabalho, a moradia, o lazer, a segurança, a previdência social, a proteção à maternidade e à infância, a assistência aos desamparados, na forma desta Constituição".

(55) Neste jaez confira-se: TST- Processo: RR – 1895940-52.2002.5.09.0015 Data de Julgamento: 05/05/2010, Relator Ministro: Pedro Paulo Manus, 7ª Turma, Data de Publicação: DEJT 14/05/2010.

(56) Veja-se: Processo: RR – 94000-97.2006.5.01.0011 Data de Julgamento: 12/05/2010, Relator Ministro: Márcio Eurico Vitral Amaro, 8ª Turma, Data de Publicação: DEJT 14/05/2010.

social do direito está a determinar que a reparação seja devida como desestímulo ao exercício do ato de dispensa arbitrária e sem justa causa[57].

Consoante aduz Alice Monteiro de Barros[58] as normas de proteção à maternidade são imperativas, insuscetíveis de disponibilidade, logo, não se poderá, nem mesmo com assentimento da empregada gestante, exigir-lhe trabalho durante a licença, sob pena de arcar o empregador com o pagamento do salário relativo à prestação de serviços e sujeitar-lhe à penalidade administrativa a que alude o art. 401 da CLT, independentemente do salário-maternidade que será devido à empregada, nos termos do art. 393 da CLT.

No plano infraconstitucional a Lei n. 8.212/91 (dispõe sobre a organização da Seguridade Social, institui Plano de Custeio) prevê em seu art. 4º, *caput* que a Assistência Social é a política social que provê o atendimento das necessidades básicas, traduzidas em proteção à família, à maternidade, à infância, à adolescência, à velhice e à pessoa portadora de deficiência, independentemente de contribuição à Seguridade Social. Por seu turno a Lei n. 8.213/91 (dispõe sobre os planos de benefícios da previdência social) determina em seu art. 18, "g" que o Regime Geral de Previdência Social (RGPS) compreende as seguintes prestações, dentre outras devidas inclusive em razão de eventos decorrentes de acidente do trabalho, expressas em benefícios e serviços atinentes ao salário-maternidade. Nos termos do art. 26, inciso III, do mesmo diploma normativo independe de carência a concessão de salário-maternidade para as seguradas: empregada, trabalhadora avulsa e empregada doméstica.

O salário-maternidade é devido em três situações contempladas na normatização estatal: maternidade, adoção ou guarda judicial para fins de adoção. No caso da maternidade, o fato gerador do benefício é o parto considerado em sentido amplo, uma vez que o benefício é devido a partir de vinte e oito dias antes do parto. A finalidade do salário-maternidade no caso da gestante é a proteção à saúde e integridade da gestante e do nascituro. Prevê o art. 71 da Lei n. 8.213/91 que o salário-maternidade é devido à segurada da Previdência Social, durante 120 (cento e vinte) dias, com início no período entre 28 (vinte e oito) dias antes do parto e a data de ocorrência deste, observadas as situações e condições previstas na legislação no que concerne à proteção à maternidade. O art. 71-A do mesmo diploma legislativo vaticina que segurada da Previdência Social que adotar ou obtiver guarda judicial para fins de adoção de criança é devido salário-maternidade pelo período de 120 (cento e vinte) dias, se a criança tiver até 1(um) ano de idade, de 60 (sessenta) dias, se a criança tiver entre 1 (um) e 4 (quatro) anos de idade, e de 30 (trinta) dias, se a criança tiver de 4 (quatro) a 8 (oito) anos de idade. Nesta situação o salário-maternidade será pago diretamente pela Previdência Social (art. 71-A, parágrafo único da Lei n. 8.213/91).

As medidas de proteção à maternidade foram efetivadas com caráter previdenciário a partir de 1974[59] o que também veio a indiretamente proteger o direito de acesso ao mercado de trabalho. Antes disso eram os próprios empregadores que pagavam os salários das mulheres afastadas por motivo de gestação e parto, o que dificultava a contratação de mão de obra feminina. Atualmente, nos termos da Lei n. 10.710/2003, o pagamento do salário-maternidade continua sendo custeado pela Previdência Social, mas cabe à empresa pagar o salário devido à empregada, possibilitando a compensação por ocasião do recolhimento das contribuições gerais devidas pela empresa[60].

Explicita Alice Monteiro de Barros[61] que o direito à licença-maternidade independe do estado civil da mulher (art. 2º da Convenção n. 103 da OIT, ratificada pelo Brasil), tampouco está condicionada ao nascimento com vida do filho. Anteriormente à

---

(57) Observe-se: Processo: RR – 1600-21.2008.5.04.0202 Data de Julgamento: 28/04/2010, Relator Ministro: Aloysio Corrêa da Veiga, 6ª Turma, Data de Publicação: DEJT 07/05/2010.

(58) BARROS, Alice Monteiro de. *Curso de Direito do Trabalho*. 4. ed. São Paulo: LTr, 2009, p. 1087.

(59) A Lei n. 6.136, de 7 de novembro de 1974, que instituiu o salário-maternidade com natureza jurídica de prestação previdenciária.

(60) Confira-se o disposto no art. 72 da Lei n. 8.213/91: "Art. 72. O salário-maternidade para a segurada empregada ou trabalhadora avulsa consistirá numa renda mensal igual a sua remuneração integral. § 1º Cabe à empresa pagar o salário-maternidade devido à respectiva empregada gestante, efetivando-se a compensação, observado o disposto no art. 248 da Constituição Federal, quando do recolhimento das contribuições incidentes sobre a folha de salários e demais rendimentos pagos ou creditados, a qualquer título, à pessoa física que lhe preste serviço. § 2º A empresa deverá conservar durante 10 (dez) anos os comprovantes dos pagamentos e os atestados correspondentes para exame pela fiscalização da Previdência Social. § 3º O salário-maternidade devido à trabalhadora avulsa e à empregada do microempreendedor individual de que trata o art. 18-A da Lei Complementar n. 123, de 14 de dezembro de 2006, será pago diretamente pela Previdência Social".

(61) BARROS, Alice Monteiro de. *Curso de Direito do Trabalho*. 4. ed. São Paulo: LTr, 2009, p. 1.088.

ratificação da referida Convenção pelo Brasil, havia os que admitiam o retorno da empregada ao trabalho antes do término da licença, caso o filho nascesse sem vida e desde que a saúde da mulher não o impedisse. Nesse caso, a empregada estaria onerada com a prova da necessidade de repouso após o parto; do contrário, seria facultado ao empregador exigir-lhe o retorno ao trabalho, antes do término da licença-maternidade.

O período de afastamento por ocasião da licença-maternidade que era de 84 dias foi aumentado pela Constituição Federal de 1988 para 120 dias. A Lei n. 11.770, de 09 de setembro de 2008, instituiu o Programa Empresa Cidadã, destinado à prorrogação da licença-maternidade mediante concessão de incentivo fiscal. Neste sentido o que prorroga por 60 (sessenta) dias a licença-maternidade das gestantes que trabalharem nas empresas participantes do programa perfazendo um período de 180 (cento e oitenta) dias. Para tal desiderato determina o art. 1º do aludido diploma normativo que a prorrogação será garantida à empregada da pessoa jurídica que aderir ao Programa, desde que a empregada a requeira até o final do primeiro mês após o parto, e concedida imediatamente após a fruição da licença-maternidade. O art. 1º em seu § 2º prevê que a prorrogação será garantida, na mesma proporção, também à empregada que adotar ou obtiver guarda judicial para fins de adoção de criança. O *caput* do art. 4º da referida lei aduz que no período de prorrogação da licença-maternidade, a empregada não poderá exercer qualquer atividade remunerada e a criança não poderá ser mantida em creche ou organização similar. Ressalte-se o art. 5º consoante o qual a pessoa jurídica tributada com base no lucro real poderá deduzir do imposto devido, em cada período de apuração, o total da remuneração integral da empregada pago nos 60 (sessenta) dias de prorrogação de sua licença-maternidade, vedada a dedução como despesa operacional.

Por seu turno, a Lei n. 10.421/2002 estendeu o direito à licença-maternidade às mães adotivas e às mulheres que receberem crianças de até 8 (oito) anos de idade em guarda judicial. De acordo com a redação atual do art. 392-A da CLT, o período da licença dependerá da idade da criança adotada ou recebida em guarda judicial, podendo variar de 120 (cento e vinte) dias, se a criança tiver até 1 (hum) ano de idade; 60 (sessenta) dias, se a criança tiver entre 1 (um) ano até 4 (quatro) anos; e de 30 (trinta) dias, para crianças a partir de 4 (quatro) anos até 8 (oito) anos de idade.

Para Alice Monteiro de Barros[62] se a empregada falece no curso da licença-maternidade ou durante o parto: nesse caso, haverá a extinção do contrato de trabalho e cessa a obrigação do pagamento correspondente, pouco importando seja o encargo do órgão previdenciário ou do empregador. O ideal seria que o restante da licença fosse concedido ao pai para cuidar da criança, como já procede a legislação espanhola, a jurisprudência italiana, a legislação da Colômbia e do Chile. Lembre-se que há jurisprudência do TST, da década de 1950, estendendo a referida licença ao cônjuge supérstite em benefício da criança, exatamente como procedeu a jurisprudência italiana.

Neste jaez ressalte-se que um servidor lotado na Polícia Federal em Brasília conquistou judicialmente o direito de gozar da licença paternidade nos moldes da licença maternidade, depois que teve indeferida a concessão administrativa. O pedido foi feito porque a sua esposa faleceu em decorrência der complicações durante o parto do filho. A juíza Ivani Silva da Luz, da 6ª Vara Federal do Distrito Federal[63], acatou, no dia 8 de fevereiro de 2012, o pedido liminar em Mandado de Segurança ajuizado contra o ato da coordenadora substituta de Recursos Humanos do Departamento de Polícia Federal, que recusou a solicitação administrativa feita pelo servidor público.

No plano das relações internacionais a Convenção n. 103, de 1952 da OIT estabelece a proteção à maternidade. Tal Convenção foi promulgada no Brasil pelo Decreto n. 58.820, de 14 de julho de 1966.

Conforme aduz Luciano Martinez[64] a maternidade produz uma série de modificações na mulher, fazendo com que ela solicite e espere atitudes de amparo de todos que circundam a sua vida familiar, social e profissional. Muitos cuidados não praticados no cotidiano das mulheres passam a ser exigíveis desde os primeiros instantes do período gestacional, passando pelos indispensáveis exames pré-natais, pela chegada e a recepção do bebê e seu acompanhamento durante toda a infância. A proteção à maternidade e à infância alçou, por isso, a qualidade de direito social, nos ter-

---

(62) BARROS, Alice Monteiro de. *Curso de Direito do Trabalho*. 4. ed. São Paulo: LTr, 2009, p. 1089 e 1090.

(63) Confira-se a decisão judicial: Disponível em: <http://www.conjur.com.br/dl/jose-joaquim-santos-sentenca.pdf>. Acesso em: 10 de julho de 2012.

(64) MARTINEZ, Luciano. *Curso de Direito do Trabalho*: relações individuais, sindicais e coletivas do trabalho. São Paulo; Saraiva, 2010, p. 575.

mos do art. 6º da CF/88. Perceba-se que a lei protege o instituto "maternidade", e não unicamente a gestante, o nascituro ou o recém-nascido, entendendo-o como um conjunto de estados temporários, todos merecedores de diferenciada atenção. O art. 201, II da CF/88 é claro nesse sentido: "proteção à maternidade, especialmente à gestante". A gestante neste contexto, é, sem dúvida, a protagonista do fenômeno que envolve a reprodução humana, mas a proteção não se destina unicamente a ela, embora, obviamente, se destine especialmente a ela.

Nos aspectos trabalhistas estabelece o art. 131, inciso II, da CLT que não será considerada falta ao serviço a ausência, durante o licenciamento compulsório da empregada por motivo de maternidade ou aborto, desde que observados os requisitos para percepção do salário-maternidade custeado pela Previdência Social. Os arts. 391 a 400 da CLT tratam da proteção à maternidade. Conforme dispõe o art. 391 da CLT não constitui justo motivo para a rescisão do contrato de trabalho da mulher o fato de haver contraído matrimônio ou de encontrar-se em estado de gravidez, bem como não serão permitidos em regulamentos de qualquer natureza contratos coletivos ou individuais de trabalho, restrições ao direito da mulher ao seu emprego, por motivo de casamento ou de gravidez. Os arts. 394 e 395 da CLT determinam que mediante atestado médico, à mulher grávida é facultado romper o compromisso resultante de qualquer contrato de trabalho, desde que este seja prejudicial à gestação. Em caso de aborto não criminoso, comprovado por atestado médico oficial, a mulher terá um repouso remunerado de 2 (duas) semanas, ficando-lhe assegurado o direito de retornar à função que ocupava antes de seu afastamento. Como fruto da relação simbiótica e dialógica travada entre a proteção à maternidade e à proteção à infância o art. 396 da CLT prevê que para amamentar o próprio filho, até que este complete 6 (seis) meses de idade, a mulher terá direito, durante a jornada de trabalho, a 2 (dois) descansos especiais, de meia hora cada um. Quando o exigir a saúde do filho, o período de 6 (seis) meses poderá ser dilatado, a critério da autoridade competente.

O Supremo Tribunal Federal[65] em interpretação mais favorável à proteção à maternidade decidiu que o acesso da servidora pública e da trabalhadora gestantes à estabilidade provisória, que se qualifica como inderrogável garantia social de índole constitucional, supõe a mera confirmação objetiva do estado fisiológico de gravidez, independentemente, quanto a este, de sua prévia comunicação ao órgão estatal competente ou, quando for o caso, ao empregador. Neste jaez o Tribunal Superior do Trabalho (TST), em 2012, amoldando a sua orientação jurisprudencial à necessidade de observar efetivamente a mens legis da norma insculpida no art. 10, II, "b", do ADCT (proteção à maternidade e reconhecimento dos direitos do nascituro), a qual não se restringe às hipóteses em que a gestante pactua contrato por prazo indeterminado, bem assim alinhando-se o posicionamento do STF, esta Corte reformou a Súmula 244[66], dando nova redação ao item III, que passou a

---

(65) Confira-se: "SERVIDORA PÚBLICA GESTANTE OCUPANTE DE CARGO EM COMISSÃO – ESTABILIDADE PROVISÓRIA (ADCT/88, ART. 10, II, "b") – CONVENÇÃO OIT N. 103/1952 – INCORPORAÇÃO FORMAL AO ORDENAMENTO POSITIVO BRASILEIRO (DECRETO N. 58.821/66) – PROTEÇÃO À MATERNIDADE E AO NASCITURO – DESNECESSIDADE DE PRÉVIA COMUNICAÇÃO DO ESTADO DE GRAVIDEZ AO ÓRGÃO PÚBLICO COMPETENTE – RECURSO DE AGRAVO IMPROVIDO. – O acesso da servidora pública e da trabalhadora gestantes à estabilidade provisória, que se qualifica como inderrogável garantia social de índole constitucional, supõe a mera confirmação objetiva do estado fisiológico de gravidez, independentemente, quanto a este, de sua prévia comunicação ao órgão estatal competente ou, quando for o caso, ao empregador. Doutrina. Precedentes. – As gestantes – quer se trate de servidoras públicas, quer se cuide de trabalhadoras, qualquer que seja o regime jurídico a elas aplicável, não importando se de caráter administrativo ou de natureza contratual (CLT), mesmo aquelas ocupantes de cargo em comissão ou exercentes de função de confiança ou, ainda, as contratadas por prazo determinado, inclusive na hipótese prevista no inciso IX do art. 37 da Constituição, ou admitidas a título precário – têm direito público subjetivo à estabilidade provisória, desde a confirmação do estado fisiológico de gravidez até cinco (5) meses após o parto (ADCT, art. 10, II, "b"), e, também, à licença-maternidade de 120 dias (CF, art. 7º, XVIII, c/c o art. 39, § 3º), sendo-lhes preservada, em consequência, nesse período, a integridade do vínculo jurídico que as une à Administração Pública ou ao empregador, sem prejuízo da integral percepção do estipêndio funcional ou da remuneração laboral. Doutrina. Precedentes. Convenção OIT n. 103/1952. – Se sobrevier, no entanto, em referido período, dispensa arbitrária ou sem justa causa de que resulte a extinção do vínculo jurídico- -administrativo ou da relação contratual da gestante (servidora pública ou trabalhadora), assistir-lhe-á o direito a uma indenização correspondente aos valores que receberia até cinco (5) meses após o parto, caso inocorresse tal dispensa. Precedentes". (STF- RE 634093 AgR/DF, Relator: Min. Celso de Mello, julgamento: 22/11/2011).

(66) "Súmula n. 244 do TST GESTANTE. GESTANTE. ESTABILIDADE PROVISÓRIA (redação do item III alterada na sessão do Tribunal Pleno realizada em 14.09.2012) – Res. 185/2012, DEJT divulgado em 25, 26 e 27.09.2012 I – O desconhecimento do estado gravídico pelo empregador não afasta o direito ao pagamento da indenização decorrente da estabilidade (art. 10, II, "b" do ADCT). II – A garantia de emprego à gestante só autoriza a reintegração se esta se der durante o período de estabilidade. Do contrário, a

dispor sobre a proteção da empregada gestante como destinatária do direito à estabilidade provisória prevista no art. 10, inciso II, alínea "b", do Ato das Disposições Constitucionais Transitórias, mesmo na hipótese de admissão mediante contrato por tempo determinado.

Para o STF[67] o direito licença à gestante, amparado pelo art. 7º, XVIII, da Constituição Federal, nos termos do art. 142, § 3º, VIII, da CF/88, alcança as servidoras públicas militares.

4. CONSIDERAÇÕES FINAIS

A problemática epistemológica do mundo pós-moderno não pode prescindir da necessidade de uma abordagem interdisciplinar e voltada à máxima efetividade dos direitos fundamentais (mormente os sociais), da dignidade da pessoa humana e da justiça social dela decorrentes axiologicamente.

A proteção à maternidade é decorrência do reconhecimento do direito fundamental ao trabalho e representa um corolário da dignidade da pessoa humana, da valorização social do trabalho, dos direitos fundamentais *lato sensu* e dos direitos da personalidade da gestante e do nascituro.

O enfoque hermenêutico jurídico-constitucional de apreensão dos direitos fundamentais sociais serve de supedâneo à concatenação entre as características de sensibilidade e racionalidade exigidas do profissional jurídico-trabalhista e a complexidade dos novos fenômenos sociais surgidos no contexto da pós-modernidade e carecedores de proteção à luz dos ditames emanados do pós-positivismo na proteção e promoção do direito ao trabalho e à maternidade que reverberam no plano governamental, na medida em que carecem de políticas públicas que atribuam a máxima efetividade à proteção da mulher e do nascituro.

No contexto da pós-modernidade e dos pós-positivismo clama-se por uma nova hermenêutica dos direitos fundamentais sociais de feição emancipatória, compromissada axiologicamente com a dignidade da pessoa humana, valorização social do trabalho e, pois, com a máxima efetividade das normas jurídico-constitucionais na construção de uma democracia inclusiva.

Verifica-se que os direitos fundamentais sociais são direitos eminentemente prestacionais, ou seja, ficam a depender de uma atuação material positiva do Estado, por meio das leis, dos atos administrativos e da implementação de serviços políticas públicas inclusivas.

A conduta positiva estatal na sua eficácia implica no reconhecimento que os direitos fundamentais sociais são verdadeiros direitos públicos subjetivos e possuem justiciabilidade plena, ou seja, podem ser judicialmente exigidos quando verificada a omissão dos Poderes Executivo e Legislativo. Neste sentido o TST de forma pioneira ampliou a proteção à maternidade prevista em sede constitucional também para as trabalhadoras contratadas por prazo determinado.

Em um contexto sócio-econômico marcado pelo império da globalização e do capitalismo desenfreado eis que se perpetua uma cruel realidade marcada pelo desemprego e pelo subemprego. A política empresarial defende um discurso de busca de mão de obra barata, de desregulamentação e flexibilização das normas laborais e de uma atuação sindical enfraquecida. Não obstante a existência de diversos direitos fundamentais sociais deferidos aos trabalhadores em nível constitucional e legal a realidade contemporânea tem demonstrado que o trabalhador, pressionado sócio – economicamente pela necessidade de manutenção de seu emprego, submete-se às mais degradantes condições laborais e não intenciona a pugnação jurisdicional de reclamar de seus direitos individualmente.

Constata-se um desrespeito generalizado dos direitos fundamentais sociais deferidos aos trabalhadores previstos na Constituição Federal de 1988 e na CLT, mormente no tocante à promoção de proteção à maternidade e ao trabalho o que implica em descrédito de uma vida humana com dignidade, vetor maior do Estado Social e Democrático de Direito.

---

garantia restringe-se aos salários e demais direitos correspondentes ao período de estabilidade. III – A empregada gestante tem direito à estabilidade provisória prevista no art. 10, inciso II, alínea "b", do Ato das Disposições Constitucionais Transitórias, mesmo na hipótese de admissão mediante contrato por tempo determinado".

(67) Veja-se: "CONSTITUCIONAL. ADMINISTRATIVO. LICENÇA MATERNIDADE. MILITAR. ADMISSÃO EM CARÁTER TEMPORÁRIO. ESTABILIDADE PROVISÓRIA. POSSIBILIDADE. ISONOMIA. ART. 7º, XVIII, DA CONSTITUIÇÃO E ART. 10, II, "b", DO ADCT. AGRAVO IMPROVIDO. I – As servidoras públicas e empregadas gestantes, independentemente do regime jurídico de trabalho, têm direito à licença-maternidade de cento e vinte dias e à estabilidade provisória desde a confirmação da gravidez até cinco meses após o parto, conforme o art. 7º, XVIII, da Constituição e o art. 10, II, "b", do ADCT. II – Demonstrada a proteção constitucional às trabalhadoras em geral, prestigiando-se o princípio da isonomia, não há falar em diferenciação entre servidora pública civil e militar. III – Agravo regimental improvido". (STF- RE 597989 AgR/PR, Relator: Min. Ricardo Lewandowski, julgamento: 09/11/2010).

Como corolário do fortalecimento dos direitos fundamentais sociais e do princípio da isonomia construiu-se nas searas trabalhista e previdenciárias, uma proteção jurídica da mulher, inclusive no tocante às questões salariais, com a vedação de discriminações em situações de maternidade (estado do ciclo vital feminino que implica necessariamente no afastamentos das atividades laborais).

Não há que se permitir a perpetuação de um discurso opressor, tirânico e impeditivo do pleno reconhecimento da força normativa dos direitos fundamentais sociais, sob pena de violar-se todo o arcabouço fornecido pela dignidade da pessoa humana e pela valorização social do trabalho ao conferir a proteção efetiva às trabalhadoras em situação de maternidade. A partir do amálgama dos direitos fundamentais sociais verifica-se que estes exercem um papel na plena efetividade da proteção à maternidade em seus mais diversos prismas: quer pelo ângulo da proteção da gestante, do nascituro, do recém nascido, da família e até mesmo do pai.

5. REFERÊNCIAS BIBLIOGRÁFICAS

ALEXY, Robert, *Teoria dos Direitos Fundamentais*. Tradução: Virgílio Afonso da Silva. São Paulo: Malheiros, 2008.

ANDRADE, José Carlos Vieira de. *Os Direitos Fundamentais na Constituição Portuguesa de 1976*. 3. ed. Coimbra: Almedina, 2006.

ANTUNES, Luís Filipe Colaço. *Direito público do ambiente*: diagnose e prognose da tutela processual da paisagem. Coimbra: Almedina, 2008.

BANDEIRA DE MELLO, Celso Antônio. *A eficácia das normas constitucionais de direitos sociais*. São Paulo: Malheiros, 2009.

BARROS, Alice Monteiro de. *Curso de Direito do Trabalho*. 4. ed. São Paulo: LTr, 2009.

BOBBIO, Norberto. *A era dos direitos*. Tradução: Carlos Nelson Coutinho. 1. ed. 13. reimpressão. Rio de Janeiro: Elsevier, 2004.

BOBBIO, Norberto. *O Positivismo Jurídico*: Lições de Filosofia do Direito. Tradução e Notas: Márcio Pugliesi. 1. ed. São Paulo: Ícone, 2006.

BONAVIDES, Paulo. *Curso de Direito Constitucional*. 18. ed. São Paulo: Malheiros, 2006.

BORGES, Jorge Luiz Souto Maior. O que é direito social? In: CORREIA, Marcus Orione Gonçalves. *Curso de Direito do Trabalho*, v. 1. 1. ed. São Paulo: LTr, 2007.

CADEMARTORI, Daniela Mesquita Leutchuk de. *O diálogo democrático*: Alain Touraine, Norberto Bobbio e Robert Dahl. Curitiba: Juruá, 2006.

CADEMARTORI, Sergio. *Estado de Direito e Legitimidade*. Uma abordagem garantista. 2. ed. Campinas: Millennium Editora, 2006.

CANOTILHO, José Joaquim Gomes. *Direito Constitucional e Teoria da Constituição*. 7. ed. Coimbra: Almedina, 2003.

CARVALHO, José Murilo de. *Cidadania no Brasil: o longo caminho*. 12. ed. Rio de Janeiro: Civilização Brasileira, 2009.

DELGADO, Maurício Godinho. *Curso de Direito do Trabalho*. 8. ed. São Paulo: LTr, 2009.

DRAY, Guilherme Machado. *Direitos de personalidade*. Anotações ao Código Civil e ao Código do Trabalho. Coimbra: Almedina, 2006.

FERRAJOLI, Luigi. *Garantismo*. Debate sobre el derecho y La democracia. Traducción: Andrea Greppi. Segunda edición. Madrid: Editorial Trotta, 2009.

FERRAJOLI, Luigi. *Estado social y Estado de Derecho* In: ABRAMOVICH, Víctor; AÑON, María José; COURTIS, Christian (orgs.). *Derechos sociales. Instrucciones de uso*. Mexico: Fontamara, 2006.

FOUCAULT, Michel. *Em defesa da sociedade: curso no Collège de France (1975/1976)*. Tradução: Maria Ermantina Galvão. 1. ed. 4. tiragem. São Paulo: Martins Fontes, 2005.

FOUCAULT, Michel. *História da sexualidade I: a vontade de saber*. Tradução: Maria Thereza da Costa Albuquerque e J. A. Guilhon Albuquerque. 1. ed. 23. reimpressão. São Paulo: Edições Graal, 2011.

HÄBERLE, Peter. *Hermenêutica constitucional: a sociedade aberta dos intérpretes da Constituição: contribuição para a interpretação pluralista e "procedimental" da Constituição*. Trad. Gilmar Ferreira Mendes. 1. ed. Reimpressão. Porto Alegre: Sérgio Antonio Fabris Editor, 2002.

HABERMAS, Jürgen. *Direito e Democracia*. Entre facticidade e validade. v. I. Tradução: Flávio Beno Siebeneichler. 2. ed. Rio de Janeiro: Tempo Brasileiro, 2003.

HESSE, Konrad. *A força normativa da Constituição*. Tradução de Gilmar Ferreira Mendes. Porto Alegre: Sergio Antonio Fabris Editor, 1991.

HIRIGOYEN, Marie-France. *Assédio Moral*: a violência perversa no cotidiano. Tradução: Maria Helena Kühner. 10. ed. Rio de Janeiro: Bertrand Brasil, 2008.

KANT, Immanuel. *À paz perpétua*. Tradução: Marco Zingano. Porto Alegre: L&PM, 2010.

LOEWENSTEIN, Karl. *Teoria de la Constitución*. Tradución: Alfredo Gallego Anabitarte. Barcelona: Ediciones Ariel, 1970.

LIMA, Francisco Gérson Marques de. *O professor no direito brasileiro: orientações fundamentais de Direito do Trabalho*. Rio de Janeiro: Forense, 2008.

MARTINEZ, Luciano. *Curso de Direito do Trabalho*: relações individuais, sindicais e coletivas do trabalho. São Paulo; Saraiva, 2010.

MELLO, Celso de Albuquerque. *A proteção dos direitos humanos sociais nas Nações Unidas* In: SARLET, Ingo

Wolfgang (org.). *Direitos fundamentais sociais*: estudos de direito constitucional, internacional e comparado. Rio de Janeiro: Renovar, 2003.

MIRANDA, Jorge. *Manual de Direito Constitucional. Tomo IV. Direitos Fundamentais*. 4. ed. Coimbra: Coimbra Editora, 2008.

MORAES, Germana de Oliveira; MARQUES JÚNIOR, Wiliam Paiva. *O desafio da UNASUL de aproveitamento sustentável dos recursos energéticos e o novo paradigma ambiental* In: CADEMARTORI, Daniela Leutchuck de; MORAES, Germana de Oliveira; CÉSAR, Raquel Coelho Lenz; CADEMARTORI, Sérgio Urquhart (orgs). *A construção jurídica da UNASUL*. Florianópolis: Ed. da UFSC: Fundação Boiteux, 2011.

NOVAIS, Jorge Reis. *Direitos sociais. Teoria jurídica dos direitos sociais enquanto direitos fundamentais*. Coimbra: Coimbra Editora, 2010.

PÉREZ LUÑO, Antonio Enrique. *Derechos humanos, Estado de Derecho y Constitución*. Novena Edición. Madrid: Tecnos, 2005.

_____. *Los derechos fundamentales*. Novena Edición. Madrid: Tecnos, 2007.

QUEIROZ, Cristina. *Direitos Fundamentais Sociais. Funções, âmbito, conteúdo, questões interpretativas e problemas de justiciabilidade*. 1. ed. Coimbra: Coimbra Editora, 2006.

RAWLS, John. *O Liberalismo Político*. Tradução: Dinah de Abreu Azevedo. 1. ed. São Paulo: Ática, 2000.

ROMITA, Arion Sayão. *Direitos Fundamentais nas Relações de Trabalho*. 2. ed. São Paulo: LTr, 2007.

TRINDADE, Antônio Augusto Cançado. *A proteção internacional dos direitos humanos e o Brasil (1948-1997): as primeiras cinco décadas*. 2. ed. Brasília: Editora Universidade de Brasília, 2000.